제Ⅲ권

하루에 3장씩 말씀 따라가기

[성경66권 개관]

하루에 3장씩 말씀 따라가기(제 3 권)

2023년 12월 20일 초판 1쇄 인쇄
2023년 12월 30일 초판 1쇄 발행

저 자 • 박 형 대
발행인 • 조 경 혜
발행처 • 도서출판 그리심
07030 서울시 동작구 사당로2길 72 (B01)

등록번호 • 제 7-258호(1998. 4. 23)
출 판 사 • 전화 523-7589 팩스 523-7590
전자우편 • grisimcho@hanmail.net
홈페이지 • grisim.net
• grisim.biz

ISBN 89-5799-497-9 (94230)
ISBN 89-5799-494-8 (세트)

성경은 영존하시는 하나님의 말씀입니다.

하나님의 말씀을 먹어야 인간은 생명을 얻습니다.

하나님의 말씀에서 인간은 진리를 배웁니다.

그런데 성경이 쉽지 않습니다.

에디오피아 여왕 간다게의 엘리트 관리가 정직하게 말합니다.

"지도해 주는 사람이 없으니 어찌 깨달을 수 있느냐"(행 8:31).

아멘.

들어가는 말

성경은 영존하시는 하나님의 말씀입니다. 하나님의 말씀을 먹어야 인간은 생명을 얻습니다. 하나님의 말씀에서 인간은 진리를 배웁니다. 그런데 성경이 쉽지 않습니다. 에디오피아 여왕 간다게의 엘리트 관리가 정직하게 말합니다. "지도해 주는 사람이 없으니 어찌 깨달을 수 있느냐"(행 8:31). 성령의 조명, 선배들의 지도, 동료들과의 논의 등을 통해 하나님의 말씀을 깨달은 인생은 지혜를 얻고 변화를 경험합니다. 인간 개조 변화의 보화를 발견합니다. 생명 근원과 건강한 삶의 원천을 얻습니다. 하나님을 배워 알면서 그분을 기뻐하기 시작합니다. 그분 기뻐함의 가치를 어렴풋이나마 느끼며 그분만을 영원토록 기뻐하고 싶은 마음이 생깁니다. 하나님을 영원토록 기뻐함이 인생 최고의 목적이라고 고백합니다. "사람의 제일되는 목적은 하나님을 영화롭게 하는 것과 영원토록 그를 즐거워하는 것이다." 그렇게 고백합니다(『성경 소요리문답』 제1문의 답).

꾸준히 성경을 읽으면서 열매가 하나 열려 수확하고 있습니다. 2012년 9월에 '청소년을 위한 성경해석학' 책으로 『10대와 함께 성경을 어떻게 읽을 것인가』(서울: 한국성서유니온선교회, 2012)를 출판했는데, 이제는 성경 자체에 대한 설명을 담은 글을 써보았습니다. 섬기던 교회 일대일 양육자를 위한 성경 통독을 목적으로 2020년 10월 7일에 시작해서 2022년 8월 26일에 마쳤습니다. 일주일에 스물한 장씩 하루에 세 장 분량을 읽는 통독이었습니다. 어쩌다 보니 시로 시작하게 되어, 스물한 장의 내용을 시로 표현해 보았습니다. 무르익는 작업은 '대학생성경읽기선교회(UBF)'의 목자님들이 2022년 2월 1일부터 2023년 9월 2일까지, 일 년 반의 시간 동안 매우 성실하게 참여하며 질문을 해주셨습니다. 더구나 강의 이후에 진행된 질의응답 시간의 내용은 이여호수아 목자님이 매우 꼼꼼하게 정리하여 파일까지 보내주셨습니다. 감사의 말씀을 드립니다. 그리고 총신대학교 신학대학원 신약학회 스터디 동아리 회원들과 신약성경을

통독하는 시간을 통해서도 큰 유익이 있었습니다.

본서는 모두 네 권으로 구성되어 있습니다. 제1권은 요한계시록에서 출발하여 창세기로 가서 모세오경을 지나 사사기 19장까지입니다. 제2권은 사사기 20장에서 시작하여 역사서를 지나 시편 88편까지입니다. 제3권은 시편 89편부터 시가서를 마무리하고 선지서로 들어가서 나훔서 2장까지입니다. 제4권은 나훔 3장부터 신약성경 유다서까지입니다. 하나의 책으로 끝나지 못한 것은 '하루에 3장씩' 이라고 하는 원칙을 지키다 보니 그리되었습니다.

제3권은 시편 89편으로 시작합니다. 시편 제3권의 마지막 노래입니다. 하나님의 언약이 이뤄지기까지, 하나님의 인자하심과 신실하심이 견고해지기까지 두 가지가 필요합니다. 하나는 '도우심' 이고, 다른 하나는 '버리심' 입니다. 하여 "엎치락뒤치락"(29과)이라고 제목을 붙여 보았습니다. 이어 '다윗 왕국의 회복과 완성' 을 노래한 시편 4권과 5권을 지나면서 "충분합니다"(30과) 그렇게 말해 보았습니다. 율법, 말씀, 규례로 충분하니까요. 주님으로 충분하고, 말씀으로 충분하고, 성전으로 충분하니까요. 시편을 마치면서는 "오직 하나님께 영광"(31과)이라고 찬양했습니다.

'악인의 초청' 과 '지혜의 초청' 이 담긴 잠언을 읽으면서 "삶이 계란"(32과)이라는 은사님의 깨달음을 생각해 보았습니다. 그리고 역시 전도서의 핵심 단어는 "헛됨"(33과)입니다. 이어 아가 및 이사야서 앞부분에서 "하나님의 사랑"(34과)을 듣습니다. 이사야 묵시록과 이사야 역사 부분에서 하나님 구원의 대서사시를, "열방"(35과)을 읽습니다. 하나님 구원의 핵심에 "여호와의 종"(36과)이 계시죠. 이사야서에서 예레미야서로 넘어가면서 '총체적 회복' 과 '처참한 패망' 이 읽히기에 "소망과 고난"(37과)를 묶

어 보았습니다.

눈물의 선지자 예레미야는 하나님과 사람과 언약에 대해 눈을 뜹니다. "눈을 뜨다"(38과)가, "애굽과 바벨론 사이에서"(39과) 저울질한 유다를 발견합니다. 예루살렘의 멸망에 대한 슬픔을 노래한 예레미야애가와 예루살렘 멸망의 이유와 현장을 담은 에스겔을 읽으니, 모든 것이 "끝"(40과)입니다. 에스겔의 몸부림과 그의 내면에 차 있었을 고통의 색깔이 보며 "기뻐하는 것"(41과)을 재고합니다. 그러면서 '인자' 와 '뜨인 돌' 통해 "완성"(42과)을 바라봅니다. "비정상이 정상이 된 세상에서"(43과) '새로운 시작' 을 생각합니다. "새로운 시작을 향해"(44장) 다가갑니다.

이상이 제3권의 내용입니다. 필자의 글을 책으로 펴주시기 위해 늘 수고해주시는 그리심 출판사의 조경혜 사장님, 편집을 맡아주시는 장종길 장로님, 행정을 맡아주시는 서모은 자매님께 감사드립니다. 성경통독을 제안해주신 이영애 권사님, UBF 목자님들과 나눌 수 있도록 기회를 주신 송노원 목사님께 감사드립니다. 격려와 도움을 아낌없이 주며 이번에는 교정까지 봐준 아내, 조선녀 사모와 아빠를 기다려 주는 아이들에게 고마움을 전합니다. 무엇보다도 은혜와 깨달음, 영감(靈感)을 주신 하나님께 감사와 찬송을 올립니다. 이 책을 통해 독자와 의미 있는 만남이 이뤄지기를 바라는 마음 간절합니다.

2023년 여름에 양지 본관 연구실에서

저자 박형대

이 책의 특징

하나. 이 책의 통독은 요한계시록에서 시작해서 창세기로 가서 구약성경을 모두 읽은 다음에 다시 신약성경으로 넘어와서 유다서에서 끝납니다.

둘. 과마다 21장씩 다뤄집니다. 가끔 다룰 내용이 너무 많아 다룰 범위 가운데 일부에 집중하기도 했지만, 대체로 정해진 내용에 집중하여 집필했습니다.

셋. 해석하기 어려운 부분을 중점적으로 다뤄서 전체를 볼 수 있도록 돕기도 했습니다. 가끔 필자만의 독특한 입장이 개진되기도 하는데, 부담 갖지 마시고 동의가 되는 만큼만 수용하시면 됩니다.

넷. 다뤄지는 부분의 내용이 이어지지만, 통독이 지루하지 않도록 매번 새롭게 시작했습니다.

다섯. 처음 집필될 때의 사회 상황이 반영되기도 했습니다. 2020년 10월부터 2022년 8월까지는 코로나19가 한창일 때였지요.

여섯. 하나의 교회 일대일 양육팀이라는 1차 독자가 집필에 영향을 주기도 했습니다. 이런 부분은 UBF 목자님들과 함께 읽고 대화하면서 많이 줄어들었고 이번 편집을 통해 더 많이 줄였지만, 그래도 남아 있는 부분에 대해서는 양해 부탁드립니다.

일곱. 성경 본문은 대한성서공회에서 발행한 『개역개정』을 사용했습니다. 인용된 성경 말씀 안에 몇 가지 표시가 있는데, 꺾쇠묶음([ ])은 본문의 직역(直譯)을, 중괄호({ })는 이해를 돕기 위해 추가된 표현을, 꺾쇠묶음과 함께 사용된 빗금([/])은 대체역(代替譯)을 의미합니다.

Contents 제 III 권

제 I 권

01 요한계시록 1-21장
02 요한계시록 22장-창세기 20장
03 창세기 21-41장
04 창세기 42장 -출애굽기 12장
05 출애굽기 13-33장
06 출애굽기 34장-레위기 14장
07 레위기 15장-민수기 8장
08 민수기 9장-29장
09 민수기 30장-신명기 14장
10 신명기 15장-여호수아 1장
11 여호수아 2-22장
12 여호수아 23장-사사기 19장

제 II 권

13 사사기 20장-사무엘상 15장
14 사무엘상 16장-사무엘하 5장
15 사무엘하 6장-열왕기상 2장
16 열왕기상 3장-열왕기하 1장
17 열왕기하 2-22장
18 열왕기하 23장-역대상 18장
19 역대상 19장-역대하 10장
20 역대하 11-31장
21 역대하 32장-느헤미야 6장
22 느헤미야 7장-욥기 4장
23 욥기 5-25장
24 욥기 26장-시편 4편
25 시편 5-25편
26 시편 26-46편
27 시편 47-67편
28 시편 68-88편

제 IV 권

45 나훔 3장-스가랴 12장
46 스가랴 13장-마태복음 15장
47 마태복음 16장-마가복음 8장
48 마가복음 9장-누가복음 13장
49 누가복음 14장-요한복음 10장
50 요한복음 11장-사도행전 10장
51 사도행전 11장-로마서 3장
52 로마서 4장-고린도전서 8장
53 고린도전서 9장-고린도후서 13장
54 갈라디아서 1장-데살로니가전서 1장
55 데살로니가전서 2장-빌레몬서
56 히브리서 1장-베드로전서 3장
57 베드로전서 4장-유다서

Weekly Reading

29

시편 89-109편

“엎치락뒤치락”

시 89-91편	시 92-94편	시 95-97편	시 98-100편	시 101-103편	시 104-106편	시 107-109편

check

이번 통독은 시편 3권 마지막 편인 89편과 시편 4권 전체, 그리고 시편 5권의 앞부분에 해당하는 107-109편입니다. 다윗 왕국의 쇠퇴를 다룬 제3권, 다윗 왕국의 회복을 다룬 제4권, 다윗 왕국의 완성을 다룬 제5권에 걸쳐있습니다. 다윗 왕국의 쇠퇴와 회복과 완성을 보면서, 하나님의 뜻이 이뤄지는 과정에 엎치락뒤치락하는 일이 있음을 생각합니다.

엎치락뒤치락

I.
아담과 뱀
둘 가운데 누가 땅을 기업으로 받을 것인가?
생령(창 2:7) 인가, 가장 간교한 들짐승(3:1) 인가?
하와가 뱀의 유혹에 넘어갈 때 위태했다.
그러나 여자의 후손이 뱀의 머리를 칠 것이다.
비록 발뒤꿈치는 상하더라도.

II.
이스라엘과 이삭

둘 가운데 누가 약속의 자손인가?
하갈의 아들인가, 사라의 아들인가?
아브라함 마음이 이스마엘에게 향할 때 위태했다.
그러나 이삭에게서 아브라함의 씨가 날 것이다(창 21:12).
제물은 되겠지만.

III.
에서와 야곱
둘 가운데 누가 약속을 기업으로 받을 것인가?
큰아들인가, 쌍둥이 동생인가?
이삭이 야곱의 음성을 알아볼 때 위태했다.
그러나 눈을 멀게 하신 하나님으로 태중 예언(창 25:23) 성취된다.
비록 나그네로 살지만.

IV.
레아와 라헬
둘 가운데 누가 막벨라 굴에 묻힐 것인가?
눈이 예쁜 자인가, 몸매가 고운 자인가(창 29:17)?
야곱 마음 줄곧 라헬에게 향하니 위태했다.
그러나 예쁜 마음이 드라빔 좇는 마음(창 31:32) 이긴다.
비록 남편을 사야 했지만(30:16).

V.
유다와 에브라임
둘 가운데 누가 메시야의 조상이 될 것인가?
레아의 아들인가, 라헬의 손자인가?
유다가 방황할 때 위태했다(창 38:1-11).
그러나 며느리 다말의 의 인정하니(38:26), 어린 사자 된다(49:9).
비록 힘들 때마다 앞장서야 했지만(삿 1:2; 20:18).

VI.
사울과 다윗

둘 가운데 누가 왕가를 이룰 것인가?
기스의 아들인가, 이새의 아들인가?
다윗이 밧세바 범할 때 위태했다.
그러나 다윗의 하나님 경외가 그를 살린다.
비록 압살롬 반역이 있었지만.

VII.
교회와 공산국가
둘 가운데 누가 '공동 부유(富裕)' 이룰 것인가?
예수님이 머리이신 교회인가, 시진핑이 주석인 중국인가?
교회가 돈을 사랑하면 위태하다.
그러나 믿음의 울타리 외의 모든 울타리 걷어내면 "균등"(고후 8:13) 이뤄진다.
비록 "즐겨 내는"(고후 9:7) 일 필요하지만.

시편 89편은 제3권의 마지막 노래입니다. 시편 3권(73-89편) 전체는 실패같이 보이는 다윗 언약을 다룹니다. 38-51절 때문에 89편을 공동체의 애가로 분류하기도 합니다. 52절을 3권의 송영으로 보기도 하지만 저는 결론으로 보고 싶습니다. "여호와를 영원히 찬송할지어다 아멘 아멘" 입니다. '다윗 왕국의 위기와 쇠퇴' 는 '찬송' 으로 이겨냅니다.

시편 89편은 하나님의 언약이 이뤄지기까지, 하나님의 인자하심과 신실하심이 견고해지기까지 두 가지가 필요하다고 말한다. 하나는 '도우심' 이고, 다른 하나는 '버리심' 입니다. 이스라엘 전체의 여정이 그러했습니다. 출애굽과 포로귀환이 있습니다. 해방과 귀환입니다. 이스라엘뿐 아니라 하나님의 일꾼들도 이미 그러한 삶을 살았습니다.

요셉이 그러했습니다. 채색옷을 입고 살다가 애굽에 노예로 팔리고 억울하게 감옥에 갇혔습니다. 이후 그도 다른 사람의 구원을 위해 살았습니다. '포로' 를 의미하는 히브리어 단어는 '벗기다' 는 뜻을 가집니다. 포로가 되면 벗겨집니다. 옷이 벗겨지고 사슬에 묶여 끌려가기 때문이지요. 동시에 이 단어는 '계시' 와 관련되어 쓰입니다. 계시라는 것이 가려진 것이 벗겨져 알게 된다는 의미이기 때문이지요. 이 단어의 용례를 통해 '어려움을 통해 하나님의 뜻을 알게 된다.' 하는 깨달음을 얻습니다.

모세도 도우심과 버리심의 삶을 살았습니다. 왕자 생활 40년과 미디안 생활 40년입니다. 다음 40년은 다른 사람의 해방을 위해 살았습니다.

다윗도 그러했습니다. 밧세바 사건 이전과 밧세바 사건 이후입니다. 회개한 뒤 다윗도 하나님의 약속 성취를 바라보며 살았습니다. 이러한 다윗의 삶을 베드로 사도는 사도행전 2장 25-28절에서 시편 16편 8-11절을 인용하며 설명했습니다. "내가 항상 내 앞에 계신 주를 뵈었음이여 나로 요동하지 않게 하기 위하여 그가 내 우편에 계시도다 그러므로 내 마음이 기뻐하였고 내 혀도 즐거워하였으며 육체도 희망에 거하리니 이는 내 영혼을 음부에 버리지 아니하시며 주의 거룩한 자로 썩음을 당하지 않게 하실 것임이로다 주께서 생명의 길을 내게 보이셨으니 주 앞에서 내게 기쁨이 충만하게 하시리로다" 아멘.

에스라인은 세라 족속을 가리킵니다. 고라 자손과 연결되는 표현입니다. 88편 제목을 보면, "고라 자손의 찬송 시 곧 에스라인 헤만의 마스길"이라고 했습니다. 또한, '에스라인'이 의미하는 '세라 족속'은 아간과 연결됩니다. 세라 족속은 아간의 자손들은 아니지만 '아간 같은 처지였던 집안'이었음을 기억하는 이들입니다. 앞서 보았듯, 88편에 보면 헤만은 자신을 고라자손이면서 세라 족속이라 소개합니다. 세라 족속도 아간이 뽑힐 때 두 번 뽑혔었습니다. 유다 지파가 뽑힐 때 한 번, 세라 족속이 뽑힐 때 한 번입니다. 인생에서 큰 실패를 경험했던 그들이 성가대장이 되었습니다. 그리고 인생의 두 단면을 노래합니다. 하나님의 도우심으로 인한 형통과, 하나님의 간섭하심으로 인한 또 다른 형태의 형통입니다. 첫 번째 형통은 모두가 좋아하는 형통이지만, 두 번째 형통은 모두가 부담스러워하는, 어쩌면 경험하기 싫어하는 형통입니다.

첫째 형통이 89편 19절부터 37절까지에 소개됩니다. 둘째 형통이 38절부터 51절까지에 있습니다. 첫째 은혜를 받은 자에게 주시는 주님의 말씀은 '네 입을 크게 열라'(시 81:10)였지만, 둘째 은혜를 위해 주신 말씀은 "그의 입을 열지 아니하였도다"(사 53:7)였습니다.

교회에 와서 예수님을 주와 그리스도로 믿어 구원에 이르는 은혜는 출애굽의 은혜입니다. 그러나 일꾼이 되어 잠잠히 섬기는 자가 받는 은혜가 있습니다. 포로의 은혜입니다. 이스라엘의 귀환이 인류를 위한 것이었듯, 예수 그리스도를 믿어 새 생명을 얻은 그리스도인의 고난은 타인을 위한 것입니다. 그 고난으로 출애굽의 은혜를 갚지는 못합니다. 그 고난이 우리의 상급일 수도 없습니다. 우리의 연약함과 타인의 잘못으로 고난 가운데 빠지지만, 잠잠히 그 고난을 받는 자에게 주님은 둘째 은혜를 주십니다. 귀환의 은혜입니다. 확실한 은혜입니다. 입을 크게 열 필요가 없습니다. 잠잠히 기뻐하면 됩니다.

그래서 주님의 은혜는 시루떡 은혜입니다. '은혜 위에 은혜' 입니다. "우리가 다 그의 충만한 데서 받으니 은혜 위에 은혜러라"(요 1:16) 아멘. 두 가지 은혜는 치아와 같습니다. 유치가 먼저 나오고, 다음에 영구치가 나옵니다. 요한복음 3장 16절, "하나님이 세상을 이처럼 사랑하사 독생자를 주셨으니 이는 그를 믿는 자마다 멸망하지 않고 영생을 얻게 하려 하심이라"는 출애굽의 은혜입니다. 요한일서 3장 16절, "그가 우리를 위하여 목숨을 버리셨으니 우리가 이로써 사랑을 알고 우리도 형제들을 위하여 목숨을 버리는 것이 마땅하니라"는 포로의 은혜입니다.

요한복음 11장 25-26절, "나는 부활이요 생명이니 나를 믿는 자는 죽어도 살겠고"는 출애굽 은혜이고, "무릇 살아서 나를 믿는 자는 영원히 죽지 아니하리라"는 포로의 은혜입니다. 히브리서 5장 13절의 '젖을 먹는 자' 는 출애굽의 은혜 가운데 있는 자요, 5장 14절의 단단한 음식을 먹는 '장성한 자' 는 포로의 은혜 가운데 있는 자입니다. '선악을 분별하는 자들' 이지요. 포로의 은혜 받기에 실패한 자를 히브리서 6장 4-6절은 이렇게 표현합니다. "한번 빛을 받고 하늘의 은사를 맛보고 성령에 참여한 바 되고 하나님의 선한 말씀과 내세의 능력을 맛보고도 타락한 자들은 다시 새롭게 하여 회개하게 할 수 없나니 이는 그들이 하나님의 아들을 다시 십자가에 못 박아 드러내 놓고 욕되게 함이라" 아멘.

그러니 죽기 직전에 예수 믿는 것을 선호하지 맙시다. 일찍 믿고 오랜 시간 포로의 삶을 산 것을 기뻐합시다. 두 번째 형통을 지나가는 하나님의 백성들이 할 바는 찬송입니다. 89편 52절입니다. "여호와를 영원히 찬송할지어다 아멘 아멘" 아멘. 찬송할 수 없는 순간에도 찬송해야 합니다. 며칠씩 행군하다 보면 자면서도 행군하듯, 기도를 계속하다 보면 자면서도 영은 기도합니다. 이렇듯, 찬송에 빠져서 찬송만 계속 나오는 상태가 될 때, 두 번째 형통을 통과하고 있는 것입니다.

견고케 하시는 하나님을 찬송합시다. 엘리후는 '밤에 노래하게 하시는 하나님' 에 대해 말합니다. 욥기 35장 10절입니다. "나를 지으신 하나님은 어디 계시냐고 하며 밤에 노래를 주시는 자가 어디 계시냐고 말하는 자가 없도다" 아멘. 빌립보 감옥의 바울과 실라가 불렀을 만한 찬송 가운데 시편 89편이 있습니다. 현재 우리나라 교회의 상황을 보며 찬송합니다. 우리 삶 속에 있는 포로 상황을 보며 노래합니다.

이제 시편 제4권으로 넘어갑니다. '다윗 왕국의 회복' 을 노래합니다. 90편은 '모세의 기도' 입니다. 10절이 유명합니다. "우리의 연수가 칠십이요 강건하면 팔십이라도 그 연수의 자랑은 수고와 슬픔뿐이요 신속히 가니 우리가 날아가나이다" 아멘. 91편에서는 5-6절을 봅니다. "너는 밤에 찾아오는 공포와 낮에 날아드는 화살과 어두울 때 퍼지는 전염병과 밝을 때 닥쳐오는 재앙을 두려워하지 아니하리로다" 아멘. 전염병은 어두울 때 퍼지는군요. 12절은 마귀가 예수님을 시험할 때 인용한 구절입니다. "그들이 그들의 손으로 너를 붙들어 발이 돌에 부딪히지 아니하게 하리로다" 아멘. 92편에서는 14절이 사랑을 받습니다. "그는 늙어도 여전히 결실하며 진액이 풍족하고 빛이 청청하니" 아멘. 93편에서는 5절이 중요해 보입니다. "여호와여 주의 증거들이 매우 확실하고 거룩함이 주의 집에 합당하니 여호와는 영원무궁하시리이다" 아멘. 94편에서는 3-4절로 다양한 현실을 확인합니다. "여호와여 악인이 언제까지, 악인이 언제까지 개가를 부르리이까 그들이 마구 지껄이며 오만하게 떠들며 죄악을 행하는 자들이 다 자만하나이다" 아멘.

이제 시편 95편으로 넘어갑니다. 히브리서 3-4장에서 매우 중요하게 인용한 시편입니다.

1절. "오라 우리가 여호와께 노래하며 우리 구원의 반석을 향하여 즐거이 외치자" 아멘. (매우 크고 기쁨에 가득찬 목소리로) 다들 모이시오. 우리 모두 소리를 지르러 갑시다. 여호와 하나님으로 인한 기쁨의 소리를 지릅시다. 우리를 구원하신 반석, 목마르던 우리에게 생수를 주신 반석이신 그리스도를 인해 소리쳐 노래합시다.

2절. "우리가 감사함으로 그 앞에 나아가며 시를 지어 즐거이 그를 노래하자" 아멘. 그분 앞에 우리 마음의 감사를 인정하고 선포하며 나아갑시다. 아름다운 노래를 높이 부르며 나아갑시다. (언제 이렇게 소리쳐 노래하고 싶나요? 저는 지금 이른 아침 하늘과 나무들과 날아다니는 새들을 보며, 다시 새 아침을 주신 주님의 성실하심과 능력으로 인해 소리쳐 찬송하고픈 마음이 듭니다.)

3절. "여호와는 크신 하나님이시요 모든 신들보다 크신 왕이시기 때문이로다" 아멘. (시편 기자가 찬송하는 이유는 무엇일까요?) 여호와는 크고 놀라우신 하나님이시기 때문입니다. 그분은 사람들에 의해 신이라 불리는, 모든 신들보다 더욱 크시고 놀라우신 왕이십니다.

4절. "땅의 깊은 곳이 그의 손 안에 있으며 산들의 높은 것도 그의 것이로다" 아멘. 사람들은 땅 위 미지의 세계를 찾아 이곳저곳을 다니며 탐험합니다. 그런데 그 미지의 세계마저도 이미 그분 손안에 있답니다. 사람들은 높은 산을 보며 미치지 못할 위대함을 느끼곤 하지요. 그러나 그 산들의 거대함 위엄도 그분을 위한 것이랍니다.

5절. "바다도 그의 것이라 그가 만드셨고 육지도 그의 손이 지으셨도다" 아멘. 바다도 그분을 위해 존재한다오. 왜냐구요? 바로 그분 자신이 바다를 만드셨기 때문이지요. 마른 땅도 그분이 손으로 빚으셨다오. How do you know that? 어떻게 알 수 있나요? "믿음으로 모든 세계가 하나님의 말씀으로 지어진 줄을 우리가 아나니 보이는 것은 나타난 것으로 말미암아 된 것이 아니니라"(히 11:3) 아멘. 믿는 자만이 하나님이 창조주이심을 압니다.

6절. "오라 우리가 굽혀 경배하며 우리를 지으신 여호와 앞에 무릎을 꿇자" 아멘. 복음성가가 있습니다. "들어오라 지성소로 오라 어린 양의 보혈로써 찬양하며 주님 앞에 나(아)와 보좌 앞에 경배하세 왕의 왕 주께 거룩한 손 들고 경배해 주님께 경배해 주님께". 온 세상 지으신 하나님이 우리도 창조하셨다오. 그러니 이리 오세요. 들어오세요. 우리 함께 그분께 경배하고 무릎을 꿇읍시다. 그리고 우리를 만드신 그분을 송축합시다.

7절. "그는 우리의 하나님이시요 우리는 그의 기르시는 백성이며 그 손이 돌보시는 양이라 너희가 오늘 그 음성을 듣거든" 아멘. (그분께 예배드릴 이유가 무엇일까요?) 그분만이 우리의 하나님이시기 때문입니다. (다른 어떤 것도, 어떤 사람도 우리 예배의 대상이 될 수는 없어요. 오직 그리스도만이 우리를 살리십니다.) 우리[만]이 그분이 기르시는 백성이며 우리[만]이 그분 손안에 있는 양이기 때문입니다. 그날, 그분의 음성을 듣는 그 날, 그분의 음성에 꼭 순종하세요.

8절. "너희는 므리바에서와 같이 또 광야 맛사에서 지냈던 날과 같이 너희 마음을 완악하게 하지 말지어다" 아멘. 므리바[다툼, 출 17:7; 민 20:2-13; 27:14; 신 32:48-52; 33:8; 겔 47:19; 48:28]에서와 같이 너희의 마음을 냉정하게, 돌같이 단단하게 만들지 마라. 광야에서 {나를} 시험하던 맛사의 날{에 했던 것}과 같이 하지 마라.

9절. "그 때에 너희 조상들이 내가 행한 일을 보고서도 나를 시험하고 조사하였도다" 아멘. 그 {므리바와 맛사의} 날에 너희 조상들이 나를 시험하였었다. 내게서 증거를 구했었다. 또한 내가 어떻게 행하였는가도 보았다. (나는 그들에게 반석에서 물을 주었다. 그러나 모세와 아론은 나의 거룩함을 백성 앞에서 드러내지 않았다. 결국, 모세와 아론은 가나안 땅에 들어가지 못하였다.)

10절. "내가 사십 년 동안 그 세대로 말미암아 근심하여 이르기를 그들은 마음이 미혹된 백성이라 내 길을 알지 못한다 하였도다" 아멘. 그 세대로 인해 그 사십 년의 세월(므리바와 맛사의 날의 연장선에 있던 그 사십 년)이 정말 싫었다. 그리고 나는 자신에게 이렇게 말했어야 했다. "그들은 방황하는 마음을 가진 백성들이야. 그들은 나의 길을, 방법을 몰라."

11절. "그러므로 내가 노하여 맹세하기를 그들은 내 안식에 들어오지 못하리라 하였도다" 아멘. (또한 므리바와 맛사의 날에 어떤 일이 있었는가?) 그날 나는 노하여 맹세하였다. "그들은 나의 안식에 들어오지 못하리라." 이렇게. (그러므로 천지를 지으시고 우리를 지으시고 돌보시는 그분 앞에 나아가 함께 즐거워하세!!)

시편 96편에서는 10절을 봅니다. "모든 나라 가운데서 이르기를 여호와께서 다스리시니 세계가 굳게 서고 흔들리지 않으리라 그가 만민을 공평하게 심판하시리라 할지로다" 아멘. 97편에서는 7절을 봅니다. "조각한 신상을 섬기며 허무한 것으로 자랑하는 자는 다 수치를 당할 것이라 너희 신들아 여호와께 경배할지어다" 아멘. 98편에서는 3절을 봅니다. "그가 이스라엘의 집에 베푸신 인자와 성실을 기억하셨으므로 땅 끝까지 이르는 모든 것이 우리 하나님의 구원을 보았도다" 아멘.

이제 시편 99편을 자세히 봅니다.

1절. "여호와께서 통치하시니 만민이 떨 것이요 여호와께서 그룹 사이에 좌정하시니 땅이 흔들릴 것이로다" 아멘. (이 땅은 눈에 보이는 왕들이 다스리는 것이 아니랍니다.) 여호와 하나님께서 왕으로 다스리신답니다. 그러니 모든 나라 모든 백성은 (강대국 백성이든, 약소국 백성이든) 왕이신 하나님 앞에서 두려워 떠는 것이 마땅하다오. 여호와께서는 인생이 보기에 두려운 존재인 그룹들 가운데 거하시니, (우리 눈에 보기에는 땅이 비록 견고해 보인다 할지라도) 땅이란 결국 주님께 간신히 붙어있는 것이나 다름없지요.

2절. "시온에 계시는 여호와는 위대하시고 모든 민족보다 높으시도다" 아멘. (시온이 비록 작아 보일지라도) 여호와께서는 시온에게 그의 위대함을 드러내심으로, 그의 크심은 시온에서 확실히 알려질 것이라오. 그리고 (비록 지금은 이루어지지 않았지만) 여호와 그분만이 모든 나라 백성들 위에서 높임을 받으실 것이라오.

3절. "주의 크고 두려운 이름을 찬송할지니 그는 거룩하심이로다" 아멘. (기도합니다.) 주님 당신의 거룩하고 두려워할 이름을 {모든 나라 백성으로 하여금} "그는 거룩하시다!" 이렇게 찬송하게 하소서.

4절. "능력 있는 왕은 정의를 사랑하느니라 주께서 공의를 견고하게 세우시고 주께서 야곱에게 정의와 공의를 행하시나이다" 아멘. 공의[법을 지키는 것]를 사랑하는 왕이 힘이 있습니다. 그런데 왕이신 여호와께서는 공평을 견고히 세우셨습니다. 당신이 택하신 백성인 야곱 가운데에서도 법을 어기지 않으시고 공의(사 42:4 참고)를 따라 행하셨고 당신의 성품에 기초한 의를 행하셨습니다.

5절. "너희는 여호와 우리 하나님을 높여 그 발등상 앞에서 경배할지어다 그는 거룩하시도다" 아멘. (하나님은 이런 분이십니다.) 그러니 여러분은 우리 하나님 여호와를 높이십시오. 그분 발등상 앞에서 경배하십시오. 그분은 거룩하십니다.

6절. "그의 제사장들 중에는 모세와 아론이 있고 그의 이름을 부르는 자들 중에는 사무엘이 있도다 그들이 여호와께 간구하매 응답하셨도다" 아멘. 모세와 아론과 같은 사람들이 그분의 제사장으로 일했습니다. 사무엘과 같은 사람들이 그분의 이름을 불렀습니다. 그리고 하나님은 이들이 자신을 부를 때에 대답하신 하나님이십니다.

7절. "여호와께서 구름 기둥 가운데서 그들에게 말씀하시니 그들은 그가 그들에게 주신 증거와 율례를 지켰도다" 아멘. 하나님은 구름 기둥 가운데에서 그들에게 말씀하셨고 그들은 주님이 그들에게 주신 증거와 새겨진 말씀을 잘 간직하고 그 증거와 율례를 따라 행했습니다.

8절. "여호와 우리 하나님이여 주께서는 그들에게 응답하셨고 그들의 행한 대로 갚기는 하셨으나 그들을 용서하신 하나님이시니이다" 아멘. 여호와 당신은 그들에게 대답하신 우리의 하나님이십니다. 비록 그들의 어리석음을 따라 갚기는 하셨지만, 그들을 용서하시고 인도하신 하나님이십니다.

9절. "너희는 여호와 우리 하나님을 높이고 그 성산에서 예배할지어다 여호와 우리 하나님은 거룩하심이로다" 아멘. (하나님은 모세와 아론과 사무엘에게 이런 분이셨습니다.) 그러니 여러분은 우리 하나님 여호와 앞에 자신을 낮추고 그분을 섬깁니다. 그분을 높이고 그의 거룩한 산에서[만] 예배드립시다. 왜냐하면 여호와 우리 하나님은 거룩하시기 때문입니다.

다윗 왕국의 회복은 하나님의 도우심과 버리심, 그분의 모든 결정과 행사에 대한 감사로 이뤄집니다. 시편 100편은 4절이 유명하지요. "감사함으로 그의 문에 들어가며 찬송함으로 그의 궁정에 들어가서 그에게 감사하며 그의 이름을 송축할지어다" 아멘. 101편은 7절을 볼까요? "거짓을 행하는 자는 내 집 안에 거주하지 못하며 거짓말하는 자는 내 목전에 서지 못하리로다" 아멘. 102편의 26-27절은 히브리서 1장 10-12절에 인용되었지요. "주께서 옛적에 땅의 기초를 놓으셨사오며 하늘도 주의 손으로 지으신 바니이다 천지는 없어지려니와 주는 영존하시겠고 그것들은 다 옷 같이 낡으리니 의복 같이 바꾸시면 바뀌려니와 주는 한결같으시고 주의 연대는 무궁하리이다" 아멘.

시편 103편은 15-18절을 봅니다. "인생은 그 날이 풀과 같으며 그 영화가 들의 꽃과 같도다 그것은 바람이 지나가면 없어지나니 그 있던 자리도 다시 알지 못하거니와 여호와의 인자하심은 자기를 경외하는 자에게 영원부터 영원까지 이르며 그의 의는 자손의 자손까지 이르리니 곧 그의 언약을 지키고 그의 법도를 기억하여 행하는 자에게로다" 아멘. 시편 104편은 20-23절을 봅니다. "주께서 흑암을 지어 밤이 되게 하시니 삼림의 모든 짐승이 기어나오나이다 젊은 사자들은 그들의 먹이를 쫓아 부르짖으며 그들의 먹이를 하나님께 구하다가 해가 돋으면 물러가서 그들의 굴 속에 눕고 사람은 나와서 일하며 저녁까지 수고하는도다" 아멘. 시편 105편에서는 요셉의 연단 부분을 봅니다. "그가 한 사람을 앞서 보내셨음이여 요셉이 종으로 팔렸도다 그의 발은 차꼬를 차고 그의 몸은 쇠사슬에 매였으니 곧 여호와의 말씀이 응할 때까지라 그의 말씀이 그를 단련하였도다 왕이 사람을 보내어 그를 석방함이여 뭇 백성의 통치자가 그를 자유롭게 하였도다"(105:17-20) 아멘.

시편 4권의 마지막 부분인 106편 32-48절을 통해, 다윗 왕국 회복의 결론을 읽습니다. 32절입니다. 비느하스는 백성의 반역을 단호하게 다루어 복을 받았지만(28-31절) 모세는 백성의 반역에 지고 말았습니다. 왜 그러했을까요? 33절입니다. "이는 그들이 그의 뜻을 거역함으로 말미암아 모세가 그의 입술로 망령되어 말하였음이로다" 아멘. 백성의 거역하는 마음이 모세에게 영향을 끼쳐 모세도 하나님을 고려하지 못한 채 급하게 말을 했기 때문입니다.

민수기 20장을 보면, 하나님께서 모세에게 "지팡이를 가지고 네 형 아론과 함께 회중을 모으고 그들의 목전에서 너희는 반석에게 명령하여 물을 내라 하라 네가 그 반석이 물을 내게 하여 회중과 그들의 짐승에게 마시게 할지니라"(8절) 이렇게 말씀하셨지만, 모세는 "반역한 너희여 들으라 우리가 너희를 위하여 이 반석에서 물을 내랴 하고"(10절) "그의 손을 들어 그의 지팡이로 반석을 두 번" 쳤습니다(11절). 물은 솟아나 회중과 짐승이 마셨지만, 하나님께서는 모세와 아론에게 "너희가 나를 믿지 아니하고 이스라엘 자손의 목전에서 내 거룩함을 나타내지 아니한 고로 너희는 이 회중을 내가 그들에게 준 땅으로 인도하여 들이지 못하리라" 그렇게 말씀하셨습니다(12절).

반석에게 말하라 하셨는데 지팡이로 두 번이나 친 것입니다. 이전 경험을 따르고 새로운 말씀을 따르지 않았습니다. 출애굽기 17장을 보면 므리바 반석에서 처음 물이 나올 때는 모세가 지팡이로 반석을 쳤습니다. 그러나 40년 가까이 시간이 지났습니다. 하나님께서는 모세가 이전보다 수준 높게 일하기를 원하셨습니다. 자기 힘이 덜 들어가는 형태를 원하셨습니다. 지팡이로 반석을 치기보다 반석에게 명하기만 하는 것을 통해 하나님의 능력을 보이기를 원하셨습니다. 그러나 모세는 반석을 두 번이나 쳤습니다. 이전보다 퇴보한 것입니다. 자기 힘을 두 배나 더 많이 쓴 것입니다.

하나님의 일은 내 힘으로 이뤄지는 것이 아닙니다. 나는 순종하면 됩니다. 그러면 하나님께서 하나님 나라가 임하게 하십니다. 사람들의 마음도 바꾸시고 형편도 바꾸십니다. 우리 힘을 모두 합쳐 봐야 하나님 힘 하나를 못 당합니다. 논에 아무리 물을 댄들 하늘에서 내리는 비만 할까요? 보일러를 아무리 세게 튼들 여름 햇볕 같을까요? 수채화를 아무리 크고 예쁘게 그린들 하나님 주신 만물 그 자체만 할까요?

하나님의 일꾼들은 점점 더 내 힘을 빼야 맞습니다. 사실 비느하스는 모세보다 힘을 더 썼습니다. 민수기 25장입니다. "이스라엘 자손의 온 회중이 회막 문에서 울 때에 이스라엘 자손 한 사람이 모세와 온 회중의 눈앞에 미디안의 한 여인을 데리고 그의 형제에게로 온지라 제사장 아론의 손자 엘르아살의 아들 비느하스가 보고 회중 가운데에서 일어나 손에 창을 들고 그 이스라엘 남자를 따라 그의 막사에 들어가 이스라엘 남자와 그 여인의 배를 꿰뚫어서 두 사람을 죽이니 염병이 이스라엘 자손에게서 그쳤더라"(6-8절) 했습니다. 뭔가 강력한 반작용이 있었습니다. 그러나 비느하스는 초보자 일꾼이고 모세는 베테랑 일꾼입니다. 베테랑 일꾼은 초보자와는 다른 기준이 적용됩니다. 사실 비느하스가 두 사람을 죽이던 당시에도 전체적인 지휘는 모세가 했습니다. "모세가 이스라엘 재판관들에게 이르되 너희는 각각 바알브올에게 가담한 사람들을 죽이라" 했습니다.

전체 지휘를 잘했다고 모세가 칭찬받은 것은 없습니다. 그는 이미 이 정도의 일은 할 만큼 은혜받았고 훈련받았습니다. 이제 그는 말만으로 하나님 은혜의 통로가 될 시점에 와있었습니다. 예수님이 그러하셨습니다. 그분은 말씀으로 사역하셨습니다. 때로 사람들의 믿음 정도에 따라 진흙을 이겨 눈에 바르기도 하시고 '실로암에 가서 씻으라.' 하며 보내시기도 했지만, '말씀만 하시면 내 종이 낫겠나이다.' 했던 가버나움 백부장의 고백처럼 말씀만으로 모든 사역을 하실 수 있었습니다.

하나님께서는 모세로 하여금 말로 반석에서 물을 낼 기회를 주셨습니다. 그러나 기회는 지나갔고 모세는 책망받았습니다. 우리는 기회가 주어질 때 믿음으로 반응합시다.

모세의 실패는 이스라엘의 실패로 이어졌습니다. 106편 34절입니다. "그들은 여호와께서 멸하라고 말씀하신 그 이방 민족들을 멸하지 아니하고" 아멘. 이스라엘은 하나님 말씀에 순종하지 못했을 뿐만 아니라 그들과 섞였고 그들에게 배우기까지 했습니다. 우상을 섬기는 그들의 신학은 철저히 자기중심적이었고 자기 행위에 기초했습니다. 정안수[정화수] 떠 놓고 새벽마다 비는 식이었습니다. 지성이면 감천이라는 식이었습니다.

자기 행위를 의지하는 종교는 어디까지 갔습니까? 37절입니다. "그들이 그들의 자녀를 악귀들에게 희생제물로 바쳤도다" 아멘. 자식을 제물로 바치는 방식은 하나님께서 예수님을 제물 삼으시는 것과 동일합니다. 마귀는 사람들로 하여금 그들의 자식을 제물 삼게 가르쳤습니다. 하나님께서는 비록 아브라함에게 이삭을 바칠 것을 명하셨으나 양으로 대속하심으로 아브라함이 이삭을 바치는 것을 막으셨습니다. 하나님께서는 품 안의 독생자를 제물 삼으심으로 우리의 구원을 이루셨습니다. 그러나 마귀는 자신을 섬기는 사람들이 자기 자식 바칠 것을 강요합니다. 하나님과 마귀의 차이가 여기에 있습니다. 하나님께서는 우리 구원을 위해 예수님을 제물 삼으셨지만, 마귀는 너희가 잘 되려면 너희 자식을 바치라 명합니다.

천지를 지으신 하나님은 우리 구원을 당신의 힘으로 이루십니다. 마치 잠언에 소개된 지혜가 많은 것을 준비한 다음 잔치에 초대하는 것과 같습니다. 그러나 마귀는 아무것도 준비하지 않고 "도둑질한 물이 달고 몰래 먹는 떡이 맛이 있다"(9:17) 하는 미련한 여인과 같습니다. 마귀를 섬기는 종교는 으리으리한 신전을 지어놓고 사람들에게 위협적이지만, 예수님을 주로 모시는 교회는 성도들이 교회라며 건물에 무게중심을 두지 않습니다. 그래서 교회가 건물에 무게중심을 두다 보면 건물이 시험 거리가 될 때가 많습니다.

자기 행위로 마귀를 섬기면 어떻게 될까요? 땅을 더럽히고 자신을 부정하게 만들며 행동이 음란해집니다. 38-39절입니다. "무죄한 피 곧 그들의 자녀의 피를 흘려 가나안의 우상들에게 제사하므로 그 땅이 피로 더러워졌도다 그들은 그들의 행위로 더러워지니 그들의 행동이 음탕하도다" 아멘. 내 힘으로 내가 하고, 내 돈 내가 쓰니 간섭하지 말라지만, 내 힘, 내 돈, 내 행동, 내 자랑으로 나도 더러워지고 온 땅이 하나님을 떠납니다. 그래서 우리는 예수 그리스도를 자랑하고, 하나님을 향하며, 하나님 역사의 통로가 되려 하고, 성령의 인도에 순종하려 합니다.

하나님 백성이 자기 행위를 의지하며 마귀를 섬기면 어떻게 될까요? 마귀의 밥이 됩니다. 40-42절입니다. "그러므로 여호와께서 자기 백성에게 맹렬히 노하시며 자기의 유업을 미워하사 그들을 이방 나라의 손에 넘기시매 그들을 미워하는 자들이 그들을 다스렸도다 그들이 원수들의 압박을 받고 그들의 수하에 복종하게 되었도다" 아멘. 이스라엘 백성이 우상을 숭배한다고 해서 우상으로부터 대접받는 일은 없습니다. 조롱과 압박을 받을 뿐입니다. 우리가 죄를 짓는다고 세상 사람들이 우리를 친구로 부르거나 같은 죄인이라고 높여주는 일은 없습니다. '예수 믿는 것들도 별것 아니네.' 하며 조롱하고 무시합니다. 우리의 가치는 거룩할 때 빛납니다. 하나님 말씀에 순종할 때 우리의 가치는 가장 빛납니다.

하나님께서는 이스라엘이 마귀를 섬기다가 회개하면 구원해주셨습니다. 그들이 이방에게 조롱과 무시를 당하다가 실상을 깨닫고 돌이키면, 다시 백성의 지위, 거룩한 자리를 회복시켜 주셨습니다. 그러기를 여러 번 하셨습니다. 그러면 다시는 우상을 숭배하거나 자기 행위를 의지하거나 하는 일이 없어야 했는데 그러지 못했습니다. 거듭 어긋났습니다. 43-46절입니다. "여호와께서 여러 번 그들을 건지시나 그들은 교묘하게 거역하며 자기 죄악으로 말미암아 낮아짐을 당하였도다 그러나 여호와께서 그들의 부르짖음을 들으실 때에 그들의 고통을 돌보시며 그들을 위하여 그의 언약을 기억하시고 그 크신 인자하심을 따라 뜻을 돌이키사 그들을 사로잡은 모든 자에게서 긍휼히 여김을 받게 하셨도다" 아멘.

실패와 구원을 거듭 경험한 하나님 백성은 이제 어떠해야 할까요? 자기 행위와 자랑을 버리고 하나님께 감사하고 하나님을 찬송하는 쪽으로 나아가야 합니다. 자기가 한 것 내세워 봤자 망하는 일밖에 없기 때문입니다. 47-48절입니다. "여호와 우리 하나님이여 우리를 구원하사 여러 나라로부터 모으시고 우리가 주의 거룩하신 이름을 감사하며 주의 영예를 찬양하게 하소서 여호와 이스라엘의 하나님을 영원부터 영원까지 찬양할지어다 모든 백성들아 아멘 할지어다 할렐루야" 아멘.

하나님의 역사는 오늘도 자기 힘을 의지하는 않는 사람, 새벽마다 부르짖으며 하나님의 구원을 기다리는 사람, 하나님께서 일하실 것을 믿고 후일을 계산하지 않는 사람, 사람들 보기에는 바보스럽지만 하나님 보실 때는 지혜로운 사람들을 통해 이뤄집니다. 아내가 아플 때 '한 때, 두 때, 반 때' 라 했습니다. 일 년간 힘들었고, 이년 간은 더 힘들었습니다. 마지막 반 때는 좀 수월합니다. 106편 즉 제4권의 마지막 두 구절을 다시 봅니다. "여호와 우리 하나님이여 우리를 구원하사 여러 나라로부터 모으시고 우리가 주의 거룩하신 이름을 감사하며 주의 영예를 찬양하게 하소서 여호와 이스라엘의 하나님을 영원부터 영원까지 찬양할지어다 모든 백성들아 아멘 할지어다 할렐루야" 아멘.

과연 '다윗 왕국' 이 망하지 않고 이어지며, 과연 '다윗 언약' 이 이뤄질 것인가? 나라가 망했는데도 이뤄질 것인가? 이뤄집니다. 하나님께서는 위태한 순간에도 불구하고 언약이 이뤄지게 하셨습니다. 이뤄지는 과정에서 백성이 포로로 끌려가는 등 어려움이 많았지만, 곳곳에서 돌아옵니다.

이번 통독은 제5권의 첫 세 시편까지입니다. '다윗 왕국의 완성' 부분입니다. 107편은 1-3절입니다. 제4권의 마지막과 잘 연결됩니다. "여호와께 감사하라 그는 선하시며 그 인자하심이 영원함이로다 여호와의 속량을 받은 자들은 이같이 말할지어다 여호와께서 대적의 손에서 그들을 속량하사 동서남북 각 지방에서부터 모으셨도다" 아멘. 108편 5절입니다. "하나님이여 주는 하늘 위에 높이 들리시며 주의 영광이 온 땅에서 높임 받으시기를 원하나이다" 아멘. 시편 109편은 베드로가 가룟 유다의 몫과 관련하여 인용한 구절이 있습니다. 8절입니다. "그의 연수를 짧게 하시며 그의 직분을 타인이 빼앗게 하시며" 아멘. 하나님 나라 완성에 '기업의 올바른 분배' 가 있습니다.

우리가 살아가면서 하나님의 도우심과 버리심을 경험합니다. 이때 과연 내게 주신, 우리에게 주신 약속은 성취될까? 의문스러워집니다. 기쁨이 사라집니다. 그때 우리는 '엎치락뒤치락' 하는 과정에서도 결국 선택된 아담, 이삭, 야곱, 레아, 유다, 다윗을 생각합니다. 십자가에 달리신 예수님을 생각합니다. 역사 속의 인물들, 루터와 칼뱅을 생각합니다. 우리 믿음의 선배들을 생각합니다. 분명 엎치락뒤치락하는 과정이 있습니다. 그러나 하나님의 약속을 믿고 끝까지 찬송과 감사를 붙잡는 이들은 하늘 기업을 받습니다. 그 축복이 있으시기를 바랍니다.

하나님의 약속이 이뤄지기까지 검증되는 과정이 있습니다. 이 과정에는 도우심도 있지만 버리심도 있습니다. 어떤 순간이라도 하나님의 인자하심과 선하심을 의지하는 우리가 되기를 바라며, '변치 않는 믿음' 를 구합니다.

질의와 응답

하나. "마태복음의 다섯 강화와 시편 다섯 권이 구조적으로 어떻게 연결될까요?"

시편 1권은 산상수훈과 잘 연결됩니다. 시편 1권의 '복 있는 자'는 표현과 개념 측면에서 산상수훈 '팔복'의 배경이 됩니다. 마태복음 10장의 '제자 파송 강화'에서 '제자'는 하나님 나라 발전에서 핵심 인물들이라고 할 수 있기에, 시편 2권의 '고라 자손'과 잘 연결됩니다. 다윗 왕국의 쇠퇴와 '천국 강화'가 어떻게 연결될지는 좀 더 생각해봐야겠지만, '천국 비유'에 담긴 이상함(strangeness)이라는 요소는 다윗 왕국의 '독특한 쇠퇴'와 연결될 여지가 있습니다. 마태복음 18장의 '공동체 강화'와 24-25장의 '종말 강화'는 시편 4-5권의 다윗 왕국의 '회복과 완성' 주제와 잘 연결됩니다.

둘. "레아가 '눈이 예쁜 자'인가요?"

제3과에서 자세히 설명한 것처럼, 레아에 대한 표현인 "시력이 약하고"는 '눈이 아름다운 것'으로 이해하는 게 더 맞겠습니다. 이 단어가 창세기 18장 7절에는 '기름지고'로, 이사야 47장 1절에는 '곱고'로 번역되었습니다.

셋. "엎치락뒤치락에서 '위태했다. 그러나' 이렇게 표현하셨는데, 예를 하나 들어주시겠어요?"

저의 선친은 통합 측 교회 장로님이셨습니다. 그런데 제가 합동 측 신학교를 졸업하고 합동 교단 목회자가 되었습니다. 총신대 교수가 되기 어려운 사람인데, 교수가 되었습니다.

Weekly Reading

30

시편 110-130편

"충분합니다"

시 110-112편	시 113-115편	시 116-118편	시 119-121편	시 122-124편	시 125-127편	시 128-130편

check

이번 통독은 110편으로 시작합니다. 신약성경에서 자주 인용되는 시편이죠. 예수님이 보좌 우편에 계심을, 장차 오셔서 원수들을 심판하실 것임을 알려주시는 시편입니다. 그리스도께서 '다윗의 자손' 이시지만, 동시의 '다윗의 주님' 이심을 알려줍니다. '멜기세덱의 반차[서열]' 라고 하는 특별한 반차가 '우리의 큰 대제사장' 이신 예수님과 관계됨을 알려줍니다. 3절의 "새벽 이슬 같은 주의 청년들"은 매우 사랑받았던 표현입니다. 이처럼 중요하고 사랑을 많이 받은 110편에서 출발하여 '성전에 올라가는 노래' 가운데 하나인 130편으로 마무리됩니다. 성전에 올라가는 노래는 120-134편까지 모두 열다섯 편입니다.

성경에서 가장 짧은 117편과 가장 긴 119편이 포함됩니다. 117편입니다. "너희 모든 나라들아 여호와를 찬양하며 너희 모든 백성들아 그를 찬송할지어다 우리에게 향하신 여호와의 인자하심이 크시고 여호와의 진실하심이 영원함이로다 할렐루야" 아멘. 119편은 '알파벳 시' 라고 불리지요. 히브리어 알파벳 스물두 개 각각에 여덟 행씩 배정되어 노래가 구성됩니다. 22×8=176이지요. 그래서 176절입니다. 율법, 말씀, 규례로 충분합니다. 주님으로 충분하고, 말씀으로 충분하고, 성전으로 충분합니다.

충분합니다.

I.

주님으로 충분합니다.
말씀으로 충분합니다.
성전으로 충분합니다.

능력, 충분합니다.
은혜, 충분합니다.
사랑, 충분합니다.

받은 것으로 충분합니다.
이미 충분히 받았습니다.
이제 남은 것은 감사와 찬송뿐입니다.

II.

오늘로 충분합니다.
어제도 충분했습니다.
내일도 충분할 것입니다.

재정, 충분합니다.
관계, 충분합니다.
만족, 충분합니다.

이미 충분히 받았습니다.
앞으로도 충분히 주실 것입니다.
제 마음에는 감사와 찬송뿐입니다.

III.

다윗 왕국으로 충분합니다.
예수님으로 충분합니다.
하나님 나라로 충분합니다.

크기, 충분합니다.
깊이, 충분합니다.
생각, 충분합니다.

해 아래에 새로운 것이 없습니다.
우리는 새로운 피조물입니다.
새 노래를 부르는 성가대입니다.

IV.
우리 교회로 충분합니다.
우리로 충분합니다.
지금도 넉넉합니다.

일꾼, 만족하겠습니다.
비전, 만족하겠습니다.
예배, 만족하겠습니다.

예수님으로 예배드리는 우리는 만족합니다.
하나님을 경외하는 우리는 만족합니다.
지금으로 충분합니다.

V.
좀 더 필요한가요, 주님?
필요하다면, 무엇이 '더' 필요한가요?
부족하다면, 무엇이 '더' 채워져야 하나요?

건물, 부족하나요?
사람, 부족하나요?
프로그램, 부족하나요?

뭘 더 지어야 하나요?
누가 더 와야 하나요?
얼마나 더 해야 하나요?

VI.
오늘로 충분합니다, 주님.
지금으로 만족합니다, 주님.
주님으로 만족합니다, 주님.

건물, 넉넉합니다.
사람, 넉넉합니다.
프로그램, 넉넉합니다.

온도를 올려 더 따뜻하게 해야 할 곳은 우리의 마음입니다.
말씀으로 밀도를 높이고 채울 곳은 우리의 머리입니다.
주님으로 인해 울고 웃을 우리 감성의 피부가 민감하게 도우소서.

VII.
안식합니다.
만족합니다.
찬송합니다.

바라지 않습니다.
부러워하지 않습니다.
감사뿐입니다.

부족한 것은 합심입니다.
필요한 것은 신뢰입니다.
우리는 주님이 필요합니다.

시편 118편은 신약성경에서 자주 인용됩니다. 22절 "건축자가 버린 돌이 집 모퉁이의 머릿돌이 되었나니"는 마태복음 21장 42절과 평행구절 등에서, 25-26절은 "여호와여 구하옵나니 이제 구원하소서 … 여호와의 이름으로 오는 자가 복이 있음이여"는 마태복음 21장 9절과 평행구절에서 예수님과 관련하여 인용됩니다.

특별히 주목하려는 17절의 경우에도 그 그림자를 고린도후서 6장 9절에서 읽을 수 있습니다. 바울은 사역자로서 자신의 상태를 묘사하면서 "무명한 자 같으나 유명한 자요 죽은 자 같으나 보라 우리가 살아 있고 징계를 받는 자 같으나 죽임을 당하지 아니하고"라고 하였습니다. 여기서 "죽은 자 같으나 보라 우리가 살아 있고"에서 우리는 17절을 읽을 수 있습니다. 더불어 "징계를 받는 자 같으나 죽임을 당하지 아니하고"라는 표현은 18절에서 읽을 수 있습니다. "여호와께서 나를 심히 경책하셨어도 죽음에는 넘기지 아니하셨도다" 하였습니다.

복음성가 가사로도 사용된 17절 "내가 죽지 않고 살아서 여호와께서 하시는 일을 선포하리로다"를 제가 원문에 기초하여 좀 다르게 번역해 봅니다. "내가 죽지 않아 생명이 있다면 나는 여호와께서 하신 일을 세어볼 것이다." 죽지 않고 살아 있다기보다는 죽지 않았기에, '아직' 죽지 않았기에, 살아있는 상태라는 것을 "내가 죽지 않아 생명이 있다"로 표현해보았고, '사파르' 라는 단어가 '선포' 라는 개념보다 '셈하다, 세어보다' 라는 개념을 기본적으로 가지고 있다는 점을 고려하여 "여호와께서 하신 일을 세어볼 것이다"로 번역해보았습니다.

예수님을 생각해보아도, 바울 사도를 생각해봐도, 특별히 '고통 중에', '미워하는 자들 가운데', '뭇 나라가 벌들처럼 에워싼 가운데', '넘어지려 할 뻔했다.' 이렇게 말하는 시편 기자를 생각해 볼 때, 이 노래를 부르는 시편 기자는 죽음을 매우 가까이에서 느끼면서 "내가 죽지 않아 생명이 있다면, 살아 있게 된다면"이라고 노래합니다.

그럼, 그가 셈해 보려는 여호와께서 하신 일은 무엇입니까? 앞 절인 16절을 보면 '권능' 의 일입니다. 뒷 절인 18절을 보면, '경책' 입니다. 권능은 구원과, '경책' 은 훈련과 관계됩니다. 구원의 권능을 이해하기 위해 13-16절을 봅니다. "너는 나를 밀쳐 넘어뜨리려 하였으나 여호와께서는 나를 도우셨도다 여호와는 나의 능력과 찬송이시오 또 나의 구원이 되셨도다 의인들의 장막에는 기쁜 소리, 구원의 소리가 있음이여 여호와의 오른손이 권능을 베푸시며 여호와의 오른손이 높이 들렸으며 여호와의 오른손이 권능을 베푸시는도다" 아멘.

다시 번역해봅니다. "13절. 너는 나를 넘어지라고 힘껏[밀고] 밀었다. 그런데 여호와께서 나를 도우셨다. 14절. 내 힘과 노래는 여호와이시다. 그리고 그분은 내게 구원이 되신다. 15절. 여호와의 오른손이 권능을 행하시니, 즐거움과 구원의 소리가 의인들의 장막[들]에 있다. 16절. 여호와의 오른손이 권능을 행하시니, 여호와의 오른손은 높이 계시도다[/찬양 받으신다].”

하나님의 구원 능력을 경험한 그의 결단이 8-9절에 있습니다. “여호와께 피하는 것이 사람을 신뢰하는 것보다 나으며 여호와께 피하는 것이 고관들을 신뢰하는 것보다 낫도다” 아멘. 다시 번역해봅니다. “8절. 사람을 의지하는 것보다는 여호와께 피하는 것이 좋다. 9절. 고상한 자들을 의지하는 것보다는 여호와께 피하는 것이 좋다.” 어려움이 있을 때 누구를 찾아가겠습니까? 수에 칠 가치가 없는 사람을 찾아가지 말고 하나님께 피하시기 바랍니다. 하나님의 권능을 알게 될 것입니다.

그러나 그때라도 하나님께서 ‘내 편’ 이라고 생각하지 마세요. 7절에 “여호와께서 내 편이 되사 나를 돕는 자들 중에 계시니”하고 번역되어있으나, 이는 번역자의 개인 신앙이 너무 많이 개입된 번역 같습니다. 본래 ‘내 편’ 이라는 말은 없고 ‘내게’ 라 하였습니다. 히브리어로 ‘리’, 전치사 ‘러’ 에 대명사 접미사 1인칭 단수를 붙였습니다. 그러니 헬라어로는 ‘에모이’, 영어로 하면 ‘to me, for me’ 정도가 되겠습니다. ‘내 편’ 이라는 우리말 번역의 뿌리는 서양의 여러 번역에서 찾아볼 수 있습니다. 루터는 ‘미트 미어(mit mir)’, ‘나와 함께’ 로 번역했고, 킹제임스 역은 taketh my part, ‘내 입장을 취하셨다’ 로 번역했습니다. 가장 최근 영어 역인 ESV와 NET 모두 on my side, 내 편이라고 번역합니다. 뭔가 주님을 위해 일한다는 사람들이 이 본문을 너무 지나치게 의존하여 하나님을 자기 편으로 두려 합니다.

그러나 여호수아 5장에 등장하는 여호와의 군대 장관이 하나님께서 우리 편이 아니심을, 우리가 하나님 편이 되어야 함을 분명하게 보여준 것처럼, 하나님은 ‘내 편’ 이 아닙니다. 우리가 하나님 편이 되어야 합니다. 시편 118편 자체에서도 계수해야 할 여호와의 행사 가운데 경책이 있다는 것을 노래함으로써 하나님께서 ‘내 편’ 이라는 주장을 할 수 없다는 것을 분명히 합니다. 18절입니다. “여호와께서 나를 심히 경책하셨어도 죽음에는 넘기지 아니하셨도다” 아멘. “18절. 여호와께서 나를 철저히 [훈련하고] 훈련하시고 나를 죽음에 넘기지는 않으신다.”

그분은 나를 경책하시는 분입니다. 어긋난 것을 바로 잡는 분이십니다. 밧세바 사건 후, 다윗에게 나단을 보내셔서 “당신이 그 사람이라” 말하게 하셨습니다. 이어지는 시편 119편을 보십시오. 1절에 “행위가 온전하여 여호와의 율법을 따라 행하는 자들은 복이 있다" 했습니다. 9절, "청년이 무엇으로 그의 행실을 깨끗하게 하리이까 주의 말씀만 지킬 따름이니이다" 했습니다. 하나님은 내 편이 아니십니다. 우리가 하나님 편이 되어야 합니다. 다윗 왕국은 우리가 하나님 편이 될 때 완성됩니다.

이제 성경에서 가장 긴 시편 119편의 첫 부분을 읽습니다.

1절. "행위가 온전하여 여호와의 율법을 따라 행하는 자들은 복이 있음이여" 아멘. 어떤 사람이 복 있는 사람일까요? 그가 행하는 방법이 온전한 사람이 아닐까요? 주께서 정해주신 방법[법]을 따라 사는 사람이 행복한 사람입니다.

2절. "여호와의 증거들을 지키고 전심으로 여호와를 구하는 자는 복이 있도다" 아멘. 또 어떤 사람이 복 있는 사람일까요? 주님이 주시는 증거들을 잘 살피고 간직하는 사람, 그 증거들을 주시는 주님께 나아가 때마다 일마다 그분이 주시는 증거를 구하는 사람이 복됩니다.

3절. "참으로 그들은 불의를 행하지 아니하고 주의 도를 행하는도다" 아멘. [주님으로부터 확인(confirmation)을 받으며 행동하기 때문에] 복된 이 사람들은 옳지 않거나 공정하지 않은 일을 하지 않습니다. 주님이 인도하시는 길로만 다닙니다.

4절. "주께서 명령하사 주의 법도를 잘 지키게 하셨나이다" 아멘. 주님 당신이 당신의 법도를 가르쳐 주심은 당신이 행하시는 그 법도를 따라서만 살았으면 하고 바라시는 뜻이겠습니다.

5절. "내 길을 굳게 정하사 주의 율례를 지키게 하소서" 아멘. 아! 당신이 내 마음에 새겨주신 말씀[율례]대로 살려면 참으로 내 가는 길들이, 나의 방법들이 견고히 세워져야 하겠습니다.

6절. "내가 주의 모든 계명에 주의할 때에는 부끄럽지 아니하리이다" 아멘. [내 행하는 일들이 견고히 서 있는] 그때에는 당신이 명하신 모든 명령[계명]에 내 관심을 집중시키고 있을 것이기에 내게 부끄러움이 없겠습니다.

7절. “내가 주의 의로운 판단을 배울 때에는 정직한 마음으로 주께 감사하리이다” 아멘. [그러기에] 당신의 의로움에 기초한 원칙[판단 혹은 규례]들을 배울 때마다 제 마음속의 올곧은 부분들이 당신께 감사를 드린답니다.

8절. “내가 주의 율례를 지키오리니 나를 아주 버리지 마옵소서” 아멘. 당신이 내 마음에 새겨주신 말씀을 지키며 살겠사오니 제가 심각한 지경에 이를 때까지 버려두지 마옵소서.

내 생활의 모든 부분이 오직 하나님이 바르게 보시는 대로만 살게 된다면 좋겠습니다. 그러나 그것이 그렇게 쉽게, 짧은 시간 안에 이루어질 것이 아니므로, 깨닫게 해주시는 만큼은 내 마음에 잘 간직하여 주님이 원하시는 방법대로 살아가겠습니다. 그러나 아직 깨닫지 못해서 주님 뜻에 어긋나게 사는 부분이 여전히 주님 앞에 아름답지 않겠기에, 주님이 더 많이 가르쳐 주셨으면 좋겠습니다. 혹 주님이 몹시도 싫어하실 지경까지 바르지 않게 행하더라도 주님 저를 바로잡아 주옵소서. 그러면 언젠가 내 생각과 의도와 말과 행동 모든 것을 주님이 보시기에 아름답게만 행하기가 더 쉬워지는 때가 오겠지요. 저는 그 복을 사모합니다.

9절. “청년이 무엇으로 그 행실을 깨끗하게 하리이까 주의 말씀만 지킬 따름이니이다” 아멘. 어떻게 하면 아직 부족한 것이 많은, 그러나 한편 힘과 의욕이 넘치는 젊은 사람이 자신이 행하는 일마다 정확하고 깨끗하게 할 수 있을까요? 바로 조심스레 당신의 말씀과 방법대로 사는 것이겠습니다.

10절. “내가 전심으로 주를 찾았사오니 주의 계명에서 떠나지 말게 하소서” 아멘. 나의 온 맘 다해 당신을 필요로 하며 당신께 여쭙겠사오니, 당신이 내게 기대하며 명령하시는 것[계명]을 벗어나지 않도록 나를 도우소서.

11절. “내가 주께 범죄하지 아니하려 하여 주의 말씀을 내 마음에 두었나이다” 아멘. 주님, 저는 당신을 거역하지 않으려고 당신이 하신 말씀마다 내 마음에 소중하게 간직하고 있습니다.

12절. “찬송을 받으실 주 여호와여 주의 율례들을 내게 가르치소서” 아멘. 주님, 당신은 찬양받으실 분이십니다. 당신이 작정하신 일[율례]들을 내게 가르쳐 주소서.

13절. "주의 입의 모든 규례들을 나의 입술로 선포하였으며" 아멘. 내 입술로는 당신이 가르쳐 주신 당신의 모든 기준을 거듭 말합니다.

14절. "내가 모든 재물을 즐거워함 같이 주의 증거들의 도를 즐거워하였나이다" 아멘. 저는 당신이 옳다고 인정해주신 방법들을, 모든 것이 잘 준비되어 넉넉한 상태를 기뻐함같이 즐거워합니다.

15절. "내가 주의 법도들을 작은 소리로 읊조리며 주의 길들에 주의하며" 아멘. 주님이 제게 주신 분깃[법도]을 잘 헤아리며 내가 가고 있는 길이 그 분깃을 따라 행해지고 있는지 주의 깊게 살펴보겠습니다.

16절. "주의 율례들을 즐거워하며 주의 말씀을 잊지 아니하리이다" 아멘. 당신이 작정하신 일[율례]들이 온통 나를 지배함으로 당신의 말씀이 시들지 않도록 하겠습니다.

주님, 저는 아직 부족한 것은 많은, 힘은 넘치지만 동시에 잘못 갈 가능성도 많은 청년입니다. 그러나 저는 주님이 보여주신 옳은 길들을 내 마음으로는 기쁨으로 간직하며 내 입술로는 쉼 없이 되새기는 청년입니다. 동시에 저는 주님이 작정하신 일들이 이루어지기를 원하는 청년입니다. 그래서 찬송 받으실 당신께서 제게 당신의 계획을 가르쳐 주셨으면 하는 소원이 있습니다. 당신의 계획을 제게 가르쳐 주신다면 저는 그 계획이 이루어지기까지 다른 것은 생각하지 않겠습니다. 오직 당신이 작정하신 일만을 주목하겠습니다. 내 가는 길이 그 계획의 성취를 위한 것인지를 늘 점검하겠습니다.

이제는 시편 119편의 65-80절을 통해, 말씀과 관계된 다양한 표현을 살펴보겠습니다. 하나님의 말씀을 가까이하면 말씀이 매우 다양하게 다가옵니다. 생선을 구워도 먹고 탕으로도 먹고 찜으로도 먹고 회로도 먹는 것처럼, 하나님이 말씀이 매우 다양하게 표현됩니다. 66절과 73절에서는 '계명' 이라는 표현이 나옵니다. 이 단어는 '명령하신 것' 을 의미합니다. 하나님의 말씀이 명령으로 다가옵니다. 시인은 이 명령을 66절에서는 '믿는다, 신뢰한다' 고 말합니다. 하나님의 명령을 신뢰하기에 '좋은 명철과 지식' 을 가르쳐달라 기도합니다. 뭘 먹어야 좋을지, 뭘 맛봐야 좋을지, 뭘 알아야 좋을지 가르쳐달라고 합니다. 말씀 속에서 삶의 지표를 찾고 있습니다. 밥을 먹을지, 빵을 먹을지, 반찬은 뭘 먹을지 여쭙고 있습니다. 삶에서 일어나는 일거수일투족을 여쭈어 행하고자 합니다. 밥솥의 밥물을 맞출 때도, 수학 문제를 풀 때도 여쭙습니다. 73절에서는 계명들을 배우게 해달라 기도합니다. 이유는 주님의 손이 나를 만들고 세우셨기 때문입니다. 주님의 손으로 저를 지으셨습니다. 그러니 주님이 명하시는 바를 배울 필요가 있습니다. 주님이 창조주이시기 때문입니다. 사람도 사용설명서가 필요합니다. 그 사용설명서를 잘 알면 많은 것을 잘 할 수 있습니다. 그러므로 계명을 배우겠다고 말합니다.

두 번째로 67절과 76절에서 '말씀' 이라 표현된 '말' 이 있습니다. 한 마디, 두 마디 하신 '구체적인 말' 을 가리킵니다. 한두 마디 하신 말씀은 그냥 지나갈 수 있을 것 같습니다. '천천히 먹어라, 꼭꼭 씹어 먹어라, 일찍 자라' 하는 말은 늘 듣는 말입니다. 명령이나 계명이라고 부르기에는 너무나 일상적입니다. 그런데 이 말씀을 간직하겠다고 다짐합니다. 67절입니다. "고난 당하기 전에는 내가 그릇 행하였더니 이제는 주의 말씀을 지키나이다" 아멘. '고난 당한다' 는 말은 '가난해진다, 잠잠해진다, 마음이 낮아진다' 하는 것을 의미합니다. 시시콜콜한 말씀들을 무시했는데도 이런저런 고충을 겪다 보니, 하나님의 말씀이라는 것이 어느 것 하나라도 무시하면 안 된다는 것을 깨닫습니다. 이런저런 작은 실수를 통해, 하나님께서 지나가며 하시는 말씀과 같은 것이라 해도 잘 간직하겠다는 결심이 섭니다.

다음 76절은 긴 설명이 필요합니다. "구하오니 주의 종에게 하신 말씀대로 주의 인자하심이 나의 위안이 되게 하시며" 아멘. 여기서 '위안(慰安)' 으로 번역된 단어는 '후회(後悔)' 라는 개념이 기본 개념입니다. '위로' 가 필요한 상태는 '조정' 이 필요한 상태입니다. 후회는 상태를 되돌리려는 마음가짐이고 위로는 상태를 유지하려는 마음가짐입니다. 번역자는 주님의 인자하심을 위로로 삼으려 합니다. 그러나 인자하심을 후회와 연결될 수도 있습니다. '주님의 인자하심' 이 인생의 기본 성품은 아니기 때문입니다. 주님의 인자하심이 위로가 된다는 말은 주님이 나를 사랑하시기 때문에 불완전한 상태에 있지만 안정을 찾겠다는 말입니다. 주님의 인자하심으로 인해 후회한다는 말은 주님처럼 사랑하지 못한 나 자신을 돌아보고 상태를 되돌리겠다는 말입니다. 니느웨 사람들이 회개하자 하나님께서 인자를 베푸셨습니다. 이에 대한 요나의 반응은 후회였습니다. 하나님의 인자와 반대방향의 후회였죠. 그들이 망하기를 바랐는데, 인자를 베푸신 하나님으로 인해, 그들에게 심판을 선고하신 것을 후회하신 하나님으로 인해 말씀을 전한 것을 후회해버렸습니다. 그러나 하나님은 요나가 자신의 인자함을 가지고 심판 선언에 대해 후회하기를 바라셨습니다. 그래서 76절은 이렇게 번역될 수 있습니다. "당신의 인자하심이 계심으로 제가 후회하기를 원합니다. 당신의 종에게 당신께서 얘기하신 대로 말입니다." 한두 마디 하신 말씀을 따르지 않아 실수하고 어긋났던 많은 일들로 인해 후회하겠다고 말합니다. 하나님의 말씀이 사랑과 자비에 기초하고 있기 때문입니다. 나뿐 아니라 인류를 향한 사랑과 자비에 기초하고 있기 때문입니다. 나만 사랑하시는 것이 아니라 의인들을 사랑하시고 죄인들이라 하더라도 회개하기를 바라시는 하나님이시기 때문입니다.

세 번째로 '율례' 라는 단어가 있습니다. '새기다' 라는 단어에서 나온 단어입니다. 돌비에 새기는 것처럼 확실하게 명문화된 말씀을 가리킵니다. 68절, 71절, 80절에 나옵니다. 68절에서는 주님의 선하심을 말합니다. 주님은 선하시고 잘 대해주십니다. 그래서 주님이 새기신 율례를 가르쳐 달라고 말합니다. 주님의 선하심을 배우고 싶다는 말입니다. 71절에서는 '고난 당한 것이 유익이라' 면서 율례를 배웠다고 말합니다. 시인은 70절에 있는 '마음이 살져서 기름진 이들' 과 자신을 비교합니다. 자신은 마음에 기름 낄 틈이 없습니다. 주님이 낮추시기 때문입니다. 그런데 낮아져 보니 낮아지는 시간이 자신에게 유익했습니다. 이유는 낮아지면서 주님이 새기신 율례를 배웠기 때문입니다. 낮아지는 시간에 교육이 이뤄집니다. 마음에 기름이 끼지 않았기 때문입니다. 80절에서는 자신의 마음이 주님이 새기신 율례 안에서 온전케 되도록 해달라고 기도합니다. 그래야 자신이 수치스럽지 않을 거라 말합니다. 율례란 '새겨질 만큼 확실한 주님의 뜻' 입니다. 율례에 대한 배움, 배움에 대한 갈망, 율례 안에서의 완전함이 표현됩니다. 무엇이든 확실해지려면 시간이 걸립니다. 특별히 명문화된 뜻 안에 온전히 붙들리려면 시간이 걸립니다.

네 번째 표현은 '법도' 입니다. 법도란 하나님이 중시하시는 것입니다. 전문가일수록 법도가 있습니다. 차를 마시는 데는 다도(茶道)가 있습니다. 마찬가지로 하나님께서도 중요하게 생각하시는 법도가 있습니다. 혼인 잔치에 예복을 입고 오지 않았다고 쫓아내시는 분입니다(마 22:13). 혼인 잔치에 참여할 다섯 처녀가 기름을 준비하지 않아 늦었다고 하여 문을 열어주지 않는 분입니다(마 25:10-12). 그분에게는 마음의 태도가 중요합니다. 진심이 중요합니다. 법도는 69절과 78절에 나옵니다. 69절을 보면, 시편 기자는 자신이 교만한 자들에게 영향을 받았음을 고백합니다. '지나치게 행하는, 뻐기는 이들' 입니다. 이들이 거짓된 것을 시인에게 발랐다고 고백합니다. 그러나 그들의 말과 끼친 영향이 거짓에서 비롯된 것임을 깨닫습니다. 깨닫고 보니 하나님의 법도를 주의 깊게 간직하는 것이 얼마나 중요한지 깨닫습니다. 법도는 '면역력' 입니다. 78절에서는 자신이 교만한 자들로 인해 어긋나기까지 했다고 고백합니다. 그들이 거짓으로 자신을 왜곡시켰기에 그들을 부끄럽게 해달라고 요청합니다. 그러면서 자신은 하나님께서 중시하시는 법도들을 이루겠다고 말합니다. 이제 그는 거짓에 물들지 않도록 태도를 바꿀 것입니다.

다섯째로는 율법이 있습니다. 일반적으로 잘 알려진 단어입니다. 토라입니다. '던지다' 라는 의미를 가진 단어에서 나왔습니다. 토라는 던져진 것입니다. 하나님께서 하늘에서 던져 돌판에 새기신 것입니다. 예레미야는 '던져진' 선지자입니다. 이스라엘 백성에게 율법은 '던져진' 것입니다. 그들이 기대했던 것이 아닙니다. 하나님께서 그들에게 가장 좋은 것을 던져주셨습니다. 지키면 생명 되는 법입니다. 70절을 보면 시인은 자신이 주님의 법, 율법을 즐거워한다고 고백합니다. 지나치게 행하며 뻐기는 자들의 마음은 기름처럼 번들거립니다. 그러나 자신은 하나님의 율법을 즐거워합니다. 내가 가진 것으로 자랑하지 않습니다. 하늘에서 내리는 비처럼, 하나님께서 주신 율법을 즐거워합니다. 72절에서는 하나님의 율법을 금과 은, 천 개와 비교합니다. '천' 은 많다는 말입니다. 가장 많은 수효의 금과 은보다 하나님께서 던져주신 율법이 더 좋다고 고백합니다. 율법이 생명이기 때문입니다. 금과 은, 천 개로도 살 수 없는 생명을 율법으로 살 수 있기 때문입니다. 그리고 77절에서는 결국 자신의 기쁨이 율법에 있을 것이라 고백합니다. 율법은 긍휼로 주어진 것이라 말합니다. "당신의 긍휼이 제게 임하게 하소서. 그러면 제가 살겠나이다. 결국 제 기쁨이 당신의 율법에 있겠나이다." 이렇게 고백합니다.

여섯째로 74절의 '말씀'이 있습니다. 두 번째 얘기했던 '말'과 다릅니다. 이 '말씀'은 일도 되고 행동도 됩니다. 시인은 하나님의 말씀, 일과 행동으로서의 말씀을 기다린다고 말합니다. 그리고 이러한 '기다림'이 하나님을 경외하는 이들이 자신을 보고 기뻐할 이유라고 말합니다. 74절입니다. "주를 경외하는 자들이 나를 보고 기뻐하는 것은 내가 주의 말씀을 바라는 까닭이니이다" 아멘. 이 말씀은 하나님의 행동입니다. 하나님의 일하심입니다. 사람의 말과 도움을 기다리지 않습니다. 하나님의 간섭을 기다립니다. 막막할 때에라도 하나님의 일하심을 기다립니다.

일곱째로 '심판'이라 번역된 단어가 있습니다. 75절입니다. "여호와여 내가 알거니와 주의 심판은 의로우시고 주께서 나를 괴롭게 하심은 성실하심 때문이니이다" 아멘. 여기서 '심판'이라 번역된 단어는 본래 『개역성경』에서 '공의'라고 번역되었던 단어입니다. '법에 근거한, 법에 부합되는 의'입니다. 하나님의 판단입니다. 어떤 일이 발생했을 때 하나님께서는 법에 기초하여 판단하십니다. 하나님의 판단에 대해 시인은 그것이 의롭다고 평가합니다. 75절에서 "주께서 나를 괴롭게 하심은 성실하심 때문이니이다" 하고 말합니다. 하나님께서 시인 자신을 진실하게 낮추십니다. 하나님의 법은 의롭고 하나님은 시인 자신을 진실하게 다루신다고 고백합니다. '공평하지 않다.' 하는 말을 하지 않습니다. 공평하다고 말합니다. 성실하게 법대로 판단하셨고 대접하셨다고 말합니다.

마지막으로 여덟째로 나오는 표현은 '증거'입니다. 79절에 있습니다. "주를 경외하는 자들이 내게 돌아오게 하소서 그리하시면 그들이 주의 증거들을 알리이다" 아멘. '증거'란 표징과 같은 것입니다. 하나님의 뜻을 보여주는 것들입니다. 하나님께서 원하시는 바가 무엇인지 보여주는 하나님의 말씀과 현실 속에 주어지는 표징입니다. 시인은 하나님을 경외하는 이들을 자신에게 돌아오게 하시면, 그들이 하나님의 증거를 알게 될 것이라 말합니다. 이 말에는 자신에게 하나님의 뜻이 무엇인지를 보여주는 표징이 있고 선포가 있다는 의미가 포함되어 있습니다. '증거를 대봐.' 하는 질문에 대해, '이게 증거야.' 하고 보여줄 수 있는 것이 증거입니다.

이처럼 하나님께서 명하신 계명과, 하나님의 일상적인 말씀과, 새겨진 율례와, 기본적으로 중시되는 법도와, 던져주신 율법과, 행위와 일로 주어지는 말씀과, 법에 기초한 판단과, 표징처럼 쓸 수 있는 증거에 집중하면서도 시인은 하나님의 '인자와 긍휼' 로 하나님 말씀을 특성을 요약합니다. 76-77절입니다. "구하오니 주의 종에게 하신 말씀대로 주의 인자하심이 나의 위안이 되게 하시며 주의 긍휼히 여기심이 내게 임하사 내가 살게 하소서 주의 법은 나의 즐거움이니이다" 아멘. 이미 설명한 것과 같이, 시편 기자는 주님의 인자하심으로 인해 자신이 후회하고 싶다고 말했습니다. 주님의 긍휼이 임해야 자신이 산다고 말합니다. 다양한 형태의 말씀이 긍휼로 임하고 하나님의 뜻이 분명해짐으로 자신이 회개하고 싶다고 고백하는 것입니다. 말씀의 매우 다양한 측면을 잘 알고 있고 간직하고 지키지만, 그 과정에서 분명하게 깨닫는 한 가지는 하나님의 말씀 속에 담긴 하나님의 사랑과 긍휼로 자신이 살고 자신이 개조된다는 것입니다.

시편 119편은 이러한 시인의 고백이고 간증이며 선포입니다. 반복되는 것 같지만 삶의 여러 정황을 담고 있습니다. 똑같은 것 같지만 말씀의 여러 모습을 경험했습니다. 많은 것을 경험했지만 결론은 하나님의 '사랑과 긍휼' 로 자신과 하나님의 백성들이 생명 가운데 거한다는 진리입니다. 하나님의 말씀을 먹고 지키면서 우리 안에도 동일한 깨달음이 있기를 바랍니다. 그래서 더욱 인자한 사람, 긍휼이 풍성한 사람이 되기를 바랍니다. 하나님의 사랑으로 넉넉한 우리가 되기를 바랍니다.

그럼, 65-80절을 풀어서 표현해봅니다.

65절. 여호와여, 당신이 말씀하신 대로 당신의 종에게 좋은 것을 베풀어주셨습니다.

66절. 뭘 먹어야 좋을지, 뭘 맛봐야 좋을지, 뭘 알아야 좋을지 가르쳐주십시오. 제가 당신이 명하신 계명을 신뢰하기 때문입니다.

67절. 가난해지기 전에는, 잠잠해지기 전에는, 마음이 낮아지기 전에는 제가 실수가 많았습니다. 하나 이제는 당신의 말씀을 간직합니다.

68절. 당신은 선하십니다. 잘 대해주십니다. 주님의 새겨진 것, 율례들로 저를 가르쳐주십시오.

69절. 지나치게 행하며 뻐기는 이들이 거짓된 것을 제게 발랐습니다. 하나 저는 당신이 중시하시는 법도를 주의 깊게 간직합니다.

70절. 그들의 마음은 기름처럼 번들거립니다. 저는 당신의 율법(던져 주신 바)을 즐거워합니다.

71절. (제 마음에는 기름 낄 틈이 없네요. 주님이 낮추시기 때문이죠.) 낮아지는 시간이 저게는 유익합니다. 당신이 새기신 율례들을 배우기 때문입니다.

72절. 당신의 율법이 금과 은, 천 개보다 제게는 더 좋습니다.

73절. 당신이 손으로 저를 지으시고 세우셨습니다. 그러니 저를 깨닫게 해주십시오. 그러면 제가 당신이 명하신 계명을 배우겠습니다.

74절. 당신을 경외하는 이들이 저를 보고 기뻐하게 하소서. 제가 당신의 말씀을 기다리기 때문입니다.

75절. 제가 아는 것은 당신의 공의(판단)가 의롭고 당신이 저는 진실하게 낮추신다는 것입니다. 당신의 법은 의롭고 당신은 저를 진실하게 다루십니다.

76절. 당신의 인자하심이 계심으로 제가 후회하기를 원합니다. 당신의 종에게 당신께서 얘기하신 대로 말입니다.

77절. 당신의 긍휼이 제게 임하게 하소서. 그러면 제가 살겠나이다. 결국 제 기쁨이 당신의 율법에 있겠나이다.

78절. 지나친 이들을 부끄럽게 하십시오. 그들이 거짓으로 왜곡시켰기 때문입니다. 저는 당신이 중시하시는 법도들을 이루겠나이다.

79절. 당신을 경외하는 이들은 제게 돌아오게 해주십시오. 그럼, 그들이 당신이 증거들을 알게 될 것입니다. 당신이 원하시는 바가 무엇인지 보여주는 당신의 말씀과 현실 속에 주어지는 표징입니다.

80절. 제가 수치스럽지 않도록 제 마음을 당신이 새기신 율례 안에서 온전케 해주십시오.

다윗 왕국은 '인자와 긍휼의 말씀'을 다양하게 경험하는 이들을 통해 완성됩니다. 이제 '성전에 올라가는 노래'인 시편 126편을 살펴봅니다.

하나님께서 구원받은 백성인 이스라엘 족속에게 주신 세 가지 절기가 있습니다. 첫째가 유월절입니다. '유월(踰越)'이란 '넘어가다'를 의미합니다. 하나님의 은혜로 재앙은 지나가고, 바로의 통치 아래에서 고통 중에 소망 없이 살 수밖에 없었던 그들을 하나님이 구원해주신 것을 기념하는 절기입니다. 둘째는 맥추절입니다. '맥'(보리)을 '추'수하는 때에 지키는 절기입니다. 처음 곡식을 거두는 시기에 있는 절기이므로 '초실절'이라고도 부릅니다. 또한 이 절기는 유월절로부터 50일이 지난 후에 있으므로 오순절(오순[五旬]은 50을 의미합니다.) 혹은 칠칠절(안식일이 일곱 번 지난 다음의 절기)이라고도 부릅니다. 세 번째 절기는 초막절로 비록 약속의 땅에서 살고 있지만, 약속의 땅에 들어오기 전, 광야에서 지냈던 40년이라는 시간을 기억하기 위한 절기입니다. 이때는 나뭇가지를 꺾어 초막을 만들고 그 안에서 거하면서 지내기 때문에 초막절이라고 부릅니다. 광야에서 지낼 때 '장'막에서 지냈던 것을 기념하기 위한 절기이므로 '수장절'이라고도 부르지요. 모든 곡식과 과일이 가장 풍성한 시기에 지키는 절기가 바로 초막절이라고 할 수 있습니다.

이 세 절기의 중요한 공통점이 있다면 일주일간 지속되는 잔치라는 점입니다. 또한 이 세 절기에는 이스라엘 족속 모두가 자신들이 지내는 처소에서 나와 하나님이 지정하신 곳(후에는 예루살렘이 되었죠)으로 모인다는 것도 중요한 공통점 중 하나입니다. 이때 부르는 노래가 '성전에 올라가는 노래'(시편 120편부터 134편까지)입니다.

지금 손에 아무것도 쥔 것이 없다고 느껴진다면 유월절을 지키는 마음으로, 이제 막 열매를 맺기 시작하고 일이 잘되어 간다고 생각되면 초실절을 지키는 마음으로, 정말 풍성하신 하나님의 은혜를 모든 면에서 풍족하게 누리고 있다면 초막절을 지키는 마음으로 이 노래를 부르면 됩니다.

1절. "여호와께서 시온의 포로를 돌려 보내실 때에 우리는 꿈꾸는 것 같았도다" 아멘. 주님의 백성들인 우리가 우리의 잘못으로 인해 어그러져 버렸습니다. 주님에게서 멀어졌고 우리의 상태는 포로로 잡힌 자와 같았었습니다. 그러나 주님은 그런 우리를 다시 회복시켜 주셨습니다. 우리의 욕심으로 주님과 멀어진 우리를 주님의 나눠주심으로 주님께 다시 다가서게 하셨습니다. 우리의 죄악으로 건강도 아름다움도 부요함도 잃어버린 우리를 다시 건강하게, 아름답고 부요하게 채워주셨습니다. 그래서 꿈인가 싶었습니다. 믿을 수가 없었습니다. 주님은 꿈같은 일을 우리에게 베풀어주셨습니다.

2절. "그 때에 우리 입에는 웃음이 가득하고 우리 혀에는 찬양이 찼었도다 그 때에 뭇 나라 가운데에서 말하기를 여호와께서 그들을 위하여 큰 일을 행하셨다 하였도다" 아멘. 그때는 웃지 않으려 해도 마음 가득한 웃음이 우리 입에 미소로 드러났습니다. 미소는 금세 함박웃음으로 바뀌었습니다. 너무 좋아 어쩔 줄을 몰라 했습니다. 이런 일을 주신 주님을 향한 감사가 깊은 곳에서 솟아나는 것을 막을 수가 없었습니다. 주님을 찬양하는 것 외의 어떤 말도 우리 혀엔 자리할 수가 없었습니다. 우리의 귀엔 우리를 부러워하는 소리가 들려왔습니다. 모든 민족 모든 사람이 '이스라엘의 하나님이신 여호와께서 저희를 위하여 정말 놀라운 일을 하셨구나' 라며 부러워하는 말소리를 들을 수 있었습니다. 물론 이 말로 인해 우리의 기쁨은 더욱 커졌고 우리의 찬양엔 담대함이 더해졌습니다.

3절. "여호와께서 우리를 위하여 큰 일을 행하셨으니 우리는 기쁘도다" 아멘. 그때 우리는 이렇게 외쳤습니다. '하나님이 우리를 위해서 큰일을 이루어 주셨어! 우리가 기대할 수 없었던 일이었어! 그런데 하나님이 우리를 위해 이 일을 해주신 거야! 야, 정말 좋다! 입이 찢어질 것 같아!'

4절. "여호와여 우리의 포로를 남방 시내들 같이 돌려 보내소서" 아멘. 주님, 성전에 올라가며 우리는 주님이 우리를 회복시키셨던 그때, 주님이 우리에게 은혜를 베푸셨던 그때를 기억하며 주님께 기도를 드립니다. 우리는 가뭄 때에 말라버린 남방의 시내같이 다시 말라버렸습니다. 주님께 나아가는 우리를, 남방의 시내들이 우기 때에 다시 온 땅을 살리는 생명 시내가 되듯, 다시 기쁨과 찬양이 가득한 주님의 사람으로 만들어 주옵소서.

5절. "눈물을 흘리며 씨를 뿌리는 자는 기쁨으로 거두리로다" 아멘. 주님, 저는 믿습니다. 아무리 척박한 땅이라 해도 온 땅을 지으신 생명의 하나님을 믿는 믿음으로,

비록 고생이 심해 흐르는 눈물을 막을 길이 없지만 주님을 믿는 믿음으로 한발 한 걸음 내디디며 씨를 뿌리는 자를 주님께서 외면하지 않으실 것을 믿습니다. 기쁨 가득한 추수기 주실 것을 우리는 믿습니다.

6절. "울며 씨를 뿌리러 나가는 자는 반드시 기쁨으로 그 곡식 단을 가지고 돌아오리로다" 아멘. 환경을 볼 땐 씨를 뿌릴만하지 않지만, 내 마음을 볼 땐 씨를 뿌리고 싶지 않지만, 눈물이 앞을 가려도 전진하며 순종하는 자에게 기쁨을 주시는 분, 열매를 주시는 분이 당신입니다. 그러기에 오늘도 우리는 당신 앞에 나아갑니다.

시편 127편도 읽어 봅니다. '성전에 올라갈 때 부르는 노래'로 솔로몬이 지었네요.

1절. "여호와께서 집을 세우지 아니하시면 세우는 자의 수고가 헛되며 여호와께서 성을 지키지 아니하시면 파수꾼의 깨어 있음이 헛되도다" 아멘. 여호와께서 집을 짓지 않으시면 그 집을 짓는 자들이 그[집] 안에서 헛되이 수고한다. 여호와께서 성을 지키지 않으시면 지키는 자가 헛되이 파수한다.

우리가 할 수 있는 것이 있고 주님께서만 하실 수 있는 일이 있습니다. 하나님을 경외하는 자들은 주님께서만 맺게 하시는 열매를 맺습니다. 요한복음 15장 2절입니다. "무릇 내게 붙어 있어 열매를 맺지 아니하는 가지는 아버지께서 그것을 제거해 버리시고 무릇 열매를 맺는 가지는 더 열매를 맺게 하려 하여 그것을 깨끗하게 하시느니라" 아멘. 말씀을 마음에 간직하면 말씀이 열매를 맺습니다. 하나님을 사랑하고 하나님께서 주시는 것에 관심을 가지면 열매를 맺습니다. 요한복음 5장 42-43절입니다. "다만 하나님을 사랑하는 것이 너희 속에 없음을 알았노라 나는 내 아버지의 이름으로 왔으매 너희가 영접하지 아니하나 만일 다른 사람이 자기 이름으로 오면 영접하리라 너희가 서로 영광을 취하고 유일하신 하나님께로부터 오는 영광은 구하지 아니하니 어찌 나를 믿을 수 있느냐" 아멘. 인간적인 것, 사람만이 줄 수 있는 것, 사람들에게 속한 것만 구하면, 하나님께서 주시는 열매를 맺을 수 없습니다.

2절. "너희가 일찍이 일어나고 늦게 누우며 수고의 떡을 먹음이 헛되도다 그러므로 여호와께서 그의 사랑하시는 자에게는 잠을 주시는도다" 아멘. 일찍 일어나 떡 먹으려

앉는 것도 뒤로 하고 고통을 감내하는 것이 너희에게 헛되다. 그리하여 그분은[여호와께서는] 그분을 사랑하는 자[/그분이 사랑하는 자]에게 잠을 주신다.

사람들은 잠을 줄여 일하고 식사 시간을 줄여 일하면 잘하는 것인 줄 압니다. 그러나 그러다 보면 몸도 망가지고 관계도 망가집니다. 일 때문에 사람 사이의 일을 뒤로 미루면 일이 떠나기 전에 사람들이 먼저 떠납니다. 하나님께서는 하나님을 사랑하고 하나님을 찾고 구하는 자에게 쉼을 주십니다. 잠을 주십니다. 여유를 주십니다.

3절. "보라 자식들은 여호와의 기업이요 태의 열매는 그의 상급이로다" 아멘. 보라! 여호와의 기업은 자식들이다. 태의 열매가 삯이다.

쉼을 통해, 여유를 통해 얻는 열매가 자식들입니다. 자녀들은 돈으로 키울 수 없습니다. 사랑과 시간으로 키웁니다. 함께 지내야 키울 수 있습니다. 영적인 자녀들도 마찬가지입니다. 함께 있어야 영적인 자녀를 키울 수 있습니다. 하나님을 경외하는 이들에게 하나님께서는 생명 열매를 주십니다. 그게 삯이고 상입니다. 수고했으니 받고, 순종했으니 받습니다. 주님께 가는 마지막 순간까지 우리가 힘쓸 것은 생명 구원입니다. 사람입니다. 교회는 재산을 늘리려 하지 말고 사람을 늘리려 힘써야 합니다.

4절. "젊은 자의 자식은 장사의 수중의 화살 같으니" 아멘. 용사의 손에 들린 화살들처럼, 젊은이의 자식들이 그와 같다.

구원받은 생명은 화살과 같습니다. 용사의 손에 들렸기에 능력이 있는 화살과 같습니다. 복음을 통해 영혼이 구원되면 그에게 부여된 하나님의 은사가 귀하게 발휘됩니다. 아름답고 놀라운 일이 생깁니다. 그가 아니면 할 수 없는 일이 그와 함께 계신 주님을 통해 일어납니다.

5절. "이것이 그의 화살통에 가득한 자는 복되도다 그들이 성문에서 그들의 원수와 담판할 때에 수치를 당하지 아니하리로다" 아멘. 자신의 전통을 그것들[/화살들]로 채운 용사는 복이 있다. 그들은 부끄럽지 않을 것이다. 그 결과 그들은 대적들과 성문에서 말할 것이다.

우리의 주머니, 우리의 가방을, 우리의 집을 무엇으로 채울까요? 하나님의 기업으로, 구원받은 백성으로 채워야 맞습니다. 그러면 대적과도 한판 붙을 수 있습니다. 지역 복음화도 가능합니다. 민족 개혁도 가능합니다. 이 소망 하나로 인해 교회 낳는 해산의 수고를 합니다. 하나님께서만 하실 수 있는 역사가 일어나도록, 하나님의 말씀으로 마음과 머리를 채우고 생명 구원에 관심을 가지고 가정을 잘 세우고 사회 구성원의 역할도 감당할 수 있기를 바랍니다.

다윗 왕국의 완성을 향해 나아가는 이들은 만족하고 감사하고 찬송합니다. 주님, 말씀, 성전을 구합니다. 소망을 잃지 않고 눈물로 씨를 뿌립니다. 그 은혜가 있기를 바랍니다. 하나님의 약속이 이뤄지기까지 검증되는 과정이 있습니다. 이 과정에는 도우심도 있지만 버리심도 있습니다. 어떤 순간이라도 하나님의 인자하심과 선하심을 의지하는 우리가 되기를 바라며, '변치 않는 믿음' 를 구합니다.

질의와 응답

하나. "시편이 왜 노래입니까?"

시편 구절은 짧습니다. 상징이 많고 평행과 반복이 잦습니다. 단어도 짧은 형태가 쓰이기도 합니다(예. 관계대명사). 곡조를 붙여 노래로 부르기가 좋지요.

둘. "시편 4권은 90-106편인데요. 90편은 모세의 기도이고 106편에도 모세의 므리바 사건이 언급됩니다. 특별한 이유가 있을까요?"

민족 국가의 시작은 모세입니다. 왕 같은 존재이죠. 그런데 그가 가나안 땅에 들어가지 못합니다. 므리바 사건이 이유였습니다. '하나님에 대한 전적인 신뢰'가 중요하다는 것을 보여 줍니다. 시편 95편은 히브리서 3-4장에서 중요하게 쓰입니다. 다윗 왕국의 회복에서 완성으로 넘어가기 위해 꼭 필요한 것이 있습니다. 하나님에 대한 전적인 신뢰입니다.

셋. "시편에는 예언도 있고 성취해야 할 내용도 있습니다. 이런 부분을 어떻게 봐야 할까요?"

시편을 '그리스도의 노래'라고 부르고 싶습니다. 하나님을 경외하며 하나님께 가까이 다가갈 때 나오는 노래가 시편입니다. 시편에는 하나님을 향한 인간의 말도 있고 인간을 향한 하나님의 말씀도 있습니다. 시편에는 가룟 유다의 배반에 대한 예언도 있고, 다윗 왕국에 대한 가르침도 있습니다. 시편도 하나님의 말씀이지요.

Weekly Reading

31

시편 131편-잠언 1장

"오직 하나님께 영광"

시 131-133편	시 134-136편	시 137-139편	시 140-142편	시 143-145편	시 146-148편	시 149편-잠 1장

check

이번 통독은 '성전에 올라가는 노래'(120-134편)의 마지막 부분에서 시작해서 잠언 1장까지입니다. 우리는 먼저 '다윗 왕국의 완성'을 노래하는 시편 제5권을 마무리 짓습니다. '성전에 올라가는 노래'를 바로 이어 '할렐루야 시'가 등장합니다(135편). '할렐루야 시'는 시편 마지막도 장식합니다(146-150편). 가운데 열 편 가운데 여덟 편이 '다윗의 시'입니다(138-145편). 시편 제1권에 소개된 다윗의 노래가 마지막 부분에 한 번 더 등장합니다. 언급하지 않은 나머지 두 편 가운데 136편은 "그 인자하심이 영원함이로다"로 유명한 시편입니다. 137편은 '바벨론 심판의 정당성'을 노래합니다.

모든 것이 끝났습니다. 쉽지 않았지만, 하나님의 은혜로 끝났습니다. 우리의 힘과 노력 때문에 끝난 것이 아니었습니다. 회복과 넉넉함, 강함과 영원함은 오직 하나님의 은혜였습니다. 그러니 오직 하나님께만 영광을 돌립니다.

오직 하나님께 영광(Soli Deo Gloria)

I.
나의 나 된 것이 하나님의 은혜이니
오직 영광은 그분의 것이다.

선하심이 그분께만 있으니
찬송은 오직 그분만을 향할 것이다.

인간 됨을 떠나야 신성의 거룩함에 도달하니
오직 하나님께만 영광이다.

II.
가진 것 가운데 받지 않은 것이 없으니
모든 것은 하나님의 것이다.

열매가 그분 은혜의 단비와 햇살로 자랐으니
넉넉함 누림의 복이 그분에게 속한다.

내게 속한 것 하나도 없으니
모든 것은 나로부터 자유롭고 나도 모든 것으로부터 자유롭다.

III.
다 나와 찬송하세,
그분을!

소리 높여 노래하세,
그분의 지혜를!

그분을 높이고 찬송하는 것 이상의 행복이 없네.
행복은 그분에게서 나온다네.

IV.
다윗 나라 시작은 미약했지만,
이제는 영원하다.

누가 짐작이나 했으랴,
영원한 나라가 있다는 것을?

천 년이 하루 같은 그분 나라에서 우리는 산다.
그래서 끝이 없다.

V.

하늘 성전에 오르는 우리의 발걸음이 가볍고
하나님과 우상 사이에서 하나님을 택한 우리의 선택 빛난다.

악에서 구하시는 하나님 은혜로
우리는 복 있는 자이다.

넉넉함을 주시는 하나님의 은혜로
예루살렘은 복스럽다.

VI.

하나님 나라 백성이 되었으니
무엇을 구할까?

솔로몬처럼 지혜를 구할까,
게하시처럼 은과 의복을 구할까?

향유 옥합 깨 드리는
그 마음 구한다.

VII.

누가복음 7장의 부인은
예수님 배우고 자신을 아니 감격의 향유 붓는다.

요한복음 12장의 마리아는
예수님 말씀 믿어지니 생각 전환의 향유 붓는다.

마태복음 26장과 마가복음 14장의 귀부인은
인생됨과 속됨을 떠나 초월의 향유 붓는다.

VIII.

감격의 향유 부을 마음 받으니
마음에 하나님 경외 가득하고,

생각 전환의 향유 부을 마음 받으니

얼굴에 미소가 번지며,

초월의 향유 부을 마음 받으니
그 어디나 하늘나라이다.

'성전에 올라가는 노래' 가운데 네 편이 '다윗의 노래' 입니다(122, 124, 131, 133편). 예배자 다윗의 마음이 전달됩니다. 신학교 갔을 때 마음에 많이 두었던 노래들입니다. 131편을 읽습니다.

1절. "여호와여 내 마음이 교만하지 아니하고 내 눈이 오만하지 아니하오며 내가 큰 일과 감당하지 못할 놀라운 일을 하려고 힘쓰지 아니하나이다" 아멘. 주님, 저는 저의 마음을 교만하게 높이지 않겠습니다. 비록 내 마음이 주님을 사모하지만, 주님이 계신 곳이 저의 거할 곳이라는 교만은 가지지 않겠습니다. 주님, 저는 저의 눈을 치켜들지 않겠습니다. 비록 내 눈이 항상 주님을 앙망하고 바라보지만, 그 눈 속에 오만이 자리하지 못하게 하겠습니다. 놀랍고 기이한 일들, 아무리 생각해도 인생인 내게 속한 것이 아닌 일들을 해보려고 노력하지 않겠습니다. 한 사람의 인생으로 마땅한 것을 넘어서는 일을 하려고 하지 않겠습니다.

모든 회사를 모두 합병해서 나의 자회사로 만들려고 한다든지, 모든 나라를 통치하는 왕이 되려고 한다든지, 한 여자(남자)가 아닌 많은 여자(남자)의 애인이 되려고 한다든지, 내가 살지도 않을 것이면서 부동산 투기를 위해 잉여 자본(남는 돈)으로 집을 여러 채 사두는 일을 하지 않겠습니다.

2절. "실로 내가 내 영혼으로 고요하고 평온하게 하기를 젖 뗀 아이가 그의 어머니 품에 있음 같게 하였나니 내 영혼이 젖 뗀 아이와 같도다" 아멘. 내 마음이 창조주의 자리를 넘본다든지, 내 눈에 교만이 가득하여 내 위치에 만족하지 못하고 이르지 못할 자리를 부러워한다든지, 할 수 없는 크고 놀라운 일을 하기 위해 산다면, 어찌 내 마음에 평강이, 잠잠함이, 잔잔함이 있겠습니까? 내 심령은 원망과 불평과 분노와 근심과 실망과 불만족으로 가득 차, 행복과는 매우 거리가 먼 생활을 할 것입니다. 저는 엄마 품속에 있는 갓난아이와 같기를 원합니다. 자신이 할 수 있는 일이자 자기를 살리는 일인 젖 빠는 일에 최선을 다해 마치고 편히 쉬고 있는 갓난아이이고 싶습니다. 갓난아이가 엄마 젖을 힘껏 빨듯이, 주님이 내게 주신 힘을 [젖 먹던 힘까지] 사용해서 제가 하기로 되어있는 일을 마치기까지 힘써 일하겠습니다. 그러고는 갓난아이가 엄마 품 안에서 평안함과 안정과 따스함과 사랑과 만족을 누리는 것과 같이, 주님이 제게 주신 자리에서 충분히 쉬며 만족을 누리는 삶을 살고 싶습니다.

3절. "이스라엘아 지금부터 영원까지 여호와를 바랄지어다" 아멘. 하나님의 백성인 이스라엘아! 우리 모두, 우리에게 맡겨진 일에 최선을 다해 마친 뒤에는 하나님이 하실 일을 기다리자. 우리는 우리 수준에 맞는 일을 하고, 하나님은 하나님 수준에 맞는 일 이루실 것을 기대하자. 오늘도 내일도 영원까지라도 우리는 우리의 지음 받은 위치와 목적과 분복을 알고 힘써 일하며 일한 후엔 만족해하고 다른 부분에 대해서는 하나님의 역사를 소망하자. 성전에 올라가기 전에 이미 힘써 일하였기에, 성전을 올라가는 우리의 마음에 하나님으로 인한 기쁨이 있기에, 우리가 성전에 올라갈 때 젖 뗀 아이의 땀 흘림과 엄마로 인한 만족과 같은 것이 우리 안에 가득하도록 주의하자.

시편 133편과 134편은 성전에 올라가면서 부르는 노래 가운데 마지막 노래입니다. 모두 열다섯 편으로 이뤄진 '성전에 올라가는 노래' 로 인해 사람들은 성전으로 올라가는 층계 한 계단 한 계단을 오르면서 한 편씩 불렀을 것이라 말하기도 합니다. 시편 120편이 시작인데, 120편은 예배자들이 멀리서 왔음을 표현합니다. '메섹과 게달' 과 같이 멀리에서 이들은 왔습니다. 하나님의 법이 사회 원칙이 아닌 곳에서 하나님께 예배드리러 예루살렘, 시온에 왔습니다.

멀리서 예배드리러 온 그들에게 하나님의 복이 임할 것이라고 시편 기자는 노래합니다. 시온이라는 단어는 '마른 땅' 을 의미하는 단어에서 나왔습니다. 그러니 '시온' 이란 '말라버린 땅, 말라비틀어진 땅' 을 의미한다고 볼 수 있습니다. 말라버린 그 땅에 하나님의 은혜가 흐릅니다. 말라비틀어진 땅에 어떻게 하나님의 은혜가 흐를 수 있을까요? 시편 132편 13-14절입니다. "여호와께서 시온을 택하시고 자기 거처를 삼고자 하여 이르시기를 이는 내가 영원히 쉴 곳이라 내가 여기 거주할 것은 이를 원하였음이로다" 아멘.

시온에 하나님의 은혜가 흐르는 이유는 하나님께서 시온을 하나님의 거처로 삼으셨기 때문입니다. 하나님께서 그곳에 거하시기 때문입니다. 하나님께서 '마른 땅'을 거처로 정하셨습니다. 이사야 53장 2절에서 여호와의 종에 대해 묘사하는 것과 같습니다. "그는 주 앞에서 자라나기를 연한 순 같고 마른 땅에서 나온 뿌리 같아서 고운 모양도 없고 풍채도 없은즉 우리가 보기에 흠모할 만한 아름다운 것이 없도다" 아멘. 여기서 '마른 땅'이 '에레츠 찌야'입니다. 시온의 어원인 '찌야'가 쓰였습니다.

왠지 하나님께서는 기름진 땅을 더 좋아하실 것 같은데, 마른 땅을 거처로 정하셨습니다. 연합하는 땅, 더불어 사는 땅을 선택하셨습니다. 1등이 복을 받는 땅이 아니라, 1등이 꼴등을 섬기는 땅을 선택하셨습니다. 가진 자가 없는 자에게 나눠주는 땅을 선택하셨습니다.

이어지는 133편은 '흘러내리는 은혜'를 말합니다. 높아지려 하는 세상에서 내려가는 은혜를 말합니다. 하나님과 함께하는 자들은 내려갈 것입니다. 경쟁이 아니라 '함께 누림'을 선택할 것입니다. 서로 북돋워 줄 것입니다. 이들에게는 형제들과 한마음으로 지내는 것을 즐거워합니다. 이것을 좋다고 여깁니다. 1절입니다. "보라 형제가 연합하여 동거함이 어찌 그리 선하고 아름다운고" 아멘.

여기서 '아름답다'는 말은 '즐겁다'가 기본 뜻입니다. 더불어 사는 것이 즐겁습니다. 다윗은 삶에서 더불어 살지 못하는 경험을 많이 했습니다. 다윗과 그의 형제들 사이에도 시기와 질투가 있었습니다. 특히, 그가 왕으로 기름 부음을 받은 후부터 형들과 다윗 사이에는 연합하고 더불어 사는 일이 어려웠었습니다. 다윗의 자녀들 간에도 같은 어려움이 있었습니다. 맏아들 암논은 배다른 누이동생 다말을 사랑했으나 버리고 맙니다. 압살롬은 암논을 죽입니다. 솔로몬과 아나니아 사이에도 연합하여 동거하는 일은 일어나지 않습니다.

친형제 사이에도 일어나기 힘든 일이 요나단과 다윗 사이에 일어납니다. 야곱과 에서와 같은 쌍둥이도 더불어 지내는 데 실패했으나, 다윗과 요나단 사이에는 성공했습니다. 요나단이 자신이 왕이 되어야 한다는 생각을 버렸기 때문입니다. 골리앗 앞에서 두려워하던 자신보다 다윗이 왕이 되어야 한다는 생각을 했기 때문입니다. 사무엘상

18장 1절을 보면, "다윗이 사울에게 말하기를 마치매 요나단의 마음이 다윗의 마음과 하나가 되어 요나단이 그를 자기 생명같이 사랑하니라" 하였습니다. 이어지는 3-4절을 보면, "요나단은 다윗을 자기 생명 같이 사랑하여 더불어 언약을 맺었으며 요나단이 자기가 입었던 겉옷을 벗어 다윗에게 주었고 자기의 군복과 칼과 활과 띠도 그리하였더라" 하였습니다.

왕이 될 권리를 골리앗을 물리친 다윗에게 물려준 것입니다. 사울은 골리앗을 물리친 다윗에게 '군대의 장' 이라는 직임을 주었으나, 여인들이 '사울은 수천, 다윗은 수만' 이라 노래하자 죽이려 했습니다. 그러나 요나단은 다윗에게 모든 권리를 넘겨주고 부친 사울과 함께 전사하는 길을 택합니다. 요나단은 '마른 땅' 되는 길을 선택했습니다. 시온이 된 것입니다.

시온에는 은혜가 기름과 이슬처럼 흘러내립니다. 보배로운 기름이 흘러내립니다. 그것도 특별 제작하여 제사장 아론의 머리에 부어진 기름이 흘러내립니다. 아름다운 향기를 발하고 거룩함을 생성하는 놀라운 역할을 하는 보배로운 기름이 흘러내립니다. 이 기름이 그저 머리에 머무르지 않고 아래로, 아래로 흘러 아론의 수염에 이르고 그 옷깃을 따라 내려가 그 향기와 거룩하게 하는 힘을 연하여 전달합니다. 우리가 더불어 살려 할 때, 하나님의 은혜가 기름처럼 선하고 아름다움을 주위로 흘러가게 할 것입니다.

또한, 우리가 높아지려 하지 않고 도우며 살려 할 때, 하나님의 은혜가 헤르몬산에서 임하는 이슬처럼 임할 것입니다. 헤르몬산의 이슬은 상큼하고 시원하며 식물을 살리고 호수를 새롭게 하며 그 이슬을 먹는 사람까지라도 회복시킵니다. 이 이슬도 헤르몬산에 머물러 있지 않고 바람을 타고 아래로, 아래로 내려와 하나님의 백성들이 거하는 시온의 산들을 적셔 소생케 합니다.

정말 놀랍습니다. 하나님의 축복이 다른 데 있지 않고 형제가 연합하고 동거하는 데 있습니다. 거룩한 기름이 아론을 축복하여 제사장직을 하게 하듯, 헤르몬산의 이슬이 시온의 산들을 소생케 하듯, 하나님은 연합하여 동거하는 형제들을 축복하십니다. 영원한 생명의 축복, 영생의 복이 더불어 사는 곳에 숨겨져 있습니다.

마른 땅에 기름과 이슬이 흘러내립니다. 사실 기름진 땅에는 기름과 이슬이 흘러내릴 필요가 없습니다. 푸석푸석한 얼굴에 화장품이 필요하듯, 마른 땅에 기름과 이슬이 필요합니다. 서로 다른 사람들이 모인 곳에 은혜가 필요합니다. 모두가 잘난 모임에는 기름과 이슬이 필요하지 않습니다. 그들은 이렇게 기도할 것입니다. "하나님이여 나는 다른 사람들 곧 토색, 불의, 간음을 하는 자들과 같지 아니하고 이 세리와도 같지 아니함을 감사하나이다 나는 이레에 두 번씩 금식하고 또 소득의 십일조를 드리나이다"(눅 18:11-12). 자신을 의롭게 여기는 바리새인의 기도입니다. 그러나 마른 땅들은 이렇게 기도합니다. "멀리 서서 감히 눈을 들어 하늘을 쳐다보지도 못하고 다만 가슴을 치며 이르되 하나님이여 불쌍히 여기소서 나는 죄인이로소이다"(눅 18:13) 아멘. 세리의 기도입니다.

시편 134편은 '성전에 올라가면서 부르는 노래' 가운데 맨 마지막 노래입니다. 이 노래는 '밤'에 대해 말합니다. 복수 형태이기 때문에 '밤새' 라고 보기도 합니다. 단순하게 '밤들' 일 수도 있습니다. 절기는 보통 일주일씩 지킵니다. 그러니 여러 날 밤 계속됩니다. 아침부터 저녁까지 제사가 이어집니다. 밤은 쉼의 시간이고 기도의 시간입니다. 찬송의 시간입니다.

1-2절입니다. "보라 밤에 여호와의 성전에 서 있는 여호와의 모든 종들아 여호와를 송축하라 성소를 향하여 너희 손을 들고 여호와를 송축하라" 아멘. 밤에 하나님의 성전에 서 있는 자들이 있습니다. 하나님을 섬기는 종들입니다. 기본적으로는 제사장들과 레위인들입니다. 종일 제사를 위해 수고하고서, 이제는 밤이 맞도록 성전을 정리하는 이들입니다. 재를 버리고, 성전 등불을 돌보는 이들입니다. 피곤할 것입니다. 그런데 이들에게 명령이 주어집니다. "성소를 향하여 너희 손을 들고 여호와를 송축하라". 찬양의 명령입니다.

온종일 일하여 피곤하니 이들은 마른 땅입니다. 마른 땅인 이들에게 찬송 명령이 주어집니다. 왜일까요? 마른 땅인 이들의 찬송 통해 하나님의 복이 임할 것이기 때문입니다. 3절입니다. "천지를 지으신 여호와께서 시온에서 네게 복을 주실지어다" 아멘. 여기서 하나님이 '천지를 지으신 분' 으로 그려집니다. 그분은 하늘과 땅을 무에서 창조하신 분입니다. 마른 땅에게 기름과 이슬을 부어주시는 분입니다. 그런데 잘 보시면 '시온에게 복을 주시는 것' 이 아니고, '시온에서 복을 주신다.' 말씀합니다.

132편과 133편이 시온이 받는 복을 말한다면, 134편은 시온으로부터 받는 복을 말합니다. 마른 땅에 하나님께서 거하시고, 마른 땅에 기름과 이슬이 내립니다. 이제는 기름과 이슬로 적셔진 마른 땅으로부터 복이 흘러나옵니다. 마른 땅과 같이 되신 예수님을 통해 우리가 복을 받는 것과 같습니다. 구유에 누이신 하나님의 어린 양으로부터 구원의 은혜가 흘러나오는 것과 같습니다. 십자가에 달리신 예수님의 옆구리에서 물과 피가 쏟아지는 것과 같습니다.

마른 땅으로부터 받은 은혜가 우리가 받은 은혜입니다. 그러니 기름진 땅을 사모하지 않아도 됩니다. 기름진 땅이 되려고 몸부림치지 않아도 됩니다. 예수님의 길은 나눔의 길이고, 흘러내리는 길이고, 적시는 길이고, 마른 땅의 길입니다. 함께 사는 길이고, 더불어 사는 길입니다. 그런데 기쁨이 있고 선함이 있습니다. 하나님께서 함께 하시고, 기름과 이슬을 주시며, 복의 근원이 되게 하시기 때문입니다.

오렌지를 맛있게 먹는 방법이 있습니다. 냉장고에 한 달 정도 둔 다음에 드셔보세요. 그러면 껍질이 바짝 말라 훨씬 달고 맛있습니다. 어떻게 알게 되었을까요? 미국에서 오렌지가 '텐센트 세일' 할 때가 있습니다. 오렌지 하나가 100원입니다. 그러면 저희는 사오십 개씩 사다가 냉장고에 넣고 먹었습니다. 그러다가 한 달쯤 지난 오렌지를 먹게 되었습니다. 껍질이 말라 맛이 없을 것 같았는데, 수분이 증발하여 당도가 더 높아진 것을 발견했습니다. '마른 오렌지가 더 달다.' 하는 것을 발견한 거죠.

사람도 고생도 많이 하고 은혜도 많이 받은 사람이 더 답니다. 고생만 많이 한 사람은 좀 퍽퍽합니다. 고생은 모르고 은혜만 많이 받은 사람은 좀 교만합니다. 고생도 하고 은혜도 받은 사람이 달달합니다. 그래서 고난받은 것이 유익이 됩니다. 마른 땅 되는 걸 두려워하지 마시길 바랍니다. 그리고 마른 오렌지 같은 예수님으로부터 받는 은혜를 사모하시기 바랍니다. 그게 진짜 달고 맛있는 은혜입니다. 어떻게 받는가? 인내할 때 받습니다. 말씀대로 살 때 받습니다. 웃으면서 예수님 따라갈 때 받습니다.

기름진 땅 은혜 말고 마른 땅 은혜를 사모하시기 바랍니다. 사르밧 과부가 가뭄 때 '가루 한 움큼과 기름 조금'으로 받은 은혜와 같습니다. '가루 한 움큼과 기름 조금' 그런 게 '마른 땅 은혜, 시온으로부터 임하는 은혜' 입니다. 샘솟는 기쁨이고 하늘 기쁨입니다. 배고플 때, 가난할 때, 겸손할 때 받는 은혜입니다. 억지로라도 소식(小食)하고, 억지로라도 지갑을 비우며, 억지로라도 자신을 낮추십시오. 그래야 마른 땅 은혜를 받습니다. 마른 땅 되시는 예수님으로부터 복을 받는 우리 모두 되길 바랍니다.

시편 132편에서 134편까지 '시온이 받는 복'과 '시온으로부터 받는 복'을 노래한 다음, 135편에는 '시온으로부터 송축을 받으시는 하나님'을 노래합니다. 하나님께서 마른 땅 시온에 거하십니다. 마른 땅 시온에 기름과 이슬이 내립니다. 하나님의 복이 임합니다. 그다음 단계가 시온으로부터 임하는 복입니다. 그다음이 135편, '시온에서부터 하나님 찬송이 흘러나온다.' 하는 노래입니다. 예수 그리스도로부터 복을 받아 그분의 제자가 된 이들이 하나님을 찬송하는 것을 묘사합니다. 시온이신 예수 그리스도로 인해 작은 시온이 된 이들로부터 찬송이 흘러나옵니다. 예수님 따라 작은 마른 땅이 되어 자기 십자가를 지고 예수님을 따르는 이들로부터 찬송이 흘러나옵니다.

우상과 다르신 하나님, 폭압과 축재가 아니라, 선함과 아름다움과 선택과 위대함과 놀라운 행하심과 기업주심과 긍휼히 여기심을 보이시고 들리신 하나님을 송축하는 노래입니다. 옷이 벗겨지는 것도 모르고 춤을 추었던 다윗의 기쁨이 이들에게 있습니다. 이들은 우상과 달리, 압제하지 않고 쌓는 것을 기쁨의 이유 삼지 않고, 예수 그리스도를 따라 보조자로, 선을 행하는 자로, 긍휼을 베푸는 자로 살아갑니다. 이들은 새 예루살렘이고 시온입니다. 그리스도의 신부이고 기름과 이슬이 부어진 마른 땅입니다.

세상은 자꾸만 우리더러 우상을 선택하라고 유혹하고 강요합니다. 은금을 위해 눈을 감으라고, 귀를 막으라고, 할 말을 하지 말라고, 생명을 경시하라고 가르칩니다. 어려운 사람을 봐도 '선한 사마리아인의 비유'에 등장하는 제사장과 레위인처럼 못 본 체하라고 가르칩니다. 그래야 부자가 될 수 있고 안전하다고 가르칩니다. 고통과 통곡의 소리가 들려도 못 듣는 체하라고 가르칩니다. 그래야 네게 복이 온다고 가르칩니다. 진리가 선포되고 바른 원칙과 더불어 좋은 권면이 들리더라도 돈 벌고 높아지려면 귀를 막아야 한다고 가르칩니다. 그리고 바른말을 하지 말라고 가르칩니다. 바른말 하면 네 입장이 곤란하게 될 거라고, 어려움을 당할 거라고, 너도 약자가 될 거라고 설득합니다. 그러다가 정말 바른말을 하면 협박하고 위협하며 바른말 철회를 강요합니다. 세상은 죽은 우상을 사랑하기에 우리에게 생명보다 돈을 선택하라고 설득합니다.

그러나 성경은 우리에게 살아계신 하나님을 선택하라고 가르칩니다. 우리에게 생명 주신 하나님을 선택하라고, 생명을 선택하라고, 생명을 노래하라고 명합니다. 입을 가졌으니 말하라고, 귀를 가졌으니 들으라고, 눈을 가졌으니 보라고 명합니다. 그것이 질서라고 말합니다. 이 질서를 깰 때 자폐가 일어나고 사망으로 달려갑니다. 숨 쉴 겨를도 없게 됩니다. 숨을 쉬십시오. 우리는 우상이 아닙니다. 심호흡하십시오. 깊이 들이쉬고 내쉬세요. 그리고 하나님께서 천지와 바다와 깊은 곳에서 하신 일을 생각하십시오. 귀로 듣고 눈으로 보십시오. 보이지 않는 것은 보지 않아도 됩니다. 그러나 보이는 것은 잘 관찰하십시오. 사실과 왜곡된 판단이 생기면 두려움과 자랑과 욕심의 들보를 빼달라 기도하십시오. 귀를 열어 들으십시오. 모든 걸 다 들을 수는 없습니다. 그러나 들어야 할 것을 들으십시오. 믿음은 들음에서 난다고 하였으니, 말씀을 들으십시오. 다른 사람의 말을 들으십시오. 미리 넘겨짚지 말고 잘 들어보십시오. 그러면 몰랐던 것을 알게 됩니다.

입은 하나인데, 귀가 두 개이고 눈이 두 개인 이유가 있다고들 합니다. 듣고 보기를 먼저하고 말하는 것은 천천히 하라는 거죠. 못된 마음에서 우러나오는 못된 소리 발하지 말고, 거짓된 마음에서 나오는 비진리를 외치지 말고, 진리를 말하고 사실을 말하고 긍휼을 말하십시오. 그리고 하나님께서 어떤 분이신지 말하십시오. 그것이 은혜받은 피조물의 본분입니다. 마른 땅 시온의 자리를 취하시고 십자가 위에서 보혈을 흘려 마른 땅이었던 우리를 적셔주신 우리 주 예수 그리스도의 은혜를 받은 자들의 마땅한 본분입니다. 정리해봅니다. '우리는 마른 땅이었습니다. 우리 주님은 우리를 위해 마른 땅이 되셨습니다. 마른 땅 되신 우리 주님을 통해 오늘도 이슬과 기름이 폭포수처럼 쏟아집니다. 그 은혜 받아 마른 땅 시온의 눈과 귀가 열립니다. 마른 땅 시온의 입에서 찬송이 흘러나옵니다. 이제는 우상을 선택하지 않습니다. 하나님을 선택하고 예수님을 닮아갑니다.'

시편 137편은 읽는 사람들에게 부담을 주는 것 같습니다. 특별히 8-9절을 부담스러워하는 것 같습니다. 8-9절을 읽습니다. "멸망할 딸 바벨론아 네가 우리에게 행한 대로 네게 갚는 자가 복이 있으리로다 네 어린 것들을 바위에 메어치는 자는 복이 있으리로다" 아멘.

시 에스 루이스는 『시편 사색』이라는 책에서 '시편에 나타난 저주'를 다루면서 시편 137편을 언급합니다. 그는 시편 109편 8-15절이 '시인의 혹독한 저주'라고 표현합니다. 그러면서 "보다 무서운 구절은 시편 137편에 나타난다. 여기의 한 절에 따르면 '바벨론의 아기를 취하여 그 머리를 반석에 메어치는 자가 복이 있다'(9절)고 말한다. 이 절만 빼면 이 시편은 아름다운 시이다." 이렇게 말합니다.

그런데, 정말 그렇습니까? 8-9절은 시편 1편의 형식을 그대로 취하고 있습니다. '복 있는 자는' 하는 형식입니다. "복 있는 사람은 악인들의 꾀를 따르지 아니하며 죄인들의 길에 서지 아니하며 오만한 자들의 자리에 앉지 아니하고 오직 여호와의 율법을 즐거워하여 그의 율법을 주야로 묵상하는도다" 아멘. 여기서 복 있는 사람은 부정적인 길을 취하지 않고 율법을 묵상하는 사람입니다. 그럼, 이 사람의 삶은 어떨까요? 형식만 생각하면, '바벨론이 이스라엘에게 행한 대로 바벨론에게 갚을 것입니다.' '바벨론의 어린 것들을 바위에 메어칠 것입니다.'

시편 109편 8절, "그의 연수를 짧게 하시며 그의 직분을 타인이 빼앗게 하시며"에서 '그의 직분을 타인이 취하게 하소서'를 베드로는 가룟 유다와 관련하여 인용합니다(행 1:20하반). 이 말씀이 반드시 이뤄져야 한다면서 '맛디아 선출'을 진행합니다. 베드로는 시편의 저주가 성취되게 하였습니다. 잘한 것입니까, 못한 것입니까? 잘한 것입니다.

그럼, 시편 137편에서 언급된 바벨론 심판은 잘한 것입니까, 잘못된 것입니까? 당연히 잘한 것입니다. 예레미야서가 이것을 말하고, 요한계시록도 같은 것을 말합니다. "무너졌도다 무너졌도다 큰 성 바벨론이여 모든 나라에게 그의 음행으로 말미암아 진노의 포도주를 먹이던 자로다"(계 14:8) 아멘. "그의 이마에 이름이 기록되었으니 비밀이라, 큰 바벨론이라, 땅의 음녀들과 가증한 것들의 어미라 하였더라 또 내가 보매 이 여자가 성도들의 피와 예수의 증인들의 피에 취한지라"(계 17:5-6하반) 아멘. "이에 한 힘 센 천사가 큰 맷돌 같은 돌을 들어 바다에 던져 이르되 큰 성 바벨론이 이같이 비참하게 던져져 결코 다시 보이지 아니하리로다 … 선지자들과 성도들과 및 땅 위에서 죽임을 당한 모든 자의 피가 그 성 중에서 발견되었느니라"(계 18:21, 24) 아멘.

시온과 바벨론은 다릅니다. 시온은 여기서 예루살렘을, 황폐해진 예루살렘을 가리킵니다. 바벨론은 예루살렘에 비하면 어마하게 큰 성입니다. 예루살렘이 사당동이면, 바벨론은 서울시입니다. 이와 유사한 상황을 표현한 것이 이사야 8장 6-8절입니다. "이 백성이 천천히 흐르는 실로아 물을 버리고 르신과 르말리야의 아들을 기뻐하느니라 그러므로 주 내가 흉용하고 창일한 큰 하수 곧 앗수르 왕과 그의 모든 위력으로 그들을 뒤덮을 것이라 그 모든 골짜기에 차고 모든 언덕에 넘쳐 흘러 유다에 들어와서 가득하여 목에까지 미치리라 임마누엘이여 그가 펴는 날개가 네 땅에 가득하리라 하셨느니라" 아멘.

현재 시인은 예루살렘을 떠나 바벨론의 여러 강변에 있습니다. 하나님을 버리고 우상을 섬겨야 산다고 설득하는 세상에 있습니다. 수금을 연주하는 그는 어쩌면 레위인일 가능성이 큽니다. 역대상 23장 5절에 보면, "사천 명은 그가 여호와께 찬송을 드리기 위하여 만든 악기로 찬송하는 자들이라" 했습니다. 악기로 찬송하는 자가 성전을 떠나 우상 가득한 바벨론에 와있습니다. 그는 평생 악기를 연주했기에 연주에 능하고, 평생 노래를 불렀기에 노래 부르는 게 익숙합니다.

그런데 자신들을 황폐하게 한 자가 '시온의 노래'를 부르라고 청합니다. 노래 잘하고 연주 잘하면 호강할 수도 있습니다. 그러나 시인은 노래 부르기를 거절합니다. 연주하기를 거절합니다. 노예인 주제에 거절했으니 얻어맞았을 수도 있습니다. 자기 앞에서 평생 연주했던 수금이 부서지는 것을 경험했을 수 있습니다. 그러나 그의 결심은 견고합니다.

악기를 연주하는 재주, 노래 부르는 재주를 잃어버리겠다고 말합니다. 시온을 배신하지 않겠다고 말합니다. 예루살렘과 시온에 대한 의리는 예수 그리스도에 대한 성도들의 의리와 같은 것입니다. '한 번만 예수님의 주 되심과 그리스도 되심을 부인하라'는 사람들을 향해 절대로 그럴 수 없다고 선포하는 이들입니다. 4-6절입니다. "우리가 이방 땅에서 어찌 여호와의 노래를 부를까 예루살렘아 내가 너를 잊을진대 내 오른손이 그의 재주를 잊을지로다 내가 예루살렘을 기억하지 아니하거나 내가 가장 즐거워하는 것보다 더 즐거워하지 아니할진대 내 혀가 내 입천장에 붙을지로다" 아멘.

이러한 사람들의 두 가지 기도가 7-9절에 있습니다. "여호와여 예루살렘이 멸망하던 날을 기억하시고 에돔 자손을 치소서 그들의 말이 헐어 버리라 헐어 버리라 그 기초까지 헐어 버리라 하였나이다 멸망할 딸 바벨론아 네가 우리에게 행한 대로 네게 갚는 자가 복이 있으리로다 네 어린 것들을 바위에 메어치는 자는 복이 있으리로다" 아멘. 7절은 시온이 벌거벗겨지기를, 망하기를, 빈집 되기를, 기초까지 허물어지기를 원하고 선포했던 에돔에 대한 기도입니다. 8-9절은 시온을 벌거벗긴 바벨론에 대한 기도입니다. 시인은 자신이 복수하겠다고 하지 않았습니다. 하나님의 복수를 기대하고 있습니다. 하나님에 의해 사용될 고레스를 기대하고 있습니다. 여호와의 종에 대한 기대입니다. 자신의 유익을 구하지 않고 있습니다. 하나님의 유익을 구합니다. 하나님 백성들의 유익, 정의가 강같이 흐르기를 구하고 있습니다.

현재 상황에서 무엇을 구할 것인가 생각합니다. 하나님의 간섭을 기도합니다. 예수 그리스도의 승리를 기도합니다.

시편 139편에서 다윗은 하나님의 사랑을 부담스러워하는 상태에서 하나님을 사랑하는 단계로 나아간 것을 노래합니다. 관계의 반전이 있습니다. "위치, 순서, 방향 따위가 반대로" 바뀝니다. 어떻게 바뀝니까? 과장해서 표현하면, 처음에는 하나님께서 다윗의 스토커셨는데, 나중에는 다윗이 하나님의 스토커가 됩니다. 스토커란 본래 부정적인 개념입니다. "특정인을 오랫동안 반복적으로 괴롭히며 상대에게 공포감을 조성하는 사람"을 스토커라고 부릅니다. 시편 139편의 첫 부분을 보면, 왠지 하나님을 피해 다닐 수 없는 사람의 고통이나 불만이 표현된 듯합니다. 하나님은 바다 끝까지라도 쫓아와서 잡아가는 분 같습니다. 어떤 면에서 보면 스토커이죠. 그러나 시편의 뒤쪽으로 가면, 다윗이 하나님을 쫓아다닙니다.

1절부터 봅니다. "여호와여 주께서 나를 살펴 보셨으므로 나를 아시나이다" 아멘. 여기서 '살펴보셨다.' 하는 단어는 '탐구하셨다, 관찰하셨다.' 하는 의미입니다. 주어는 모두 2인칭입니다. 하나님께 드리는 말씀이고 기도입니다. '저에 관해 연구 많이 하셨네요. 그러니 저를 잘 아시겠죠. 저의 앉는 것과 일어섬을 아십니다. 멀리서도 제 생각을 알아차리십니다.' 여기서 '생각'은 '의지나 목적'을 포함할 수 있는 단어입니다. '하나님은 제 의지나 목적, 생각까지도 아십니다.'

하나님은 다윗에 대해 잘 아십니다. 머물러 있는지, 행동하려 하는지 아십니다. 멀리 계셔도 뭘 계획하는지 아십니다. 3절 이하를 보면, 다윗이 돌아다니는 것과 그가 뒹구는 것을 까발리십니다. 그의 모든 길에 익숙하십니다. 이제 하나님은 다윗에게 있어서 이인칭이 아니십니다. 거의 일인칭에 가까우십니다. 나의 앉고 서는 것, 돌아다니는 것과 뒹구는 것, 생각과 방식 모든 것을 아십니다. 어쩌면 안 봐도 아십니다. 거의 일인칭 수준이십니다. 그분은 이제 '너' 가 아니고 '나' 입니다.

4절입니다. "여호와여 내 혀의 말을 알지 못하시는 것이 하나도 없으시니이다" 아멘. 다윗의 하나님은 다윗의 입에 말이 없어도, 다윗이 할 '말' 을 모두 아십니다. '내가 말하지 않아도 내 말을 다 아시는 주님' 은 다윗을 부담스럽게 만듭니다. 5절을 보세요. "주께서 나의 앞뒤를 둘러싸시고 내게 안수하셨나이다" 아멘. 하나님은 다윗 뒤와 앞을 포위하셨습니다. 둘러싸셨습니다. '안수' 라고 했는데, 손을 얹으신 것을 표현합니다. 앞뒤로 둘러싸시고서 손을 얹으셨습니다. 다윗은 꼼작대지 못합니다.

이 상태에 대한 다윗의 느낌이 6절에 있습니다. "이 지식이 내게 너무 기이하니 높아서 내가 능히 미치지 못하나이다" 아멘. '기이합니다. 내가 미치지 못할 지식입니다. 그 지식이 너무 높아 도달 불가능입니다. 저는 할 수 없습니다. 그것이 불가능합니다. 역지사지(易地思之)도 어려운데, 어떻게 당신은 제가 되십니까? 이것은 제가 도달할 수 없는 지식입니다. 이인칭이 일인칭이 되는 것이 저는 안 됩니다.'

하나님이 내가 된 상태이니, 다윗은 도망갈 수가 없습니다. 내가 있는 곳에 하나님이 계시지 않을 수 없습니다. 왜냐하면, 그분이 내가 되셨기 때문입니다. 그래서 나온 표현이 7절입니다. "내가 주의 영을 떠나 어디로 가며 주의 앞에서 어디로 피하리이까" 아멘. 하나님이 자신이 되어 계신 것을 알자, 다윗은 '당신의 영으로부터 제가 어디로 가겠습니까? 당신의 얼굴로부터 어디로 도망가겠습니까?' 탄식합니다. 하나님의 존재가 영으로, 바람으로 느껴지기 시작합니다. '도망갈 수 없음' 이 무겁게 다가옵니다. '영, 얼굴, 어디로' 가 강조됩니다. 히브리어로 '영' 과 '바람' 은 같은 단어입니다. 그분이 영이니, 그분이 바람이니 피할 곳이 없습니다. 그분의 얼굴로부터 도망갈 데가 없습니다. 이 정도 되면 스토커 하나님입니다.

8절입니다. "내가 하늘에 올라갈지라도 거기 계시며 스올에 내 자리를 펼지라도 거기 계시니이다" 아멘. 다윗은 하늘에 올라갈 수 없습니다. 아직 죽지 않았으니 음부에 자리를 펼 수도 없습니다. 그러니 8절은 강조표현입니다. '하늘에 올라간다 해도 거기에 당신이, 음부에 자리 펴도 당신이 계십니다.' 어쩌면 '하늘'은 날아갈 듯 좋은 순간을, '스올'은 죽을 것 같은 절망의 시간을 가리킬 수도 있습니다. 하나님은 하늘을 날아갈 듯 좋은 순간에도, 죽을 것 같은 절망의 시간에도 따라붙어 곁에 계십니다. 감정선도 피할 수 없습니다.

그래서 이제는 모두 잠들어 있는 시간에 벗어나려 시도합니다. 9절입니다. '새벽 날개를 펴서 바다 끝, 수평선에 머뭅니다.' 10절. 그런데, '거기서도 당신의 손이 저를 인도하시네요. 당신의 오른손이 저를 붙들고 계시네요.' 벗어날 수 없습니다. 11절에는 어둠에 대한 다윗의 기대가 담겨 있습니다. "내가 혹시 말하기를 흑암이 반드시 나를 덮고 나를 두른 빛은 밤이 되리라 할지라도" 아멘. '흑암이 나를 둘러 감추고 밤이 내 주변 빛이다.' 말합니다. 다윗은 자신이 캄캄한 곳에 있으면 혹 하나님에게서 벗어날 수 있을까 싶었습니다. 그런데 그것도 안 됩니다. 흑암도 하나님께는 흑암 되지 못하고, 밤이 낮같이 빛을 비추기 때문입니다. 12절입니다. "주에게서는 흑암이 숨기지 못하며 밤이 낮과 같이 비추이나니 주에게는 흑임과 빛이 같음이니이다" 아멘. 흑암이나 빛이 그게 그것입니다. 하나님께는 흑암이 빛 같고, 빛이 흑암 같습니다.

다윗이 깨닫습니다. '아! 밤이 밤이 아니구나. 어둠이란 게 내게는 어둠이지만 하나님께는 밝음이구나.' 생각의 전환이 있습니다. 깨닫습니다. 현상 분석이 이뤄집니다. 스토커처럼 나를 따라다니시는 하나님, 나를 잘 아시는 하나님, 나를 관찰하시고 탐구하셔서 말하지 않아도 말할 것을 아시는 하나님이 부담스러웠었는데, 어떻게 그분은 이럴 수가 있으시지? 하는 질문에 대답해봅니다. 따라다닌다고 다 알지 못합니다. 곁에 있다고 마음을 아는 것은 아닙니다. 시간과 공간, 감정선까지 알아차리는 것은 불가능합니다. 말하지 않았는데, 말할 것까지 아는 친구는 없습니다.

'그럼, 이 모든 것이 되시는 하나님은 어떤 분이지?' 13절부터 다윗의 깨달음이 소개됩니다. 13절입니다. "주께서 내 내장을 지으시며 나의 모태에서 나를 만드셨나이다" 아멘. 여기서 '내장'은 기본적으로 '콩팥'입니다. 직역하면, '당신이 내 콩팥들을 사셨습니다.' 입니다. '당신이 내 콩팥들을 소유하셨습니다. 내 콩팥들이 사실은 당신 것입니다.' 이렇게 고백합니다. 이 말은 하나님이 자신의 소유주라는 말입니다. 이인칭이 일인칭이 되었는데, 이제 일인칭이 된 그분이 '나의 주인' 이라는 깨달음이 온 것입니다. 그뿐 아닙니다. '내 어머니 태에서 저를 조성하셨습니다.' 하는 고백에서 하나님은 '나의 창조자' 가 됩니다.

나와 하나님과의 관계가 달라집니다. 처음에 그분은 '너' 였습니다. 그런데 나에 대한 그분의 지식과 반응을 보니, 그분은 거의 '나 자신' 과 같은 존재였습니다. 그런데, 어떻게 이것이 가능한가? 곰곰이 생각해보니, 그분은 나의 주인이실 뿐 아니라, '나의 창조자' 셨습니다. 이때 다윗에게서 찬송이 터져 나옵니다. 14절입니다. "내가 주께 감사하옴은 나를 지으심이 심히 기묘하심이라 주께서 하시는 일이 기이함을 내 영혼이 잘 아나이다" 아멘.

1절과 비교할 때, 분위기가 많이 달라졌죠? 쫓겨 다니는 분위기가 아닙니다. 하나님이 부담스럽지 않을 뿐 아니라, 감사와 찬송이 흘러나옵니다. '저는 당신을 찬송합니다. 두려울 정도로 경이롭게 당신이 하신 일, 저를 조성하신 일이 놀랍기 때문입니다. 제 영혼도 이 사실을 매우 잘 압니다.' 15절의 '형체' 는 '뼈대' 입니다. '제 뼈대가 당신으로부터 가려져 있지 않습니다. 제가 은밀하게 만들어졌고요. 뼈대가 은밀하게요. 땅의 가장 아랫부분에서 제가 꾸며졌어요. 살과 힘줄 등이 아무도 볼 수 없는 곳에서 뼈대에 꾸며졌지요.' 이게 15절의 의미입니다. "내가 은밀한 데서 지음을 받고 땅의 깊은 곳에서 기이하게 지음을 받은 때에 나의 형체가 주의 앞에 숨겨지지 못하였나이다" 아멘.

16절의 '형질' 은 '보통 임신 8주까지의 태아' (embryo)를 가리킵니다. '당신의 눈이 제가 수정체이던 상태를 보셨습니다. 신생아 수첩에 아이 관련 정보가 있듯, 초음파 통해 아이의 자라남이 기록 보관되듯, 눈에 보이지도 않을 만큼 작을 때의 상황이 모두 당신의 책에 기록되어 있습니다. 날들이 형성되었고요. 그날들 가운데 하나도 당신에 의해 형성되지 않은 날이 없어요.' 이제 하나님은 다윗의 창조자에서 다윗 삶의 창조자로 소개됩니다. 다윗 생애 모든 날은 하나님에 의해 형성된 날입니다. '나의 창조자' 가 '내 삶의 창조자' 가 됩니다. 16절입니다. "내 형질이 이루어지기 전에 주의 눈이 보셨으며 나를 위하여 정한 날이 하루도 되기 전에 주의 책에 다 기록이 되었나이다" 아멘.

제 설명과 좀 차이가 있지요? 마지막 부분 번역 때문입니다. "날들이 형성되었습니다. 그리고 그것들 가운데 하나도 없습니다." 이 내용을 저는 '하나님이 형성하시지 않은 날이 하나도 없다.' 이렇게 번역했고, 우리말 번역에는 '기록되지 않은 날이 없다.' 이렇게 번역했습니다. 저는 마지막 문장에 생략된 동사를 바로 앞에 나오는 동사로 보았습니다. 이게 문법적으로 자연스럽습니다. 내용으로 봐도 "나를 위하여 정한 날이 하루도 되기 전에 주의 책에 다 기록이 되었나이다" 하는 것은 지나친 부분이 있습니다. 이는 마치 '내 삶이 하루도 지나가기 전에 내 인생 전체에서 일어날 일을 하나님께서 모두 기록하셨다.' 하는 뉘앙스를 줍니다. 아직 살지도 않았고, 행하지도 않았는데 행했다고 기록하시는 것은 내용 면에서도 적절하지 않습니다. 그러니 '눈에 보이지도 않을 만큼 내가 작을 때의 상황마저도 모두 당신의 책에 기록되어 있습니다. 제가 살아온 날들도 당신이 형성하셨고요. 제가 살아온 날들 가운데 주님이 형성하지 않으신 날은 한 날도 없습니다.' 이런 의미의 노랫말이라고 보시면 되겠습니다.

17절로 오면, 관계의 반전이 분명해집니다. '자기 삶의 창조자이신 하나님 생각의 가치'를 노래합니다. 17절입니다. "하나님이여 주의 생각이 어찌 그리 보배로우신지요 그 수가 어찌 그리 많은지요" 아멘. 여기에 다윗과 하나님 사이의 관계에 반전이 생겼다는 것을 알 수 있는 단어가 있습니다. '생각'입니다. 이 단어가 시편 앞부분에 나왔습니다. 2절입니다. '생각'은 '의지, 목적, 생각'을 의미합니다. 2절의 분위기는 이런 것이었습니다. '하나님이 내 생각을 하시는 게 부담스럽다.' 그런데, 다윗은 이제 '하나님, 당신의 생각이 제게 얼마나 소중한지요?' 하고 노래합니다. 특별히, 2절에는 '생각'이란 단어가 단수이고, 여기 17절에는 복수 형태입니다. 자기 생각 가운데 하나를 하나님이 아시는 것만 해도 부담스러웠던 다윗이, 이제는 하나님의 여러 생각들 아는 것을 귀하게 생각합니다. 방향이 뒤집힌 것입니다. 시인이 하나님의 생각을 아는 상태가 됩니다. 이제는 시인이 하나님의 스토커가 되는 지경에 이릅니다. 하나님이 '내 삶의 창조자'에서 '내가 탐구할 대상'이 됩니다. 17후반절의 "그 수가 어찌 그리 많은지요"란 '하나님 생각들, 뜻의 총합이 얼마나 강력한지요?' 하는 말입니다. 하나님 생각의 많음을 노래한 것이 아니라, 하나님 생각의 강력함을 노래합니다. '총합'이란 단어의 기본 뜻이 '머리' 이기에 '하나님 생각들의 머리가 강력합니다.' 이것이 직역이기도 합니다. 생각마다 머리가 있습니다. 중심사상 같은 거죠. 하나님 생각의 중심사상이 다윗에게 강한 영향을 끼칩니다.

이제 관계의 반전이 느껴지시지요? 다윗의 마음이 달라졌다는 확신이 드시지요? 18절을 보면, 다윗은 이제 자신이 알고 있는 하나님의 생각, 의지, 목적들을 헤아립니다. 헤아려보니 모래보다 많습니다. 이제 시인은 하나님에 대해 정말 많은 것을 알고 있습니다. 모래와 같이 많이 그분의 생각을 알고 있습니다. 18절입니다. "내가 세려고 할지라도 그 수가 모래보다 많도소이다 내가 깰 때에도 여전히 주와 함께 있나이다" 아멘. 여기서 '내가 깰 때' 가 무슨 의미일까요? 기본 뜻은 '떨치고 일어남' 입니다. 저는 '자다 깨어도, 상태가 바뀌어도' 정도로 이해하고 싶습니다. '의지적으로 조절할 수 없는 상태의 변화가 있어도 저는 여전히 당신과 함께 있습니다.'

이제는 하나님께서 시인과 함께하는 것이 아니고 시인이 하나님과 함께 있습니다. 전에는 어둠 속이라도 들어가 숨고 싶었던 시인입니다. 새벽 날개라도 쳐서 수평선 너머로 도망하고 싶었던 시인입니다. 그러나 이제는 자다 깨면 옆에 하나님이 계시는지부터 확인합니다. 임마누엘이 뒤집힙니다. '우리와 함께하시는 하나님' 이 아닙니다. '하나님과 함께하는 우리' 입니다. 그분이 나인 것을 확인하고, 나의 주인, 나의 창조자, 내 삶의 창조자임을 확인하더니, 하나님을 탐구하기 시작했습니다. 이제 하나님의 생각을 알게 된 시인은 어떻게든 하나님을 떠나지 않으려 합니다. 전에는 하나님의 현존이 부담스러웠는데, 이제는 그분의 현존을 벗어나지 않으려 합니다. 그분이 좋습니다.

그분을 알게 되고 좋아하게 되면서, 새로운 깨달음이 생겼습니다. 19절입니다. "하나님이여 주께서 반드시 악인을 죽이시리이다 피 흘리기를 즐기는 자들아 나를 떠날지어다" 아멘. '하나님께서 악인을 살육하신다면, 아! 얼마나 끔찍한 일인가? 그 일이 내게 일어나면 안 되는데…, 피[들]의 사람들아! 피를 흘리는, 무죄한 피를 흘리는 사람들아 내게서 돌아서라!' 이제 시인이 자신에게 악이 전염될까 두려워합니다. 피를 흘리는 사람들이 자신을 악인 되게 할 여지가 있기 때문입니다. 하나님의 크심, 정미(精微)하심, 전지전능하심, 세밀하심, 확실하심을 알게 되니, 악인이 되어 하나님을 만나는 일이 얼마나 끔찍한 일인가를 알게 됩니다. 그래서 주변을 정리합니다. 악인을 만나는 일, 죄에 물드는 것의 심각성을 깨닫습니다.

20절은 예수님에 대한 계시입니다. 이 부분은 예수 그리스도에 대한 유대 종교지도자들, 바리새인, 가룟 유다의 음모를 예언하는 듯합니다. "그들이 주를 대하여 악하게 말하며 주의 원수들이 주의 이름으로 헛되이 맹세하나이다" 아멘. 여기서 '주의 원수들이' 가 작은 글자로 된 성경 가지신 분 있으시죠? 본래 원문에 없으나 이해를 돕기 위해 번역자가 첨가한 내용입니다. 여기에는 '주의 원수들이' 가 첨가되지 않는 게 좋겠습니다. 내용은 '피를 흘리는 자들이 하나님 당신을 향해서 음해를 말합니다. 당신의 적들이 헛되이, 속임수로 일어납니다.' 이런 것입니다. '맹세' 라는 단어는 없습니다. 내용이 어려워서 이렇게 저렇게 맞췄습니다. 그런데, '관계의 반전' 을 고려하면 어렵지 않습니다. 그리고 예수 그리스도에 대한 계시를 고려하면 더더욱 어렵지 않습니다.

정결함을 소중하게 생각하는 시인이 이제는 하나님 입장에 섭니다. 이제는 내가 그분이 됩니다. 처음에는 그분이 내가 되셨는데, 이제는 내가 그분이 됩니다. '내 안에 그리스도께서 사시는 것' 과 같습니다. 21절입니다. "여호와여 내가 주를 미워하는 자들을 미워하지 아니하오며 주를 치러 일어나는 자들을 미워하지 아니하나이까" 아멘. '여호와여 당신을 미워하는 이들을 제가 미워하지 않습니까? 당신에게 대드는 자들을 제가 역겨워합니다.' 이제 시인은 하나님 편에서의 감정도 일어납니다. 감정마저도 하나님의 입장이 되어 일어납니다. 22절도 봅니다. "내가 그들을 심히 미워하니 그들은 나의 원수들이니이다" 아멘. '제가 그들을 완전히 미워합니다. 가장 극단적인 형태의 미움으로 하나님께 대드는 자들을 미워합니다. 그들이 제가 원수들이 되었습니다.' 하나님을 모해하고 미워하는 자들을 시인은 극도로 미워합니다.

감정마저 하나님 편에서 생성되는 시인은 이제 새로운 요청을 합니다. 23절입니다. "하나님이여 나를 살피사 내 마음을 아시며 나를 시험하사 내 뜻을 아옵소서" 아멘. 여기에서 '살피사' 가 중요합니다. 이 단어는 구약성경에 아홉 번밖에 안 나오는 단어로, 시편에는 두 번만 나옵니다. 바로 1절과 23절입니다. 1절을 다시 봅니다. "여호와여 주께서 나를 살펴 보셨으므로 나를 아시나이다" 아멘. 이때의 분위기가 어떤 것이었죠? 하나님께서 나를 살펴보시는 것, 탐구하시고 관찰하시는 것이 몹시 부담스럽다는 것이 시인의 입장이었죠? 그런데 23절에서 그는 이제 하나님께 자신을 탐구하시라고, 관찰하시라고, 살피시라고 요청합니다. 이제 그는 자신의 마음을 탐구하여 아시라고 부탁합니다. 심지어 자신을 테스트하는 것도 부탁드립니다. 내보이고 싶지 않은 자신의 불안한 감정까지도 하나님께서 아셨으면 하는 마음입니다. 자신의 가장 은밀한 부분, 내보이고 싶지 않은 것까지도 하나님에 의해 검증되기를 바랍니다. 감정까지라도 하나님 편에서 갖게 되더니, 이제는 자신의 모든 것이 하나님에 의해 탐구되고 검증되기를 원합니다.

이제 결론입니다. 24절입니다. "내게 무슨 악한 행위가 있나 보시고 나를 영원한 길로 인도하소서" 아멘. 여기서 '악한 행위'는 '고통의 길'입니다. 자신 안에 '고통의 길'이 있다면, 상처가 있다면, 하나님께서 보시고 영원한 길로 인도해주시길 기도합니다. 이 구절에서 중요한 낱말은 '인도하소서'입니다. 이 단어가 어디에 있었습니까? 10절에 있었습니다. 10절은 관계의 반전이 일어나기 전입니다. 10절에서 시인은 하나님에게서 '벗어날 수 없음'을 힘들어했습니다. 새벽 날개를 펴서 바다 끝, 수평선에 머물러도 거기에도 하나님의 손이 자신을 인도하심이 너무나 싫었습니다. 그런데 이제 뭐라고 말합니까? 저의 고통과 상처를 생명으로, 영원으로, 하늘로 인도해 달라고 기도합니다. '인도하심'이 전에는 부담스러웠던 하나님의 일하심이었습니다. 그러나 이제 그는 하나님의 인도가 자신의 깊은 상처에 있기를, 상처가 치유되고 온전함으로, 영원으로 나아가길 바랍니다.

시인 다윗과 하나님과의 관계에 반전이 있습니다. 그는 이제 하나님의 생각을 압니다. 하나님께서 자신을 찬찬히 살펴보시는 것의 유익을 압니다. 하나님의 인도만이 자신이 살길이라는 것도 압니다. 그는 이제 모든 것, 심지어 자신의 아픔과 상처, 고통과 번민까지라도 하나님께 맡깁니다. 바다 끝에 가서 거하고 싶게 만들었던 일들을 하나님 앞에 내놓습니다. 이제는 그분의 선하심과 인자하심을 알기 때문입니다. 그분이 자신의 창조자이고 자기 삶의 조성자이심을 알기 때문입니다. 그는 이제 하나님의 말씀이 자신을 발가벗기는 것이 얼마나 큰 축복인지 압니다. 그와 하나님 사이는 매우 투명합니다.

하나님의 간섭이 부담스러우셨습니까? 그렇다면 이제는 그분의 간섭을 기대할 수 있을 만큼 그분 생각의 소중함과 그분 탐구의 절실함과 그분 인도의 가치를 깨달을 수 있기를 바랍니다. 그래서 이제는 내가 그분을 찾고 내가 그분을 연구하여 그분의 마음, 그분의 감정을 표현할 수 있게 되시길 바랍니다. 그분을 알기에 작은 악에 물드는 것이라도 미워하고, 내 구석구석이 그분에 의해 치유되기를 바라며 모든 문을 그분에게만큼은 활짝 열어드릴 수 있기를 바랍니다.

이제 시편 140편, '다윗의 시'로 넘어갑니다. 다윗이 주변에 있는 악한 사람, 해로운 사람, 포악한 사람들로 인해 하나님께 나아가는 모습을 읽을 수 있습니다. 자기 마음을 사로잡는 부정적인 사람들로부터 하나님께로 시선을 돌리고 있습니다.

1절입니다. '악한[/해로운]' 사람(아담)에게서 풀려나게[/느슨해지게] 해주세요.' 노래합니다. '땅에 속한, 그래서 주변에 해를 끼치는 사람과의 관계가 느슨해지게 해주세요. 구원해주세요. 빼내 주세요. 강포의 사람으로부터 보호해주세요. 강포가 특징인 힘 있는 사람, 공포 정치를 하는 지도자에게서 보호해주세요.' 노래합니다. 자유를 갈망하는 모든 사람의 열망입니다. 다른 사람에게 해를 주지 않으려는, 자기 유익을 구하지 않는 모든 자의 열망입니다. 이 땅에 소망을 두지 않는 자, 다른 사람에게 강포를 행하는 것을 원하지 않는 자, 다른 사람에게서 뭔가를 취할 마음이 없는 모든 사람이 바라는 것입니다.

반면, 악인은 이렇게 노래하지 않겠죠. '선인의 눈을 가려서 내가 속이는 것을 알아차리지 못하게 하소서. 내가 훔치는 것을 모르게 하시고, 혹 알게 되더라도 대들지 못하게 두려움을 주소서. 혹 대드는 일이 있더라도 내게 힘을 주사, 단칼에 목을 베게 하소서. 내가 악을 행한다 하더라도 벌을 받지 않도록 용서해주소서.' 뭐 이런 식으로 노래하겠죠.

2절입니다. "그들이 마음속으로 악을 꾀하고 싸우기 위하여 매일 모이오며" 아멘. 악한 사람, 강포의 지도자는 마음속에 악한 일을, 해로운 것들을 생각합니다. 이 사람들은 마음속에 있는 게 다릅니다. 이 사람들은 항상, 매일 전쟁을 일으킵니다. 자기 일을 하지 않으면서 남이 하는 일에 간섭하고 트집을 잡는 사람들입니다.

3절입니다. "뱀 같이 그 혀를 날카롭게 하니 그 입술 아래에는 독사의 독이 있나이다 (셀라)" 아멘. 셀라의 의미는 분명하지 않지만, '얼쑤' 와 같은 추임새로 보면 되겠습니다. '진짜입니다.' 이런 의미를 담은 추임새 정도로 생각하면, 3절 끝에 달만 합니다. 이 사람들의 혀는 뱀의 혀처럼 날카롭습니다. 독사의 분노 혹은 열(熱), 혹은 독이 그의 두 입술 아래에 있습니다. 셀라, 진짜입니다. 이 독사를 '거미' 로 보기도 합니다. 살릴 의도가 없는 사람들, 죽이려 하는 사람들, 자기 허물을 덮으려고 남을 죽이려는 사람들입니다. 저는 이런 사람들을 봅니다. 악한 사람들입니다. 힘을 남을 죽이는 데 쓰는 사람들입니다.

4절입니다. "여호와여 나를 지키사 악인의 손에 빠지지 않게 하시며 나를 보전하사 포악한 자에게서 벗어나게 하소서 그들은 나의 걸음을 밀치려 하나이다" 아멘. 악인의 손으로부터 보전해 주세요. 포악한 지도자로부터 저를 지켜 주세요. 이들은 제 발걸음을 밀치려 합니다. 제 삶의 자리, 방식을 인정하지 않습니다. 어그러뜨릴 생각만 합니다.

5절에서 이들은 '뻐기는, 교만한, 새롭게 힘을 얻은 이들' 로 그려집니다. "교만한 자가 나를 해하려고 올무와 줄을 놓으며 길 곁에 그물을 치며 함정을 두었나이다 (셀라)" 아멘. 뻐기는 자들, 교만한 이들, 새롭게 힘을 얻은 이들이 저를 향해 덫을 놓았습니다. 제가 걸리도록 덫을 숨겨 두었습니다. 그들이 오라는 곳으로 가면 저는 함정에 빠질 것입니다. 나는 그들을 위해 그들이 원하는 대로 한 것뿐인데도, 불법을 행한 것이 될 것입니다. 선인을 함정에 빠뜨리는 것, 이것이 악인들이 자신들의 악을 감추는 방법이고 그들 삶의 방식입니다. 죄를 행하면서도 벌을 피하고자 하는 그들의 기술입니다. 명의를 도용합니다. 부탁이나 위협을 가해 대신 죄를 짓게 합니다. '교살(矯殺)' 이라는 말이 있습니다. "임금의 명령이라고 속여 사람을 죽임."이라는 뜻입니다. 위하는 척하다가 잡아먹습니다. 낚시와 같습니다. 미끼를 던집니다. '보이스피싱' 과도 같습니다. 위하는 척하면서 해를 줍니다.

이들은 또한 올가미들을, 그물을 다윗이 늘 다니는 길의 궤적 곁에 쳐 둡니다. 토끼 잡을 때 토기 발자국이 있는 나무 사이에 올가미를 쳐두는 것과 비슷합니다. 토끼 올가미와 다른 것이 있다면, 조금만 옆으로 치우쳐도 그물에, 올가미에 걸리도록 준비해 두었다는 것입니다. 토끼 올가미는 정확하게 그곳을 지나가야 걸립니다. 그런데 악인들의 올가미는 정확하게 정도(正道)를 걷지 않으면 걸리도록 여기저기에 있습니다. 지뢰들을 설치해 두었습니다. 셀라. 정말입니다. 걸리지 않아서 그렇지, 그 가운데 하나에만 걸렸으면, 저도 그들과 한통속이 되고, 그들의 희생양이 되었을 것입니다.

6절입니다. "내가 여호와께 말하기를 주는 나의 하나님이시니 여호와여 나의 간구하는 소리에 귀를 기울이소서 하였나이다" 아멘. 시인은 여호와께 말씀드립니다. "제 하나님은 당신입니다. 호의를 구하는 소리에 귀를 기울여 주십시오. 저는 악인, 해롭게 하고 괴롭히는 이들, 위협하고 강포를 행하는 힘 있는 자들에게 아부하거나, 그들의 힘을 의지하여 생명을 얻으려 하거나 하지 않습니다. 오직 저의 하나님은 여호와이시기에 당신께만 도움을 요청합니다. 당신만이 선하시고, 사심 없이 대하시며, 의로우시기 때문입니다."

7절입니다. "내 구원의 능력이신 주 여호와여 전쟁의 날에 주께서 내 머리를 가려 주셨나이다" 아멘. 여호와 내 주님은 내 구원의 힘이십니다. 전쟁 무기의 날, 화살이 날아다니고 칼날이 번듯이는 날에 제 머리를 위해 덮어주셨습니다. 덫을 감추는 분이 아니고, 머리를 가려 주시는 분입니다. 죽이려고 덫을 감추지 않으시고, 살리려고 머리를 보호하십니다.

경험에 기초하여 하나님이 어떤 분이신지 알기에 기도합니다. 8절입니다. "여호와여 악인의 소원을 허락하지 마시며 그의 악한 꾀를 이루지 못하게 하소서 그들이 스스로 높일까 하나이다 (셀라)" 아멘. 여호와여 악인들이 원하는 것을 허락하지도, 주지도 마십시오. 그의 계획, 목적, 의도가 이뤄지게 하지 마십시오. 그리되면 그들이 기고만장해할 것입니다. 정말입니다.

기도가 이어집니다. 9절입니다. "나를 에워싸는 자들이 그들의 머리를 들 때에 그들의 입술의 재난이 그들을 덮게 하소서" 아멘. 나를 둘러싼 이들의 머리에 그들 입술이 발하는 불행들이 그들을 덮게 하소서. 그들이 내게 뒤집어씌우려 했던 어려움이 그들에게 임하게 하소서. 이것이 하나님의 공의입니다. 데살로니가후서 1장 5-9절입니다. "이는 하나님의 공의로운 심판의 표요 너희로 하여금 하나님의 나라에 합당한 자로 여김을 받게 하려 함이니 그 나라를 위하여 너희가 또한 고난을 받느니라 너희로 환난을 받게 하는 자들에게는 환난으로 갚으시고 환난을 받는 너희에게는 우리와 함께 안식으로 갚으시는 것이 하나님의 공의시니 주 예수께서 자기의 능력의 천사들과 함께 하늘로부터 불꽃 가운데에 나타나실 때에 하나님을 모르는 자들과 우리 주 예수의 복음에 복종하지 않는 자들에게 형벌을 내리시리니 이런 자들은 주의 얼굴과 그의 힘의 영광을 떠나 영원한 멸망의 형벌을 받으리로다" 아멘.

10절에서 그들이 '같은 편끼리 싸우는' 자중지란으로 망하게 해달라 기도합니다. 10절 시작 부분에 '그들이 비틀거리다.' 하는 표현이 있습니다. "뜨거운 숯불이 그들 위에 떨어지게 하시며 불 가운데와 깊은 웅덩이에 그들로 하여금 빠져 다시 일어나지 못하게 하소서" 아멘. 그들이 비틀거려 불타는 숯불들이 그들 위에 떨어지기를! 구덩이들에서 일어날 수 없기를! 다른 이들을 빠뜨리려 그들이 파놓은 구덩이들, 올무, 덫, 그물들에 자신들이 걸리기를 기도합니다.

11절에도 기도가 계속됩니다. "악담하는 자는 세상에서 굳게 서지 못하며 포악한 자는 재앙이 따라서 패망하게 하리이다" 아멘. '악담하는 자'의 직역은 '혀의 사람' 입니다. 말만 하는, 뱀의 혀를 가진 사람입니다. 말만 하는 지도자가 땅에서 자리 잡지 못하기를! 해롭고 포악한 사람이 우리를 사냥하듯 치지 못하기를! 마귀 자식들이 땅에서 자리잡는 것은 좋지 못한 일이고, 강포한 사람들이 하나님의 사람들을 몰이사냥 하는 것도 좋지 못한 일입니다.

긴 기도를 마치고 하나님이 어떤 분인지 고백하는 것이 12절입니다. "내가 알거니와 여호와는 고난 당하는 자를 변호해 주시며 궁핍한 자에게 정의를 베푸시리이다" 아멘. 시인은 압니다. 여호와께서 가난한 자의 송사를 다루시는 것을, 가난한 자를 위해 바른 심판을 베푸시는 것을, 궁핍한 자들을 위해 공의를 베푸신다는 것을 압니다. 하나님은 의로운 분이시기에, 가난하고 궁핍한 자라고 하여 무시하지 않으시고 바른 판단을 받게 하시며 법에 기초하여 적절한 대접을 받게 하십니다. 해롭고 포악한 사람들이 법을 지키지 않기 때문입니다.

13절은 결론이면서 감사와 찬송입니다. "진실로 의인들이 주의 이름에 감사하며 정직한 자들이 주의 앞에서 살리이다" 아멘. 진실로 의로운 이들은 당신의 이름으로 인하여, 가난하고 궁핍한 자들의 송사도 바르게 판단해 주시는 거룩하고 의로우신 하나님으로 인해, 당신의 이름을 찬송합니다. 당신의 이름에 감사합니다. 당신이 계심을 기뻐하고 노래합니다. 올곧은 이들은 당신이 계신 곳에 함께 앉습니다. 당신과 함께 있고 싶어 합니다.

주변에 악인, 해롭게 하는 이들, 강포한 사람들, 덫, 올무, 그물을 쳐놓고 걸리기를 기다리는 사람들이 있습니다. 그러나 시인은 그들로 인해 넘어지지 않습니다. 되려 그들이 넘어집니다. 하나님의 법이 여전히 유효하며, 입법자이신 하나님의 권세가 여전히 유효하며, 나는 의로우신 그분을 의지하고 따르며 살기 때문입니다.

하나님은 힘이 있는 사람들, 힘을 불의하게 사용하는 권세자들의 하나님이 아닙니다. 소외계층의 하나님이십니다. 에스더 시대에 모르드개는 힘이 없습니다. 그러나 올곧습니다. 하만은 돈도 많고 권세도 가졌습니다. 이스라엘 사람들을 죽이는 값으로 은 일만 달란트를 내놓았습니다. 10,000(달란트)×6,000(데나리온)×50,000(원)=3,000,000,000,000원. 적게 잡아도 3조 원이나 되는 돈입니다. 그러나 하나님께서는 모르드개의 손을 들어주셨습니다. 그가 하나님을 의지했기 때문입니다. 그에게는 믿음이 있었습니다. 에스더서 4장 13-14절입니다. "모르드개가 그를 시켜 에스더에게 회답하되 너는 왕궁에 있으니 모든 유다인 중에 홀로 목숨을 건지리라 생각하지 말라 이 때에 네가 만일 잠잠하여 말이 없으면 유다인은 다른 데로 말미암아 놓임과 구원을 얻으려니와 너와 네 아버지 집은 멸망하리라 네가 왕후의 자리를 얻은 것이 이 때를 위함이 아닌지 누가 알겠느냐 하니" 아멘.

악, 강포에 대한 투쟁이 없으면 문제입니다. 오래전 아이 넷을 낳아 기르며 자신을 '육아저항시인'으로 칭하는 집사님의 생일 카드에 '저항은 생명의 표지이고 육아는 생명의 헌신이고 시는 생명의 노래이며 人은 생명입니다.' 이렇게 썼습니다. '저항은 생명의 표지'입니다. 다윗은 용사입니다. 그러나 그는 하나님께서 악인의 소원이 이뤄지지 않게 해달라 기도합니다. 자신이 그들을 멸하겠다고 말하지 않습니다. 그들의 함정에 그들이 빠지게 해달라 기도합니다.

사울이 왜 망했습니까? 다윗을 버렸기 때문에 망한 것입니다. 블레셋과의 전투에 다윗과 함께 나갔으면 사울이 죽지 않았을 것입니다. 다윗을 버렸기에 사울이 아들들과 함께 죽은 것입니다. 다윗이 아무리 설득해도 소용없었습니다. 이런 일이 오늘날도 있습니다. 그때 우리는 어떤 태도를 취해야 할까요? 우선은 악인에 대한 정확한 인식이 필요합니다. 그리고 우리가 그 악에 빠지지 않을 뿐 아니라, 악인이 쳐놓은 그물과 올무, 덫과 함정에 빠지지 않도록 주의를 기울여야 합니다. 또한, 바른 기도를 드려야겠습니다. 하나님의 뜻이 이뤄지기를 기도하고, 악인의 뜻이 이뤄지지 않기를 기도해야겠습니다. 무엇보다도, 하나님 앞에 찬송하는 자로 서야겠습니다.

오늘도 하나님을 의지하는 이들은 하나님의 뜻과 생각을 모래보다 많이 알려 하고, 자신을 정결하게 유지합니다. 혹 자신의 혀가 뱀의 혀처럼 변했는지 살펴보고, 말만 하고 선을 행하는 것이 없는지도 살펴봅니다.

시편은 하나님께 감사하고 찬송하며 '할렐루야 시'(146-150편)로 마무리됩니다. 그러나 137편과 140편에서 읽을 수 있듯, 하나님의 '최후 심판에 대한 기대'가 담겨 있습니다. 의인은 마냥 즐겁지만도 않고, 좋은 게 좋다는 식으로 마냥 수용하지만도 않습니다. 하나님의 뜻이 이뤄지는 것, 그것을 기대합니다. 찬송하는 마음과 함께, 하나님의 뜻이 이뤄지기를 바라는 마음이 그들에게 있습니다.

시편 131편의 노래처럼, 큰일을 도모하지 않고 하나님만 바라는 마음 달라고 기도합니다. 133편처럼, 흘러내리는 은혜를 구합니다. 134편처럼, 마른 땅 은혜를 구합니다. 137편처럼, 하나님의 간섭을 구합니다. 139편처럼, 하나님 따라다니는 것을 기뻐할 만큼 하나님을 알게 되기를 바랍니다. 140편처럼, 악인들의 계획, 목적, 의도가 이뤄지지 않도록 하나님의 공의를 구합니다. 악인들이 자중지란으로 망하게 해달라고, 말만 하는 지도자가 땅에서 자리 잡지 못하게 도와달라고 기도합니다.

잠언은 시편에 소개된 다윗의 노래를 부르자는 초청, 고라 자손의 노래를 부르자는 초청으로 시작됩니다. 잠언 1장 20-33절에 있습니다. 부디 지혜의 초청에 응답하여, 시편의 노래를 따라 부르실 수 있기를 바랍니다.

질의와 응답

하나. "시온이 '마른 땅' 이라는 것은 이해가 되는데, 어떤 점에서 시온이 '연합하는 땅, 더불어 사는 땅' 일까요?"

마른 땅인 시온을 하나님께서 선택하셔서 거처를 삼으셨습니다. 그래서 133편을 보면, 시온을 '연합하여 동거하는 땅' 으로 부릅니다. 실제로 절기가 되면 백성들이 시온 즉, 예루살렘에 모입니다. 조금 어그러진 부분도 있지만, 예루살렘은 지금도 다양한 이들이 연합하고 동거하는 곳입니다.

둘. "우리도 연합하고 동거하려면 마른 땅을 추구해야 할까요?"

예수님이 마른 땅이 되셔서 우리를 구원하셨습니다. 은혜의 전달자가 되려면 통로, 관이 되어야 합니다. 관에 기름이 끼면 막히겠지요. 그러니 은혜를 전달하기 위해 우리도 마른 땅이 되어야 할 것 같습니다. 온유하고 겸손하면 되지 않을까요?

셋. "왜 다윗은 여부스 거민의 성에 '시온성' 이라는 이름을 붙였을까요?"

'다윗성=시온성' 이라는 것을 생각할 때, 다윗 스스로 자신의 삶을 '마른 땅 같은 삶' 이었다고 생각하지 않았나 싶습니다.

넷. "시편을 흐름을 고려해서 읽으니 도움이 됩니다. 잠언도 시편과 연결하여 '시편 노래를 부르자는 지혜의 초청' 이라고 생각하니 좋습니다. 그런데 히브리어 성경의 순서는 '시편, 욥기, 잠언' 순서입니다."

욥기의 결론은 '하나님 경외' 였습니다. 전도서도 '하나님 경외' 를 말합니다. 물론 성경 전체가 '하나님 경외' 를 말하지만, 특별히 '욥기 시편 잠언 전도서' 는 더더욱 그렇습니다. '욥기 시편 잠언' 이라는 우리 성경의 순서도 좋고, '시편 욥기 잠언' 이라는 히브리어 성경의 순서도 좋습니다.

다섯. "시편 133편 3절에서 '헐몬의 이슬이 시온의 산들에 내림 같도다' 이렇게 노래합니다. 헤르몬산과 시온산은 거리가 먼데, 이렇게 노래해도 될까요?"

헤르몬산에서 예루살렘까지는 직선거리로 190킬로미터 정도 떨어져 있습니다. 아주 멀지는 않습니다. 갈릴리 호수에서 보면, 헤르몬산이 보입니다. 헤르몬산에서 흘러 내려온 물이 요단을 거쳐 예루살렘 아랫녘까지 옵니다. 헤르몬산 정상이 2,813미터이고 헤르몬산 기슭의 연 강수량은 2,000밀리미터나 됩니다. 성전 터 높이는 743미터이고요. 고도 차이와 헤르몬산 기슭의 풍부한 강수량을 생각하면, 헤르몬산의 이슬이 바람을 타고 시온의 성전산에 내리는 이미지를 생각할 수 있습니다. 중국의 황사가 우리나라에 오는 것과 비교해볼 수도 있겠습니다.

여섯. "시편 144편 9절에 '새 노래로 노래한다.' 말하는데, '새 노래'의 내용이 무엇일까요?"

새 노래는 구원의 노래입니다. 이사야 42장 10절입니다. "항해하는 자들과 바다 가운데의 만물과 섬들과 거기에 사는 사람들아 여호와께 새 노래로 노래하며 땅 끝에서부터 찬송하라" 아멘. 시편 33편 3절입니다. "새 노래로 그를 노래하며 즐거운 소리로 아름답게 연주할지어다" 아멘. 시편 40편 3절입니다. "새 노래 곧 우리 하나님께 올린 찬송을 내 입에 두셨으니 많은 사람이 보고 두려워하여 여호와를 의지하리로다" 아멘. 시편 96편 1절입니다. "새 노래로 여호와께 노래하라 온 땅이여 여호와께 노래할지어다" 아멘. 시편 98편 1절입니다. "새 노래로 여호와께 찬송하라 그는 기이한 일을 행하사 그의 오른손과 거룩한 팔로 자기를 위하여 구원을 베푸셨음이로다" 아멘. 그리고 오늘 본문 144편 9절을 같이 읽습니다. "하나님이여 내가 주께 새 노래로 노래하며 열 줄 비파로 주를 찬양하리이다" 아멘. 마지막으로 시편 149편 1절입니다. "할렐루야 새 노래로 여호와께 노래하며 성도의 모임 가운데에서 찬양할지어다" 아멘.

새 노래는 구원의 노래입니다. 하나님께서 이루신 구원을 노래합니다. 열 줄 비파로, 현악기로 노래합니다. 뭐라 노래할까요? 144편 10-11절처럼 노래합니다. "주는 왕들에게 구원을 베푸시는 자시오 그의 종 다윗을 그 해하려는 칼에서 구하시는 자시니이다 이방인의 손에서 나를 구하여 건지소서 그들의 입은 거짓을 말하며 그 오른손은 거짓의 오른손이니이다" 아멘. 하나님은 왕들에게, 다윗과 같이 헛된 인생 가운데에서 헛되지 않으신 하나님만을 의지하며 삶의 알맹이를 채워가는 사람들에게, 왕 같은 제사장들에게 구원, 승리, 도움을 주시는 분입니다. 해롭고 위험한 칼에서 자기 종 다윗의 살길을 열어주신 분입니다. 아무 소망도 없고 해결책도 없을 때, 살길과 소망과 해결책이 되신 분입니다. 어려움을 만날 때마다 늘 해결책이 되신 분입니다. 이것이 '새 노래' 의 내용입니다.

일곱. "향유 부은 여인의 향유를 '감격의 향유, 생각 전환의 향유, 초월의 향유' 로 표현하셨는데, 무슨 이유인가요?"

누가복음 7장의 여인은 죄 사함의 감격으로 향유를 부었습니다. 요한복음 12장의 마리아는 유월절 엿새 전에 향유를 부었는데, 남자 형제 나사로가 살아나는 것을 보고 예수님에 관한 생각이 바뀌어 부었습니다. 마태복음 26장과 마가복음 14장에 나오는 여인은 유월절 이틀 전에 예수님의 '머리' 에 향유를 부었습니다. '어떻게 감히 예수님의 머리에 기름을 부을 수가 있는가?' 생각할 수 있는 행동입니다. 예수님의 말씀을 신뢰했기에, 그분이 죽임당하실 것을 확신했기에, 기름을 부었습니다. 세속을 떠난, 인간 이성을 초월한 행동이었습니다.

여덟. "아리마대 요셉이 예수님의 장례를 치렀습니다. 요셉이 예수님의 장례를 치르지 않았다면 어떻게 되었을까요? 십자가와 부활은 많이 설명하는데, 장례는 많이 다루지 않는 것 같습니다."

구약성경에서는 어디에 장례가 치러지느냐는 그 사람에 대한 평가와 밀접한 관계가 있습니다. 예수님의 몸은 장례를 통해 잘 보존되었고, 부활하신 예수님은 생명체로 하늘 성전에 들어가셨습니다. 비록 십자가에 달려 돌아가셨지만, 아무도 묻힌 적이 없는 깨끗하고 귀한 무덤에 묻히셨다는 것이 중요합니다.

Weekly Reading

32

잠언 2-22장

"삶은 계란"

잠 2-4장	잠 5-7장	잠 8-10장	잠 11-13장	잠 14-16장	잠 17-19장	잠 20-22장

check

교회사를 전공하신 교수님이 대학 때의 깨달음을 얘기해주셨습니다. '삶이란 무엇인가?' 깊이 고민하고 있던 때, 고향으로 가는 고속버스에 올라타셨다지요. 고민으로 심각했던 마음에 어떤 소리가 들려왔습니다. "삶은 계란이요~~." 계란을 삶아 파시는 아주머니의 음성이었습니다. 이때 깨달으셨다지요. '삶'은 '계란'과 같구나. '세워도 세워도 다시 넘어지는 계란과 같구나.'

삶은 계란

I.
오르지 못할 나무는 쳐다보지 말랬는데…
계란이 어찌 서기를 기대할까?
계란은 어머니 태와 같이
부화되기 전 병아리를 보호한다.

II.
아침마다 삶은 계란 두 개를 먹거나
계란 프라이 두 개를 먹으면서 건강이 좋아졌다.
강의해도 힘이 있고

테니스를 쳐도 피곤치 않다.

III.
내가 먹지 않았다면
병아리 되고 닭이 되었을 텐데…
삶아 먹지 말아야 하나?
프라이나 계란찜으로 먹지도 말아야 하나?

IV.
어린 시절 닭장에서 꺼내 들던 계란이 생각난다.
따끈따끈한 달걀이다.
닭이 보지 않을 때 얼른 가져와야 한다.
잘못하다간 손등 찍힌다.

V.
그러고 보니 달걀이 닭에게는 자식이었다.
초등학교 때부턴가 양계장이 생겼다.
하루에 하나 낳는 것을 기다리지 못해
양계장 안에 백열등 들어왔다.

VI.
종일 대낮인 줄 알고
하루에도 몇 개씩 알을 낳다 보니
빨리 늙어 쉬 병들고 죽는다.
죽으면 폐계닭이라고 평택에서나 고기로 쳐준다.

VII.
산업화로 사람들 폐닭인생 살아간다.
AI가 직업도 가져가니 달걀도 AI가 낳으려나?
AI가 낳은 것은 계란(鷄卵)도 달걀도 아니다.
'AI알' 이다.

VIII.
하나님 천지를 지으실 때

살 수 있게 지으셨으니,
닭이 먼저인가, 달걀이 먼저인가?
닭이 먼저이다.

IX.
달걀이 먼저이면 품을 닭 없어
부화되지 못하고 썩었겠지.
닭이 먼저이고 그다음이 달걀이다.
그리고 병아리, 그다음이 닭이다.

X.
삶은 달걀이다.
닭이 먼저이듯 주님 예수님 먼저 계셨다.
달걀이 끝이 아니라 닭 됨이 목표이듯,
예수님 닮는 것이 목표인 것이 삶이다.

잠언은 '두 초청' 으로 시작됩니다. '악인의 초청' 과 '지혜의 초청' 입니다. 지혜의 초청을 1장 20-33절에서 읽습니다. 세상에는 악인들의 초청만 있는 것이 아닙니다. 선한 초청, 지혜의 초청도 있습니다. 점점 자기중심적으로 살게 되면 안 좋게 될 수밖에 없기에, 지혜가 큰소리로 사람들에게 외칩니다. "나의 설명을 듣고 돌아서라. 내 영을 주어, 내 말을 알게 하리라."

지혜가 큰 소리로 부르는 초청을 듣고도 여전히 자기중심적으로 살아가다 보면, 결국 광풍과 폭풍 같은 재앙을 만나게 될 것입니다. 광풍과 폭풍을 피할 수 없습니다. 앎을 미워하고 하나님 경외를 선택하지 않은 결과가 재앙이기에, 피할 수 없는 재앙을 만난다고 한들 누구를 탓하겠습니까? 권면하고 설명해도 듣지 않았으니 참으로 어리석습니다. 자기가 선택해서 걸어가다 만난 종착역에 머무를 수밖에 없고, 자기 생각이나 먹고 만족해할 수밖에 없습니다. 뒤늦게 돌아서보았자 죽을 수밖에 없고, 뒤늦게 잠잠해보았자 망할 수밖에 없습니다. 하지만 지혜의 초청을 듣고 돌이키는 사람은 평안할 것입니다. 재앙 만날 것을 두려워하지 않으며 지낼 것입니다.

이웃나라 일본의 재난을 듣고 보면서 우리가 어떻게 살아야 할지 고민하게 됩니다.

환란의 때에 "잉태하지 못하는 이와 해산하지 못한 배와 먹이지 못한 젖이 복이 있다"(눅 23:29)라고 사람들은 말하겠지만, 예수님은 우리에게 '심령이 가난한 자, 애통하는 자, 온유한 자, 의에 주리고 목마른 자, 긍휼히 여기는 자, 마음이 청결한 자, 화평하게 하는 자, 의를 위하여 박해를 받은 자, 예수님으로 말미암아 욕 듣고 박해 받고 모든 악한 말을 듣는 자'가 복이 있다고 말씀하셨습니다(마 5:3-11). 이 말씀이 지혜자의 초청입니다.

우리는 '지혜의 초청'을 통해 '가장 소중한 것'이 어떤 것인지 깨닫습니다. 2장 1-5절입니다. "내 아들아 네가 만일 나의 말을 받으며 나의 계명을 네게 간직하며 네 귀를 지혜에 기울이며 네 마음을 명철에 두며 지식을 불러 구하며 명철을 얻으려고 소리를 높이며 은을 구하는 것 같이 그것을 구하며 감추어진 보배를 찾는 것 같이 그것을 찾으면 여호와 경외하기를 깨달으며 하나님을 알게 되리니" 아멘. 지혜의 초청을 듣고 말씀과 계명을 취하여 간직하면, 마치 소중한 것을 은밀하게 감추어 두는 것처럼 하나님의 말씀과 계명을 간직하면, 지혜를 들으려 귀를 기울이고 깨닫는 것에 마음을 두면, 사람 내면으로 연결된 중요한 통로인 귀와 마음을 지혜와 깨달음에 둔다면, 자기 생각을 표현하는 입을 '무엇이 옳은가 분별하고 깨닫기 어려운 것을 이해하기 위해' 사용한다면, 돈과 보물을 열심히 찾듯 지혜와 명철을 전심으로 찾아 다닌다면, 하나님이 두려운 분이라는 사실을 깨닫게 되고 하나님에 대한 지식이 생기게 될 것입니다. 깨달음의 시작이 하나님 경외에 있는데, 깨달음의 결과도 하나님 경외에 있습니다. 결국 하나님을 고려하며 사고(思考)할 때 지혜가 생기고, 지혜를 간직하고 연구할 때 하나님 경외가 생깁니다.

고등학교 때 청소년 드라마 주제곡에 이런 내용이 있었습니다. "물을 담아두면 물단지, 꿀을 담아두면 꿀단지 …." 무엇을 담느냐에 따라 단지 이름이 바뀝니다. 바울 사도도 자신은 질그릇이지만 보배가 담겨 있다고 했습니다. 보배를 질그릇에 담으신 이유는 "심히 큰 능력이 하나님께 있고 우리에게 있지 아니함을 알게 하려 함이라" 했습니다(고후 4:7). 비록 질그릇이지만 보배가 담기니 달라집니다. 이 사실을 바울 사도는 이렇게 표현합니다. "우리가 사방으로 우겨쌈을 당하여도 싸이지 아니하며 박해를 받아도 버린 바 되지 아니하며 거꾸러뜨림을 당하여도 망하지 아니하고"(고후 4:8-9)

아멘. 비록 질그릇이지만 보배가 담기니 달라졌답니다. 마음에 칼을 품으면 칼을 품은 마음이 상합니다. 그럼 무엇을 마음에 품어야 할까요? 말씀과 계명을 마음에 품어야 합니다. 이것이 지혜의 권면입니다.

돈을 마음에 품으면 돈맛이 들리고, 권세를 마음에 품으면 권세 맛이 들듯, 하나님의 말씀을 마음에 품으면 말씀 맛이 듭니다. 말씀과 계명이 그저 가만히 있는데 마음에 품어지지 않습니다. 귀를 기울여야 하고, 마음을 쏟아야 하고, 찾아야 하고, 찾았으면 간직해야 합니다. 가장 소중한 것이 말씀이라 여기고 말씀 보존에 힘써야 내 마음에 말씀이 간직됩니다.

'가장 소중한 것' 을 알게 되면, '인자와 진리가 삶의 원칙이 되기까지' 약속을 믿고 변화되기까지 힘쓰게 됩니다. '창조자의 흐름을 따라' 살아갑니다. 잠언은 우리에게 원칙을 가르쳐 줍니다. 하나님의 말씀을 가장 소중한 것으로 여기고 살다 보면, 하나님의 말씀에서 발견되는 원칙, 말씀의 법 안에 담겨있는 법 정신을 발견하게 된다고 가르칩니다. 바로 '인자와 진리' 입니다. 3장 3절입니다. "인자와 진리가 네게서 떠나지 말게 하고 그것을 네 목에 매며 네 마음판에 새기라" 아멘. '인자' 로 번역된 '헤세드' 는 '은혜' 혹은 '신실함' 으로 번역될 수 있습니다. '진리' 로 번역된 '에메쓰' 는 '아멘' 과 어근이 같습니다. '확실합니다', '정말 그렇습니다' 라는 의미를 갖습니다.

'인자와 진리' 는 상반되어 보이는 개념입니다. 인자는 따뜻해 보이고 진리는 차가워 보입니다. 인자는 넉넉해 보이고 진리는 정확해 보입니다. 인자는 붉은색이고 진리는 푸른색입니다. 상반되어 보이는 두 가지 원칙이 함께 제시됩니다. 출애굽기 34장 6-7절을 보면, 하나님은 모세에게 다음과 같이 자신을 계시하십니다. "여호와께서 그의 앞으로 지나시며 선포하시되 여호와라 여호와라 자비롭고 은혜롭고 노하기를 더디하고 인자와 진실이 많은 하나님이라 인자를 천대까지 베풀며 악과 과실과 죄를 용서하리라 그러나 벌을 면제하지는 아니하고 아버지의 악행을 자손 삼사 대까지 보응하리라" 아멘. 여기 '인자와 진실' 이 잠언 3장 3절의 '인자와 진리' 와 같은 단어입니다. '인자와 진실이 많은 하나님' 은 인자를 천 대까지 베푸시는 분이고, 죄를 용서하시는 분이지만, 죄를 그냥 봐주는 분이 아니라 대가를 치르게 하시는 분입니다. "아버지의 악행을 자손 삼사 대까지 보응하리라"를 풀어 설명하면, "조상들의 잘못을 아들과 손자 위로, 삼대 손과 사대 손 위로 부과하시는 분"입니다.

하나님의 긍휼과 자비, 또한 그의 정의와 공의가 함께 표현될 때 '인자와 진리' 혹은 '인자와 진실' 혹은 '은혜와 진리'로 번역될 수 있는 두 단어가 사용됩니다. 이 말씀을 듣고 모세가 자기 이름을 생명책에서 이름을 지워달라는 식의 말을 버리고, 다른 말을 하지요. "주여 내가 주께 은총을 입었거든 원하건대 주는 우리와 동행하옵소서 이는 목이 뻣뻣한 백성이니이다 우리의 악과 죄를 사하시고 우리를 주의 기업으로 삼으소서"(출 34:9) 아멘. 이 점에서 '인자와 진리'로 요약되는 하나님의 자기소개는 매우 중요합니다.

신약성경 요한복음 1장 17절에서도 우리는 '은혜와 진리'를 발견합니다. 은혜와 진리가 예수님과 연결됩니다. "율법은 모세로 말미암아 주어진 것이요 은혜와 진리는 예수 그리스도로 말미암아 온 것이라" 아멘. 여기서 '은혜'는 '하리스'요, '진리'는 '알레쎄이아'이다. 은혜는 더 주는 것이고, 자격이 없는 자에게 주어지는 특혜입니다. 진리 '알레쎄이아'는 '잊을 수 없는 것'으로 사실에 기초합니다. 역시 은혜와 진리는 상반되어 보이는 두 가지 개념이지요. 법 조항은 모세를 통해 주어졌지만, 그 법의 입법 정신인 '은혜와 진리'는 예수 그리스도를 통해 주어졌다는 말씀입니다.

절제와 규모가 있으면서도 각박하지 않고 넉넉한, 죽이는 것이 아니라 살리려는 입법 정신이 담겨 있는 책이 성경입니다. 이러한 입법 의도를 가지고 법을 선포하시는 하나님께서 다른 사람의 불행을 통해 행복을 누리려는 두로에게 주신 말씀을 들어봅니다. 에스겔 26장 2-6절입니다. "인자야 두로가 예루살렘에 관하여 이르기를 아하 만민의 문이 깨져서 내게로 돌아왔도다 그가 황폐하였으니 내가 충만함을 얻으리라 하였도다 그러므로 주 여호와께서 이같이 말씀하셨느니라 두로야 내가 너를 대적하여 바다가 그 파도를 굽이치게 함 같이 여러 민족들이 와서 너를 치게 하리라 그들이 두로의 성벽을 무너뜨리며 그 망대를 헐 것이요 나도 티끌을 그 위에서 쓸어 버려 맨 바위가 되게 하며 바다 가운데에 그물치는 곳이 되게 하리니 내가 말하였음이라 주 여호와의 말씀이니라 그가 이방의 노략 거리가 될 것이요 들에 있는 그의 딸들은 칼에 죽으리니 그들이 나를 여호와인 줄을 알리라" 아멘.

두로의 잘못이 무엇입니까? 예루살렘이 황폐하게 된 것을 자신들의 축복으로 여긴

데에 있습니다. '예루살렘이 허기지게 되니, 나는 배부르겠구나! 예루살렘이 장사를 못하게 되었으니, 우리 가게가 잘 되겠구나!' 하는 마음이 문제라고 말씀하십니다. 남의 것을 빼앗아 내 것을 늘리려는 마음이 문제입니다. 이런 마음을 갖다 보면 남이 잘되는 게 배가 아프고, 남이 잘못되면 기분이 좋아집니다. 이 마음은 지혜도, 의도, 공의도, 정직도 아닙니다. 그래서 이런 마음이 들 때 나 자신 안에 있는 악을 발견하고 회개하며 돌이키는 것입니다.

그럼, 잠언 3장을 차례로 살펴봅니다. 1-2절입니다. "내 아들아 나의 법을 잊어버리지 말고 네 마음으로 나의 명령을 지키라 그리하면 그것이 너로 장수하여 많은 해를 누리게 하며 평강을 더하게 하리라" 아멘. 주어진 원칙을 잊을 수 있고, 부과된 명령이 무시될 수 있습니다. 그러니 법과 명령이 똑바로 기능하려면, 잊지 않고 간직하려는 노력이 필요합니다. 특히 내면으로부터의 노력이 요구됩니다. 결혼할 때의 약속, 세례받을 때의 서약, 직장에 첫 출근 했을 때의 결심을 기억하는 것이 중요합니다. 특별히 하나님께서 정해서 주신 법과 명령을 간직하고 지킨 사람은 하나님이 지으신 이 땅 위에서 지낼 날 수가 길어지고, 생명이 약동하게 되고, 평강, 온전함이 더해집니다.

이어지는 3-4절입니다. "인자와 진리로 네게서 떠나지 않게 하고 그것을 네 목에 매며 네 마음 판에 새기라 그리하면 네가 하나님과 사람 앞에서 은총과 귀중히 여김을 받으리라" 아멘.

하나님 법과 명령의 기초가 되는 '법 정신'에 해당하는 '인자와 진리'가 네 기본이 되게 하라고 말씀하십니다. '인자와 진리'를 목에 매고 마음 판에 새김으로써, 내적 및 외적 삶의 지표가 되게 하라는 것입니다. 4절은 '그러면, 하나님과 사람들에게서 인정받고 귀히 여김을 받을 것이다.' 이렇게 번역되어 있습니다. 달리 번역될 수 있는데, "하나님과 사람들이 보기에 은혜스럽고 바른 이해를 찾으라[/구하라]"입니다. 왠지 현 번역은 누가복음 2장 52절의 반영 같습니다. "예수는 지혜와 키가 자라가며 하나님과 사람에게 더욱 사랑스러워 가시더라"입니다. 예수님에 대한 요약구절인데, 이 번역도 설명이 필요합니다. "예수님은 지혜 면에서 인격 면에서 은혜 면에서 하나님과 사람들 곁에서 풍성하셨다." 이렇게 번역하는 것이 직역입니다. 여기 은혜가 나오지요. 그런데 은혜를 '더욱 사랑스러워' 로 표현했지요.

예수님은 풍성하신 분, 넉넉하신 분, 앞서가신 분이셨지요. 어떤 면에서요. 지혜 면에서요. 또한 인격 면에서요. '키' 로 번역된 단어는 단순히 '키' 만 가리키는 단어가 아닙니다. '나이, 열정, 남자다움' 을 표현하는 단어입니다. 그러니 '예수님 키가 제일 컸다.' 이런 의미가 아니겠지요. 포괄적인 개념으로 '인격' 이 좋겠습니다. 또한 예수님은 은혜 면에서도 남달리 풍성하셨지요. 하나님 곁에서도, 사람들 곁에서도요.

잠언 3장 4절의 번역은 누가복음 2장 52절의 반영 같은데, 반영된 구절의 본래 의미를 생각하면 4절이 잘 이해됩니다. 하나님과 사람들이 보기에 은혜롭고 바른 이해, 지혜롭고 인격적이고 은혜로운 길을 찾으라는 말씀입니다. 인자와 진리를 원칙 삼은 다음, 은혜롭고 바른 이해를 찾기 위해 애쓰라는 권면입니다. 약속은 아닙니다.

권면은 계속됩니다. 5-8절입니다. "너는 마음을 다하여 여호와를 의뢰하고 네 명철을 의지하지 말라 너는 범사에 그를 인정하라 그리하면 네 길을 지도하시리라 스스로 지혜롭게 여기지 말지어다 여호와를 경외하며 악을 떠날지어다 이것이 네 몸에 양약이 되어 네 골수로 윤택하게 하리라" 아멘.

온 마음 다해 하나님을 신뢰해야 합니다. 나의 지각(知覺)을 의지하면 안 됩니다. 무슨 일을 하든지 그 일에 맞는, 하나님이 원하시는 방법을 찾으라 말씀합니다. 이렇게 볼 수 있는 이유는 6절의 '인정하라' 가 '알다' 의 번역이기 때문입니다. 물론 하나님이 원하시는 방법을 안 다음에 인정하는 것이 필요하겠지만, 우선 알아야 한다고 말씀하고 있습니다. 하나님이 원하시는 방법을 알기 위해 노력한 자에게 약속이 있습니다. 하나님께서 그 사람이 걸어가는 길을 곧고 부드럽게 만들어주실 것입니다. 6절의 '지도하시리라' 가 바르게 하신다, 곧게 하신다를 의미합니다. '정직' 과 관련된 단어입니다. 굽은 길을 곧게, 울퉁불퉁한 길을 평탄하게 만들어주십니다. 누가요? 하나님께서요. 지혜자는 하나님이 원하시는 방법을 알려고 노력하여 아는 것만으로도 하나님의 도움을 받기에 충분하다고 말합니다.

이어 보기에 좋은 길을 택하지 말고 하나님을 두려워하며 악에서 떠나라 권합니다. 그러면 이것이 배꼽에게는 치료제가, 뼈에게는 음료가 될 것입니다. 8절의 '몸' 은 '배꼽' 입니다. 하나님을 신뢰하여 그분이 제정하신 법과 명령을 간직하고 그분의 입법 정신을 따라 행하면, 태아 시절에 배꼽을 통해 산모로부터 양분을 공급받고 배설물을 배출했던 것처럼, 하나님으로부터 몸과 내면 깊숙이 좋은 것을 공급받을 것입니다. 우리는 여전히 하나님의 자녀로 이 땅에서 태아처럼 존재하고 있으니까요. 이점에서 우주는 '태'와 같습니다.

잠언 3장 1절로 8절에는 하나님의 법 정신을 따라 사는 자에게 약속된 축복이 열거되어 있습니다. 그들은 장수하되 평안하고, 형통하되 사랑을 받을 것입니다. 장수하면 평안하기가 어렵고, 형통한 사람은 귀히 여김을 받기 어렵습니다. 세상이 복잡하고 시샘이 많기 때문입니다. 그러나 '인자와 진리'를 목에 걸고 내면에 새기고 사는 자는, 태아가 산모와 연결된 것처럼, 하나님과 연결되어있습니다. 그러기에 안전하고 행복한 상태를 유지하면서도 지속적인 성장을 이루고 온전해질 것입니다. 난자의 크기는 120마이크로미터 즉, 0.120밀리미터이다. 저희 집 애 가운데 하나가 태어날 때 54센티미터였습니다. 0.12밀리미터였던 아기가 540밀리미터로 성장한 것입니다. 540을 0.12로 나누면 키가 4,500배나 성장한 것입니다. 태어난 아기는 평생을 통해 4배 성장하기도 어렵습니다. 태어날 때의 키가 54센티미터인 아이가 출생 후 4배 자라면 키가 2미터 16센티미터가 될 것이기 때문입니다. 태아 시절 4,500배의 신체 성장을 허락하신 하나님은 산모로부터 분리된 인간에게 어떤 성장을 원하실까요? 영적 성장을 원하시지 않을까요? 보이지 않는 탯줄로 하나님과 연결되어 4,500배의 영적 성장을 기대하시는 것은 아닐까요. 그러니 영적으로 100배, 200배 성장했다고 만족해하지 말고 4,500배 성장을 이룰 수 있기를 바랍니다.

이처럼 하나님의 법 정신인 '인자와 진리'를 삶의 원칙으로 삼으면서 사는 사람들은 어떻게 살까요? 9-10절입니다. "네 재물과 네 소산물의 처음 익은 열매로 여호와를 공경하라 그리하면 네 창고가 가득히 차고 네 포도즙 틀에 새 포도즙이 넘치리라" 아멘.

하나님께서 소중한 분이시라는 것을 가진 바와 수고하여 얻은 바를 가지고 표현하며 삽니다. 사람들은 정말 가지고 싶은 것을 위해, 사랑하는 사람을 위해 돈을 씁니다. 마찬가지로, 하나님을 가까이하고 그분께 매이며 그분으로부터 좋은 것을 공급받는 사람은 그분을 위해 뭔가를 특히, 수고하여 얻은 바를 사용합니다. 드리며 삽니다. 감사하며 삽니다. 감사함으로 하나님께 재물을 드린 자는 어떻게 될까요? 가난하게 될까요? 아닙니다. 창고가 가득 차고 포도즙 틀에 포도즙이 넘치게 됩니다. 왜 그럴까요? 하나님은 '되로 받고 말로 주는 분' 이시기 때문입니다. 그럼에도, 드리는 자는 하나님께서 '자신을 공경하기에 드리는 자' 와 '부자 되려 드리는 자' 를 구별하실 수 있다는 점을 기억해야 할 것입니다.

세상은 '되로 받고 말로 주지' 않습니다. 말로 받고 되로 주지 않으면 다행입니다. 회사원이 한 달 동안 회사에 500만 원의 수익을 올려주면, 회사는 그 회사원에게 얼마나 줄까요? 회사마다 틀리겠지만, 절대로 500만 원 이상을 주지는 않을 것입니다. 말을 바꿔서 한 달에 오백만 원 받으려면 회사에 얼마나 벌어다 줘야 할까요? 회사마다 다르겠지만 자본이 많이 들어간 회사일수록 달라지겠죠. 삼성전자의 순이익이 저렴한 인건비에 있음이 지적되기도 합니다. 그 글을 보면 삼성전자 직원들은 회사에 순이익 8조를 안겨주고 4조를 받고 있습니다. 순이익이라는 말은 경비를 제외한 이익입니다. 수만 명이 버는 값과 수십 명이 버는 값이 비슷하지요. 그러나 하나님은 인자와 진리를 따라 사는 자기 백성에게 계속 더해주시는 분입니다. 그러니 하나님께는 드릴수록 이익입니다.

마지막으로 11-12절입니다. "내 아들아 여호와의 징계를 경히 여기지 말라 그 꾸지람을 싫어하지 말라 대저 여호와께서 그 사랑하시는 자를 징계하시기를 마치 아비가 그 기뻐하는 아들을 징계함 같이 하시느니라" 아멘.

하나님은 법을 제정하시고 그 법을 따라 사는 자를 인도하고 복을 주시되, 그 사람이 진정으로 복 받을 자가 되도록 도우십니다. 방법은 두 가지입니다. 징계 즉, 바로잡기 위해 훈련하시는 방법이고, 꾸지람 즉, 왜 틀렸는지 왜 바로잡혀야 하는지 가르쳐주시는 설명을 통한 방법입니다. '꾸지람' 이라는 단어의 기본 뜻은 '논리' 입니다. '논리' 가 어떤 사람에게는 따지는 것이고, 어떤 사람에게는 '지적질' 입니다.

제가 쓴 논문 가운데 하나님께서 사람들을 어떻게 대하시는가 하는 것을 정리한 글이 있는데, 그 연구를 통해 알게 된 것이 있습니다. 하나님은 그 사람의 어떠하심에 따라 대하시는데, 예수님은 당신의 제자들에게 '논리적인 대답' 을 주신다는 것입니다. 설명하십니다. 그런데 그 설명이 누구에게는 따지는 것으로, 지적질로 보일 수 있습니다.

특별히 잠언 3장 11-12절은 히브리서 12장에서 인용됩니다. 히브리서 12장 5절로

13절에 있습니다. 하나님은, 아버지가 기뻐하는 아들을 대하듯, 사랑하는 자들을 가르치고 훈련하십니다.

정리하면, 하나님은 법을 제정하신 분이고, 그 법을 따라 사는 자들을 돕고 지도하며 넉넉하게 하시는 분입니다. 특별히, 잘못된 부분이 고쳐지기를 원하셔서 징계와 꾸지람도 아끼지 않는 분입니다. 인자와 진리를 따라 사는 자에게는 하나님의 약속이 있습니다. 이들은 평안하고 형통하며 더욱 차고 넘칩니다. 그러나 동시에 하나님의 간섭을 받습니다. 온전함을 위한 간섭입니다. 인자와 진리가 우리 삶의 원칙이 되기까지 하나님은 우리에게 이 원칙이 얼마나 좋은 원칙인지 약속을 통해 보이시고, 간섭을 통해 바꿔 가십니다. 이 과정을 통해 4,500배 영적 성장을 이루시기를 바랍니다.

잠언 4장에서 지혜자는 아들을 부르며, '아들아! 나도 아들이었다' 말씀합니다. 4장 23-27절입니다. "모든 지킬 말한 것 중에 더욱 네 마음을 지키라 생명의 근원이 이에서 남이니라 구부러진 말을 네 입에서 버리며 비뚤어진 말을 네 입술에서 멀리 하라 네 눈은 바로 보며 네 눈꺼풀은 네 앞을 곧게 살펴 네 발이 행할 길을 평탄하게 하며 네 모든 길을 든든히 하라 좌로나 우로나 치우치지 말고 네 발을 악에서 떠나게 하라" 아멘. 결국 아버지의 권면을 따라 계속 살려면, 마음과 입과 눈과 발을 잘 지켜야 합니다. 입에서 비뚤어진 언사(言事)가 나오지 않도록 마음을 바로잡아야 할 것이고, 곁눈질하지 않고 게슴츠레한 눈으로 보지 않고 똑바로 보기 위해 마음을 똑바로 가져야 할 것이며, 악한 길로 다니지 않기 위해 발걸음을 조심스레 떼어야 할 것입니다. "한 걸음 한 걸음 주 예수와 함께 날마다 날마다 우리"(찬송가 430장) 걸어가야 할 것입니다.

이어 아버지는 '자기의 샘을 복되게 할 것' 을 말씀합니다. 5장 18-20절입니다. "네 샘으로 복되게 하라 네가 젊어서 취한 아내를 즐거워하라 그는 사랑스러운 암사슴 같고 아름다운 암노루 같으니 너는 그의 품을 항상 족하게 여기며 그의 사랑을 항상 연모하라 네 아들아 어찌하여 음녀를 연모하겠으며 어찌하여 이방 계집의 가슴을 안겠느냐" 아멘. 남의 것을 탐내지 말고, 자기 샘이 복 되도록 해야 합니다. 아버지는 아들들에게 '젊어서 취한 아내' 가, 조강지처가 너의 '샘' 이라고 강조합니다. 암사슴과 암노루 같은 아내로 만족하고 그로 인해 '정신 못 차리라/중독되라' 권합니다. '연모하다' 로 번역된 단어의 기본 뜻은 '실수하다' 입니다. 여기서는 '정신 못 차리다, 중독되다.' 의 의미를 갖습니다. 같은 단어가 23절에서는 '혼미하게 되느니라' 로 번역되었습니다. 배우자를 콩깍지 쓰고 보라는 말입니다. 아버지는 다시 친근한 표현인 '내 아들' 을 사용해서 권면합니다. "왜 거짓된 말을 하는 음녀를 콩깍지 쓰고 보려 하느냐? 왜 다른 여자를 안으려느냐?"

균형 잡힌 삶을 살기 위해 자기 샘이 복되도록 하라는 이 권면이 중요합니다. 수많은 직장이 세상에 있지만 내가 속한 내 직장이 복되도록 일해야 하고, 이 세상에 수많은 가정이 있지만 내가 속한 내 가정이 복되도록 섬겨야 하고, 수많은 교회가 있지만 내가 속한 교회가 복되도록 해야 합니다. 복되다는 말은 자기 역할을 한다는 말이고, 지나치지 않다는 말입니다. 샘물이 집 밖으로 넘치게 해서도 안 되고, 도랑물이 거리로 흘러가게 해서도 안 됩니다. 논에 물을 댈 때, 물이 논 안으로 들어가야 그 물이 복됩니다. 자기 역할을 하기 때문입니다. 길로 흘러가 버린다면, 낭비되었으니 그 물은 복되지 않습니다.

자기 자리를 찾는다는 것, 내 자리를 지킨다는 것, 내 샘으로 복되게 한다는 것, 참 중요하지만 어려운 일입니다. 욕심이 있기 때문입니다. 남의 샘을 얻고 싶어 하는 욕심 말입니다. 욕심이 내 떡보다 남의 떡을 크게 보이게 합니다. 유혹이 있기 때문입니다. 남의 것을 강탈하면 내 것이 커질 거라는 유혹입니다. 아닙니다. 남의 것을 강탈하면 내 것도 강탈당합니다. 남의 자리를 지켜주면 내 자리도 지켜집니다. 내 샘을 복되게 하고 살면, 남의 샘을 존중하게 되고 너와 내가 균형을 이루고 살게 됩니다.

아버지는 아들과 아들들에게 자기의 샘을 복되게 하라는 권면과 그러지 못했을 때 하게 될 후회에 대해 언급한 다음, '자기 샘을 복되게 하는 것' 과 '가로막는 것들' 에 대해 말합니다. 6장 1-5절입니다. "내 아들아 네가 만일 이웃을 위하여 담보하며 타인을 위하여 보증하였으면 네 입의 말로 네가 얽혔으며 네 입의 말로 인하여 잡히게 되었느니라 내 아들아 네가 네 이웃의 손에 빠졌은즉 이같이 하라 너는 곧 가서 겸손히 네 이웃에게 간구하여 스스로 구원하되 네 눈을 잠들게 하지 말며 눈꺼풀을 감기게 하지 말고 노루가 사냥꾼의 손에서 벗어나는 것 같이, 새가 그물 치는 자의 손에서 벗어나는 것 같이 스스로 구원하라" 아멘.

타인에 대한 지나친 관심 혹은 자신에 대한 지나친 확신 등으로 말미암아 실행하게 되는 빚보증이 '자기 샘이 복 되는 것' 을 가로막습니다. 이웃을 위해, 심지어 모르는 타인을 위해서까지 보증을 서게 된 경우, 그는 올가미에 걸려든 것입니다. 어떻게 할까요? "겸손히 네 이웃에게 간구하여 스스로 구원하여야 합니다." 이 어구를 직역하면, "가서 네 힘이 탈진하도록 힘을 다하고 네 이웃에게 졸라대야 한다."입니다. 겸손은 이러한 행동을 가능케 하는 마음자세입니다. 자신이 무언가 할 수 있다는, 자신이 꽤 괜찮은 그리고 능력 있는 사람이라는 생각으로 보증을 서게 됩니다. 반면, 자신이 할 수 있는 게 별로 없다는 생각으로, 이웃을 졸라대서라도 올가미에서 벗어나도록 힘쓰게 됩니다.

아버지는 자기 샘을 복되게 하는 것을 방해하는 가장 심각한 예로 남의 아내와의 간통을 언급합니다. 이 문제가 매우 심각하기에 아버지는 음녀의 유혹에 넘어간 한 젊은이를 예로 듭니다. 이 음녀는 남편이 있는 여인입니다. 7장 6-23절에 있습니다. 19절에 보면 "남편이 집에 없다"라고 언급하지요. 더구나 이 음녀는 자신이 얼마나 경건한 사람인가를 14절의 "내가 화목제를 드려 서원한 것을 오늘 갚았노라"라는 말로 표현합니다. 화목제와 서원이 복수형으로 쓰인 것을 고려할 때, 이 음녀는 서원을 많이 하였고 화목제도 많이 드렸습니다. 서원은 의무가 아닙니다. 경건한 사람, 헌신된 사람만이 취하는 율례입니다. 그런데 그런 서원을 많이 하였고, 화목제도 많이 드리는 일을 오늘 하였다고 합니다. 사실 이 표현을 통해, 이 여인의 서원과 제사가, 사실에 기초했다고 하더라도, 매우 형식적일 뿐만 아니라 의례적이고 의미 없이 반복된 서원과 제사라는 것을 인지할 수 있습니다. 이 음녀에게 죽은 자가 허다합니다.

잘 보니, '지혜를 미워하는 자는 사망을 사랑합니다.' 8장 32-36절입니다. "아들들아 이제 내게 들으라 내 도를 지키는 자가 복이 있느니라 훈계를 들어서 지혜를 얻으라 그것을 버리지 말라 누구든지 내게 들으며 날마다 내 문 곁에서 기다리며 문설주

옆에서 기다리는 자는 복이 있나니 대저 나를 얻는 자는 생명을 얻고 여호와께 은총을 얻을 것임이니라 그러나 나를 잃는 자는 자기의 영혼을 해하는 자라 나를 미워하는 자는 사망을 사랑하느니라" 아멘.

지혜는 태초부터 하나님과 함께 일하셨습니다. 그래서 세상의 모든 근원 된 것들을 잘 아십니다. 지식과 힘이 그에게 있고, 형통과 부귀가 그에게 있습니다. 그를 찾는 자를 만나주시고, 그를 붙드는 자를 귀하게 만들어주십니다. 이 지혜는 예수님과 연결됩니다. 그래서 바울 사도는 "너희는 하나님으로부터 나서 그리스도 예수 안에 있고 예수는 하나님으로부터 나와서 우리에게 지혜와 의로움과 거룩함과 구원함이 되셨으니"(고전 1:30)라고 하였습니다. 예수님을 빗겨 가는 자는 자기 영혼에게 강포를 행하고 있는 것입니다. 예수님을 미워하는 자는 사망을 사랑하고 있는 것입니다. 예수님을 얻는 자가 생명을 얻고, 예수님을 청종하면 지혜롭게 됩니다.

잠언 9장에는 두 종류의 잔치가 나타납니다. 하나는 지혜가 베푼 잔치이고, 다른 하나는 미련한 여인이 베푼 잔치입니다. 지혜는 잔치를 배설하고 줍니다. 1-5절입니다. "지혜가 그의 집을 짓고 일곱 기둥을 다듬고 짐승을 잡으며 포도주를 혼합하여 상을 갖추고 자기의 여종을 보내어 성중 높은 곳에서 불러 이르기를 어리석은 자는 이리로 돌이키라 또 지혜 없는 자에게 이르기를 너는 와서 내 식물을 먹으며 내 혼합한 포도주를 마시고" 아멘. 여기서 '내 식물', '내 혼합한 포도주'가 눈에 띕니다. 지혜가 준비한 잔치는 지혜가 가지고 있던 양식과, 지혜가 손수 만든 칵테일 포도주로 준비되어 있습니다.

반면, 미련한 여인은 차린 것이 없으면서 초청합니다. 차린 것은 없지만 도적질하면 된답니다. 그의 잔칫상은 17절에 있습니다. "도둑질한 물이 달고 몰래 먹는 떡이 맛이 있다". 공기 다음으로 흔한 게 물입니다. 환경이 많이 오염된 지금은 물마저도 사 먹게 되었지만, 그래도 여전히 흔한 게 물입니다. 그러나 미련한 여인은 물도 도둑질해서 마셔야 달다는 것입니다. '몰래 먹는 떡'은 남의 떡입니다. 남의 떡을 훔쳐서 주인 몰래 먹으면 정말 맛있답니다. 그러니 잔칫상을 차릴 필요가 없습니다. 사실 미련한 여인은 잔칫상에 내놓을 것도 없습니다. 노동하지 않았으니 가진 게 없고, 가진 게 없으니 차릴 게 없습니다. 그러면서도 당당합니다. 성에서 높은 곳을 자기 집인 양 여기고 외칩니다. "도둑질한 물이 달고 몰래 먹는 떡이 맛있다!"

미련의 아들이 될 것인가, 아니면, 지혜의 아들이 될 것인가? 하나님 나라에도 '부익부 빈익빈'이 있습니다. 그것은 어느 잔치에 참여하느냐에 달려 있습니다. 10장 1-3절입니다. "솔로몬의 잠언이라 지혜로운 아들은 아비를 기쁘게 하거니와 미련한 아들은 어미의 근심이니라 불의의 재물은 무익하여도 공의는 죽음에서 건지느니라 여호와께서 의인의 영혼은 주리지 않게 하시나 악인의 소욕은 물리치시느니라" 아멘.

은혜 잔치에 참여하기만 하면, 은혜를 누리고 베푸는 자가 되어 기쁨을 주는 사람으로 살게 됩니다. 그러나, 장물(贓物) 잔치에 참여하는 자는 무능한 재물만 얻게 될 것입니다. 떳떳하지 못한 돈은 드러내놓고 쓰기도 어려울 것입니다. 오죽하면 도박으로 번 돈을 밭에 파묻었겠습니까? 쉽게 번 돈 쉽게 쓸 것이고, 어렵게 번 돈 쉽게 쓰지 않을 것입니다. 은혜로 번 돈 은혜롭게 쓸 것이고, 땀 흘려 번 돈 값지게 쓸 것입니다. 그래서 얼마를 벌었느냐보다 어떻게 벌었느냐가 중요합니다. 일하지 않고 번 돈이 은혜 소득이 아닙니다. 하나님께서 주신 돈이 은혜 소득입니다. 풍년이 은혜 소득입니다. 노동을 많이 했다고 풍년이 오는 게 아니기 때문입니다. 모든 열매는 은혜 소득입니다. 열매라는 게 거저 맺히는 게 아니기 때문입니다. 모든 열매에는 힘이 있습니다. 살리는 힘이 있습니다.

내가 가진 것이 나를 움직입니다. 11장 1절입니다. "속이는 저울은 여호와께서 미워하시나 공평한 추는 그가 기뻐하시느니라" 아멘. 의와 패역이 각각 일하여 의인과 패역한 자에게 결과를 줍니다. 저울에게는 공평이 기대됩니다. 옛 저울은 천칭입니다. 가운데 실을 매달아 한쪽에는 기준 추를, 다른 쪽에는 무게를 재고자 하는 물건을 놓아 균형을 이루게 함으로써 무게를 재는 기구입니다. 시소도 같은 원리로 만들어졌습니다. 천칭은 주로 금이나 은과 같이 값나가는 것을 측정할 때 사용했을 것입니다. 그러므로 미세한 오차는 금액 면에서 큰 차이를 가져오게 됩니다. 오차는 좌우 팔 길이 비율의 잘못, 측정하는 물건이나 분동을 놓는 위치의 잘못 등에서 생깁니다. 천칭을 전문적으로 사용하는 사람은 제대로 된 천칭을 가지고도 무게를 속일 수 있었을 것입니다. 더불어 공평하지 못한 추, 다시 말해 새겨진 무게와 다른 무게를 가진 돌이 사용된다면 큰 오차를 내게 될 것입니다.

이익을 지나치게 탐하는 사람들이 저울이나 계기 등을 조작하는 경우가 있습니다. 택시미터기나 주유소 계량기를 조작했다고 보도되기도 하지요. 저울이 조작되기도 합니다. 그런데 자체가 변형되어 무게를 정확히 측정하지 못하는 천칭은 하나님께서 가증하게 여기십니다. 여기서 '미워하다'에 해당하는 단어는 '가증하게 여긴다'를 의미하는 단어로, 주로 우상에게 사용된 단어입니다. 우상이 하나님이 아니면서 하나님 대접을 받듯, 무게를 항상 잘못 측정하는 천칭이 저울 대접을 받는 것이 가증합니다.

공평하기가 쉽지 않습니다. 편애가 쉽고, 팔은 안으로 굽기가 쉽습니다. 안면이 있으면 아무래도 더 잘해주기가 쉽습니다. 그래서 사용하는 것이 저울과 추이고, 법과 규정입니다. 법과 규정마저도 해석하기 나름일 수 있기에, '관례'라는 것이 있어서 법 해석에 공정성을 보태 줍니다. 공정성 지켜가기가 쉽지 않습니다. 이익을 탐하는 사람들이 있기 때문입니다. 이익을 공평보다 더 추구하는 사람들은 이익을 위해서라면 공평도, 공의도, 의도 쉽게 버리기 때문입니다. 그런 사람들이 만들어내는 기구가 속이는 저울과 거짓된 추입니다. 마음에 돈이 있는 사람들, 이익이 인생의 목표인 사람들입니다. 이런 사람들이 국가를 맡으면 정부가 부패해집니다. 이런 사람들이 장사하면 상도덕이 무너집니다. 이런 사람들이 교회에 들어오면, 교회가 세속화됩니다.

하나님이 저울을 미워하시는 것이 아닙니다. 저울과 거짓이 만났을 때, 미워하시는 것입니다. 추(錘)라고 기뻐하시지 않습니다. 추와 온전함이 만났을 때, 기뻐하십니다. '내가 가진 것이 나를 움직입니다.' 내가 가지고 있는 것이 나를 규정하고, 내가 가지고 있는 것 때문에 복과 화가 오고 사랑과 미움을 받습니다.

의를 가진 자는 '자기 토지를 경작하는 자'입니다. 12장 11절입니다. "자기의 토지를 경작하는 자는 먹을 것이 많거니와 방탕한 것을 따르는 자는 지혜가 없느니라" 아멘. '자기의 토지를 경작하는 자'라는 표현에 12장 1-10절에 언급된 중요한 요소가 대부분 포함되어 있습니다. 자기 땅을 일구는 자, 자기 땅을 경작하는 자는 양식이 풍족합니다. 남의 땅 경작하는 자를 소작농이라 부릅니다. 임대료 내면서 장사하면 참 어렵습니다. 이자 갚아가면서 돈 벌려면 이자보다 더 많이 벌어야 합니다. 그런데, 이자 벌기가 어렵습니다. 이자라는 게 돈값인데, 돈값이 물건값과 맞먹을 때가 많기 때문입니다. 그래서 자기 건물에서 장사하는 사람은 불경기에도 유지는 합니다. 자기 땅 부쳐 먹는 사람은 흉년에도 먹을 게 있습니다. 그러나 남의 건물에서 장사하는 사람은 불경기에 가게 세 주고 나면 남는 게 없습니다. 먹을 게 없습니다. 남의 땅 부쳐 먹는 사람도 그렇습니다. 흉년에 약속된 소산물 주고 나면 남는 게 없습니다. 코로나 불경기도 그나마 버티는 사람은 자기 건물이 있는 사람들이지요.

'자기 토지를 경작하는 자' 는 일하는 자입니다. 자기 땅이 있으나 놀려먹고 있으면 소산이 없습니다. 불경기에 빈 가게 많고, 일손이 달리니 잡풀 무성한 논밭이 많습니다. 경작이 안 되는 땅에서 먹을 게 나올 리 만무합니다. 야곱도 '자기 우양' 이 생기자 그것들로부터 거부가 되었습니다. 비록 라반이 흠 있는 것만 주었지만, 하나님의 은혜가 있었기에 흠 없는 것들로 큰 부를 이룩한 것입니다. 볼품없어도 내게 속한 것이 중요합니다. 손바닥 만한 땅이라도 잘 경작하면, 잘 섬기면 소산물을 냅니다. 별 볼 일 없어 보이는 자식이라도 젖 달랄 때 젖 주고, 물 달랄 때 물 주고, 힘들어할 때 위로하며 키워놓으면, 자기 앞가림하고 사는 것입니다.

남의 땅 넘보니 문제이고, 자기 땅 당연시해서 문제입니다. 내 땅은 하나님이 주신 달란트이고, 남의 땅은 내 땅이 아닙니다. 직업도 그렇습니다. 내가 가진 직업이 내 땅입니다. 내가 가진 기술이 내 땅입니다. 부족해 보이고 빛나 보이지 않아도, 내 직업을 천직으로 알고 성실하게 섬기며 살면 먹을 것이 많아집니다. 반면, 방탕한 것을 따르는 자, 헛된 것을 좇는 자는 지혜가 없는 자, 마음이 없는 자입니다.

성경은 의롭고 선한 부귀에 대해 말합니다. 13장 14-25절에 있습니다. 부하게 되는 것도, 귀하게 되는 것도 분명 좋은 것이나 어떤 본질 위에 부귀를 채울까요? 의와 선 위에 부귀를 이뤄야 합니다. 그래야 오래갑니다. 의인과 선인의 마음이 묻은 부귀는 오래갑니다. 의와 선이 부귀를 보장하기 때문이지요. 이러한 원칙 뒤에 하나님께서 계십니다.

내가 가진 부귀가 의롭고 선한 것인지, 헛되고 악한 것인지 알려면 첫째, 내 마음이 묻어있는지 살펴보면 됩니다. 내 소유에, 내 직분에 내 마음이 묻어있다면 의롭고 선한 부귀일 가능성이 큽니다. 내가 가진 부귀가 의롭고 선한 것인지, 헛되고 악한 것인지 알려면 둘째, 소유와 직분에 땀이 배어있는지, 손때가 묻어있는지 살펴보면 됩니다. 책을 보면 읽은 책인지 새 책인지 금방 알 수 있습니다. 참으로 이상합니다. 읽으면서 묻힌 손때는 읽어야만 묻습니다. '닳아서 낡은 운동화'와 '빨리 낡게 하려고 시멘트 바닥에 문댄 운동화'는 분명 다릅니다. 내 성경책에는 내 손때가 얼마나 묻어있나요? 내 손때가 묻어야 내 책입니다. 내가 가진 부귀가 의롭고 선한 것인지, 헛되고 악한 것인지 알려면 셋째, 열매를 보면 됩니다. 의롭고 선한 부귀는 분명 형통합니다. 열매를 맺습니다. 헛되고 악한 부귀는 분명 쇠합니다. 열매 맺지 못합니다. 그러므로 내가 가진 소유와 직분으로 어떤 열매가 맺히는지 살펴보면, 의롭고 선한 부귀인지 아닌지 알 수 있습니다.

잠언 14장은 '집과 일터와 나라를 세우는 지혜'를 가르쳐줍니다. 1-3절입니다. "지혜로운 여인은 자기 집을 세우되 미련한 여인은 자기 손으로 그것을 허느니라 정직하게 행하는 자는 여호와를 경외하여도 패역하게 행하는 자는 여호와를 경멸하느니라 미련한 자는 교만하여 입으로 매를 자청하고 지혜로운 자의 입술은 자기를 보전하느니라" 아멘.

집이 세워지기 위해 부인이 매우 중요합니다. 그러나 아비가일 같은 부인이 있다고 한들 남편이 나발 같다면 집은 무너질 것입니다. 부인이 아비가일이라도 남편이 나발이면 아비가일로도 감당이 안 되는 것입니다. 남편이 정직해야 합니다. 정직한 남자가 있고 마음이 굽은 남자가 있는데, 정직한 남자는 여호와를 경외하기 때문에 정직하고, 마음이 굽은 남자는 여호와를 멸시하기 때문에 거짓됩니다. 그리고 미련한 자의 입에는 매와 교만이 있고, 지혜로운 자의 입에는 문지기가 있습니다. 미련한 자는 모든 것을 매로 해결하려 합니다. 그러면서도 '자신만이 옳다.' 여깁니다. 그러나 지혜로운 자는 말을 삼가고 가급적 매를 문제해결의 수단으로 사용하지 않습니다.

또한, 남편이 지혜자라고 해도 아내가 미련하면 집이 서지 않습니다. 고등학교 때

실력이 좋으셨던 사회 선생님이 갑자기 학교를 그만두시고 학교에 물건을 납품하시는 모습을 보았습니다. 사모님이 도박에 빠지셔서 퇴직금까지 모두 날리셨다는 얘기를 들었습니다.

지혜자는 '반응' 도 지혜롭게 합니다. 15장 1절입니다. "유순한 대답은 분노를 쉬게 하여도 과격한 말은 노를 격동하느니라" 아멘. 어떤 사람이 화가 나서 말할 때 부드럽게 대답하면, 그 사람이 내는 분노가 내게 영향을 미치지 못하고 되돌아갑니다. 그러나 화를 낸다고 상처 주는 말을 하면 그 사람의 분노가 더 커집니다. 그러므로 험악한 상황을 벗어나려면 내 마음을 부드럽게 해야 합니다. 그러나 보통은 화를 내는 사람에게 상처 주는 말을 하기 쉽습니다. 정말 어려운 것 중 하나가 내게 화내는데 내가 화내지 않는 것입니다. 오는 말이 고와야 가는 말도 고와지는 법인데, 오는 말이 곱지 않은데 어떻게 가는 말을 곱게 하겠습니까? 하지만 유순한 대답은 분노를 쉬게 하고 과격한 말은 노를 격동시킵니다. 그러니 부드럽게 대답할 일입니다. 그러려면 마음에 여유가 있어야 하고, 대상에 대해 긍휼한 마음이 있어야 합니다.

결국 행동까지 변해야 상황이 바뀝니다. 16장 19절입니다. "겸손한 자와 함께 하여 마음을 낮추는 것이 교만한 자와 함께 하여 탈취물을 나누는 것보다 나으니라" 아멘. 가난한 자와 함께 있으면서 낮은 마음을 갖는 것이, 의기양양한 자와 함께 탈취물을 나누는 것보다 더 낫습니다. 마음을 낮추라 하십니다. 많이 먹는 것이 내 몫이라 생각 말고, 적게 먹는 것이 내 몫이라 여깁시다. 어떤 애는 손에 하나만 줘도 만족해합니다. 반면, 어떤 애는 자기 앞에 쌓여있어야 만족합니다. 먹지 못하더라도 일단 자기 것을 확보하려 합니다. 식욕으로 다툼이 생깁니다. '만일을 대비해서' 이게 문제입니다. 만일을 대비한다며 사재기합니다. 하나님을 의지하되 마음을 낮추면 그리 많이 쌓아두지 않아도 됩니다. 마음을 낮추면 편한 경우가 많습니다. "God is everything. You are something. I am nothing." 이 좋습니다. 그런데, 어떤 사람들은 주어를 바꿉니다. "I am everything. God is something. You are nothing." 맞벌이 부부 부러워 말고, 가정사역을 충실히 합시다. 진짜 중요한 일은 돈으로 계산되지 않습니다. 그래서 진짜 중요한 일 가운데에는 돈 안 되는 일이 많습니다.

아이 낳아주고 돈 받으면 씨받이요, 안 받으면 어머니다.
돈 벌어다 주고 갚으라 하면 채권자[사채업자]요, 안 받으면 아버지다.
집안 청소하고 돈 받으면 청소부요, 안 받으면 가족이다.
요리해주고 돈 받으면 식당이요, 안 받으면 집이다.
살려주고 돈 받으면 병원이요, 안 받으면 교회다.

그래서 마음이 바뀌어야 합니다. 무엇이 '더 좋은 것' 인가? 잠언 17장은 우리에게 '보다 나은 것, 보다 좋은 것' 에 대해 소개합니다. 1절입니다. "마른 떡 한 조각만 있고도 화목하는 것이 제육이 집에 가득하고도 다투는 것보다 나으니라" 아멘. 다툼의 제물이 가득한 집보다, 마른 떡 한 조각밖에 없지만 평온함이 있는 집이 더 좋습니다. 예배(제사)를 자주 드리기에 집에 고기가 넘치지만 갈등과 다툼 또한 가득한 것보다는, 비록 예배(제사)를 자주 드리지 않아 고기도 없고 떡도 마른 것밖에 없다 해도 평온한 것이 훨씬 더 좋다는 말입니다. 마른 떡 한 조각만 있고 다투는 것과 제육이 집에 가득하고 화목한 것은 비교가 안 됩니다. 당연히 제육이 가득하면서 화목한 것이 훨씬 더 좋습니다. 그런데 지혜자는 먹을 것이 없고 화목한 것과, 먹을 것이 많고 다투는 것을 비교합니다. 제사가 적고 화목한 것과, 제사가 많고 다투는 것을 비교합니다. 싸우면서 가정예배 드리는 것보다는, 드리지 않더라도 안 싸우는 것이 더 낫다는 말입니다.

잘 생각해봐야 합니다. 맞벌이해서 좀 더 벌면 좋을 것 같습니다. 그런데, 맞벌이하려고 자녀 출산도, 아이들 가정교육도 양보해야 한다면, 어느 게 더 좋은지 따져봐야 할 것입니다. 지혜자는 배부름보다는 화목을 더 중요하게 보았습니다.

지혜자는 공동체를 살립니다. 18장 24절입니다. "많은 친구를 얻는 자는 해를 당하게 되거니와 어떤 친구는 형제보다 친밀하니라" 아멘. 여러 공동체와 연관되다 보면, 어려운 일도 생깁니다. 그러나 때로는 형제보다 더 위해주는 공동체를 만나기도 합니다. 가정과 교회는 이런 공동체가 되어야 합니다. 국가도 그러해야 합니다. 그러려면 변화가 필요합니다. 공동체가 와해되고 있다는 점을 인식하고, 왜 그렇게 되는지 곰곰이 생각해보고, 공동체의 와해를 막고 살리는 노력을 해야 합니다.

우리나라에서는 대학 졸업자의 10%만 안정적인 직장을 얻는다고 합니다. 반면, 유럽의 어느 나라는 대학 졸업자의 대부분이 안정적인 직장을 얻는다고 합니다. 급료 차이도 크게 나지 않고, 직장 내 갑질도 많지 않다고 합니다. 대기업과 하청기업 사이에도 합리적인 관계가 유지된다고 합니다. 우리나라는 개선이 필요해 보입니다. 교회에서 함께 자란 아이들이 중고등학교와 대학 진학을 거치면서 벽이 생기고 친구가 될 수 없다면 안 되겠지요.

돈으로 살 수 있는 게 많은 것 같지만, 정말 좋은 것들은 돈으로 살 수 없습니다. 그러니 경상수지에 너무 관심을 쏟지 말고, 말씀 순종 수지에 관심을 쏟는 게 좋겠습니다. 19장 8-14절에 있습니다. 말씀 순종 수지가 높아지면, 슬기로운 아내, 지혜로운 자녀, 영원한 생명, 넉넉한 마음, 신중한 태도, 진실한 말, 섬세하고 우아함, 현명함, 너그러운 마음, 직분에 맞는 수준을 선물로 받을 것입니다.

말씀 순종 수지에 관심을 기울이는 사람은 한결같습니다. 20장 6-7절입니다. "많은 사람이 각기 자기의 인자함을 자랑하나니 충성된 자를 누가 만날 수 있으랴 온전하게 행하는 자가 의인이라 그의 후손에게 복이 있느니라" 아멘. 큰 사람, 인자한 사람을 만나기는 쉽지만, 믿을 만한 신실한 사람을 만나기는 어렵습니다. 여기서 충성된 자에 해당하는 단어는 '아멘'과 어근이 같습니다. 그러니, 아멘의 사람이 충성된 사람, 순전한 사람입니다. 충성된 자는 한결같은 사람입니다. 처음부터 끝까지 변함없이 꼭 같은 사람입니다.

큰 사람, 인자한 사람, 아멘의 사람 가운데 하나를 고르라면, 충성된 한결같은 아멘의 사람을 고르겠습니다. 큰 사람이 변하면 더 큰 해(害)를 입고, 인자한 사람이 변하면 잔인함을 맛보겠지만, 한결같은 사람은 좀 부족해도 신뢰할 수 있기 때문입니다. 7절의 온전하게 행하는 자는 욥처럼 '순전한 사람'입니다. 상황이 바뀌어도 변하지 않는 사람입니다. 100% 순전하게 행하는 자가 의인입니다. 순전히 행하는 자의 자식들은 복 있는 자들입니다. 귀하고 큰 사람의 자녀가 아니라, 의인의 자녀가 복이 있습니다. 크고 인자한 사람이 되려고 하지 말고 의인이 됩시다. 베푸는 사람이 되기 전에 아멘의 사람이 됩시다.

한결같은 사람은 보이지 않는 힘을 고려합니다. 21장 30-31절입니다. "지혜로도 못하고, 명철로도 못하고 모략으로도 여호와를 당하지 못하느니라 싸울 날을 위하여 마병을 예비하거니와 이김은 여호와께 있느니라" 아멘. 진정한 정계의 큰손도, 재계의 큰손도, 역사의 큰손도 하나님이십니다. 그러므로 큰손 되신 하나님을 인정하며 사시기를 바랍니다. 그러한 삶을 통해 보이지 않는 큰손의 증거를 확인하고 증언하는 증인이 되시기를 바랍니다.

예배는 이러한 증인들이 모여 하나님을 높이고 찬송하며 성경의 증거를 배우는 시간입니다. 이러한 증인들만이 마귀를 이기고 심판을 이기고 죄를 이기며 은혜에 덮여 삽니다. 예배 때마다 한 가지라도 성경의 증거를 붙드십시오. 그리고 그 말씀이 진리임을 배우게 해달라고 기도하십시오. 그것을 배우는 과정이 대개는 힘듭니다. 수학 공식 하나 배우는 것도 시간과 힘이 필요합니다. 하물며 우리 영혼이 죄를 벗고 의를 덧입는데 필요한 신령한 지식을 얻는데 어찌 시간과 힘이 필요하지 않겠습니까? 하나라도 붙드십시오.

그러니, 우리는 무엇에 달인이 될까요? 22장 29절입니다. "네가 자기의 일에 능숙한 사람을 보았느냐 이러한 사람은 왕 앞에 설 것이요 천한 자 앞에 서지 아니하리라" 아멘. 생명의 달인, 살림의 달인, 말씀의 달인이 되어야겠습니다. 한마디로 정리하니 '예수의 달인' 입니다. 예수의 달인이 된다는 말은 생명의 달인, 살림의 달인, 말씀의 달인이 된다는 말입니다. 마음이 청결하고 눈이 선하며 자기 일에 능숙합니다. 부자와 가난한 자에 집중하지 않고 하나님께 집중하는 자이며, 겸손한 마음으로 하나님을 경외함으로 생명과 영광과 재물을 얻는 자입니다. 그의 배에는 지혜의 말씀과 하나님에 대한 지식이 있습니다. 그는 하나님을 신뢰합니다. 미련을 벗고 분노와 악과 게으름을 벗습니다.

이에 다음과 같이 기도합니다.

겸손한 마음을 주소서.
예수의 달인이 되게 하소서.
교회를 사랑하도록 도우소서.
한결같은 마음을 주소서.

질의와 응답

하나. "팔복을 '지혜자의 초청' 으로 보셨는데, 어떤 점에서 그런가요?"

누가복음 7장 35절을 보면, 예수님이 "지혜는 자기의 모든 자녀로 인하여 옳다 함을 얻느니라" 말씀하셨습니다. 문맥을 볼 때, 이 구절의 '지혜' 는 예수님을 가리킵니다. 잠언 8장의 '지혜' 는 '성자' 와 연결되고, 마태복음 5장의 '팔복' 은 시편 1권의 압축으로 볼 수 있습니다.

잠언 8장 12-16절을 달리 표현해 봅니다. '나 지혜는 솜씨 있게 지내면서 절도 있는 지식을 찾는다. 여호와를 경외하는 것이 악을 미워하는 것이다. 그래서 나는 악을 미워한다. 교만, 거만, 악한 삶의 방식, 패역한 입을 미워한다. 내게는 모략과 알찬 지식이 있다. 나는 깨달음이다. 내게는 힘이 있다. 그러기에 왕들이 내 안에서 왕 노릇하고, 치리자들이 의를 공포한다. 내 안에서 관리들이 다스린다. 의를 결정하는 모든 자들이 내 안에서 존귀해진다.'

이어지는 8장 17-21절도 달리 표현해 봅니다. '나는 나를 사랑하는 자를 사랑하고, 나를 따르는 자들을 만난다. 부귀와 영광이 어디 있는가? 나와 함께 있다. 오래 지속되는 재물과 의도 나와 함께 있다. 금과 정금보다 내 열매가 좋다. 내 수확물은 돈보다도 선택할 만하다. 나는 의의 길로 다닌다. 나는 공의의 궤도를 따라다닌다. 의의 길과 공의의 궤도를 따라다니며 나는 무엇을 하는가? 나를 사랑하는 자가 기업을 얻게 하고, 그의 곳간을 가득 채운다.'

이어지는 8장 22-31절도 달리 표현해 봅니다. '여호와 하나님께서 그의 길의 시작, 곧 일을 시작하시기 전에 나를 가지셨다. 영원 전, 태고 때, 땅이 서기 전에 내가 부어졌다. 깊음이 없을 때, 샘이 없을 때, 물이 세력을 얻기 전에 내가 부어졌다. 산이 생겨나기 전에, 언덕이 생성되기 전에 내가 부어졌다. 하나님이 땅과 바깥과 세상 진토의 근원을 만드시기도 전에 내가 부어졌다. 하나님이 하늘을 세우실 때, 내가 거기 있었다. 깊음 위에 범위를 두실 때 내가 거기 있었다. 하늘 위를 강하게 하실 때 내가 거기 있었다. 깊음의 샘들을 힘 있게 하실 때 내가 거기 있었다. 바다에게 규례를 주셔서 물이 자기 입[해안선]을 넘어서지 못하게 하실 때 내가 거기 있었다. 땅의 근간을 새기실 때 내가 거기 있었다. 나는 명공(名工)으로 그의 곁에 있었다. 날마다 나는 그에게 기쁨이었다. 때마다 나는 그 앞에서 웃었다[/놀았다][/흉내 냈다]. 하나님의 땅의 처소에서 웃었다[/놀았다][/흉내 냈다]. 아담의 아들들을 기뻐했다.'

둘. "잠언 7장 6절 이하에 나오는 음녀가 누구일까요?"

지혜('호크마')가 히브리어 단어로는 여성명사입니다. 그래서 지혜의 반대편에 '음녀'를 두었습니다. '음녀'는 '지혜와 다른, 지혜 반대편에 있는 여자'입니다. 때로는 조강지처와 비교됩니다. 하나님을 경외하지 않는 여자입니다.

셋. "시편과 잠언을 비교해 주시겠어요?"

시편은 노래이고, 잠언은 격언입니다. 시편에는 마음이, 잠언에는 삶이 담겨 있습니다. 시편에는 다윗 왕국이, 잠언에는 지혜가 중심에 있습니다. 지혜로운 자는 시편을 노래할 것입니다. 시편을 노래하는 자는 지혜자의 삶을 살 것입니다. 시편을 노래하는 자도, 지혜자의 삶을 사는 자도, 하나님을 경외합니다.

넷. "왜 삶이 계란입니까?"

총신 신대원 교회사 교수님이셨던 심창섭 교수님이 그렇게 말씀하셨습니다. 저는 이렇게 이해합니다. 삶이란 '세우는 것'이 아니라 '맡기는 것'이라고요. 그리고 달걀이 그렇듯, 잘 '품으면' 생명을 얻는 것이 삶이라고요.

Weekly Reading

33

잠언 23장 - 전도서 12장

"헛됨"

잠 23-25장	잠 26-28장	잠 29-31장	전 1-3장	전 4-6장	전 7-9장	전 10-12장

check

이번 통독은 잠언의 뒷부분과 전도서입니다. 지난 과에서는 '삶은 계란' 으로 잠언을 표현해 보았는데, 이번 과에서는 전도서를 '헛됨' 으로 표현해 보았습니다. 개인적으로 전도서를 가장 좋아하는 것 같습니다. 통독을 전도서에서 시작한 적이 많았습니다.

헛됨

I.
'헛되고 헛되며 헛되고 헛되니 모든 것이 헛되도다.'
전도자의 깨달음에 질문합니다.
헛되지 않은 것이 있는가?

'헛됨' 의 대명사가 '우상' 이니 헛되지 않은 것으로 하나님 떠올립니다.
하나님을 경외하라는 전도자이니(12:13)
헛됨의 명단에 하나님은 없습니다.

헛됨의 명단에 혹시 '나' 라는 존재가 있나? 질문합니다.
'산 개가 죽은 사자보다 낫다.' 하였으니(9:4),
'살아있는 나' 는 헛됨에서 멀리 있습니다.

살아있는 나의 '수고' 는 헛됨의 명단에 포함되는가?
'헛수고' 가 아니라면, 포함되지는 않을 텐데,
'헛수고했다.' 여기는 때 있으니, 분명 헛수고는 '헛됨' 에 들어갑니다.

헛수고 피하려, 부귀영화 추구하고 무병장수 목표 삼을까? 묻습니다.
전도자가 부귀영화 무병장수 상대화하니
차라리 존재하는 '나' 가 덜 헛됩니다.

II.
살아있는 나와 살아있는 너 가운데 누가 덜 헛된가?
평생을 수고하여 얻은 분복인 아내는(9:9) 헛됨에서 멉니다.
함께 눕고 함께 싸울 동지(3:11-12) 역시 헛됨에서 멉니다.

헛됨에서 먼 이웃이 있는 자는 분명 '헛됨' 에서 더욱 멀 것입니다.
이웃이 많을수록 멀 것이나, 자녀 백 명도(6:3), 천 사람도(7:28) 헛될 수 있으니
헛됨은 숫자와 무관합니다.

헛됨이 행복과 달리 가니,
행복은 분명 헛되지 않은 것으로 이어지고
'행복한 나' 는 '살아있는 나' 보다 덜 헛됩니다.

'행복한 나' 가 모여 '행복한 우리' 가 될 터이니,
'복된 우리' 를 추구합니다.
교회에서 '행복한 우리' 를 찾습니다.

살아있으면서 분복에 만족하는 그대는
행복한 우리의 구성원이고
하나님과 연결된 이웃입니다.

III.
행복한 나도 나이가 들면
'아무 낙이 없다고 할' (12:1) 날에 도달합니다.
행복한 너, 행복한 이웃도 그날에 도달합니다.

그 순간 잠시 뒷전이셨던 하나님을 생각합니다.
하나님이 행복은 아니지만, 행복이 하나님도 아니지만,
그분이 나로 인해 행복하셨을까? 질문합니다.

분명 하나님도 이웃이셨고
우리에게 '행복'을 '보람의 기준'으로 주신 분이기에
행복하셨을 때, 분명 보람을 생각하셨을 텐데…

나는 그분에게,
행복한 우리는 그분에게
헛되지 않은 이웃이었는지 생각합니다.

내가 그분 행복의 이유였다면 하나님과 나는 행복한 우리입니다.
그분이 우리의 행복에서 그분의 보람을 찾으셨기에,
우리 모두 하나님과 행복한 우리이기를 기도합니다.

하나님과 행복한 우리가 되기 위해, 우리의 마음을 어디에 둘 것인가? 먹거리나 재물이 아니라, 사람에게, 특별히 하나님을 경외하는 사람에게 마음을 둬야 합니다. 훈계와 말씀에 마음을 둬야 합니다. 잠언 23장 1-5절입니다. "네가 관원과 함께 앉아 음식을 먹게 되거든 삼가 네 앞에 있는 자가 누구인지를 생각하며 네가 만일 음식을 탐하는 자이거든 네 목에 칼을 둘 것이니라 그의 맛있는 음식을 탐하지 말라 그것은 속이는 음식이니라 부자 되기를 애쓰지 말고 네 사사로운 지혜를 버릴지어다 네가 어찌 허무한 것에 주목하겠느냐 정녕히 재물은 스스로 날개를 내어 하늘을 나는 독수리처럼 날아가리라" 아멘. 먹거리나 재물에 마음을 두지 말라는 부분입니다.

먹을 때도 생각하며 먹어야 합니다. 특히 다스리는 자가 앞에 있을 때는 더욱 조심해야 합니다. 식탐 때문에 올무에 걸리지 않도록 일단 먹을 생각을 접어야 합니다. 책임지고 있는 생명체가 있다면 그러해야 합니다. 가장이라면 그러해야 합니다. 오래 사는 분들은 소식하시지요. 일할 분량 생각해서, 소화 능력 고려해서 먹으면 됩니다.

맛있는 음식을 바라지 않는 것이 좋습니다. 맛있는 음식은 차려진 목적이 있습니다. 맛있는 음식을 탐해서는 안 됩니다. 가장이기 때문입니다. 하나님은 유월절과 무교절에 무교병 먹게 하셨습니다. 광야에서 만나 먹게 하셨습니다. 애굽의 진찬(珍饌)을 그리워하던 사람들은 광야에서 다 죽었습니다. 애굽의 과일과 채소를 부러워하지 말고, 하나님을 섬기는 데 필요한 만큼 먹는 것이 좋습니다.

부자 되려고 피곤할 정도로 일하지 마십시오. 어느 정도 일하면 얼마 벌고 얼마 지나면 부자 될 거란 계산을 중단하십시오. 공부도 계산한 대로 되지 않습니다. 돈도 계산한 대로 벌리지 않습니다. 그러니 할 수 있는 만큼 일하고 필요한 만큼 버는 것이 좋습니다. 또한, 번 만큼 써야지요. 그 이상 쓰면 안 됩니다. 재물은 날개 달린 독수리처럼 날아가 버립니다. 날아가 버릴 재물에 눈길 두지 마십시오. 화산폭발로 비행기 못 뜨니 수천억 달러 손해 봅니다. 주가 폭락하면 수십조 원이 하루아침에 날아갑니다. 금융위기로 세계가 몸살 앓습니다.

마음을 하나님과 그분의 말씀에 둘 때, '버릴 것과 간직할 것' 이 분명해집니다. 24장 1-4절입니다. "너는 악인의 형통을 부러워하지 말며 그와 함께 있으려고 하지도 말지어다 그들의 마음은 강포를 품고 그들의 입술은 재앙을 말함이니라 집은 지혜로 말미암아 건축되고 명철로 말미암아 견고하게 되며 또 방들은 지식으로 말미암아 각종 귀하고 아름다운 보배로 채우게 되느니라" 아멘.

악인과 같이 있으려 마십시오. 그와 있다 보면 강포한 말, 궤사(詭詐)의 말을 듣게 됩니다. 그러다 보면 그들의 폭력에 휩쓸리게 될 것입니다. 힘이 있거나 부하거나 아름다워 보일지라도, 잔인하고 속이는 자들과는 시간을 보내지 않는 것이 좋습니다.

악인은 강포합니다. 파괴하려는 뜻을 마음에 품고 있는 자입니다. 어딜 가나 전쟁모드인 것 같습니다. 국가도, 사회도, 심지어 교회와 가정도 그렇습니다. 모드 전환이 필요합니다. 일단 반대하고 싸우려 들지 말고, 일단 수용하고 함께 가려고 하는 마음이 필요합니다. 예수님은 유대인들이 상종조차 하지 않으려 했던 사마리아 사람들과도 함께 지내셨습니다. 거라사 지방의 귀신 들린 자 하나 만나시려고 풍랑 이는 바다도 건너셨습니다. 자신을 죽이려 하는 바리새인들의 초청에도 응하셨고, 빌라도와도 진실한 대화를 나누고자 하셨습니다. 자신을 잡으러 온 말고의 귀도 붙여주셨습니다. 왜 그러셨을까요? 그들과도 함께 하나님 나라에서 살기 원하셨기 때문입니다.

모두가 집을 짓고 방을 채웁니다. 하나님의 사람들은 지혜로 집을 짓습니다. 지식이 있기에, 방을 귀하고 아름다운 것으로 채웁니다. 쓸데없는 것은 버리고 좋은 것으로 채웁니다. 가장 귀하고 아름다운 보배가 무엇일까 생각해보니 생명입니다. 사람이 보배입니다.

잠언 25장은 '신하의 도리'에 대해 알려줍니다. 신하의 도리는 헤아림보다 순종에 있고, 신하의 직무는 개선하는 것이며, 신하는 자기 자리를 지켜야 합니다. 25장 2-7절에 있습니다.

하나님께서는 일을 숨기시고 왕은 일을 탐색합니다. 그러므로 하나님의 뜻을 알려면 곰곰이 생각해보아야 합니다. 왕의 마음을 헤아릴 수 있으면 좋겠지만, 헤아릴 수 없더라도 너무 헤아리려 맙시다. 왕과 우리 사이에는 간격이 있습니다. 부모의 마음을 자식이 헤아리기 어렵습니다. 자식의 마음도 헤아리기 어렵습니다. 그러나 우리가 하나님과 나의 마음을 헤아릴 수 있다면, 사람들의 마음 헤아리기가 그리 어렵지는 않을 것입니다. 사람들이 하나님의 지으신 바이고, 내가 남과 별반 다르지 않기 때문입니다. 신하의 도리는 헤아림보다는 순종에 있습니다.

이것저것 헤아리기보다 직무에 충실한 것이 좋습니다. 잘못되고 거짓된 것을, 악한 사람을 제거하는 데 힘쓰십시오. 사람 판단은 쉽지 않으므로, 은에서 찌꺼기를 제하듯 죄를 해결하는 데 힘쓰는 것이 좋습니다. 신하의 직무는 개선하는 것입니다.

왕 앞에서 영광을 받으려 마십시오. 하만을 기억하십시오. 왕 앞에서 자신을 높이려다 모르드개만 높이는 결과를 낳게 되었습니다. 왕이 정해준 직급(정해준 위치)를 벗어나지 마십시오. 그래야 승진합니다. 빨리 높아지려 말고, 빨리 부자 되려 말고, 뭔가를 빨리 이루려 맙시다. 이런 것 때문에 권모술수가 생기고, 부실 공사로 다리나 건물이 무너지고, 배은하고 배신하는 일들이 생깁니다. 신하는 자기 자리를 지켜야 합니다.

잠언 26장은 '부적합한 것의 개선'과 '부정적 인간의 개조'에 대해 말합니다. 1-5절입니다. "미련한 자에게는 영예가 적당하지 아니하니 마치 여름에 눈 오는 것과 추수 때에 비 오는 것 같으니라 까닭 없는 저주는 참새가 떠도는 것과 제비가 날아가는 것 같이 이루어지지 아니하느니라 말에게는 채찍이요 나귀에게는 재갈이요 미련한 자의 등에는 막대기니라 미련한 자의 어리석은 것을 따라 대답하지 말라 두렵건대 너도 그와 같을까 하노라" 아멘.

여름이 눈과 어울리지 않고, 추수 때와 비가 어울리지 않듯, 미련한 자와 영광은 어울리지 않습니다. 내게 어울리는 것을 취하되, 좋은 것이 나와 어울리도록 노력합시다. 영예가 어울리는 사람이 되려면 미련을 벗어야 합니다. '미련은 절구로 찧어도 벗겨지지 않는다.' 했으니(잠 27:22), 미련한 내가 죽어야 합니다. "하나님의 어리석음이 사람보다 지혜롭고 하나님의 약하심이 사람보다 강하니라"(고전 1:25) 말씀하셨습니다. 성질도 죽고 욕심도 죽고 내가 죽어야, 영예가 어울리는 지혜자가 됩니다.

저주와 어울리는 자가 있습니다. 저주도 아무에게나 임하는 게 아닙니다. 참새와 제비가 이리저리 날듯, 여기저기서 저주가 터져 나오지만, 막상 이루어지는 저주는 따로 있습니다. 축복도 마찬가지입니다. 축복받을 자가 축복받습니다. 헛된 축복은 헛되이 사라질 뿐입니다. 그러니 빈말을 버리고 진실한 말을 합시다. 야고보는 "한 입에서 찬송과 저주가 나오는" 것이 "마땅하지 아니하"다고 했습니다(약 3:10). 신자는 저주하지 말아야 합니다. 상수도관과 하수도관은 관이 따로 있습니다. 먹는 물이 흘러가는 길과 오물이 흘러가는 길이 다릅니다. 신자의 입은 하나님을 찬송하는 입이기 때문에 저주하지 말아야 하고, 까닭 없는 저주는 더더욱 하지 말아야 합니다. 축복해야 합니다. 하나님께서는 교회를 핍박한 사울 같은 사람으로도 일꾼 삼으실 수 있기 때문입니다. 이렇게 생각하면 미워할 사람이 없습니다. 사람을 너무 좋아할 것도 없습니다. 미울수록 축복하면 하나님께서 역사하시고 영광 받으실 것입니다.

말은 채찍과 쌍을 이루고, 나귀는 재갈과, 미련한 자의 등은 막대기와 쌍을 이룹니다. 나와 쌍을 이루는 것은 무엇입니까? 제자는 십자가와 쌍을 이룹니다. 경건은 고난과 쌍을 이룹니다. 채찍과 쌍을 이루지 않으려면 순종해야 합니다. 재갈과 쌍을 이루지 않으려면 근신해야 합니다. 막대기와 쌍을 이루지 않으려면 지혜로워야 합니다. 좌절과 쌍을 이루지 않으려면 즐거워야 합니다. 믿음, 소망, 사랑을 단짝 삼아 살아갑시다. 순종, 근신, 지혜를 단짝 삼읍시다. 용기 있는 사람과 함께 있다 보면 용기가 생기고, 부드러운 사람과 함께 있다 보면 부드러워집니다. 말씀을 가까이하면 하나님을 닮아갑니다. 예수님을 닮아가고 싶으면 복음서를 읽으십시오. 바울 사도를 닮고 싶으면 바울 서신을 읽으십시오. 허황된 사람이 되고 싶으면 무협지를 읽고, 세속적인 사람이 되고 싶으면 막장 드라마를 보십시오.

미련한 자의 어리석은 말에 장단을 맞추지 마십시오. 우리는 지혜자의 가락에 맞춰 말해야 할 자입니다. 어리석은 자와 어울리지 않으려면 그와 다르게 말하십시오. 장단 맞추다 보면 똑같은 사람 되어갑니다. 나발의 어리석은 말에 다윗이 화가 나서 달려갈 때, 아비가일이 막았습니다. 누군가 우리의 어리석음을 가로막을 때 고맙게 여기고 어리석음을 내려놓는 게 좋습니다. 그런데 대개는 자신의 어리석음을 내려놓지 않습니다. 그러니 어리석음을 깨닫게 하려면 어떻게 해야 할까요? 미련한 자의 장단을 맞춰 행하다 보면 그의 미련이 드러날 것입니다. 미련한 자의 미련이 드러나게 하려면 그에게 맞춰주십시오. 이러려면 잠시나마 어리석은 자가 되어야 합니다.

잠언 27장은 '친구와 목자의 도리'에 대해 말씀합니다. 1절입니다. "너는 내일 일을 자랑하지 말라 하루 동안에 무슨 일이 일어날는지 네가 알 수 없음이니라" 아멘. '내일'도 '어제'도 인생에게 속한 시간이 아니니, 그것으로 영광을 삼지 말아야 할 것입니다. 영광스럽게 여길 시간은 '지금' 뿐입니다. 나머지는 주님께 속한 시간입니다. 과거에 집착하든, 미래에 집착하든 현재 관계에 충실하기 어렵습니다. 현재 관계에 집중하기 어렵다면 친구로 살기 어렵습니다. 그러니 오늘에 집중해야 합니다.

2절입니다. "타인이 너를 칭찬하게 하고 네 입으로는 하지 말며 외인이 너를 칭찬하게 하고 네 입술로는 하지 말지니라" 아멘. 자화자찬, 자기 피알 시대를 살다 보니 내 입으로 나 자신을 자랑하는 것이 마땅할 것 같이 느껴질 때가 있습니다. 그러나 성경은 스스로 자랑하지 말라고 하십니다. 자랑은 친구 사이를 떨어뜨립니다. 다른 성질을 가진 것들은 잘 붙지 않습니다. 자랑하다 보면 자신과 타인을 다른 위치에 놓기 쉬워집니다. 친구가 되려면 자랑하면 안 됩니다. 그와 나의 공통점을 찾아야 하고, 그가 나보다 낫다는 생각이 들어야 합니다. 그가 나보다 나은데 자랑할 수는 없겠지요.

3절입니다. "돌은 무겁고 모래도 가볍지 아니하거니와 미련한 자의 분노는 이 둘보다 무거우니라" 아멘. 미련한 자의 분노는 돌과 모래를 합한 것보다 무겁습니다. 자기를 자랑하는 미련한 자는 분노도 필요 이상 많이 냅니다. 화도 필요한 만큼 많이 냅니다. 결국 잠언은 자랑하느라 친구를 잃는 자를 미련한 자라 부릅니다. 졸업하는 학생들 몇이 식사하면서 잠깐이라도 얘기할 때가 있습니다. 이때 유학 시절을 묻기도 하는데, 고생한 얘기, 공부 못한 얘기 하면 다들 좋아합니다. 저는 그런 종류로 할 얘기가 많아 참 좋습니다. 미국 가서 첫 학기에 성적경고 받은 얘기 하면 모두 힘을 얻습니다. 교통사고 나서 보상받아 학비 냈다고 하면 측은하게 생각합니다. 하나님 은혜 외에 자랑할 것이 없어서 참 좋습니다.

4절입니다. "분은 잔인하고 노는 창수 같거니와 투기 앞에야 누가 서리요" 아멘. 분노하는 자는 잔인하고 창수같이 분노를 퍼붓습니다. 그러나 여인의 시기(猜忌)는 이보다 더합니다. 이성과 친구 되기 어렵습니다. 배우자와 친구처럼 지내면 좋습니다. 제가 얻은 평생 친구가 하나 있습니다. 바로 아내입니다. 할아버지 할머니들께서 낱말 맞추기 게임을 하시는데, '남편' 이란 단어를 '평생 원수' 라 설명했더니 금방 맞추시더군요. 친구가 별로 없던 저는 종일 있었던 일 중 중요한 상황들을 아내에게 다 얘기하며 살았습니다. 마음도, 생각도 얘기했지요. 중요한 일마다 상의했지요. 그러니 아내만큼 좋은 상담자가 없고, 친구가 없습니다. 그렇게 살지 않았으면 이제라도 해보십시오.

5절입니다. "면책은 숨은 사랑보다 나으니라" 아멘. 감춰진 사랑을 하기보다 정직하게 따져보는 것이 더 좋습니다. 세상에서 가장 아름다운 사랑으로 짝사랑을 들기도 하지요. 그러나 숨은 사랑보다 면책을 더 좋은 것이라 말씀합니다. 왜 그럴까요? 숨은 사랑은 상대방에게 어떤 유익도 주지 못하기 때문입니다. 상대방이 더 나은 방향으로 진행하도록 권면하다 보면, 서로 감정이 상하기도 하고 마음도 힘들어질 수 있습니다. 그러나 이러한 과정을 통해 더 나은 방향으로의 발전이 있을 것입니다. 그러니 짝사랑만 하기보다는 거절당하더라도 마음을 고백하는 것이 좋을 것 같습니다. 이런저런 숨은 생각을 잘 정리하여 표현하는 것도 좋습니다.

6절입니다. "친구의 아픈 책망은 충직으로 말미암는 것이나 원수의 잦은 입맞춤은 거짓에서 난 것이니라" 아멘. 사랑하는 자가 상처 주는 것은 진실해서이나, 원수가 입맞추는 것은 지나쳐서입니다. 행동의 동인(動因)이 무엇인지 살펴볼 필요가 있습니다. 잠깐 지나가며 보니, 아버지와 딸 둘이 식사를 합니다. 아버지가 딸에게 뭐가 불만이냐 물으니, 딸이 아버지 딸로 태어난 것부터가 불만이라 합니다. 화가 난 아버지가 식탁 위 음식을 옆으로 밀칩니다. 아마 그 딸은 아버지의 인정과 칭찬을 받지 못해 힘들었던 것 같습니다. 아버지가 그리 한 것도 분명 이유가 있을 텐데, 앞뒤를 모르니 추측하기 어렵습니다. 곰곰이 따져보면 자기 실패의 책임은 자신에게 있습니다. 물론, 사회가 실패하게도 하고, 가족이 자기 길을 가로막는 것처럼 보이기도 하고, 여러 원인이 보인다 해도, 자기 자신보다 더 책임을 져야 할 대상은 없습니다.

잠언 28장은 '넉넉함보다 온전함을 좇으라' 권합니다. 1-4절입니다. "악인은 쫓아오는 자가 없어도 도망하나 의인은 사자 같이 담대하니라 나라는 죄가 있으면 주관자가 많아져도 명철과 지식 있는 사람으로 말미암아 장구하게 되느니라 가난한 자를 학대하는 가난한 자는 곡식을 남기지 아니하는 폭우 같으니라 율법을 버린 자는 악인을 칭찬하나 율법을 지키는 자는 악인을 대적하느니라" 아멘.

의인은 믿는 구석이 있습니다. 떳떳합니다. 잘못한 게 없기 때문입니다. 그러나 악인은 쫓아오는 자가 없어도 도망칩니다. 도둑이 제 발 저리는 것이지요. 넘치는 게 있으면 부족한 게 있기 마련입니다. 어떤 목사님 아들이 아버지 장례식장에서 한 말은 이제 유명한 말이 되었습니다. "목사님들, 성경에 관한 책 열 권 읽으신 다음에는 가정에 관한 책도 한 권 읽으세요." 그 아들이 아버지의 헌신을 다 이해하지 못해 그런 섭섭한 말을 했을 수도 있습니다. 그러나 하나님의 사랑은 죄인들의 마음에도 깨달아지게 내려지는 것을 생각할 때, 아버지의 책임이 없다고 말하기 어렵습니다. 우리는 모든 면에서 온전해야 합니다. 아버지로서도, 어머니로서도, 직장인으로서도, 자식으로서도 온전해야 합니다. 그러려면 한쪽으로 치우치면 안 됩니다. 동물의 왕 사자는 하루에 20시간 정도 잔다고 합니다. 왜 그럴까요? 한 번 사냥에 허비하는 에너지가 너무 많아 그 힘을 보충해야 하기 때문이랍니다. 물론, '의인이 사자같이 담대하다.' 말씀할 때 잠자는 사자 떠올리기를 원하실 것 같지는 않습니다. 하지만 잠자는 사자도 떠올려야 할 것 같습니다. 의인이 그냥 의인이 되는 것이 아니기 때문입니다.

피터 팬에 보면 해적 후크가 나오는데, 문학평론가들은 피터 팬이 어른이 되면 후크가 된다고 주장합니다. 피터 팬은 아이들이 어른이 되지 않는 Neverland에 삽니다. Neverland란 '그런 땅은 없다.' 하는 말입니다. 어른은 되지 못하지만 피터 팬이 보고 배울 어른은 후크 선장뿐입니다. 두 사람은 성격과 일 처리 등 모든 면에서 유사합니다. 어떤 면에서 피터 팬은 후크보다 더 잔인합니다. 더 독재적입니다. "나는 아버지처럼 되지 않을 거야" 했던 수많은 아들들이 크면 아버지같이 됩니다. 보고 배운 아버지를 넘어서려면 피나는 노력이 있어야 합니다.

주관자보다 깨닫고 아는 자가 늘어야 합니다. 공무원보다 건강한 기업인이 늘어야 하고, 교수보다 목회자가 늘어야 합니다. 직분을 맡은 사람보다 맡지 않은 사람이 훨씬 많아야 합니다. 초대교회에는 만 명 가까운 성도를 위해 열두 사도와 일곱 집사가 있었습니다. 하나님은 병거를 많이 두지 말라고 하셨습니다. 강압적 통치가 아니라 건강한 국민에 의한 자발적 움직임을 원하신 것입니다. 없으면서 주관자가 된 자는 착취합니다. 은혜의 세계도 그렇습니다. 자기 잔이 넘치는 넉넉한 자들이 많아져야 합니다. 다시 말해, 온전한 자가 주관자가 되어야 합니다.

율법을 지키는 자들이 많아져야 악인이 줄어듭니다. 세대를 한탄 말고 나 자신부터 율법을 지킵시다. 수업하지 않으면 더 열심히 공부해야 합니다. 자습을 통해 배우기가 더 어렵기 때문입니다. 기말고사를 치르지 못했던 학생들이 졸업반인 3학년 때 한 말이 있습니다. 기말고사를 치르지 못했던 1학년 1학기의 과목은 아직도 정리가 안 된다는 말입니다. 기말고사 보는 게 힘들기는 하지만 그걸 치러야 과목의 최종정리가 이뤄지는데, 그걸 못했으니 5학기를 더 공부했건만 그때 과목은 아직도 정리가 안 되고 찜찜하다는 말입니다. 내가 온전해야 교회의 온전함을 위해 기여할 수 있는 것입니다.

'세우는 길과 망하는 길'이 있습니다. 29장 1절입니다. "자주 책망을 받으면서도 목이 곧은 사람은 갑자기 패망을 당하고 피하지 못하리라" 아멘. 목에 힘주면 부러집니다. 목에 깁스했다고 표현하지요. 교만하다는 표현입니다. 자신만이 옳다고 여기고 뜻을 굽히지 않습니다. 자신이 잘못했으면서도 고치지 않습니다. 그러면 망합니다. 목에 힘주지 않으면 세울 수 있습니다.

2절입니다. "의인이 많아지면 백성이 즐거워하고 악인이 권세를 잡으면 백성이 탄식하느니라" 아멘. 즐거워야 세워집니다. 소통되니까 즐겁습니다. 의인이란 하나님의 말씀대로 사는 자입니다. 법을 지키는 자입니다. 이런 사람이 많아질 때 즐거움이 있습니다. 그러나, 악인이 다스리면 망합니다. 하나님을 경외하지 않는 자가 다스리면 망합니다.

3절입니다. "지혜를 사모하는 자는 아비를 즐겁게 하여도 창기와 사귀는 자는 재물을 잃느니라" 아멘. 지혜를 사모하면 세워지지만, 창기와 친하게 지내면 망합니다. 누구를 친구 삼느냐가 중요합니다. 음란한 사람이란 절제하지 못하는 사람입니다. 반면, 지혜에는 절제가 있습니다. 나 혼자 잘한다고 세워지지 않습니다. 지혜자들과의 사귐이 중요합니다. 가평에 있는 통일교 본산을 보고 느낀 것이 있었습니다. '이단은 이러한데 우리는 뭐 하는가?' 하는 것이었지요. 이단은 15년에 걸쳐 800만 평에 달하는 땅을 사서 왕궁도, 학교도, 병원도 짓는데, 우리는 뭐 하는가? 사실 우리는 더 잘하고 있습니다. 세계 곳곳에 학교와 병원을 짓고, 교회를 세웁니다. 다만, 몇몇 들려오는 갈등과 분쟁, 이권 다툼의 소식 때문에 그런 생각이 들었을 것입니다.

4절입니다. "왕은 정의로 나라를 견고하게 하나 뇌물을 억지로 내게 하는 자는 나라를 멸망시키느니라" 아멘. 원칙대로 일하면 세워지고, 뇌물 받아야 일하면 망합니다. 뇌물 받으면 개인이 일시적으로 부유해질지 모릅니다. 그러나 나라는 망합니다. 뇌물로 일하는 자가 성공하고, 정직하게 일하는 자는 망하게 되기 때문입니다. 돈 쓰는 사람이 지도자로 뽑히면 안 되는데, 아직도 돈 쓰는 사람들이 많은가 봅니다. 여기저기서 금권선거 얘기가 나옵니다. 이익이 되지 않아도 옳은 일이기에 행하는 사람들이 늘어갈 때 나라가 세워집니다.

5절입니다. "이웃에게 아첨하는 것은 그의 발 앞에 그물을 치는 것이니라" 아멘. 뇌물과 같은 것으로 아첨이 있습니다. 지나친 칭찬, 정직하지 않은 칭찬도 아첨에 들어갑니다. 정직이 때로는 매정해 보이지만 정직이 세우는 길입니다. 아첨은 망하는 길입니다.

6절입니다. "악인이 범죄하는 것은 스스로 올무가 되게 하는 것이나 의인은 노래하고 기뻐하느니라" 아멘. 노래가 있는 곳은 세워지지만, 범죄가 있는 곳은 망합니다. 하다못해 '잘살아 보세' 라도 부르면 영향이 있습니다. 우리가 부를 노래는 하나님을 높이고 진리를 선포하는 찬양입니다. 사람들이 비판하고 우리 내부에 갈등이 있어도, 그래도 교회 공동체가 유지되는 이유에 찬양이 있습니다. 우리의 찬양을 통해 하나님께서 영광을 받으시고 우리가 근본적으로 교정되고 성장합니다.

지혜자는 우리에게 '균형의 지혜' 를 소개합니다. 30장 2-4절입니다. "나는 다른 사람에게 비하면 짐승이라 내게는 사람의 총명이 있지 아니하니라 나는 지혜를 배우지 못하였고 또 거룩하신 자를 아는 지식이 없거니와 하늘에 올라갔다가 내려온 자가 누구인지, 바람을 그 장중에 모은 자가 누구인지, 물을 옷에 싼 자가 누구인지, 땅의 모든 끝을 정한 자가 누구인지, 그의 이름이 무엇인지, 그의 아들의 이름이 무엇인지 너는 아느냐" 아멘.

아굴은 자신을 '짐승' 의 위치에 놓음으로써, 스스로 하나님이라 여기는 사람들과 균형을 이루려 합니다. 불은 물로 끄고, 교만은 겸손으로 중화시킬 수 있습니다. '안다.' 말하는 사람들을 '모른다.' 말하며 가르쳐야 합니다.

그리스도를 충분히 몰랐으니, 지혜를 배우지 못했고 거룩하신 자를 아는 지식이 없다는 아굴의 고백은 진실한 고백입니다. 바울 사도도 고린도후서 5장에서 "그러므로 우리가 항상 담대하여 몸으로 있을 때에는 주와 따로 있는 줄을 아노니 이는 우리가 믿음으로 행하고 보는 것으로 행하지 아니함이로라"(5:6-7) 말했습니다. 육신에 머물러 있으니 아직 그리스도와 온전한 연합이 이뤄지지 않았음을 고백합니다. 그 부족을 믿음으로 채운다는 말씀입니다. 하물며 우리겠습니까? 너무 안다고 하지 말아야 합니다. 우리는 '천국' 도 아직 잘 모릅니다. '지옥' 도 잘 모릅니다. '세상' 도 잘 모르지 않습니까? 다만 그리스도를 알아갈수록 지혜와 지식이 쌓이면서 조금씩 알아가는 것입니다.

요즘은 복음이 너무 쉽게 전달되어, 너무도 쉽게 "하나님께서 내 안에, 예수님께서 내 안에 계신다." 말합니다. 그러나 요한복음의 말씀을 들어봅니다. "사람이 나를 사랑하면 내 말을 지키리니[간직하리니] 내 아버지께서 그를 사랑하실 것이요 우리가 그에게 가서 거처를 그와 함께 하리라"(14:23) 아멘. 하나님과 예수님은 아무나 거처로 삼으시지 않으십니다. 주님을 사랑하여 그 말씀을 마음에 담고 삶으로 살아내는 자와 함께 하십니다. 들어오라면 들어오고 나가라면 나가는, 가벼운 분이 아닙니다. 그런데도 우리는 너무 쉽게 고백하고, 너무 쉽게 구원을 선포한 후, 왜 하나님이 나와 함께 하시는데 이런 일이 생기느냐며 곧바로 절망에 빠집니다. 첫 단추가 잘못 끼워진 것입니다. 그러다 보니 단추는 다 끼웠지만, 모양이 우습습니다. 하나님께서는 아무나와 함께 하시지 않습니다.

성경을 보십시오. "들릴라가 이르되 삼손이여 블레셋 사람이 당신에게 들이닥쳤느니라 하니 삼손이 잠을 깨며 이르기를 내가 전과 같이 나가서 몸을 떨치리라 하였으나 여호와께서 이미 자기를 떠나신 줄을 깨닫지 못하였더라"(삿 16:20). '하나님께서 함께하신다.' 말하지 않아도 하나님께서 함께 계시면 다릅니다. 그러나 아무리 "내가 전과 같이 나가서 몸을 떨치리라" 말하며 힘쓰고 애써도 하나님께서 함께 계시지 않으면, 붙잡히고 눈 뽑히고 옥에서 맷돌 돌리게 되는 것입니다.

마지막으로, 지혜자는 '행동하는 지혜'를 우리에게 결론으로 소개합니다. 31장 1-3절입니다. "르무엘 왕이 말씀한 바 곧 그의 어머니가 그를 훈계한 잠언이라 내 아들아 내가 무엇을 말하랴 내 태에서 난 아들아 내가 무엇을 말하랴 서원대로 얻은 아들아 내가 무엇을 말하랴 네 힘을 여자들에게 쓰지 말며 왕들을 멸망시키는 일을 행하지 말지어다" 아멘.

왕의 어머니가 아들에게 훈계하고 있습니다. 이 어머니는 왕에게 바른 것을 교훈합니다. 이 어머니는 아들과 긴밀하게 연결되어있습니다. '태'를 통해, '서원'을 통해 연결되어있습니다. 어머니는 아들을 일반적으로 아들을 의미하는 단어 대신 소중함을 표현하는 단어로 아들을 부르고 있다. '벤' 대신 '바르'를 사용합니다. 벤-야민은 '오른손의 아들', 벤-허는 '허의 아들'입니다. '바르'는 '순결한, 소중한'이란 의미가 있습니다. 물론, 아람어로는 '바르'가 아들입니다. 예수님이 베드로를 '바요나 시몬'이라 부르셨는데(마 16:17), 여기서 '바요나'는 '바르-요나'로 '요나의 아들'을 의미합니다. 하지만, 잠언 31장은 히브리어로 되어 있기에, 어머니가 아들을 매우 귀하고 특별한 아들로 부르는 것이라 할 수 있습니다.

귀한 아들에게 무엇을 말할까요? 날 잘 섬기라고 말할까요? 내가 너를 사랑한다고 말할까요? 이 어머니는 아들에게 사명을 잘 감당하라고 말합니다. 사명을 잘 감당하려면 여자와 술을 멀리해야 한다고 말합니다.

'힘' 은 정력과 재물을 가리킬 수 있습니다. 왕은 나라를 다스리는 일에 힘을 써야 합니다. 그것이 왕의 직무이기 때문입니다. 개인적인 필요를 채우도록 왕에게 특별히 많은 권세가 주어지는 것이 아닙니다. 그런데 왕이 힘을 여자에게 쓰며, 왕들을 멸망시키는 데 집중할 수 있습니다. 왕궁에서는 연락(宴樂)하고, 밖으로는 군사를 모집하여 이웃 나라를 정복하여 땅을 넓히려 할 수 있습니다. 어머니는 아들에게 그러지 말라고 권합니다. 남의 땅 가지려 넘보지 말고, 자기가 다스려야 할 나라를 잘 다스리라는 말입니다.

이처럼, 잠언은 우리 삶의 일거수일투족을 어찌 살아야 하는지 알려줍니다. 이 말씀대로 살면 형통할 것입니다. 성공할 것입니다. 망하지 않을 것입니다.

이어 '전도자' 로 표현된 '다윗의 아들 예루살렘 왕' 은 처음부터 끝까지 한 가지 논지로 말을 이어갑니다. '헛된 세상에서 헛되지 않을 것을 추구하라.' 이러한 주장을 펼칩니다.

결국 이 땅의 모든 일은 '바람을 잡으려는 것' 입니다. 1장 14절입니다. "내가 해 아래에서 행하는 모든 일을 보았노라 보라 모두 다 헛되어 바람을 잡으려는 것이로다" 아멘. 어떤 그룹에 속하는 것도 큰 의미가 없어 보입니다. 2장 16절입니다. "지혜자도 우매자와 함께 영원하도록 기억함을 얻지 못하나니 후일에는 모두 다 잊어버린 지 오랜 것임이라 오호라 지혜자의 죽음이 우매자의 죽음과 일반이로다" 아멘. 심지어 '사람' 과 '짐승' 사이의 차이도 커 보이지 않습니다. 3장 19절입니다. "인생이 당하는 일을 짐승도 당하나니 그들이 당하는 일이 일반이라 다 동일한 호흡이 있어서 짐승이 죽음 같이 사람도 죽으니 사람이 짐승보다 뛰어남이 없음은 모든 것이 헛됨이로다" 아멘.

그런데 의미 있어 보이는 일이 있습니다. 4장 9-10절입니다. "두 사람이 한 사람보다 나음은 그들이 수고함으로 좋은 상을 얻을 것임이라 혹시 그들이 넘어지면 하나가 그 동무를 붙들어 일으키려니와 홀로 있어 넘어지고 붙들어 일으킬 자가 없는 자에게는 화가 있으리라" 아멘. 함께하기입니다. 분복을 기뻐하는 것입니다. 5장 18절입니다. "사람이 하나님께서 그에게 주신 바 그 일평생에 먹고 마시며 해 아래에서 하는 모든 수고 중에서 낙을 보는 것이 선하고 아름다움을 내가 보았나니 그것이 그의 몫이로다" 아멘. 행복한 것이 좋습니다. 6장 6절입니다. "그가 비록 천 년의 갑절을 산다 할지라도 행복을 보지 못하면 마침내 다 한 곳으로 돌아가는 것뿐이 아니냐" 아멘.

하나님의 경륜과 인도하심을 따라 사는 것이 좋습니다. 7장 13-14절입니다. "하나님께서 행하시는 일을 보라 하나님께서 굽게 하신 것을 누가 능히 곧게 하겠느냐 형통한 날에는 기뻐하고 곤고한 날에는 되돌아 보아라 이 두 가지를 하나님이 병행하게 하사 사람이 그의 장래 일을 능히 헤아려 알지 못하게 하셨느니라" 아멘. 너무 알려고 하지 않는 것이 좋습니다. 8장 17절입니다. "또 내가 하나님의 모든 행사를 살펴 보니 해 아래에서 행해지는 일을 사람이 능히 알아낼 수 없도다 사람이 아무리 애써 알아보려고 할지라도 능히 알지 못하나니 비록 지혜자가 아노라 할지라도 능히 알아내지 못하리로다" 아멘.

아내와 행복하게 사십시오. 9장 9절입니다. "네 헛된 평생의 모든 날 곧 하나님이 해 아래에서 네게 주신 모든 헛된 날에 네가 사랑하는 아내와 함께 즐겁게 살지어다 그것이 네가 평생에 해 아래에서 수고하고 얻은 네 몫이니라" 아멘. 은혜로운 말을 하며 사십시오. 10장 12절입니다. "지혜자의 입의 말들은 은혜로우나 우매자의 입술들은 자기를 삼키나니" 아멘. 열심히 사십시오. 11장 6절입니다. "너는 아침에 씨를 뿌리고 저녁에도 손을 놓지 말라 이것이 잘 될는지, 저것이 잘 될는지, 혹 둘이 다 잘 될는지 알지 못함이니라" 아멘. 무엇보다도, 하나님을 경외하며 그분의 명령을 따라 사십시오. 12장 13절입니다. "일의 결국을 다 들었으니 하나님을 경외하고 그의 명령들을 지킬지어다 이것이 모든 사람의 본분이니라" 아멘.

잠언과 전도서의 권면이 삶에서 이뤄지시기를 바랍니다. 잠언과 전도서의 권면의 삶을 살기 위해 다음과 같이 기도합니다.

헛됨을 버리고 보람을 찾게 하소서.
사명 집중의 삶을 살게 하소서.

예수님으로 흥하게 도우소서.
즐거운 마음을 주소서. 아멘.

질의와 응답

하나. "성경에 관한 책과 가정에 관한 책을 얘기하셨는데요. 성경과 인문학의 관계에 대해 어떻게 생각하시나요?"

성경은 하나님의 말씀이므로 믿음이 있어야 이해하고 수용할 수 있습니다. 그런데 학문을 분류할 때 '신학, 성경신학, 구약신학 및 신약신학 등'을 '인문학'에 귀속시킵니다. '인간 이해'의 한 분야가 '신학'이라고 본 것입니다. 그러나 성경을 이해하기 위해서는 매우 다양한 지식이 필요합니다. '신학'은 '종합학문'이라는 생각이 듭니다. 어떤 면에서 '성경'은 '가정'에 대해서도 충분히 말하고 있습니다. 그러므로 성경을 이해하기 위해 '인문학적 소양'이 필요하지만, '인문학적 소양'이 있다고 성경을 이해하는 것은 아니겠습니다.

둘. "잠언 26장 5절과 관련하여 '미련한 자의 장단을 맞춰 행하다 보면 그의 미련이 드러날 것입니다.' 이렇게 설명하셨는데, 무슨 의미인가요?"

미련한 자에게 무엇이 잘못되었는지를 말해줘도 고치지 않으면, 그가 미련한 생각대로 계속 가도록 두라는 말입니다. 그러면 결과를 통해 그가 미련했다는 것이 드러나겠지요.

셋. "전도서 12장 1-8절을 우주적 종말로 볼 수 있지 않을까요?"

보통은 개인 종말과 연결합니다. 우주적 종말로 보려면, 근거가 더 필요해 보입니다. 근거가 부족하다면 알레고리가 되겠지요. 건강한 성경해석에 기초한다면 허용될 만한 알레고리이기에, 전도서가 '우주적 종말'에 관심이 있다는 것을 논증한 다음에는 전도서 12장 1-8절을 우주적 종말 측면에서 접근해 볼 수도 있겠습니다.

넷. "어떤 것이 '사명 집중의 삶'일까요?"

창조자의 흐름을 따라 복음 증거의 삶을 사는 것이겠지요. 증거는 실상을 보여줘야 합니다. 하나님과 복음을 보여줘야 증거입니다. 그리고 그 증거가 초월적인 내용을 담고 있다고 하더라도, 모든 증거는 하나님의 창조와 구속 질서 안에서 설명할 수 있어야 합니다.

Weekly Reading

34

아가 1장 – 이사야 13장

"하나님의 사랑"

아 1-3장	아 4-6장	아 7-8장, 사1장	사 2-4장	사 5-7장	사 8-10장	사 11-13장

check

이번 통독은 아가와 이사야서 앞부분입니다. '이사야 묵시록' 으로 불리는 13-27장의 시작 부분인 13장까지입니다. 솔로몬과 술람미 여인과의 사랑이 담긴 아가와, '처녀가 잉태하여 아들을 낳으리라' (사 7:14) 말씀하신 이사야서 앞부분에 '하나님의 사랑' 이라는 제목을 붙여 보았습니다.

하나님의 사랑

I.
창조주의 사랑
홀로 완전하신 하나님
삼위로 교제하시기에 외롭지 않으신 분.

번식 가능성이 교만으로
하나님 형상 소유가 하나님과의 맞먹음 시도로
천상 존재의 타락이 인간 타락으로 이어질 수 있음을 아셨지만,

창조의 방식으로 인간을 지으시되
하나님 숨결을 불어 넣으시며 지으신

창조로 사랑을 표현하신 분.

II.
내가 너대로의 사랑
겸손하신 하나님
삼위 하나님의 존재방식을 피조물인 인간에게 적용코자 하신 분.

권위 부재의 시대
권위 부정의 시대
권위 타파의 시대로 이어질 것도 아셨지만,

성육신의 사랑으로
독생자 내어줌의 사랑으로
내주(內住)의 사랑으로 다가오신 분.

III.
기대의 사랑
소망으로 존재하시는 하나님
소망이 인생에게도 전이되기를 기대하시는 분.

인생은 기대를 저버리고
죄는 기대를 파괴하여
소망마저 위협받을 것을 아셨지만,

소망이라는 등불을
예수 그리스도 한 분 안에 담아
모든 신자의 가슴속에 지피신 분.

IV.
견딤의 사랑
회전하는 그림자도 없으신 하나님
긴 시간 기다리며 인내하시는 분.

열매가 없을 수 있다는 것도

변절할 수 있다는 것도
언약이 변개될 것도 아셨지만,

기다리고 믿어주며
믿어주고 기다리면서
마음 알아주기를 기대하신 분.

V.
죽음의 사랑
독생자를 내어주기까지 사랑하신 하나님
생명만큼이나 죽음에 가치를 부여하신 분.

죽음으로 생명을 주시고
영생으로 사망을 무효화시키셔도
생명의 길보다 사망의 길 좋아할 자 많을 것 아시지만,

죽음 속에 생명을
십자가 안에 영광을
고난 속에 소망을 숨기신 분.

VI.
동일시의 사랑
사람이 되신 성자 하나님
종의 형체를 취하신 분.

자기 백성에게 와도
영접하지 않고
되려 권리 주장할 것 아셨지만,

성육신하시고
나누고 베푸시며
부활체까지 약속으로 주신 분.

VII.
하나됨의 사랑
성전을 허락하신 하나님
피조물과 영원토록 같이 살기로 작정하신 분.

하나됨이 낮춤이며
하나됨이 맞춤이며
하나됨이 비움인 것을 아셨지만,

하나됨의 경륜을 세우시고
철저히 이루시고
우리로 영광스럽게 하신 분.

아가를 통해 은혜를 많이 받았고, 『하나됨을 위한 회복의 노래』(서울: 그리심, 2017)라는 설교집을 냈습니다. 설교집을 낸 책은 아가가 유일합니다. 다섯 편의 설교로 구성되었습니다. 제목이 이렇습니다.

1-2장: 후회
3-4장: 두 사랑의 충돌
5-6장: 내가 너대로
7-8장: 공동체적 회복
2장 16-17절, 6장 2-3절, 7장 10절: 하나님의 사랑

설교집까지 출판한 책이라, '하나님의 사랑' 이라는 제목이 붙은 구절(2장 16-17절, 6장 2-3절, 7장 10절)을 중심으로 몇 구절만 살펴보겠습니다. 술람미 여인의 변화를 보여주는 구절들입니다. 이 구절들 직전에 술람미 여인을 향한 솔로몬의 두 번에 걸친 간청이 있습니다.

우선, 2장 10-13절입니다. 술람미 여인을 향한 솔로몬의 첫 번째 간청이 담겨있습니다.

10절. "나의 사랑하는 자가 내게 말하여 이르기를 나의 사랑, 나의 어여쁜 자야 일어나서 함께 가자" 아멘. 그가 내게 먼저 말을 걸었지. 나의 사랑아, 나의 아름다운 여인아, 이제 몸은 좀 회복되었니? 일어나렴. 우리 함께 가자.

11절. "겨울도 지나고 비도 그쳤고" 아멘. 보라, 이미 겨울이 다 지났다. 비 오는 우기가 건기로 바뀌었다. 비는 멀리멀리 가버렸지.

12절. "지면에는 꽃이 피고 새의 노래할 때가 이르렀는데 비둘기의 소리가 우리 땅에 들리는구나" 아멘. 겨울과 비가 사라진 후, 땅 위에는 꽃이 피어나는 것이 보인단다. 각종 노랫소리가 귀를 두드린단다. 우리의 추억이 담겨있는 그곳에선 지금 멧비둘기의 노랫소리를 들을 수 있어.

13절. "무화과나무에는 푸른 열매가 익었고 포도나무는 꽃이 피어 향기를 토하는구나 나의 사랑, 나의 어여쁜 자야 일어나서 함께 가자" 아멘. 무화과나무에는 어린 무화과 열매들이 달리기 시작하여 향기를 낸다. 포도원은 포도나무에서 피어난 꽃향기로 가득하단다. 그러니 일어나서 함께 가자, 나의 사랑아. 내가 가장 아름답게 여기는 사람아, 우리 함께 가자.

(그런데 이러한 솔로몬의 간절한 요청에도 불구하고 술람미 여인이 거절합니다. 그러자 솔로몬이 다시 간청합니다.)

다음으로, 2장 14-15절입니다. 솔로몬의 두 번째 간청입니다.

14절. "바위 틈 낭떠러지 은밀한 곳에 있는 나의 비둘기야 나로 네 얼굴을 보게 하라 네 소리를 듣게 하라 네 소리는 부드럽고 네 얼굴은 아름답구나" 아멘. 낭떠러지 은밀한 곳, 바위 위에 둥지를 틀고 그곳에서 쉬고 있는 비둘기처럼 밖으로 나오지 않는 나의 사랑아! 네 얼굴을 보고 싶다. 네 소리가 듣고 싶다. 달콤한 너의 소리는 나를 행복하게 하고 아름다운 너의 자태는 나를 즐겁게 한단다.

15절. "우리를 위하여 여우 곧 포도원을 허는 작은 여우를 잡으라 우리의 포도원에 꽃이 피었음이니라" 아멘. 내가 너를 부르는 이유는 이쁜만이 아니다. 네가 내게 주는 기쁨 그것 하나 때문에 내가 달려 온 게 아니란다. 작은 여우들이 포도원에 들어와, 꽃이 만발하여 포도 열매를 준비하고 있는 포도나무들을 상하게 한단다. 우리는 할 일이 있어, 그러니 함께 나가자.

(하지만 이러한 솔로몬의 간절한 요청에도 불구하고 술람미 여인은 솔로몬과 함께 나가지 않았습니다. 그러던 어느 날 홀로 남은 술람미 여인이 후회합니다. 뒤늦게 깨달은 바가 있기 때문입니다.)

이제 2장 16-17절을 봅니다. 홀로 남은 술람미 여인의 뒤늦은 깨달음입니다.

16절. "내 사랑하는 자는 내게 속하였고 나는 그에게 속하였구나 그가 백합화 가운데서 양 떼를 먹이는구나" 아멘. 내가 사랑하는 자는 나를 위해서 있고 나는 그를 위해서 있는데, 내가 그의 간청도 무시하고 홀로 있구나. 내가 함께하지 않으니 그는 홀로 양떼를 먹이고 있겠구나. 들에 핀 백합화를 보며 나를 그리워하겠지만 내가 모질게 거절하였으니 참으로 처량하겠구나.

17절. "내 사랑하는 자야 날이 기울고 그림자가 사라지기 전에 돌아와서 베데르 산에서의 노루와 어린 사슴 같을지라" 아멘. 또디(나의 사랑하는 자), 이제 내 마음이 바뀌었단다, 나의 사랑하는 자야. 한 날이 자기 할 일을 끝마치고 거친 숨을 내쉴 때, 해로 인해 생긴 그림자들이 짧아졌다 길어진 후 사라질 때, 한 번 더 나를 찾아와 주지 않겠니? 비록 내가 너의 청을 거절하여 우리 사이에 금이 갔지만 험악한 바위산을 자유롭게 넘나드는 노루와 사슴같이 내게로 다시 와 주지 않겠니?

이 여인의 깨달음과 후회가 우리에게 있었으면 합니다. 주님과 내 사이에 정립된 관계에 대한 깨달음과, 이 사랑을 전하다 지쳐 이젠 주님과의 만남 자체가 싫어져 버림으로 사명에 충실하지 못했던 것에 대한 후회 말입니다.

시간이 지나면서 두 사람 사이에 충돌도 지나갔습니다. 그러면서, 술람미 여인이 예루살렘의 딸들에게 말합니다. 6장 2-3절입니다. "내 또디는 자기 동산에 내려갔어. 향신료 꽃밭[침대]에, 동산에서 먹이려고, 백합화 꺾으려고. 나는 내 또디 거야. 그리고 내 또디는 내 거야. 백합화 가운데서 목양하는 그 이가."

술람미 여인은 자신이 일하는 농장과 달리 매우 환경이 좋은 동산에서 일하는 또디에 대해서도 차별의식을 버렸습니다. 백합화 꺾으며, 향신료 꽃밭에서, 양떼를 먹인다는 것이 술람미 여인이 생각할 때는 근무 환경이 너무 좋아서 부정적이었습니다. 그러나 이제 그는 이러한 직장에서 일하는 솔로몬을 긍정적으로, 있는 그대로 받아들이고 있습니다. 동시에, 자신이 솔로몬에서 속했다고 말한 후, 솔로몬이 자신에게 속했다고 말합니다. 이는 2장 16절과 비교됩니다. 그 구절에서는 솔로몬이 자신에게 속했다는 말을 먼저 하였습니다. 둘 사이의 긴밀한 관계는 변함이 없지만, 자기중심적이던 관계가 사랑하는 이 중심으로 바뀐 것입니다. 전에는 그가 나의 '또디' 였지만, 이제는 내가 그의 '라야띠' (나의 사랑)인 것입니다.

이제 마지막으로 7장 10절을 봅니다. 술람미 여인의 표현이 근본적으로 바뀌었습니다. "나는 또디 것이다. 그의 사모함은 나를 향한다."

'그가 내 것, 내가 그의 것' (2:16)도, '내가 그의 것, 그가 내 것' (6:3)도 아닙니다. 술람미 여인은 또디가 자기 것이란 표현을 이제 사용하지 않습니다. 그저 자신이 또디를 위해 존재할 뿐입니다. 나의 유익을 위해 그를 필요로 하지 않습니다. 그저 내가 그의 필요에 도움 된다면 그것으로 족합니다. 또한 자신의 사모함을 내세우지 않습니다. 그저 그의 사모함이 자신을 향하고 있다는 것을 인정할 뿐입니다. 창세기 3장 16절을 기초로, 죄 가운데 빠진 여인에게 주어진 저주가 남편을 사모함이라는 점을 고려할 때, 사모한다는 것이 여성의 타고난 장기라 하겠는데, 술람미 여인은 그 사모함마저도 솔로몬의 장점으로 돌리고 있습니다.

사랑은 헤게모니 싸움을 하지 않습니다. 내 헤게모니마저 상대방에게 넘겨주는 것이 사랑입니다. 『하나됨을 위한 회복의 노래』의 에필로그에 다음의 표현을 담았습니다.

> 아가서가 처음에는 주님의 사랑 고백으로 다가왔습니다. '일어나 함께 가자' 하시는 주님, '마음 문 열어 달라' 하시는 주님의 음성으로 들었습니다. 그러다 교회 공동체의 어려움을 보면서 '공동체를 위한 회복의 노래'로 들렸습니다. 오랫동안

그리 들었습니다. 그런데 이제 청소년들과 말씀을 나누면서는 '주님을 향한 저의 사랑 고백'이 되었습니다. 언제까지라도 주님 앞에 고백하고 싶은 소망의 기도가 되었습니다.

'나는 네 것이다.' 하시는 하나님의 사랑 고백을 들었고, '저는 당신 것입니다.' 하는 저의 사랑 고백을 나직이라도 하게 된 것입니다. 그러다 보니, 이제는 '너는 내 것이다.' 하시는 말씀 뒤에 있는 '내가 네 것이다.' 하시는 말씀을 들을 수 있게 되었습니다.

하나의 신학교에서 선포된 설교가 공공성과 보편성을 가질 수 있는가 하는 고민을 오래 했습니다. 하지만 청소년 연합집회 말씀으로 갈음하며 이제는 출판해도 된다고 여기게 되었습니다. 부디 이 설교를 읽은 모든 분이 하나님의 사랑으로 행복하기를 바랍니다. 사랑을 많이 받아 사랑할 수 있게 되면 좋겠습니다. '저는 당신 것입니다.' 하는 사랑 고백을 주님께 수줍지만 기쁘게 하게 되시길 바랍니다.

이어지는 이사야서의 앞부분에서 표현은 다르지만 동일한 하나님의 사랑 고백을 듣습니다. 이사야서를 간단히 개관해봅니다. 우선 '예언이 가능한지' 생각해봅니다. 이사야서를 제1이사야(1-39장), 제2이사야(40-55장), 제3이사야(56-66장)로 나누고, 1장 1절에 표현된 성경기자가 아니라 이후 편집자들에 의해 이사야서가 형성되었다고 보는 이들이 있습니다. 이러한 주장은 '하나님께서 장차 이뤄질 일을 아실 수 없다. 하나님의 선지자들도 알 수 없다.' 하는 가정(假定)에 기초합니다. 포로로 끌려가지도 않았는데, '귀환'과 '귀환 이후의 회복'에 대한 언급이 불가능하다는 견해입니다. 바벨론 제국이 형성되기도 전에 바벨론 멸망과 관계된 '메대, 고레스'와 같은 이름이 언급될 수 없다는 거죠.

이에 대해 '심지어 인간도 자신이 아는 바에 기초하여 다양한 예상을 하고 그러한 예상이 맞는 경우가 많은데, 하물며 천지를 지으시고 전지전능하신 하나님께서 역사적인 상황과 하나님의 경륜에 기초하여 장차 이뤄질 일을 말씀하시는 것이 어찌 가능하지 않겠는가?' 이렇게 말하고 싶습니다. 예로, 우리는 일기예보를 봅니다. 오늘의 날씨뿐 아니라, 주간 날씨를 봅니다. 인공지능 컴퓨터가 계산해 낸 정보들을 보고 어느 정도 신뢰하고 계획을 세웁니다. 태풍의 경로를 예상합니다. 전염병에 대한 예상도 내놓습니다. 인간사회의 변화를 예측합니다. 사람들의 예측은 주식시장, 선물시장 등을 통해 다양하게 표현됩니다. 하물며 하나님이시겠습니까? 더구나 이사야서를 통해 표현되는 구체적인 증거와 이유를 들어 '포로로 끌려감, 포로에서 귀환함, 여호와의 종을 통해 온 땅에 새로운 하나님의 나라가 임함' 이 예언으로 선포되는 것이 어찌하여 불가능할까요?

그러므로 1장 1절의 표현 즉, "유다 왕 웃시야와 요담과 아하스와 히스기야 시대에 아모스의 아들 이사야가 유다와 예루살렘에 관하여 본 계시라" 하시는 말씀을 신뢰하고 이사야서 전체를 이해하는 것이 바르겠습니다. '아모스의 아들 이사야' 에게 주신 말씀입니다. 말씀이 주어진 시기는 '웃시야, 요담, 아하스, 히스기야' 가 유다의 왕으로 있던 때입니다.

베드로전서와 이사야서를 연결해 봅니다. 이유는 베드로 사도가 이사야 40장 6-8절(벧전 1:24-25), 28장 16절(벧전 2:6), 8장 14절(벧전 2:8), 53장 4-12절(벧전 2:22-25)을 중요하게 인용하고 있기 때문입니다. 중요한 신학적 기반으로 이사야서를 인용한 베드로 사도가 베도로전서 1장 10-11절에서 뭐라 했나요? "이 구원에 대하여는 너희에게 임할 은혜를 예언하던 선지자들이 연구하고 부지런히 살펴서 자기 속에 계신 그리스도의 영이 그 받으실 고난과 후에 받으실 영광을 미리 증언하여 누구를 또는 어떠한 때를 지시하시는지 상고하니라" 말했습니다. 이 '선지자' 안에 이사야가 있다는 것은 이사야서 인용을 생각할 때 매우 당연합니다. 베드로 역시 예수님 곁에 있었지만, 부지런히 연구하고 살피고 고민하고 확인하면서 '예수 그리스도를 통한 구원' 에 도달하고 '임마누엘 구원' 을 맛보았습니다.

그럼, 이사야서 말씀이 주어지던 시기에 유다의 왕이었던 '웃시야, 요담, 아하스, 히스기야' 는 어떤 왕이었을까요? 열왕기와 역대기의 내용을 종합해보면 다음과 같습니다.

웃시야[아사랴]는 16세에 왕이 되어 52년간 다스렸습니다. 주전 792(791)년부터 740(739)년까지에 왕으로 있었습니다. 하나님의 묵시를 밝히 아는 스가랴가 사는 날 동안에는 하나님을 구했습니다. 307,500명의 군대가 있었습니다. 블레셋에 대해 승리하고 암몬에게는 조공을 받았습니다. 농사를 좋아했고, 정직히 행하여 형통했습니다. 그러나 강성해지자 마음이 교만해져서 향단에 분향하려 했습니다. 이때, 하나님이 왕을 치셨고, 웃시야는 그 죽는 날까지 나병환자가 되어 별궁에 거하게 되었습니다. 그래서 왕자 요담이 주전 750년부터 740년까지 궁중 일을 다스리며 국민을 치리했습니다. '십 년' 정도 웃시야와 요담의 통치기간이 겹칩니다.

요담은 25세에 왕이 되어 16년 동안 다스렸습니다. 주전 750년부터 735년까지입니다. 정직히 행했고, 여호와의 전 윗문도 건축했습니다. 그러나 여호와의 전에 들어가지 않았습니다. 아마도 아버지가 나병에 든 것으로 인해 그리한 것 같습니다. 암몬에 대해 승리했습니다.

아하스는 20세에 왕이 되어 16년간 다스렸습니다. 주전 735(732)년부터 715(716)년까지입니다. 정직하게 행하지 않았고, 우상을 숭배했던 북국 이스라엘 왕들의 길을 따랐습니다. 이방 사람의 가증한 일을 본받아 자기 아들을 불 가운데로 지나가게 하기까지 했습니다. 그가 다스릴 때, 아람 왕 르신과 이스라엘 왕 베가가 예루살렘을 포위했지만 이기지는 못했습니다. 하지만 베가가 유다 용사 십이만 명을 죽였고, 왕의 아들 마아세야도 죽입니다. 당시 이십만 명이 포로가 되어 이스라엘로 끌려가는데, 하나님께서 간섭하셔서 귀환하게 됩니다.

아하스는 이러한 국제 문제 해결을 위해, 앗수르 왕 디글랏 빌레셀(3세, 주전 745-727년)에게 도움을 요청하며 '와 달라.' 부탁합니다. 도움을 주는 대가로 성전과 왕궁 곳간에 있는 은과 금을 보냅니다. 다메섹까지 가서 앗수르 왕을 만나는데, 그때 거기 있는 우상 제단의 식양(式樣)을 제사장 우리야에게 보내, 그것과 같은 단을 만들게 합니다. 이후 우상 제단을 본떠 만든 그 제단에서 제사는 드리고, 본래 성전에 있던 놋 단은 물어볼 일이 있을 때만 쓰게 합니다. 성전 물두멍도 옆 판을 떼어 낸 뒤 옮기고, 놋 바다도 놋소 위에서 내려다가 돌판 위에 둡니다. 또한 앗수르 왕을 위한 낭실을 성전에 세웁니다. 하나님을 버리고 앗수르 왕을 의지하는 증거를 성전 구석구석에 남긴 것입니다.

히스기야는 25세에 왕이 되어 29년간 다스렸습니다. 주전 715년부터 687(686)년까지입니다. 계명을 지키고 우상을 제하였습니다. 여호와께서 그와 함께하셨기에 어디로 가든지 형통하였습니다. 앗수르 사람을 배척하고 섬기지 않았습니다. 히스기야 6년에 북국 이스라엘이 망했고, 히스기야 14년에 앗수르가 유다를 침공했습니다. 이때, 은 삼백 달란트와 금 삼십 달란트를 주고 싸우지 않을 수 있었습니다. 그러나 앗수르는 얼마 지나지 않아 다시 침공합니다. 이때, 히스기야와 방백들이 하나님을 의지하였고, 하나님께서는 하룻밤 새 앗수르 군인 185,000명을 죽이심으로 앗수르로부터 유다를 구원하셨습니다. 앗수르 군은 물러갔고, 앗수르 왕 산헤립은 후에 자식들에게 죽임을 당합니다.

히스기야는 39세 때 병들었고, '삶을 정리하라.' 하시는 명령을 하나님으로부터 받습니다. 그러나 죽고 싶지 않은 히스기야는 침상에서 간절히 기도했고, 하나님은 그의 생명을 십오 년이나 연장시켜 주십니다. 병에서 치료된 히스기야는 마음이 교만해져서, 앗수르에 대한 승리를 축하하러 온 바벨론 사신들에게 성전과 왕궁 곳간의 보물들을 보여줍니다. 마치 자신의 힘으로 앗수르를 물리친 것처럼 말입니다. 유다에 있는 모든 보물을 미리 보게 된 바벨론은 백 년쯤 뒤 유다를 침공할 때 보물을 약탈하고 사람들을 포로로 끌고 갑니다.

제사장 이사야는 웃시야 왕이 죽던 해인 주전 740년경에 선지자로 부름을 받은 뒤, 육십 년 이상 선지자로 활동하면서 받은 말씀을 기록했습니다. '여호와께서 구원하신다.' 하는 그의 이름처럼, 이사야서에는 '하나님의 구원' 이 기록되어 있습니다. 이 구원은 하나님께서 직접 오셔서 이루실 구원입니다. 특별히 '여호와의 종' 이라고 불리는 '하나님의 종' 을 통한 구원입니다. 1장에서 39장에는 하나님의 직접 구원 즉, '임마누엘을 통한 구원이 필요한 이유' 가 소상하게 소개됩니다. 40장에서 66장에는 '임마누엘로 오실 여호와의 종을 통한 구원' 과 '그 구원으로 이뤄질 새로운 나라' 가 그려집니다.

이 두 부분을 연결하는 매우 중요한 역사적 사건으로 '앗수르 군대의 몰락과 히스기야의 교만' 이 36장부터 39장에 걸쳐 다뤄집니다. 이 부분에서는 요시야 이후 기대할 만한 왕이었던 히스기야의 실패가 다뤄집니다. 히스기야는 앗수르에 대한 하나님의 놀라운 구원 실현을 경험하고, 불치병까지 치료받습니다. 그러나 하나님의 놀라운 국가적인, 그리고 개인적인 구원을 경험한 히스기야마저도 하나님만을 의지하는 데에 실패합니다. 첫 언약이자 옛 언약인 시내산 언약의 무능이 '새 언약'에 대한 약속과 성취로 이어지듯, '다윗 집안에 주신 언약 이행의 적임자 없음'이 철저히 확인된 다음 '임마누엘이신 여호와의 종을 통한 다윗 언약 성취'로 이어집니다.

이 점에서 이사야서는 1-35장, 36-39장, 40-66장으로 구분될 수 있습니다. 1-35장은 유다의 심각한 상태(1-5장)에서 시작하고 온 땅의 헤렘(34장 2, 5절의 '진멸')과 하나님의 회복(35장)으로 마무리됩니다. 이사야 선지자는 자신마저 깨끗하지 않다는 것을 충분히 인식합니다(6장). 믿지 않는 아하스 왕에게 '임마누엘의 징조'가 주어집니다(7장). 이 징조는 장차 믿고 순종할 마리아와 요셉을 통해 성취될 것입니다. 이사야 당시에는 '임마누엘'이 아니라 '마헬살랄하스바스'('노략이 속함')가 징조로 임합니다. 불신의 결과입니다. 이사야의 두 아들 스알야숩('남은 자가 돌아오리라')과 마헬살랄하스바스는 '임마누엘이신 여호와의 종을 통한 구원'의 이전 상태를 잘 드러냅니다. 노략이 있지만, 그루터기는 구원과 치유를 노래할 것입니다. '여호와의 종의 노래'는 『그루터기들의 고난과 치유』(서울: 그리심, 2019)에 실었습니다.

이사야서 1-12장에서 '하나님의 하나님 되심을 인정하지 않는 유다'가, 하나님을 인정하지 않는 아하스와 깊이 관련하여 다뤄진다면, 56-66장에는 하나님의 하나님 되심이 인정되는 '새로운 왕국'과 여호와의 '종'과 '종들'에 대해 다뤄집니다. 뭔가 부정적인 상황에서 시작되지만, 해피엔딩인 거죠.

그리고 13-27장 부분에서는 '유다'뿐 아니라 열방과 제국에서도 하나님의 하나님 되심이 인정되지 않는다는 것이 확인됩니다. 결국 그들도 유다처럼 망할 것입니다. 그러나 동시에 그들에게도 구원의 기회가 주어질 것입니다. 그들도 구원의 대상입니다. 하나님께서 '임마누엘 종'을 통해 이루실 '새로운 나라' 백성으로 그들도 초대될 것입니다. 그들의 초대 과정이 40-55장에 소개됩니다.

중간 부분인 이사야서 28-39장에는 하나님의 계속되는 은혜에도 불구하고 '새로운 왕국'을 형성하지 못하는 이스라엘 족속의 실패와 히스기야의 실패가 그려집니다. 이 부분을 읽다 보면, '하나님의 계속되는 은혜'에도 불구하고 '은혜에 부합된 충분한 회개'를 하지 않는 이스라엘과 하나님 사이의 '반복 고리'가 이제는 끝나야 한다는 생각을 누구나 하게 됩니다. 이어지는 40장부터는 이미 말씀하신 '하나님의 직접 구원, 임마누엘의 구원, 여호와의 종을 통한 구원'이 충분히 구체적으로 '묘사'되고 '선포'됩니다. 예수 그리스도를 통해 참 자유를 누리고 하나님의 자녀로 살아가는 이들은 이 묘사가 현실로 다가옵니다. 비록 모든 것이 다 이뤄진 형태로 보이는 시대를 살아가지는 않지만, 이뤄진 만큼 소망을 채우고, '선포'를 믿으며, '새로운 하나님 나라'를 기대하고 기도하며 살아갑니다.

새로운 이 나라를 세울 자는 '다윗의 자손'입니다. 다윗의 자손인 아하스와 히스기야는 실패합니다. 그러나 여호와의 종으로 오신 예수님은 성공하셨습니다. 이 나라에서 가장 중요한 개념이 있다면 '임마누엘'입니다. 그래서 '성전' 주제가 처음부터 중요하게 등장합니다. '내 마당만 밟을 뿐"(사 1:12)이라는 하나님의 지적은 '성전이 참 성전이 되고, 백성이 참 예배자가 되는 것에 대한 기대'의 표현입니다. 다윗이 언약궤를 시온에 메워 올린 것처럼, 여호와의 종도 임마누엘의 구원을 온 땅에 메워 올리실 것입니다. 고레스가 '여호와의 종'의 모형으로 소개되는 이유도 성전에 있습니다. 그가 이스라엘 백성에게 예루살렘으로 돌아가 성전을 지으라고 명했기 때문입니다.

이제 기회가 남아 있는 자에게는 회개 설교로, 이미 망한 자에게는 소망의 메시지로, 예수 그리스도를 통한 회복을 경험하고 참 자유인으로 살아가는 이들에게는 감사와 기쁨, '하나님 향한 찬송'과 '이웃을 위한 기도'를 요청하는 권고로 다가오는 이사야서를 따라가 봅니다. 우선, 이사야 1장을 보니, 예배 개선을 요청하십니다. 11-16절에 있습니다. 예배의 형식만 갖춰져 있습니다. 내용은 틀렸습니다. 속(贖)함을 위한 피뿐 아니라, 악한 피가 함께 있습니다. 헌금이 있다고 예배가 아닙니다. 속함을 위한 피가 있어야 예배입니다. 예수님의 피가 있어야 예배입니다. '예배를 통한 죄 사함의 길까지 오염되었으니 어찌하려느냐? 예배의 회복을 위해 노력해야 하지 않겠느냐? 죄를 해결하지 않은 채로 거룩하신 하나님 앞에 나아와 기도하다니, 이보다 더한 악이 있겠느냐? 하나님 앞에 나와 하나님의 은혜를 구하기 전에 네가 할 수 있는 것부터 하라. 몸을 물로 씻어 깨끗하게 하고 악행을 멈추는 것은 너 스스로도 할 수 있지 않느냐?' 물으십니다.

이사야 2장은 "여호와의 빛에 행하자" 권합니다. 5절입니다. "야곱 족속아 오라 우리가 여호와의 빛에 행하자" 아멘. 2절의 "여호와의 전의 산"은 하나님의 집입니다. 하나님이 계시는 곳, 성전입니다. 성전이 견고하게 서야, 열방이 성전으로 몰려옵니다. 그러기에 하나님의 집이 약해지지 않도록 힘써야 합니다. 모이기에도 힘쓰고 성전이 풍성하도록 주의를 기울여야 하나님의 집이 견고해집니다.

성전이 바로 서야, 성도들이 바뀝니다. 목회자가 바로 서야, 교인들이 바뀝니다. 지도자가 바로 서야, 백성들이 바뀝니다. 가장이 바로 서야, 가정이 바뀝니다. 모든 회복의 출발은 교회의 회복에 있습니다. 이사야 선지자는 성전이 회복될 때 모든 것이 회복되는 것을 보았습니다.

말씀에 의해 바른 판단을 받으면, 싸우지 않을 것입니다. "누가 옳으냐?" 따지며 싸우지 않고, 생산을 위해 일할 것입니다. 칼과 창으로 농기구를 만들 듯, 싸우기 위해 준비했던 모든 것을 생산도구로 바꿀 것입니다. 낫으로는 풀을 벨 것이요, 긴 낫으로는 추수할 것입니다. 섭섭함에 붙들리지 않고, 사명에 집중하게 될 것입니다. 4절입니다. "그가 열방 사이에 판단하시며 많은 백성을 판결하시리니 무리가 그들의 칼을 쳐서 보습을 만들과 그들의 창을 쳐서 낫을 만들 것이며 이 나라와 저 나라가 다시는 칼을 들고 서로 치지 아니하며 다시는 전쟁을 연습하지 아니하리라" 아멘.

그러나 성전예배 회복의 실패는 멸망으로 이어질 것입니다. 3장 1-3절입니다. "보라 주 만군의 여호와께서 예루살렘과 유다가 의뢰하며 의지하는 것을 제하여 버리시되 곧 그가 의지하는 모든 양식과 그가 의지하는 모든 물과 용사와 전사와 재판관과 선지자와 복술자와 장로와 오십부장과 귀인과 모사와 정교한 장인과 능란한 요술자를 그리하실 것이며" 아멘. 예루살렘과 유다가 멸망케 되는 이유는 하나님께 있습니다. 그들을 지탱해주는 가장 기본적인 양식과 물을 하나님이 제하여 버리실 것입니다.

생존을 위한 가장 기본적인 요소인 양식과 물뿐 아니라, 예루살렘과 유다 사회를 지탱해주는 중요한 사람들을 하나님이 제하실 것입니다. 용사[강한 자]는 생산을 위해 필요한 사람입니다. 전사는 전쟁을 위해, 재판관은 내부 질서 유지를 위해 필요합니다. 그런데 하나님이 이런 사람들을 제하시면 정치 및 경제가 약해질 것입니다. 그런데 정치 및 경제 지도자의 목록에 '왕'이 없습니다. 이는 당시 무기력해진 왕의 상태를 보여줍니다.

다음으로 제거될 지도자는 종교 지도자들입니다. 종교 지도자로 선지자, 복술자, 장로가 있습니다. 복술자는 율법에 따르면 살려두면 안 되는데도, 사회 지도자가 되어 있습니다. 한편, 종교 지도자로 제시된 목록에 제사장이 없습니다. 이 또한 당시 무기력한 제사장들의 상태를 보여준다고 볼 수 있습니다.

사회의 중견 지도자로 오십 부장, 귀인, 모사, 장인, 요술자가 제시됩니다. 천부장이 아니라 오십 부장이 언급되는 것으로 보아, 군인 수가 줄고 군사력이 약화된 것을 알 수 있습니다. 귀인은 '얼굴이 빼어난 자'입니다. 외모가 두드러지게 좋은 사람이 사회의 중견 지도자가 되어 있습니다. 또, '모사'가 중견 지도자입니다. 제사장, 선지자, 장로가 모사 역할을 해야 하고, 기본적인 사항들은 부모로부터 배워야 하는데, 분야별 전문 상담가들이 사람들에게 갈 길을 제시합니다. 당시 공교한 장인이 만드는 중요한 제품이 우상이었습니다. '능란한 요술자'는 점치고 관상 보는 사람입니다.

본래, 이스라엘의 지도자는 왕, 제사장, 장로, 선지자, 천부장 등이었습니다. 그러나 이제 사회를 움직이는 새로운 지도층이 형성되어 있습니다. 여기에는 하나님을 대적하는 일을 하는 복술자, 요술자, 공교한 장인도 포함되어 있습니다. 이처럼, 예루살렘과 유다가 멸망한 가장 중요한 이유는 "왜곡된 지도력"에 있었습니다. 지도자가 되어야 할 사람들이 지도자가 되지 못하고, 지도자가 되어서는 안 되는 사람들이 지도자가 되고, 지도력이 왜곡된 형태로 발휘된 데에 있었습니다.

회복이 기대되나, 그보다 먼저 멸망이 예견된 상황에서 이사야는 노래를 부릅니다. 하나님을 위해, 하나님이 부를 노래를 대신 부릅니다. 이 노래는 애가(哀歌)입니다. 오랜 세월 하나님이 부르신 애가입니다. 기쁜 노래는 잠시이고, 슬픈 노래가 지속되었죠. 백성들이 하나님의 뜻대로 사는 시간은 짧고, 말씀에서 벗어나 사는 기간은 길기 때문입니다. 아담이 하와를 만나 부른 "내 뼈 중의 뼈, 살 중의 살"이란 노래는 잠시이고, 그들이 하나님의 말씀에 불순종하였기에 이어지는 슬픔의 노래는 평생입니다. 애굽에서 나온 이스라엘 백성들은 홍해 사건으로 승리의 노래를 불렀습니다. 그러나 광야 40

년간 그들의 노래는 슬픔과 탄식의 노래였습니다. 다윗이 언약궤를 다윗성으로 모실 때, 이스라엘은 노래하며 춤을 추었습니다. 그러나 다윗 이후 이스라엘은 슬픔의 노래를 계속 불러야 했습니다.

이런 상황에서 이사야는 '포도원의 노래'를 부릅니다. 이사야 5장 1-2절입니다. "나는 내가 사랑하는 자를 위하여 노래하되 내가 사랑하는 자의 포도원을 노래하리라 내가 사랑하는 자에게 포도원이 있음이여 심히 기름진 산에로다 땅을 파서 돌을 제하고 극상품 포도나무를 심었도다 그 중에 망대를 세웠고 또 그 안에 술틀을 팠도다 좋은 포도 맺기를 바랐더니 들포도를 맺었도다" 아멘.

포도원이 있네,
내 사랑에게
기름진 뿔에.

땅 파서 돌멩이 골라내고 아주 좋은 포도나무 심었네.
중앙에 망대 세웠네.
망대 안에 포도즙 틀도 깎아 넣었네.

그리고 포도 생산 기다렸네.
그런데
야생 포도 맺혔네.

알곡을 기대했는데 가라지가 무성하게 되듯, 좋은 포도 수확과 포도주를 기대하고 많은 수고를 하였으나 좋은 포도는커녕 야생 포도만 무성하게 되었다. 그래서 실망이 크다. 헛수고에 화가 나고, 한 철 농사를 망쳤으니 어찌 살꼬! 하나님의 공급과 기대, 사랑과 아쉬움이 애처롭기까지 합니다.

이어 심판의 이유가 5장 7-30절에 제시됩니다. 두 절만 봅니다. 5장 7-8절입니다. "무릇 만군의 여호와의 포도원은 이스라엘 족속이요 그가 기뻐하시는 나무는 유다 사람이라 그들에게 정의를 바라셨더니 도리어 포학이요 그들에게 공의를 바라셨더니 도리어 부르짖음이었도다" 아멘.

하나님과 이스라엘과의 관계는 익명의 관계가 아니었습니다. 역사적이고 실제적이며 직접적인 관계였습니다. 하나님과 이스라엘과의 언약은 삶에서 구체적인 무언가가 드러날 것이 기대되는 약속이었습니다. 그런데 언약에 명시된 공평과 의의 삶이 아니라, 범법과 울부짖음의 삶이 이스라엘 가운데 만연하게 되었습니다. 공평 대신 범법이, 의로움 대신 울부짖음이 가득합니다. 부동산 투기와 같은 문제가 발생합니다. 엄연히 하나님께서 나눠주신 기업이 가족별로, 지파별로 있음에도 불구하고 자기 땅을 넓히려 합니다. 다른 사람의 영역을 인정하지 않고 자기 것을 계속 확장합니다.

이때 이사야 선지자와 하나님과의 만남이 이뤄집니다. 유명한 6장 9-10절을 봅니다. "여호와께서 이르시되 가서 이 백성에게 이르기를 너희가 듣기는 들어도 깨닫지 못할 것이요 보기는 보아도 알지 못하리라 하여 이 백성의 마음을 둔하게 하며 그들의 귀가 막히고 그들의 눈이 감기게 하라 염려하건대 그들이 눈으로 보고 귀로 듣고 마음으로 깨닫고 다시 돌아와 고침을 받을까 하노라 하시기로" 아멘.

하나님께서는 헌신한 이사야에게 백성의 상태를 그들에게 알려주라고 하십니다. 그들은 들어도 이해하지 못하고, 보아도 알지 못하는 상태에 있습니다. 그리고 사명이 이어집니다. '백성의 마음에 기름기가 끼게 하라. 귀를 무겁게 하고 눈을 어둡게 하라.' 유다와 예루살렘은 지금 수술대 위에 있습니다. 수술 없이는 치료도 없을 것입니다.

이때 임마누엘의 약속이 주어집니다. 7장 13-14절입니다. "이사야가 이르되 다윗의 집이여 원하건대 들을지어다 너희가 사람을 괴롭히고서 그것을 작은 일로 여겨 또 나의 하나님을 괴롭히려 하느냐 그러므로 주께서 친히 징조를 너희에게 주실 것이라 보라 처녀가 잉태하여 아들을 낳을 것이요 그의 이름을 임마누엘이라 하리라" 아멘. 아하스는 여러모로 사람들을 피곤하게 만듭니다. 백성들이 전쟁 준비로 피곤합니다. 이사야와 같은 사람들은 아하스를 설득하려고 피곤합니다. 믿지 않는 아하스 때문에 하나님께서도 피곤하십니다.

아하스의 거절로 인해, 하나님은 친히 징조의 종류를 선택하십니다. 아버지 없이 한 아들이 태어날 것입니다. 모든 사람은 한 남자와 한 여자를 통해 태어납니다. 그러나 하나님의 직접 개입으로 남녀 혹은 여자 없이 태어난 사람들이 있었습니다. 아담은 남녀 없이, 하와는 여자 없이 태어났습니다. 이제 하나님이 직접 개입하셨다는 증거를 보여줄 만한 출생의 경우는 한 가지만 남아 있습니다. 곧, 남자 없이 아이가 태어나는 것입니다. 하나님은 "처녀가 잉태하여 아들을 낳을 것"이라는 징조를 약속하시는데, 이것이야말로 하나님만이 주실 수 있는 징조입니다.

임마누엘이 누구인가에 대해 히스기야를 염두에 두는 경우가 있습니다. 하지만 이때, 히스기야는 이미 8세쯤 되었습니다. 이사야의 둘째 아들 '마헬살랄 하스바스'가 임마누엘이라고 생각하기도 합니다. 하지만 이사야와 아내와의 사이에서 태어나는 아기가 하나님이 주시는 징조일 수 없습니다. 정상적인 출산이기 때문입니다. 더구나 '마헬살랄 하스바스'는 임마누엘과 이름이 다릅니다.

이 임마누엘이 예수님을 가리킨다는 해석에 대해, 이 당시와 시간적으로 너무 멀기에 당시 상황과 무관한 징조라고 말할 수도 있습니다. 그러나 예언과 구원과 징조의 성격 측면에서 볼 때, 이사야가 예수 그리스도를 바라보고 징조를 전달했을 수 있습니다. 우선 예언은 먼 곳과 가까운 곳이 중첩되어 주어지기에 가능하고, 구원이란 게 궁극적인 구원을 내포하기에 가능하고, 징조라는 것도 한 번 주어지더라도 그것이 영원[영원하신 하나님]을 반영하면서 영원성을 내포하기에 가능합니다.

임마누엘의 징조와 함께 주어진 첫째 축복은 현재 일어나고 있는 문제가 근본적으로 해결되는 것입니다. 물론 이 일은 임마누엘이 태어나고 성장하기 전에 일어날 것입니다. 시기적으로 700여 년 전에 주어진 예언이지만, 순서에 초점이 맞춰진 것으로 이해하면 됩니다. 창세기 15장을 보면, 하나님께서는 아브라함에게 이스라엘 민족의 출애굽에 대해 말씀하셨는데, 이는 출애굽 600여 년 전에 주어진 예언이었습니다.

임마누엘을 따르는 자들이 있습니다. 8장 1-2절입니다. "여호와께서 내게 이르시되 너는 큰 서판을 가지고 그 위에 통용 문자로 마헬살랄하스바스라 쓰라 내가 진실한 증인 제사장 우리야와 여베레기야의 아들 스가랴를 불러 증언하게 하리라 하시더니" 아멘.

임마누엘의 약속으로 먼 미래까지 보여주신 하나님이 이제는 당장 있을 일 즉, 북국 이스라엘과 그 위의 아람[수리아] 나라에 관한 일에 대해, 보다 구체적으로 말씀하십니다. 당시 개인 및 국가 간 계약 등과 같이 중요한 문서를 작성할 때 토판(진흙판)이나 석판(석회암 등의 돌로 된 판)을 사용했는데, 하나님께서 이사야에게 일방계약의 형태로 문서를 작성하라셨습니다. 아마도 석판이었겠지요. (예로, 35×34cm 크기의 석판에, "여기에 유다 왕 웃시야의 뼈를 가져왔다. 열지 마라." 이런 내용이 웃시야의 비명[碑銘]에 있습니다.) 내용은 마헬살랄하스바스['노략이 급하다, 약탈이 빠르다']입니다. 북국 이스라엘과 아람이 머지않아 곧 약탈당할 것이라는 내용입니다. 누구라도 쉽게 읽을 수 있도록 '통용 문자'로 쓰라십니다. 일반 백성들도 쉽게 읽을 수 있도록 기교가 덜 들어간 문자로 쓰라십니다.

이사야가 이 석판을 작성했다는 증인으로 두 사람이 채택됩니다. 제사장 우리야['내 등불은 여호와이시다']와 여베레기야['여호와를 송축하라']의 아들 스가랴['여호와를 기억하라']입니다.

이사야 9장 1절로 10장 4절에서, '백성을 정련하시는 하나님의 열심'을 읽습니다. 이 부분에서는 하나님(만군의 여호와)의 두 가지 열심을 읽을 수 있습니다. 하나는 '아들을 주시는 열심'입니다. 이스라엘의 역사는, 어떤 면에서 하나님의 아들을 인류에게 구원자로 주시기 위한 역사입니다. 아브라함, 이삭, 야곱, 유다 … 다윗으로 이어지는 족보가 중요한 이유가 여기에 있습니다. 출산을 통해 아들을 주시려고, 하나님은 야곱 즉, 이스라엘 집을 오래 참으시며 고집스럽게 은혜를 주십니다.

이 과정에서 드러나는 하나님의 두 번째 열심(熱心)이 곧, '아들을 받을 수 있도록, 백성을 준비시키시는 열심'입니다. 하나님께서는 지독하리만큼 철저히 이스라엘 백성을 연단하십니다. 이사야 9장 1절로 10장 4절에서 4회나 반복된, "그럴 찌라도 여호와의 노가 쉬지 아니하며 그 손이 여전히 펴지리라"(9:12, 17, 21; 10:4) 하는 표현이 이를 잘 보여줍니다. 하나님의 아들 출생을 위한 '모태'가 되는 데 걸림이 되는 부분이 완전히 척결(剔抉)되기까지 하나님은 멈추지 않으십니다.

이사야 9장 1절입니다. "전에 고통 받던 자들에게는 흑암이 없으리로다 옛적에는 여호와께서 스불론 땅과 납달리 땅이 멸시를 당하게 하셨더니 후에는 해변 길과 요단

저쪽 이방의 갈릴리를 영화롭게 하셨느니라" 아멘. 예루살렘 주변의 땅을 기업으로 받은 유다, 베냐민, 에브라임 지파가 더 큰 복을 받은 것 같았습니다. 변방을 기업으로 받은 납달리와 스불론은, 요단 동편 땅을 기업으로 받은 르우벤과 갓과 므낫세 반 지파는 복을 덜 받은 것 같았습니다. 그런데 시간이 지나고 보니 그 땅을 기업으로 받은 유익도 있었습니다. 교만한 마음이 덜 생겼습니다. 그러다 보니 겸손해지고, 겸손해지다 보니 영광스러운 일도 생깁니다.

앗수르는 망하고(10:5-34), 하나님께서 꿈꾸시는 세상이 그루터기들의 회복과 치유와 구원을 통해 이뤄질 것입니다(11-12장). 이에 대해서는 『그루터기들의 고난과 치유』에 자세히 적었습니다. 12장 1-2절만 봅니다.

돌아올 그루터기들이 돌아오는 날에 노래를 부를 것입니다.
"여호와여, 제가 당신께 감사합니다.
제게 진노하셨지만,
이제 진노를 그치시고 저를 위로하십니다.
보아라! 그분은 내 구원의 하나님이시다.
내가 그분을 의지하니 나는 누구도 두려워하지 않는다.
주 여호와께서 나의 피난처이시고 노래가 되시기 때문이다.
그분이 내게 구원이시다."

이사야 13장부터 24장까지는 온 땅에 임할 하나님의 심판에 대한 기록입니다. 13장에는 바벨론을 무너뜨릴 군대가 등장합니다. 13장 5절입니다. "무리가 먼 나라에서, 하늘 끝에서 왔음이여 곧 여호와와 그의 진노의 병기라 온 땅을 멸하려 함이로다" 아멘. 바벨론의 문제는 '자기 분수를 모르고 하나님이 되고자 한 것'에 있었습니다. 하나님은 자기 분수를 모르고 하나님이 되고자 하는 바벨을 그냥 두지 않으십니다. 가르치시고 깨닫게 하시고 돌이키라 명하십니다. 그래도 거부하고 끝까지 거부하면 흩으십니다. 바벨탑을 쌓던 이들을 흩으셨듯, 앗수르를 망하게 하셨듯, 바벨론도 메대를 통해 흩으십니다.

제국과 하나님은 별개가 아닙니다. 제국의 흥망성쇠에 하나님이 개입하십니다. 하나님을 경외하는 백성의 삶에만 개입하시는 게 아닙니다. 강성해져 가는 중국에도 개입하시고 강성했던 미국에도 개입하십니다. 제국을 형성하려 했던, 영국이나 프랑스에도, 독일과 일본에도 개입하십니다. 하나님의 개입 앞에 제국은 자신이 하나님을 거슬렀던 것들을 확인할 것입니다. 자신들이 얼마나 하나님에게서 멀어졌는지, 하나님께서 부여하신 힘을 얼마나 잘못 사용했는지 보여주는 증거들 앞에서 후회할 것입니다. 하나님은 회개한 니느웨에 회복을 주신 것처럼, 제국에도 회복 주기를 원하십니다. 그들이 회개하기를 원하십니다. 하나님의 자리를 넘보는 독재자라도 느부갓네살에게 깨달음을 주신 것처럼, 현재 열강의 지도자들에게도 깨달음 주기를 원하십니다. 하나님은 제국과 제국에 속한 국민의 삶에 깊이 관여하십니다.

그리고 세상의 빛과 소금인 신자들이 하나님 나라 군병으로 소집되기를 원하십니다. 3절입니다. "내가 거룩하게 구별한 자들에게 명령하고 나의 위엄을 기뻐하는 용사들을 불러 나의 노여움을 전하게 하였느니라" 아멘. 거룩하게 구별된 자들, 하나님의 위엄을 기뻐하는 용사들을 하나님 나라를 위해 부르십니다. 그 부름에 응답한 이들이 지금 예배자로 있습니다. 마음 다해 예배하고, 하나님에 대한 오해를 줄이고 이해를 늘리며, 개인 경건뿐 아니라 온 땅의 경건을 위해 힘씁니다. 하나님 사랑 깨닫기를, 하나님 은혜 깨닫기를, 감사하기를, 사랑받은 자로 살기를 기도합니다.

질의와 응답

하나. "아가를 뮤지컬로 볼 수 있을까요? 누구의 말인지 어떻게 알 수 있나요?"

아가를 뮤지컬로 볼 수 있습니다. 호칭이 누구의 대사인지를 잘 보여줍니다. 술람미 여인이 솔로몬을 부를 때는 '나의 사랑하는 자' (히브리어로 또디) 라는 호칭을, 솔로몬이 술람미 여인을 부를 때는 '나의 사랑' (히브리어로 라아띠) 이라는 호칭을 사용합니다.

둘. "아가의 기자가 정경이 될 것을 알고 기록했을까요?"

미켈란젤로가 자기가 조각한 모세상을 향해 "왜 말을 안 해!" 그랬다죠. 예술 작품 창작 활동에도 하나님께서 도와주시면 다릅니다. 하물며 성경이겠습니까? 성경 기록자가 성령의 감동으로 하나님의 말씀을 기록하기에, 기록할 때 성령의 감동을 인지했을 것입니다. 하나님의 개입을 느꼈겠지요. 논문도 지도받으면서 쓰고 나면, 나중에 읽으면서 자기가 쓸 수 있는 것보다 더 잘 썼다는 생각이 듭니다. 하나님의 도움으로 기록했기에, 기록 당시에도 느꼈겠지만, 기록 이후에도 본인의 글이라기보다는 성령의 감동으로 쓴 글이었다고 고백하게 되겠지요.

셋. "묵시에도 논리가 있습니까?"

묵시가 수수께끼 같을 때도 있지만, 치밀한 비유라고 보시면 되겠습니다. 요한계시록에 '바벨론, 음녀' 등의 표현이 나오는데, 구약성경을 알고 있는 이라면 이해할 수 있습니다. 묵시에도 논리가 있습니다.

넷. "이사야가 다른 나라에 가서 전했을까요?"

유다에서 전해도 이웃 나라들에 전달될 만큼 교류가 왕성했습니다. 깊고 큰 정보일수록 유통기한이 길겠지요. 오늘날처럼 정보 홍수 시대가 아니었기에 더더욱 잘 전달되었을 것으로 생각합니다.

다섯. "예언 가능성을 믿지만, 이사야의 말투가 마치 그 현장에 있는 것 같습니다."

하나님께서는 이백 년 후의 일이라도 지금 일처럼 말씀하실 수 있다고 생각합니다. 살아계신 하나님께서는 오래전에 주신 말씀으로 지금 우리를 읽어내십니다. 그때의 말씀으로 우리를 읽어내시죠.

Weekly Reading

35

이사야 14-34장

"열방"

사 14-16장	사 17-19장	사 20-22장	사 23-25장	사 26-28장	사 29-31장	사 32-34장

check

이번 통독은 이사야 묵시록 13-27장의 대부분과 이사야의 역사 부분 36-39장 이전 부분입니다. 하나님 구원의 대서사시를 읽습니다.

열방

I.
모든 민족 위에 뛰어난 이름 그리스도
열방을 지으시되
한 사람 한 혈통으로 지으신 하나님

두 사람 아담과 하와의 하나됨이
가족과 씨족을 넘어
열방을 향한다.

너무 많이 달라진 우리
언어도 모습도 생활수준도
천차만별이다.

II.
나만 잘살면 된다고,
우리만 잘살면 된다고,

우리나라만 무사하면 된다고,

마음이 외치고
국가가 외치고
이웃이 외치지만

이웃의 범위 어디까지며
나라의 경계 어디며
마음의 경계는 어디인가?

III.
모압을 도우라시는 하나님
잘못된 동맹을 맺지 말라시는 하나님
우상을 버리고 돌아서라시는 하나님

앗수르는 몽둥이요
바벨론은 망할 자요
애굽은 갈대라고 하시는 하나님

은혜를 기억하라신다.
에브라임과 아리엘은 그냥 되지 않았다.
언약이 있었다.

IV.
포도원 노래 다시 부른다.
들 포도 아니고 실한 포도이다.
끝물 포도 아니고 맏물 포도이다.

열방과 제국의 자리를 되돌린다.
피조물의 자리,
예배자의 자리로.

코로나 두 해
우리 자리 되돌린다,
예배자의 자리로.

집에서 멀리 떨어진 곳에서 여행 중인 사람은 집을 그리워합니다. 편안하고 익숙한, 따뜻하고 정겨운 집에 사랑하는 가족들이 있으면 더욱 그렇습니다. "즐거운 곳에서는 날 오라 하여도 내 쉴 곳은 작은 내 집뿐이라"는 노래에는 이러한 마음이 잘 표현되어 있습니다. 아브라함은 고향 본토 친척 아비 집을 떠나, 가나안 땅으로 왔습니다. 그러나 더 나은 본향을 사모하여 집으로 돌아가지 않았습니다. 이삭의 고향은 가나안 땅입니다. 야곱의 고향도 가나안 땅입니다. 야곱 아들들의 고향은 밧단아람입니다. 베냐민만 벧엘과 베들레헴 사이에서 출생하였기에, 베냐민의 고향만 가나안 땅입니다. 이스라엘 열두 지파의 조상인 열두 족장들은 아버지 야곱과 함께 애굽에서 살다 죽었습니다. 그들에겐 애굽이 사명지(使命地)였습니다. 오랜 세월이 지나고, 열두 지파는 밧단아람이 아니라 가나안으로 들어갑니다. 고향이 그곳이어서가 아니라(그들의 고향은 애굽이기에), 가나안 땅이 약속의 땅 곧, 사명지였기 때문입니다.

이삭처럼 고향과 사명지가 일치하기도 하지만, 다른 경우가 더 많습니다. 바벨론 포로 귀환 때에도, 귀환자의 대다수는 바벨론에서 태어난 자였습니다. 그들에게 예루살렘과 유다 지역은 고향이 아니라 사명지였습니다. 이사야서 14장은 그들이 사명지로 돌아온 것을 안식이라 부릅니다. 1절의 "그들의 땅에 두시리니"는 '자기 고토에 안식하게 하시리니' 입니다. 3절에 "안식을 주시는 날"이 있고, 7절에 "이제는 온 땅이 조용하고 평온하니[즉, 안식하니]"가 있습니다. 사명의 자리로 돌아오는 것이 안식입니다. 사명의 자리는 힘들지만 보람이 있고 열매가 있는 자리이기 때문입니다. 안식을 주시는 하나님이십니다. 고토로 돌아오게 하시는 하나님이십니다.

하나님의 백성을 포로로 끌고 갔던 바벨론이 망하면, 하나님의 백성이 자기 땅으로 돌아올 것입니다. 긍휼을 덧입고, 새로운 구성원들과 돌아옵니다. 이스라엘의 하나님을 자기 하나님으로 삼게 된 이방인들과 함께 돌아옵니다. 여러 민족이 이스라엘을 지지할 것입니다. 노비에서 주인으로, 이스라엘의 지위가 바뀔 것입니다. 고통과 고뇌와 고역에서 벗어났을 때, 이스라엘이 바벨의 왕에게 노래를 지어 불러줄 것입니다. 그 하나님이 바벨론 왕에 대한 노래를 지어 부르게 하십니다. 많은 노래가 있는데, 왜 하필 이 노래일까요? 바벨론을 반드시 멸망시키고 야곱을 귀환시키실 것이기 때문입니다.

이사야서 14장 4-11절만 봅니다.

아! 압제가 그치고 재앙이 멈췄도다.
여호와께서 악인의 지팡이, 통치자의 지휘봉을 꺾으셨도다.
분노로 열방을 치되, 쉼 없이 치던 자를.
무자비하게 다그치며 민족들을 강포로 다스리던 자를.

온 땅은 쉬며 고요하다가 기쁨의 노래를 발한다.
전나무들도 너를 인해 기뻐한다, 레바논의 백향목들도.
"그때부터 네가 누워있으니,
벌목하는 자가 우리에게 올라오지 않으리로다."

지하 세계가 너를 맞아들이느라 너로 인해 부산스럽다.
스러진 자들, 땅의 모든 숫염소가 너로 인해 소동한다.
열방의 모든 왕이 그들의 보좌에서 일어선다.
그들 모두가 네게 대꾸하여 말하기를,
"너도 우리처럼 쇠약해졌느냐?
네가 우리에게 말거리가 되느냐?
네 위엄이, 네 하프 소리가 음부로 내려왔구나.
구더기가 네 방석이고, 버러지가 네 덮개로다."

이스라엘의 '안식'이 기대되는 상황에서, 하나님께서 이스라엘에게 기대하시는 것이 있습니다. 열방에 대한 긍휼입니다. 우선, 15-16장에서 모압이 언급됩니다. 다윗의 증조모가 모압 여인 룻이었지요. 모압이 망하게 되었습니다. 15장 3-5절입니다. "거리에서는 굵은 베로 몸을 동였으며 지붕과 넓은 곳에서는 각기 애통하여 심히 울며 헤스본과 엘르알레는 부르짖으며 그들의 소리는 야하스까지 들리니 그러므로 모압의 군사들이 크게 부르짖으며 그들의 혼이 속에서 떠는도다 내 마음이 모압을 위하여 부르짖는도다 그 피난민들은 소알과 에글랏 슬리시야까지 이르고 울며 루힛 비탈길로 올라가며 호로나임 길에서 패망을 울부짖으니" 아멘.

이에 시온 딸의 산에 다음과 같은 요청이 주어집니다. 16장 3-5절입니다. "너는 방도를 베풀며 공의로 판결하며 대낮에 밤 같이 그들을 지으며 쫓겨난 자들을 숨기며 도망한 자들을 발각되게 하지 말며 나의 쫓겨난 자들이 너와 함께 있게 하되 너 모압은 멸절하는 자 앞에서 그들에게 피할 곳이 되라 대저 토색하는 자가 망하였고 멸절하는 자가 그쳤고 압제하는 자가 이 땅에서 멸절하였으며 다윗의 장막에 인자함으로 왕위가 굳게 설 것이요 그 위에 앉을 자는 충실함으로 판결하며 정의를 구하며 공의를 신속히 행하리라" 아멘. 달리 표현해 봅니다. "모략이 주어지고, 심판이 베풀어지게 하라. 네 그늘을 정오에 밤같이 드리우라. 유랑민을 보살펴주고, 피난민을 내쫓지 마라. 나의 유랑민들이 네 가운데 거류할 것이다. 모압이 삼키는 자 앞에서 숨겨지게 하라. 그러니 착취자가 끊어지고 강포가 끝났다. 짓밟는 자가 땅에서 사라졌다. 그러면 은혜 가운데 보좌가 세워질 것이다. 그 위에[/보좌 위에], 다윗의 장막 가운데, 진실로, 심판자가, 공의를 추구하는 자가, 의에 빠른 자가[/의를 행하기에 빠른 자가] 자리잡을[/앉을] 것이다." 모압이 어려울 때 그들에게 긍휼을 베풀면, 하나님의 구원자가 다윗의 장막에 임할 것이라는 말씀입니다. 평상시 미운 행동을 하던 자라도, 환난 가운데 있으면 구원하라 말씀하십니다.

하나님은 모압의 구원 가능성을 시온에서 찾으십니다. 이유는 간단합니다. 모압 바로 서쪽에 예루살렘이 있기 때문입니다. 경기도와 강원도처럼, 경상도와 전라도처럼, 요단강을 사이에 두고 유다와 모압이 있습니다. 고도 차이가 나기는 하지만 거리가 그리 멀지 않으니 이틀이면 갈 수 있습니다. 모압을 도와주라는 하나님의 요청은 시온에 의해 거절됩니다. 이 내용을 16장이 담고 있습니다. 그래서 하나님께서는 더욱 통곡하십니다. 11절이 그 내용을 담고 있습니다. 16장 11절입니다. "이러므로 내 마음이 모압을 위하여 수금 같이 소리를 발하며 내 창자가 길하레셋을 위하여 그러하도다" 아멘.

시온의 거절로 모압은 치명적인 상태에 빠지게 됩니다. 애통하고 신음합니다. 하나님의 백성이 울어주지 않으니 스스로 통곡할 수밖에 없습니다. 16장 7-8절입니다. "그러므로 모압이 모압을 위하여 통곡하되 다 통곡하며 길하레셋 건포도 떡을 위하여 그들이 슬퍼하며 심히 근심하리니 이는 헤스본의 밭과 십마의 포도나무가 말랐음이라 전에는 그 가지가 야셀에 미쳐 광야에 이르고 그 싹이 자라서 바다를 건넜더니 이제 열국의 주권자들이 그 좋은 가지를 꺾었도다" 아멘. 주요 수출품이던 포도마저 수확할 수 없게 됩니다. 사실, 헤스본과 십마가 헤스본 왕 시혼의 도성이었으나 르우벤 지파의 기업이 된 것을 생각하면(민 32:37-38), 이러한 상태는 이스라엘에게도 좋지 않습니다.

이 포도의 수혜자였던 야셀 거민, 사해 건너 유다 백성들은 이제 헤스본의 농산물과 십마의 포도를 맛볼 수 없게 될 것입니다.

모압은 이스라엘이 도와주지 않아 망하지만, 아람과 앗수르는 북국 이스라엘과 잘못된 동맹을 맺었기에 망할 것입니다. 17장입니다.

이스라엘은 하나님의 언약 백성입니다. 하나님께서는 언약서에 하나님이 어떤 분인지, 이스라엘 백성이 어떤 백성인지 기술하시고 동의가 되는지 물으셨습니다. 백성은 동의했고 언약은 체결되었습니다. 이제 하나님과 언약을 체결한 이스라엘은 다른 나라 특히, 그들이 의지할 만한 다른 나라와 언약을 체결하면 안 되었습니다. 이미 함께하기로 약속한 나라가 있었기 때문입니다. 바로 하나님 나라였습니다. 이 언약은 결혼 언약과 같았습니다. 그래서 이스라엘이 다른 나라와 언약 맺는 것을 하나님께서는 '음행'이라 부르셨습니다. 하나님께서는 이스라엘이 신실하지 않은 배우자와 같았지만, 도움을 요청할 때마다 구원해주셨습니다. 언약서에 기술된 하나님에 대한 부분에 충실하셨습니다. 바로 '구원의 하나님' 부분이었습니다.

그러나 이스라엘은 늘 하나님을 배반했습니다. 마침내 강력한 앗수르 제국이 위협하자, 북국 이스라엘은 아람과 언약을 맺고, 남국 유다는 앗수르와 언약을 맺고 맙니다. 이에 대한 하나님의 결정이 17장에 소개됩니다. 이스라엘의 동맹국 아람이 망할 것입니다. 이어 하나님을 버리고 아람과 동맹을 맺은 북국 이스라엘이 망할 것입니다. 그리고 그들을 망하게 한 앗수르도 망하게 하실 것입니다.

앗수르의 멸망 부분인 17장 12-14절입니다. "슬프다 많은 민족이 소동하였으되 바다 파도가 치는 소리 같이 그들이 소동하였고 열방이 충돌하였으되 큰 물이 몰려옴 같이 그들도 충돌하였도다 열방이 충돌하기를 많은 물이 몰려옴과 같이 하나 주께서 그들을 꾸짖으시리니 그들이 멀리 도망함이 산에서 겨가 바람 앞에 흩어짐 같겠고 폭풍 앞에 떠도는 티끌 같을 것이라 보라 저녁에 두려움을 당하고 아침이 오기 전에 그들이 없어졌나니 이는 우리를 노략한 자들의 몫이요 우리를 강탈한 자들의 보응이니라" 아멘. 많은 민족의 소요가 있으니, 여러 민족이 바닷물처럼 포효하고 떠들어대니 걱정이 앞섭니다. 많은 물이 부딪히듯이 사람들이 부딪힙니다. 그러나 주님께서 흉용함과 부덮힘을 꾸짖으시니 걱정스럽던 세력들이 멀리 도망합니다. 바람 앞에서 겨가 날리듯 날아가 버립니다. 폭풍 앞에서 소용돌이가 순식간에 사라지듯 사라집니다. 겨와 소용돌이는 인생의 소요를, 바람과 폭풍은 하나님의 꾸짖음을 가리킵니다. 하나님의 꾸짖음 앞에서 인생의 어려움은 겨나 소용돌이와 같습니다. 풍랑을 잔잔하게 하시는 예수님의 역사가 있습니다. 저녁이 왔습니다. 추수기입니다. 두려움이 있습니다. 하나님의 말씀으로 하루 만에 모든 것이 해결됩니다. 하나님의 언약 백성을 노략한 자, 강탈한 자는 이렇게 망할 것입니다. 이것이 그들의 몫이고 분깃입니다.

약탈자 앗수르가 이렇게 멸망할 것입니다. 북국 이스라엘로 두려움에 사로잡히게 했던 나라, 남국 유다로 하나님을 버리고 의지하게 했던 나라입니다. 아람, 이스라엘, 앗수르의 멸망을 생각하고 잘못된 동맹을 맺지 않으면 됩니다. 그런데 사람들이 그 길을 가지 않고 잘못된 동맹을 맺어버립니다. 두렵기 때문입니다. 하나님보다 앗수르가 두렵기 때문입니다. 욕심이 있기 때문입니다. 앗수르를 통해 뭔가를 얻으려 합니다. 지위, 안정, 힘을 앗수르로부터 받으려 합니다. 하나님과 언약을 체결했으면 하나님께서 주시는 것을 받으며 살아야 하는데, 앗수르로부터 뭐 얻을 게 없나 찝쩍거리다 망합니다.

아람이 망하고, 이스라엘이 망하고, 앗수르가 망합니다. 그러나 뜻밖의 회복이 있습니다. 이 회복에 기여한 두 민족, 두 나라가 있습니다. 유다와 바벨론입니다. 18장 2절입니다. "갈대배를 물에 띄우고 그 사자를 수로로 보내며 이르기를 민첩한 사절들아 너희는 강들이 흘러 나누인 나라로 가되 장대하고 준수한 백성 곧 시초부터 두려움이 되며 강성하여 대적을 밟는 백성에게로 가라 하는도다" 아멘. "강성하여 대적을 밟는 백성"이라는 표현은 본래 '줄지어 밟는 민족' 입니다. '줄지어 밟는다.' 하는 것이 뭘까 생각하다가, '강성하여 대적을 밟는다.' 이렇게 번역한 것입니다. '주변과 너머로부터 두려움이 된 백성, 줄지어 밟는 민족, 강들이 국토를 나누는 나라' 는 바벨론을 가리킬 가능성이 있습니다.

한편, '주변과 너머로부터 두려움이 된 백성, 줄지어 밟는 민족, 강들이 국토를 나누는 나라' 가 하나님 백성을 가리킬 수는 없을까요? 하나님의 백성 이스라엘이 출애굽할 때 모든 민족이 두려워했습니다. 사실 하나님의 역사가 있을 때마다 모든 민족은 이스라엘을 두려워했습니다. 그들은 주변을 줄지어 밟았습니다. 그럼, 강들이 이스라엘 국토를 나눕니까? '나누다.' 라는 단어의 의미를 '경계를 가리키는 것' 으로 보면 가능합니다. 실제로 이 단어는 18장에 두 번 쓰입니다. 애굽강이 이스라엘의 남쪽 경계이고 유브라데강이 북쪽 경계이며 요단강이 동쪽 경계이니 강들로 경계가 정해진 나라가 이스라엘입니다. 유다는 하나님을 신뢰하여 앗수르 군인 십팔만오천 명으로 하룻밤 사이에 죽게 하였습니다. 앗수르는 이로 인해 매우 약해졌습니다. 바벨론은 하나님의 도구가 되어 앗수르를 무너뜨렸습니다. 그러기에 구스 사절단을 유다와 바벨론으로 보내는 것이 중요합니다.

그런데 유다와 바벨론은 아무것도 아닙니다. 18장 4-6절은 이 모든 것을 행하시는 하나님을 소개합니다. "여호와께서 내게 이르시되 내가 나의 처소에서 조용히 감찰함이 쬐이는 일광 같고 가을 더위에 운무 같도다 추수하기 전에 꽃이 떨어지고 포도가 맺혀 익어갈 때에 내가 낫으로 그 연한 가지를 베며 퍼진 가지를 찍어 버려서 산의 독수리들과 땅의 들짐승들에게 던져 주리니 산의 독수리들이 그것으로 여름을 지내며 땅의 들짐승들이 다 그것으로 겨울을 지내리라 하셨음이라" 아멘. 그분이 하셨습니다. 앗수르를 약화시키신 분도, 결국 앗수르를 대신하여 제국을 일으킨 바벨론을 망하게 하신 분도 하나님이십니다. 그렇다면 4-6절에서 하나님의 낫에 찍힌 포도나무는 기본적으로는 앗수르를 가리키겠지만, 바벨론도 포함될 수 있습니다. 하나님께서 자기 분수를 넘고 가지를 뻗어 남의 것을 빼앗으며 유린하는 나라들을 찍어 버리십니다. 그들을 날짐승과 들짐승의 양식으로 주실 때, 바로 그때, 하나님의 백성은 예물이 되고, 분수를 넘어 행하던 나라들은 하나님의 하나님 되심을 깨닫고 하나님께 돌아오는 일이 있습니다. 이것이 회복이고 구원입니다.

이스라엘의 잘못된 동맹에도 불구하고 그들의 회개가 무르익자 하나님 백성들이 하나님께 예물이 되고 세상을 두렵게 하던 이들이 하나님께 예물을 드리는 일이 일어납니다. 세계 구원을 위해 일하시는 하나님의 구원역사는 계속됩니다. 이사야서 19장은 애굽에 임하시는 하나님을 소개합니다. 하나님의 임하심이 우상과 우상을 섬기는 이들에게는 고통과 심판으로 다가옵니다. 우상들이 떨고, 우상을 섬기던 자들의 마음이 녹습니다. 그러나 그것은 과정입니다. 하나님에게 원수였던 애굽과 앗수르가 하나님과의 관계 회복을 이룰 것이라 말씀하십니다. 오히려 그들이 하나님을 섬기는 부분에서 이스라엘을 앞설 것이라 말씀하십니다. 애굽 1등, 앗수르 2등, 이스라엘 3등입니다. 19장 24-25절입니다. "그 날에 이스라엘이 애굽 및 앗수르와 더불어 셋이 세계 중에 복이 되리니 이는 만군의 여호와께서 복 주시며 이르시되 내 백성 애굽이여, 내 손으로 지은 앗수르여, 나의 기업 이스라엘이여, 복이 있을지어다 하실 것임이라" 아멘.

하나님만을 의지해야 함을 깨닫는 두 가지 방법이 있는데, 하나는 다른 것들을 의지했다가 실패하는 방법이고, 다른 하나는 하나님만을 의지하여 성공하는 방법입니다. 두 방법 가운데 어느 것을 택하시겠습니까? 하나님 외의 것을 의지했다가 마음 상하고 배반당하고 하는 방법을 택하시면 좀 오래 걸립니다. 그리고 깨달을 때쯤 되어서는 만신창이가 됩니다. 그래서 하나님만 의지할 수 있으면 좋습니다. 고난은 있지만, 배신도 없고 실패도 없습니다. 다른 것이나 사람 등을 의지하여 실패하는 방법을 통해서 '하나님만이 의지할 분' 이라는 점을 배우기보다는, 하나님을 의지하는 좋은 방법을 통해 '하나님만이 의지할 분' 이라는 사실을 배우실 수 있기를 바랍니다.

그러나 어느 정도는 실패의 경험을 피할 수 없나 봅니다. 이스라엘 백성들도 그랬습니다. 우리는 이사야 18장을 통해서는 유다가 제물이 되는 것을, 19장을 통해서는 통로와 길이 되는 것을 보았습니다. 그런데 하나님 백성이 제물과 구원의 길이 되기 전에 지나가야 하는 과정이 있습니다. 하나님만을 의지하는 것입니다. 20장은 앗수르를 벗어나기 위해 애굽을 의지하면 안 된다는 것을 이사야 선지자의 벗은 몸과 벗은 발을 통해 보여주셨습니다. 주전 713-711년의 아스돗이 배경입니다. 십 년 뒤에 있을 앗수르 침공을 위한 하나님의 준비였습니다. 선지자 이사야의 수고가 헛되지 않아 애굽을 의지하지 않고 하나님을 의지하여 앗수르로부터 구원받습니다.

이제 이사야 선지자는 '길' 이 됩니다. 하나님이 원하시는 '징조' 와 '예표' 가 됩니다. 20장 1-2절입니다. "앗수르의 사르곤 왕이 다르단을 아스돗으로 보내매 그가 와서 아스돗을 쳐서 취하던 해니라 그 때에 여호와께서 아모스의 아들 이사야에게 말씀하여 이르시되 갈지어다 네 허리에서 베를 끄르고 네 발에서 신을 벗을지니라 하시매 그가 그대로 하여 벗은 몸과 벗은 발로 다니니라" 아멘. 징조와 예표를 보고 사람들이 애굽을 의지하지 않도록 도왔습니다.

이때로부터 십 년이 지나 앗수르 군대가 유다의 모든 견고한 성을 쳐서 취하고 요새 라기스마저 함락되었을 때, 히스기야와 예루살렘 거민들은 하나님 앞에 나아왔습니다. 모든 견고한 성이 점령당했습니다. 남은 것은 예루살렘 성뿐입니다. 그런 상황에서 앗수르에 항복하지도 않고 애굽에 도움을 청하지도 않고 하나님 앞에 나아갔습니다. 삼 년간 벗은 몸과 벗은 발로 다닌 이사야의 수고가 헛되지 않았습니다. 이사야는 '길'이 되었고 '예물'이 되었습니다. 오직 하나님을 기대했고 하나님께 소망을 두었습니다. 사실 이사야는 죽은 사람과 같았습니다. 자기도 없고 자기 필요도 없고 자기주장도 없는 '죽은 사람'처럼 살았습니다. 하나님만을 의지했고 하나님의 '예물'과 '길'이 되었습니다. 그래서 순종할 수 있었습니다.

이어 21장에서는 앗수르를 벗어나기 위해 바벨론을 의지해도 안 된다는 점이 교훈됩니다. 그러나 유다는 이 부분에서 성공하지 못합니다. 애굽을 의지하지 않고 하나님을 의지하는 데는 성공했지만, 신흥제국으로 부상하는 바벨론을 의지하지 않는 데에는 성공하지 못합니다. 하여 신실하지 못한 백성으로 인한 선지자의 뼈아픈 고통이 있습니다. 애굽을 의지하지 않는 부분은 성공했지만, 바벨론을 의지하지 않는 부분은 실패한 것입니다. 선지자는 '하나님의 구원을 경험했음에도 불구하고, 바벨론을 의지하는 지도자들'에 대해 탄식합니다. 이제는 바벨론이 의지할 만한 나라가 아니라는 것을 포로로 끌려가서 확인하게 될 것입니다.

이사야서 21장은 바벨론 남쪽과 아라비아 북쪽 지역을 가리키는 '해변 광야'에 대한 경고입니다. 설명을 곁들여 달리 번역해봅니다.

1-2절. 해변광야에[/바벨론 남쪽의 걸프만 지역에] 대한 신탁이라. {아라비아의} 남방을 지나가는 회오리바람처럼, 광야에서, 두려움의 땅에서 그가 온다. 강한[/엄한] 비전이 내게 선포되었다. "배반하는 자가[/바벨론이] 배반하고, 유린하는 자가 유린한다. 엘람이여, 일어나라! 메대여, 에워싸라! 내가 모든 한숨을[/바벨론에게 당하고 있는 모든 민족의 신음소리를] 멎게 할 것이다."

3-4절. 그러므로 내 허리에 괴로움이 가득하고, 해산하는 자의 고통 같은 고통[들]이 나를 붙든다. 소식에[/듣고] 내가 구푸리게 되고, 본 것으로 인해[/보고] 내가 경악한다. 마음이 두근거리고, 두려움에 간담이 서늘해진다[두려움이 나로 간담이 서늘해지게 한다].

5-7절. "상을 펴고 식탁보를 깔고 먹고 마시다가[/마시는 자], 방백들은 일어나라! 방패에 기름칠을 하라." 주께서 내게 이렇게 말씀하셨기 때문이다. "가라! 파수꾼을 세우라. 본 것을 보고할 자이다. 그러면 그가 두 마리의 말이 {끄는} 병거를, 나귀가 {끄는} 병거를, 낙타가 {끄는} 병거를 볼 것이다. 그러면 그로 주의를 기울이게 하되, 매우 민감하게 {주의를 기울이게 하라.}"

8-9절. 그때 사자(使者)가[/보는 자가?] 소리쳤다. "망대 위에서, 주여, 제가 온종일 계속 서 있고, 제 자리에서 제가 밤새 똑바로 서 있습니다. 그런데 이것을 보십시오. 두 마리 말이 {끄는} 병거를 {모는} 자가 옵니다." 또한 그가 대꾸하여 말했다. "무너졌습니다. 바벨이 무너졌습니다. 또한 그의[/바벨의] 신의 모든 우상들이 땅바닥에 부서져 내렸습니다."

10절. 나의 타작된 것들과[/내가 타작한 것들과] 내 타작마당의 소출아[아들아]! 내가 만군의 여호와, 이스라엘의 하나님으로부터 들은 것을 너희들에게 알게 하였다.

11-12절. 두마에[/아라비아 북쪽 혹은 에돔에] 관한 경고라. 세일에서 나를 부른다. "지키는 자여, 밤으로부터 얼만가요? 지키는 자여, 밤으로부터 얼만가요?" 지키는 자가 말하였다. "아침이 왔습니다. 그러니 밤도 {옵니다.} 여러분들이 궁금하면 질문하십시오. 돌이키십시오. 오십시오."

13-15절. 대초원지대에[/아라비아에] 대한 경고라. 대초원의[/아라비아의] 숲에서 너희가 밤을 지새울 것이다, 드단의 대상들이여. 갈증을 해소하기 위해 물을 가져오라. 데마 땅에 거주하는 자들이 자신의 양식을 가지고 도망자와 마주친다. 그들은 칼날들로부터[칼들의 얼굴들로부터], 뽑힌 칼날들로부터[칼의 얼굴들로부터], 당겨진 활 앞에서[활의 얼굴들로부터], 전쟁의 무거움이 있는 곳에서[무거운 얼굴들로부터] 도망친다[/도망친 자들이다].

16-17절. 주께서 내게 이렇게 말씀하셨다. "고용된 자의 햇수같이 일 년이 한 번 더

{지나면,} 게달의 모든 영광이 끝날 것이다. 그래서 궁수의 남은 수가[남겨진 활의 숫자가], 게달 자손의 용사들이 지극히 적을 것이다. 이스라엘의 하나님 여호와께서 말씀하셨기 때문이다."

이에 예루살렘에 대한 경고가 주어집니다. 22장 1-3절입니다. "환상의 골짜기에 관한 경고라 네가 지붕에 올라감은 어찌함인고 소란하며 떠들던 성, 즐거워하던 고을이여 너의 죽임을 당한 자들은 칼에 죽은 것도 아니요 전쟁에 사망한 것도 아니라 너의 관원들도 다 함께 도망하였다가 활을 버리고 결박을 당하였고 너의 멀리 도망한 자들도 발견되어 다 함께 결박을 당하였도다" 아멘. 달리 번역해봅니다. "비전 골짜기에[/예루살렘에 있는 힌놈의 골짜기에] 대한 경고라. 그때 네게 무슨 일이 {있었기에} 너희 모두가 지붕[들]로 올라갔느냐? 포효하는 소리들이 북적거리던[소란한] 성에, 의기양양하던 성읍에 가득하다. 너의 살육[들]은 칼에 {의한} 살육들이 아니다. 전쟁의 죽음들도 아니다. 너의 모든 지도자들이 함께 도망쳤다. 그들이 활로부터[/활도 쏴보지 못하고] 붙들렸다. 너의 발견된 자들이 모두 함께 붙들렸다. 그들은 멀리 도망쳤었다."

환상의 골짜기는 예루살렘을 가리킵니다. 예루살렘이 '환상 즉 비전 골짜기'로 불리는 이유는 그곳에 비전이 있기 때문입니다. 비전의 지나친 적용의 문제와 비전의 부정확한 적용의 문제가 있기 때문입니다. 뭔가를 봤다 할 때는 두 가지에 주의해야 합니다. 하나는 정확히 뭘 보았는지 알아야 하고, 다음으로는 확대 적용을 삼가야 합니다. 선지자가 많았던 예루살렘에는 환상이 많았고 해석도 난무했습니다.

베드로 사도는 하늘에서 보자기가 내려오는 환상과 주님의 음성을 들었을 때, "베드로가 본 바 환상이 무슨 뜻인지 속으로 의아해" 했습니다(행 10:17). 베드로는 사도이고 성령이 충만한 사람이며 하나님 나라 복음을 위해 헌신된 사람입니다. 헌신의 정도가 매우 높았습니다. 예수님을 위해 능욕 받기에 합당한 자로 여겨지는 것을 기뻐할 정도였습니다. 그는 같은 환상을 세 번이나 반복해서 봤습니다. 그러나 고민했습니다. 이러한 태도가 중요합니다. 결론을 조금 더디게 내릴 필요가 있습니다. 내게 확실해도 검증이 필요합니다.

그런데 환상이 많았던 예루살렘은 부정확한 해석과 지나친 적용을 자주 했습니다.

자신들이 안다고 생각했고 평안을 선포했습니다. 잔치하러 지붕으로 올라갔습니다. 지붕으로 올라간 것을 하나님께서 책망하십니다. '아니, 너는 네가 망할 줄을 몰랐단 말이냐? 그런데 어찌 잔치하러 지붕 위로 올라갔느냐? 네가 이상을 본다고 하지 않았느냐? 그런데도 지붕으로 올라갔느냐?' 물으십니다.

우리는 믿음의 분량을 정직하게 인정하는 영성이 필요합니다. 믿음의 분량에 대해 정직하지 않은 영성은 소음을 만들어 냅니다. 예루살렘이 소음이 가득한 성, 왕왕대는 성, 즐거워하는 성이 됩니다. 시끄러운 영성입니다. 잔치하는 영성입니다. 한국교회는 예루살렘처럼 잔치 영성에서 광야 영성으로 영성 전환이 필요한 때에 이르렀습니다. 예수님의 영성은 잔칫집에서도 죄인 구원에 초점을 두셨습니다. 광야, 한적한 곳에서 기도하셨습니다. 광야 영성이 없는 잔치 영성은 부패한 영성입니다. 잘 드십시오. 그러나 기도하십시오.

광야 영성은 사라진 채 잔치 영성만 남은 예루살렘은 어떻게 되나요? 도망자가 됩니다. 사실 앗수르에 대해서도 바벨론에 대해서도 이런 일은 있었습니다. 전쟁이 일어났는데, 칼에 찔려 전사하지 않고 싸우다 죽지 않고 도망가다가 죽습니다. 지도자들이 함께 퇴각했습니다. 활이 있는데 써보지도 못하고 묶였습니다. 발견된 자 모두 함께 묶였습니다. 멀리 도망가다가 붙들려서요. 거저먹으려는 지도자들입니다. 힘쓰고 애써 일하려 하지 않고 하나님을 빙자하여 승리도 거저먹으려 합니다. 그러다가 도망칩니다. 하지만 모두 붙들립니다. 어처구니없는 사람들입니다.

영원을 사모하는 속사람을 가진 사람은 자기를 위해 살지 않습니다. 하나님의 법을 어기며 살지 않습니다. 그럴 필요도 없고 그럴 마음도 없습니다. 반대로, 이 땅의 것에 마음이 빼앗긴 사람은 자기를 위해 삽니다. 22장의 셉나 같은 사람입니다. 22장 15-19절입니다. "주 만군의 여호와께서 이르시되 너는 가서 그 국고를 맡고 왕궁 맡은 자 셉나를 보고 이르기를 네가 여기와 무슨 관계가 있느냐 여기에 누가 있기에 너를 위하여 묘실을 팠느냐 높은 곳에 자기를 위하여 묘실을 팠고 반석에 자기를 위하여 처소를 쪼아 내었도다 나 여호와가 너를 단단히 결박하고 장사 같이 세게 던지되 반드시 너를 모질게 감싸서 공 같이 광막한 곳에 던질 것이라 주인의 집에 수치를 끼치는 너여 네가 그 곳에서 죽겠고 네 영광의 수레도 거기에 있으리라 내가 너를 네 관직에서 쫓아내며 네 지위에서 낮추리니" 아멘.

셉나는 예루살렘에 기업이 없습니다. 연고도 없습니다. 그러나 묘실을 깎아 만들었습니다. 자연 무덤이 아닌, 깎아 만든 인공 무덤입니다. 그는 '깎은 자' 이고 '새긴 자' 입니다. 무덤을 높이 깎은 자이고 자신을 위해 바위에 처소를 새긴 자입니다. 공사비가 많이 들었을 것입니다. 지대가 높고 바위를 깨뜨려 묘실을 만들었기 때문입니다. 셉나는 권세를 이용하여 자기 기업이 아닌 예루살렘에 자기 묘실을 준비하고, 병거를 타고 다니며 왕을 멸시하였습니다. 이처럼 어려운 시기에 자기 유익을 챙기는 셉나를 주님께서 그냥 두시지 않으실 것입니다.

셉나와 비교되는 인물이 있습니다. 엘리아김입니다. '하나님께서 세우신다.' 하는 의미를 갖습니다. 22장 20-24절입니다. "그 날에 내가 힐기야의 아들 내 종 엘리아김을 불러 네 옷을 그에게 입히며 네 띠를 그에게 띠워 힘 있게 하고 네 정권을 그의 손에 맡기리니 그가 예루살렘 주님과 유다의 집의 아버지가 될 것이며 내가 또 다윗의 집의 열쇠를 그의 어깨에 두리니 그가 열면 닫을 자가 없겠고 닫으며 열 자가 없으리라 못이 단단한 곳에 박힘같이 그를 견고하게 하리니 그가 그의 아버지 집에 영광의 보좌가 될 것이요 그의 아버지 집의 모든 영광이 그 위에 걸리리니 그 후손과 족속 되는 각 작은 그릇 곧 종지로부터 모든 항아리까지니라" 아멘.

엘리아김이 셉나의 자리를 취하게 되고, 엘리아김이 영광스럽게 될 것입니다. 그런데 엘리야김에 대한 표현이 특별합니다. 그는 '내 종' 이라고 불립니다. 이사야서에서 '하나님의 종, 여호와의 종' 이라고 불리는 인물은 특별합니다. 예수님을 예표하는 인물들입니다. 엘리아김은 아버지가 소개됩니다. '힐기야' 입니다. '여호와께서 나누신다.' 하는 뜻을 갖습니다. 하나님께서 나눠주신다는 이름에는 '기업을 중시하는 태도' 가 담겨있습니다. 셉나와는 다른 태도입니다. 이름은 대개 부모가 지어주기에 엘리아김의 할아버지는 하나님께서 나눠주시는 기업을 중시하는 분이었고, 엘리아김의 아버지 힐기야는 사람이 아니라 하나님께서 세우셔야 견고하다는 마음이 있었는지, 아들에게 엘리아김이라는 이름을 주었습니다.

엘리아김에서 '김' 은 '달리다굼' 의 '굼' 과 같은 단어입니다. 달리다굼이 무슨 뜻이지요? '소녀야, 일어나라' 입니다. 그러니 '엘리아김' 은 '하나님께서 일으키신다.' 하는 뜻으로 이해할 수 있습니다. 일으킴에 대한 소망은 넘어져 있을 때 갖게 됩니다. 엘리아김의 아버지 힐기야는 넘어져 있는 유다의 부흥과 재기에 관심이 있었습니다. 하나님께서 일으켜 세워주시기를 바라는 마음이 있었습니다. 그래서 아들에게 엘리아김이라는 이름을 주었습니다. 그런데 그의 기대가 이뤄질 것이라 말씀하십니다.

셉나가 망하는 날, 하나님께서는 엘리아김을 부르실 것입니다. 셉나의 옷과 장식띠, 권위를 엘리아김에게 주실 것입니다. 그러면 엘리아김은 아버지가 됩니다. 누구의 아버지가 됩니까? 21절에 보니 '예루살렘 주민과 유다 집' 의 아버지가 됩니다. 이 표현은 왕에게나 쓸 수 있는 표현입니다. 그런데 하나님께서는 엄연히 아하스와 히스기야라는 왕이 있는데, 왕에 해당하는 표현을 엘리아김에게 사용하십니다.

이어지는 표현은 더합니다. 22절입니다. "내가 또 다윗의 집의 열쇠를 그의 어깨에 두리니 그가 열면 닫을 자가 없겠고 닫으면 열 자가 없으리라" 아멘. 다윗 집은 하나님으로부터 약속을 받은 메시아의 집입니다. 그런데 그 집의 열쇠를 하나님께서 엘리아김의 어깨 위에 주실 것입니다. 지금이야 열쇠는 문지기, 수위, 말단 직원이 관리합니다. 열쇠가 많은 사람은 지위가 높은 사람이 아닙니다. 모든 문에 잠금장치가 되어있기 때문입니다. 중요한 것은 은행에 보관합니다. 그러나 옛날에는 자물쇠가 귀했습니다. 뒤주 열쇠는 안방마님이 가지고 있었습니다. 나무 궤짝같이 만들어진 뒤주에는 쌀이 들어 있었습니다. 쌀이 그만큼 귀했습니다. 이제 더 이상 쌀은 귀하지 않습니다. 전에는 쌀이 돈이었습니다. 쌀 한 말 가지고 시장에 나가면 그걸로 옷도 사고 닭도 사고 강아지도 샀습니다. 그러나 이제는 쌀 한 말 가지고 뭘 살 수 없습니다. 가치도 우윳값 정도밖에 안 됩니다.

엘리아김이 받은 열쇠는 뒤주 열쇠가 아닙니다. 다윗 집의 열쇠입니다. 왕의 열쇠입니다. 왕의 도장입니다. 옥새입니다. 엘리아김이 열 것이고 닫을 자 없습니다. 엘리아김이 닫을 것이고 열 자 없습니다. 이 표현이 요한계시록 3장 7절에 나옵니다. "빌라델비아 교회의 사자에게 편지하라 거룩하고 진실하사 다윗의 열쇠를 가지신 이 곧 열면 닫을 사람이 없고 닫으면 열 사람이 없는 그가 이르시되" 아멘. 예수님을 가리켜 말씀하신 부분에 엘리아김과 관련된 본문이 인용됩니다. 엘리아김에게 약속하신 내용입니다.

이와 비슷한 표현을 예수님께서 베드로를 향해 사용하셨지요. "또 내가 네게 이르노니 너는 베드로라 내가 이 반석 위에 내 교회를 세우리니 음부의 권세가 이기지 못하리라 내가 천국 열쇠를 네게 주리니 네가 땅에서 무엇이든지 매면 하늘에서도 매일 것이요 네가 땅에서 무엇이든지 풀면 하늘에서도 풀리리라 하시고"(마 16:18-19) 아멘. 베드로가 예수님에 대한 신앙을 고백했을 때 주신 말씀입니다. 이처럼 22장 22절, 2가네 개인 구절에는 예수님께 직접 연결되고 교회와 연결될 수 있는 표현이 있습니다.

엘리아김과 예수님을 연결할 수 있는 다른 한 가지 증거가 누가복음 예수님의 족보에 있습니다. '다윗, 나단, 맛다다, 멘나, 멜레아, 엘리아김' 으로 이어지는 족보입니다. 마태복음이 혈통 중심의 족보로 '낳고' 가 중요했다면, 누가복음의 족보는 '혈통' 에 '후견인과 양자' 개념이 들어간 법적인 족보로 '위는' 이라는 표현이 중요합니다. 족보의 마지막이 "아담이요 그 위는 하나님이시라" 입니다. 아담이 하나님과 혈통적으로 이어지는 것은 아니니까요. 누가복음 족보에 '엘리아김' 이 나오는 게 특별합니다. 물론 그의 위가 멜레아로 등장하지만, 이사야 22장 본문과 연결 지어 생각할 때, 실제 왕은 아하스와 히스기야이지만, 하나님께서 다윗 집의 열쇠는 엘리아김에게 주신 것으로 볼 수 있습니다.

그러니 '여호와의 종' 이라 불린 엘리아김, 다윗의 열쇠를 받게 될 엘리아김은 예수님을 예표한다고 봐도 충분합니다. 그런데 이어지는 표현으로 인해 오해도 있습니다. 우선 23절의 못은 '말뚝' 이 더 적절합니다. 이 단어는 성경에서 성막을 칠 때 천이나 가죽을 땅에 고정할 때 사용하는 '장막 말뚝' 과 뜰의 포장을 고정할 때 사용하는 '포장 말뚝' 을 주로 가리킵니다. 우리는 못이 익숙하지만, 텐트를 많이 쳐본 사람에게는 말뚝도 익숙하지요. 텐트 팩이라고 부르지요. 천막 말뚝이 견고하지 않으면, 바람이 불 때 텐트가 바람에 날아가 버립니다. 그래서 말뚝을 잘 박아야 합니다.

엘리아김은 잘 박힌 말뚝입니다. 견고한 곳, 신뢰할 만한 곳에 박힌 말뚝입니다. 그래서 그는 그 아비 집에 영광의 보좌가 됩니다. 23절에 나오는 그의 아버지 집은 부정적인 집이 아닙니다. 그가 예루살렘 주민과 유다 집의 아버지가 되었으니 그의 아버지 집은 다윗 집입니다. 그리고 그는 다윗 집의 열쇠를 받았고요. 그러니 그 아버지 집에 영광의 보좌가 된다는 말은 다윗 집을 영화롭게 하는 자가 된다는 말입니다.

엘리아김은 하나님의 종입니다. 예루살렘과 유다의 아버지입니다. 성막 말뚝입니다. 영광의 보좌 즉, 의자입니다. 이제 24절이 잘 이해되겠습니다. 아버지 집의 모든 영광에 그에게 달려있습니다. 무슨 말입니까? 천막 안에 기명들이 있습니다. 천막 안 기둥에 매달아 놓은 기명들입니다. 모든 작은 그릇들입니다. 대접부터 항아리까지 천막 안 기둥에 매달려있습니다. 그런데 이 그릇들의 무게를 누가 지탱하고 있습니까? 말뚝이 지탱하고 있습니다. 기둥도 어느 정도는 지탱하고 있지만, 말뚝이 중요합니다. 말뚝이 지탱하는 그릇들은 엘리아김 아비 집 즉 다윗 집의 소생과 소산, 분파와 지류를 가리킵니다. 그래서 '후손과 족속' 이라고 표현했습니다. 예수 그리스도에게 모든 족속이, 모든 제자, 모든 신자가 매달려있는 것이 천막과 그 안의 그릇들을 지탱하는 말뚝과 비유되었습니다.

그런데, 전혀 예상하지 못한 일이 발생할 것입니다. 엘리야김이 무너질 것입니다. 22장 25절입니다. "만군의 여호와께서 이르시되 그 날에는 단단한 곳에 박혔던 못이 삭으리니 그 못이 부러져 떨어지므로 그 위에 걸린 물건이 부서지리라 하셨다 하라 나 여호와의 말이니라" 아멘. 엘리야김의 허물로 인해 그 역시 셉나와 같이 될 것이라는 말씀으로 이해할 수도 있으나, 마치 예수님께서 제자들의 기대와 달리 십자가에 달려 죽으시고 부활하셔서 하나님의 방법으로 하나님의 뜻을 이루신 것과 같은 일이 엘리야김에게 일어날 것이 예언되었을 수도 있습니다. 대개 전자로 보면서 의아해하고 해결책을 찾으려 노력합니다. 그러나 예수님과 연결되는 앞 절의 표현들과 예수님의 고난과 죽음을 생각하면 25절은 부정적이지 않습니다.

못으로 번역했기에 '삭으리니' 표현했지만, 본래 '출발하다' 는 단어입니다. 그래서 말뚝이 빠진다고 보는 것이 좋겠습니다. 견고한 텐트가 무너지는 순간입니다. 다윗의 장막이 무너진다는 개념은 아모스서에 나오고 사도행전 15장에 보면 예수님의 동생 야고보가 이방인 구원과 관련하여 인용했습니다. "말을 마치매 야고보가 대답하여 이르되 형제들아 내 말을 들으라 하나님이 처음으로 이방인 중에서 자기 이름을 위할 백성을 취하시려고 그들을 돌보신 것을 시므온이 말하였으니 선지자들의 말씀이 이와 일치하도다 기록된 바 이 후에 내가 돌아와서 다윗의 무너진 장막을 다시 지으며 또 그 허물어진 것을 다시 지어 일으키리니 이는 그 남은 사람들과 내 이름으로 일컬음을 받는 모든 이방인들로 주를 찾게 하려 함이라 하셨으니 즉 예로부터 이것을 알게 하시는 주의 말씀이라 함과 같으니라"(행 15:13-18) 아멘.

다윗의 장막이 무너집니다. 장막 말뚝이 건재한 상태에서 장막이 무너질 수는 없습니다. 하나님께서는 다윗 장막의 무너짐을 장막 말뚝이 빠지는 것으로 표현하셨습니다. 말뚝이 빠집니다. 이 말뚝은 안전한, 신뢰할 만한 곳에 박혀 있던, 다시 말해 하나님께 박혀 있던, 하나님을 의지하던 말뚝이었습니다. 그런데 그 말뚝이 빠지면서 토막 나 떨어집니다. 그러니 그것 위의 짐이 부서집니다.

그런데 여기 '물건'이라고 번역된 단어가 심상치 않습니다. 이 단어는 이어지는 23장 1절의 '경고'와 같은 단어입니다. 이 단어는 우리가 집중해서 보고 있는 13장 1절부터 계속 나온 단어입니다. '경고'라고 번역되었습니다. '물건'은 '경고'와 같은 단어이고, '부서지리라'는 '잘리다'입니다. '물건이 잘리다'도 어색하고 '경고가 잘리다'도 어색합니다. 그래서 '물건이 부서지다'로 번역했습니다. '경고'라는 단어와 '자르다'라는 단어가 결합된 표현은 구약성경에서 이곳에만 나옵니다. 그런데 '자르다'라는 단어는 '언약을 맺다'의 '맺다'로 쓰입니다. 즉, 자르다는 행위는 결단과 성취를 표현하기도 한다는 말입니다. 이는 언약 과정에서 이뤄지는 행동이 동사 의미에 영향을 준 경우입니다. 지금 우리로 하면 '싸인 했어, 도장 찍었어' 하는 말이 '결재 했어'와 연결되는 것과 같습니다.

말뚝을 생각하면 말뚝이 붙들고 있는 짐이 잘리는 것, 쪼개지는 것을 의미하기도 하지만, 13장 이후에 중요하게 사용된 '경고' 혹은 '말씀'과 연결해서 생각하면, 엘리아김에게 주신 말씀이 성취된다는 의미로도 받을 수 있습니다. 말씀 성취가 망하고 쇠하는 것과 연결되기에 부담스러울 수 있지만, 모든 것이 쇠하는 것을 생각하면, 세례 요한의 말처럼, '그분은 흥하여야 하고 나는 쇠해야 하는 것'(요 3:30)을 생각하면, 엘리아김의 망함을 통해 하나님의 뜻이 이뤄지는 것은 성경에서 쉽게 발견할 수 있는 개념입니다.

내려올 때 아름다워야 정말 아름다운 거라고들 말합니다. 직에서 내려올 때 아름다워야 한다는 거죠. 다시 말해 죽을 때 아름다워야 하고, 망하고 쇠할 때 아름다워야 하는 거죠. 그래서 성경은 백발은 노인의 영화라고 했습니다. 지금은 염색으로 '영화(榮華)'를 물들여 보이지 않게 하는 게 미덕 같지만, 성경은 쇠하고 망하는 것의 아름다움을 많이 노래했습니다. 여호와의 종의 노래가 그런 노래였습니다. 베드로 사도는 그 노래를 신학의 중심에 두었습니다. "그는 죄를 범하지 아니하시고 그 입에 거짓도 없으시며 욕을 당하시되 맞대어 욕하지 아니하시고 고난을 당하시되 위협하지 아니하시고 오직 공의로 심판하시는 이에게 부탁하시며 친히 나무에 달려 그 몸으로 우리 죄를 담당하셨으니 이는 우리로 죄에 대하여 죽고 의에 대하여 살게 하려 하심이라 그가 채찍에 맞음으로 너희는 나음을 얻었나니 너희가 전에는 양과 같이 길을 잃었더니 이제는 너희 영혼의 목자와 감독 되신 이에게 돌아왔느니라"(벧전 2:22-25) 아멘.

보름달도 아름답지만 기운 달도 아름답습니다. 달이 보이지 않는 월식이 일어나면 사람들은 관심을 더 가집니다. 해가 보이지 않는 일식 현상 때도 비슷한 태도를 사람들은 보입니다. 망하고 쇠하는 것, 그것은 흥하고 성한 것보다 어쩌면 더 중요하고 더 아름다울 수 있습니다. 세대가 건강하지 않기에 더욱 그렇습니다. 주님을 위해 주님께 기쁨을 드리려고 영원한 것을 생각하기에 망하고 쇠하는 길을 택했다면, 더욱 그렇습니다.

이사야서 23장은 두로 얘기입니다. 갈대아가 앗수르에 의해 멸망한 것처럼 두로도 망할 것입니다. 앗수르를 바벨론도 벗어날 수 없습니다. 그러니 두로는 당연히 피할 수 없을 것입니다. 주전 701년에는 사르곤이, 주전 689년에는 산헤립이 바벨론을 공격했습니다. 두로는 701년 유다에서 산헤립의 앗수르 군대 185,000명이 죽을 때 망합니다. 23장 15절입니다. "그 날부터 두로가 한 왕의 연한 같이 칠십 년 동안 잊어버린 바 되었다가 칠십 년이 찬 후에 두로는 기생의 노래 같이 될 것이라" 아멘. 달리 표현해봅니다. "그날에는 두로가 칠십 년 동안[주전 701-630년, 혹은 온전한 기간] 기억되지 못하여[잊어버림이 되어], 한 왕의 날 수 동안과 같이[년수와 같이], 칠십 년의 끝자락에[바벨론이 망하고 메대-바사/페르시아 제국이 시작될 때] 두로는 음란한 여인의 노래와 같을 것이다[/음란한 여인처럼 노래할 것이다]. '수금을[/하프를] 붙잡으라. 시내를 쏘다니라. 기억되지 못하는 음녀여! 네가 기억되도록, 많은 노래를 연주하여 흥을

돋우어라.'" 제국이 바뀌었을 때 두로는 재기를 꿈꿀 것입니다. 그 모습이 자신을 다시 기억해달라는 음란한 여인과 비슷할 것입니다.

두로는 은혜를 받지만, 이전 길을 버리지 못합니다. 그러나 이전 상황으로 아주 돌아가지는 않습니다. 뭔가 긍정적인 현상이 있을 것입니다. 긍정과 부정이 함께 하는 현상에서 우리는 하나님의 은혜와 인간의 부패함을 동시에 봅니다.

이사야서 24장은 하늘 왕의 심판에 대해 말합니다. 하나님 수준의 심판입니다. 언약을 어기고 불순종한 백성으로 인해 인간의 힘으로는 치료할 수 없는 처참한 상태가 임합니다. 지구가 황폐해집니다. 인간 거주지에 어려움이 임합니다. 특별히 도시에 임합니다. 인간은 도시를 자랑해왔습니다. '인구 천만 도시, 인구 이천만 도시' 하면서, 좁은 지역에 많은 사람이 사는 것을 자랑해 왔습니다. 동시에 높은 건물이 자랑거리가 되었습니다. 육백 미터 이상인 건물이 다섯 개나 있습니다. 관악산이 632미터인데, 632미터 이상 되는 건물이 세 개나 있습니다. 555미터 롯데월드타워가 높이로는 6등입니다. 높은 건물은 도시의 자랑이 되었습니다. 도시가 커질수록 인간의 교만도 함께 자랐습니다. 그것이 바벨탑의 역사입니다.

땅이 흔들리고 도시가 망하고 포도주와 기쁨과 노래 즉, 소산과 행복의 증거가 떠나가고 고통의 소리 가득하고 모든 것이 폐허가 되었을 때, 우리는 재기가 불가능하리라 예측할 수 있습니다. 그러나 하나님께서는 믿음의 사람들을 일으키시고 믿음의 사람들의 리더를 세우겠다고 하십니다. 그들에게 영광을 드러내시겠다고 약속하십니다. 하늘 왕이 우리의 왕이 되시면 그렇게 됩니다. 예수 그리스도께서 우리의 왕으로 좌정하시면 아브라함과 같은 믿음의 사람들이 섭니다. 경건한 리더가 세워집니다. 회복됩니다.

기쁘지 않으십니까? 하나님 경외가 있으면 회복이 있습니다. 24장 16절입니다. "땅 끝에서부터 노래하는 소리가 우리에게 들리기를 의로우신 이에게 영광을 돌리세 하도다 그러나 나는 이르기를 나는 쇠잔하였고 나는 쇠잔하였으니 내게 화가 있도다 배신자들은 배신하고 배신자들이 크게 배신하였도다" 아멘. "의로우신 이에게 영광을 돌리세"는 '의로운 분께 존경' 으로 표현될 수 있습니다. 회복되는 자들의 입에서는 찬송이 나옵니다. 하나님 경외가 있습니다. 예배에서 가장 중요한 요소가 무엇이라고 생각하십니까? 바로 예배를 받으시는 하나님입니다. 하나님께서 계시지 않으면 예배는 불가능합니다. 그러므로 예배자의 필수 요소는 '하나님 존전(尊前) 앞에 있는 것' 입니다. 병상에 누워있어도, 감옥에 갇혀 있어도, 심지어 의식이 있든 없든 하나님 존전 앞에 있는 사람은 예배자입니다. 그러나 예배당 안에 들어와 있어도 하나님 존전 앞에 있지 않으면 예배가 불가능합니다.

지금 세계 교회는 예배학 교과서를 다시 쓰고 있습니다. 예배학 교과서를 다시 써도 바뀌지 않는 두 가지가 있습니다. 하나는 예배를 받으시는 하나님이고, 다른 하나는 하나님 존전 앞에 있는 예배자입니다. 비대면 예배를 통해 '하나님 존전' 에 대한 고민을 좀 더 심각하게 하실 수 있기를 바랍니다. 그러다 보면, 이사야 선지자처럼 우리도 한탄할 수 있습니다. 허비와 배신을 한탄할 수 있습니다. 16절의 '쇠잔' 은 '허비' 를 번역하였습니다. 선지자가 아무리 노력해도 하나님 백성들이 앗수르를 두려워하고 애굽을 의지하고 결국에는 바벨론을 의지하는 것을 보면서, 헛수고라고 배신당했다고 고통스러워합니다. 이런 부분이 왜 없겠습니까? 그러나 낙심하지 않습니다. 주님의 역사하심이 있기 때문입니다. 하나님께서 일하시면 죄와 미움이 떠나고 사랑이 싹이 틉니다. 이 사회를 둘러보면 온통 죄와 미움뿐인 것 같습니다. 그러나 아닙니다. 사랑이 있습니다. 죄가 없는 곳이 있습니다. 우리 각자의 교회가 그런 곳이기를 기도합니다. 우리의 가정이 그런 곳이기를 기도합니다.

선지자가 아무리 노력해도 하나님 백성들이 앗수르를 두려워하고 애굽을 의지하고 결국에는 바벨론을 의지하는 것을 보면서, 헛수고라고 배신당했다고 고통스러워했습니다. 그러나 하나님께서 시온 산과 예루살렘에서 직접 왕이 되셔서 모든 것을 바꾸시겠다는 말씀에 고통은 찬송이 되고, 한탄은 노래가 됩니다. 이사야서 25-26장은 '하나님 나라 잔치' 에 대해 소개합니다.

'살아 있는 그루터기' 에 소망을 두고 사역했지만 백성의 타락으로 인해 탄식하던 선지자가 하나님께서 하실 일로 인해 위로받고 찬송할 마음이 생겼습니다. 악인이 계속 흥왕하고, 강포가 계속 힘을 가질 것 같았으나, 강제적 희년이 임하고 하나님의 심판이 말씀대로 이뤄질 것이기 때문입니다. 보이지 않던 정의가 실현되고, 변방에 소외

된 백성이 하나님의 말씀이 진리임을 확인하게 될 것이기 때문입니다.

선지자가 노래합니다. 25장 1절입니다. "여호와여 주는 나의 하나님이시라 내가 주를 높이고 주의 이름을 찬송하오리니 주는 기사를 옛적에 정하신 뜻대로 성실함과 진실함으로 행하셨으니라" 아멘. '하나님은 놀랍게 일하신다. 오래전에 계획되었다 하더라도 확고하고 신실하게 일하신다. 계획을 세우나 시간이 지나면, 계획 자체가 잊히거나 상황변화로 계획이 수정되기도 한다. 그러나 하나님은 오래전 계획과 약속이라도 잊거나 수정하지 않고, 원안대로 이행하신다. 또한, 오래됐다고 대충 별 생각 없이 하지 않으신다. 마음을 실어 철저히 행하신다.' 성경은 하나님이 신중하게 말씀하시고 약속한 바는 반드시 지키신다고 소개합니다. 하나님의 신실하심이 선지자가 노래하는 첫째 이유입니다.

이사야서 26장은 하나님 나라 잔치에서 '의의 족속'이 부를 노래입니다. 이사야와 백성들을 포함한 족속들이 노래합니다. 우리의 노래입니다. 1절입니다. "그 날에 유다 땅에서 이 노래를 부르리라 우리에게 견고한 성읍이 있음이여 여호와께서 구원을 성벽과 외벽으로 삼으시리로다" 아멘. "그날에 유다 땅에서 이 노래가 불리리라. '성{이다}, 우리를 위한 힘{이다}, 구원(히브리어: 예수아){이다.} 그분이 성벽과 보루를 세우셨다.'" 하나님 나라 잔치, 자유의 잔치가 배설되는 날, 하나님의 백성들이 사는 땅에서 들리는 노래입니다. 하나님 나라 잔치를 맛보며 백성이 부르는 노래입니다. "성이 있다. 이 성은 우리에게 힘인데, 구원이란 성이다. '예수' 구원이 우리의 성벽과 요새이다." 인간의 욕심으로 건설되고 인간의 자랑이 된 성읍, 견고한 성, 왕궁들이 무너지고 새로운 성이 세워집니다. 예수의 성, 예수로 된 성, 구원의 성입니다.

장차 하나님의 심판이 리워야단에게까지 임할 것을 노래한 선지자는 이사야서 5장에서 부른 포도원 노래를 바꿔 부릅니다. 아주 좋은 포도나무를 좋은 환경에 심고 좋은 포도를 기대했는데, 야생 포도가 맺혔습니다. 주인의 실망이 컸습니다. 그런데 이제 다시 부를 포도원 노래는 '기쁨의 노래'입니다. 27장 2-4절입니다. "그 날에 너희는 아름다운 포도원을 두고 노래를 부를지어다 나 여호와는 포도원 지기가 됨이여 때때로 물을 주며 밤낮으로 간수하여 아무든지 이를 해치지 못하게 하리로다 나는 포도원에 대하여 노함이 없나니 찔레와 가시가 나를 대적하여 싸운다 하자 내가 그것을 밟고 모아 불사르리라" 아멘.

그날에 기쁨의 포도원을 노래하라,
그것을 위해.

나 여호와는 그것의[/포도원의] '지킴이' [이다].
때마다[/항상] 포도원에 물을 준다[그것을 마시운다]. 그가[/리워야단이?, 누군가가?] 그[/포도원] 위에 임하지 못하도록, 내가 그것을[/포도원을] 밤낮으로 지킨다.

분함이 내게는 없다.
누가 전쟁 중에 내게 가시 엉겅퀴를 줄 것인가?
{그러면} 내가 {단지} 그것에[/가시 엉겅퀴에] 진격하여 그것을 함께[/모두] 불사르리라.

하나님의 교회는 기쁨의 포도원입니다. 기쁨을 주는 포도원입니다. 이스라엘 백성들을 광야에서 만나로 먹이신 것처럼 하나님께서는 교회를 먹이시고, 밤에는 불기둥으로 낮에는 구름기둥으로 이스라엘 백성들을 지키신 것처럼 교회를 지키십니다. 이스라엘 백성들은 잘 몰랐지만, 하나님이 지키셨기 때문에 악한 것들이 그들을 넘보거나 해하지 못했습니다. 발락의 의도를 폐하셨습니다. 불뱀으로부터 지키고 계셨습니다. 그러나 그들이 하나님을 거역하자, 모압 여인과의 음행으로 죽고 불뱀에 물려 죽게 되었습니다. 포도원에 가시덤불이 생겨도, 농부는 포도원을 미워하지 않습니다. 포도원을 위해 수고하여 가시덤불을 제거합니다. 이처럼, 하나님도 교회 가운데 좋지 않은 것들이 생겨도 교회를 미워하지 않으십니다. 좋지 않은 것들을 수거한 후 제하십니다.

하나님이 우리에게서 제거하기를 원하시는 것은 죄와 불신입니다. 거짓과 더러움입니다. 이것들이 가시덤불이 되어 우리의 성장을 가로막고 행복을 저해하며 하나님의 뜻을 거스르게 합니다. 그래서 하나님께서는 교회를 정결케 하십니다. 정결 과정이 고난처럼 보이기도 하지만, 고난은 아닙니다. 스켈링을 통해 치석이 제거되어 치아가 튼튼해지듯, 우리 안에 있는 가시와 엉겅퀴가 제거되면 우리의 심령이 튼튼해집니다.

열방에 대한 하나님의 마음과 이스라엘에 대한 하나님의 기대가 13-27장에 소개된 다음에, 북국 이스라엘과 남국 유다의 현 상태가 소개됩니다. 먼저, 북국을 지칭하는 에브라임입니다. 28장 1절입니다. "에브라임의 술취한 자들의 교만한 면류관은 화 있을진저 술에 빠진 자의 성 곧 영화로운 관 같이 기름진 골짜기 꼭대기에 세운 성이여 쇠잔해 가는 꽃 같으니 화 있을진저" 아멘. 하나님의 구원이 온 땅에 미치는 순간에도, 자신의 영광과 오용된 부에 취해 자신이 어떤 상태에 있는지 알지 못하는 사람이 있습니다. 바로 에브라임입니다. 요셉의 둘째 아들로, 세상 영광과 더불어 조부 야곱으로부터 영적 축복까지 받게 된 에브라임이, 자신에게 주어진 영광과 부가 주어진 이유를 알지 못하고 포도주와 기름에 절어있습니다. 내 이름 앞에 붙게 된 여러 명칭이 왜 붙게 되었는지 기억해야 합니다.

에브라임의 말을 15절을 통해 듣습니다. "너희가 말하기를 우리는 사망과 언약하였고 스올과 맹약하였은즉 넘치는 재앙이 밀려올지라도 우리에게 미치지 못하리니 우리는 거짓을 우리의 피난처로 삼았고 허위 아래에 우리를 숨겼음이라 하는도다" 아멘. 여기서 '사망'과 '음부'는 앗수르와 애굽을 가리킵니다. 당시의 두 강대국입니다. 하나님은 성전에서나 일하시지, 정치 문제에는 무능하다고 여기는 사람들이 하는 말입니다. 처음에는 앗수르와, 다음에는 애굽과 언약을 맺었으니, 자신들은 안전하다는 것입니다. 자신들을 힘들게 하는 나라와 언약을 맺었으니 재앙이 오지 않을 것이라 기대합니다. 하지만 그 나라들이 줄 수 있는 것이 재앙뿐임을 모른단 말입니까? 실제로 앗수르는 북국 이스라엘이 건재할 때만 남국 유다의 안전을 보장하였습니다. 자신들을 위해서 그렇게 한 것입니다. 북국 이스라엘을 멸망시킨 뒤에는 바로 유다를 멸망시키려 했습니다. 당나라가 백제와 고구려가 망한 뒤에는 신라를 삼키려 한 것과 같습니다.

그럼, 예루살렘은 어떨까요? 29장 1절입니다. "슬프다 아리엘이여 아리엘이여 다윗이 진 친 성읍이여 해마다 절기가 돌아오려니와" 아멘. '아리'는 동물의 왕 사자이고, '엘'은 하나님이므로, '아리엘'은 '사자이신 하나님' 혹은 '하나님의 사자'란 의미를 가질 수 있습니다. 에스겔 43장 15-16절에서는 '번제단' 을 가리키는 단어로 쓰였죠. 여기서 아리엘은 예루살렘을 가리킬 것입니다. 그런데 예루살렘이 '다윗이 진 친 성읍' 으로 불립니다. 여부스 거민이 살던 성에 진을 치고 점령한 다윗은 그곳에 성을 쌓았습니다. 그리고 후에 여부스 사람 아라우나의 타작마당에 성막을 짓고 법궤를 모십니다. 그러므로 '다윗이 진 친 성읍' 이라는 표현은 여부스 성터에 지어진 다윗성을 생각나게 합니다.

하나님께서 예루살렘에 새로운 이름을 주십니다. 바로 '아리엘' 입니다. '하나님의 사자', '화덕' 입니다. 하나님의 사자이자 번제단과 같은 예루살렘에 절기 때마다 사람들이 모입니다. 그러나 예루살렘은 단지 제물을 태우는 화덕 역할만 할 뿐입니다. 하나님의 말씀이 가르쳐지지 않습니다. 하나님 경외함이 실행되지 않습니다. 예루살렘 지도자들은 절기를 늘리는 데에만 관심이 있습니다. 이 절기들을 꾸준히 이어가려고만 힘씁니다.

이처럼, 북국과 남국, 에브라임과 예루살렘이 모두 죄수입니다. 그러니 콩밥을 먹어야겠지요. 30장 1-5절입니다. "여호와께서 이르시되 패역한 자식들은 화 있을진저 그들이 계교를 베푸나 나로 말미암지 아니하며 맹약을 맺으나 나의 영으로 말미암지 아니하고 죄에 죄를 더하도다 그들이 바로의 세력 안에서 스스로 강하려 하며 애굽의 그늘에 피하려 하여 애굽으로 내려갔으되 나의 입에 묻지 아니하였도다 그러므로 바로의 세력이 너희의 수치가 되며 애굽의 그늘에 피함이 너희의 수욕이 될 것이라 그 고관들이 소안에 있고 그 사신들이 하네스에 이르렀으나 그들이 다 자기를 유익하게 하지 못하는 민족으로 말미암아 수치를 당하리니 그 민족이 돕지도 못하며 유익하게도 못하고 수치가 되게 하며 수욕이 되게 할 뿐임이니라" 아멘.

히스기야와 이스라엘 백성들이 여호와와의 언약을 버리고, 애굽과 언약을 맺습니다. 요셉의 은공을 잊고 그들로 종을 삼았던 나라, 하나님의 은혜로 간신히 벗어났던 그 나라 밑으로 스스로 들어갑니다. 어리석고 고집스럽습니다. 유다 방백들이 애굽 소안과 하네스에 이르러 애굽에게 도움을 청합니다. 그러나 소안은 출애굽 당시 하나님께서 기사를 행하신 곳입니다. 시편 78편 12절입니다. "옛적에 하나님이 애굽 땅 소안

들에서 기이한 일을 그들의 조상들의 목전에서 행하셨으되" 아멘. 또한 시편 78편 43절입니다. "그 때에 하나님이 애굽에서 그의 표적들을, 소안 들에서 그의 징조들을 나타내사" 아멘. 하나님께서 이스라엘을 구원하시기 위해 일하셨던 그곳에서 이스라엘은 하나님을 버립니다. 하나님을 버리고 그들이 얻은 것은 도움이 아니었습니다. 수치와 비난뿐이었습니다.

살려면 우상을 버리고 여호와께로 돌아와야 합니다. 31장 6-9절입니다. "이스라엘 자손들아 너희는 심히 거역하던 자에게로 돌아오라 너희가 자기 손으로 만들어 범죄한 은 우상, 금 우상을 그 날에는 각 사람이 던져 버릴 것이며 앗수르는 칼에 엎드러질 것이나 사람의 칼로 말미암음이 아니겠고 칼에 삼켜질 것이나 사람의 칼로 말미암음이 아닐 것이며 그는 칼 앞에서 도망할 것이요 그의 장정들은 복역하는 자가 될 것이라 그의 반석은 두려움으로 말미암아 물러가겠고 그의 고관들은 기치로 말미암아 놀라리라 이는 여호와의 말씀이라 여호와의 불은 시온에 있고 여호와의 풀무는 예루살렘에 있느니라" 아멘.

애굽을 의지하는 남국 유다를 심판하시려고 앗수르를 몽둥이로 사용하신 하나님의 뜻은 유다가 앗수르에 의해 망하는 데에 있지 않았습니다. 유다가 회개하기를 바라셨습니다. 유다가 회개하면 앗수르는 더 이상 유다를 넘볼 수 없습니다. 자기 역할을 다 했기 때문입니다. 불순종하는 신자에게 여러 어려움이 생기기도 합니다. 이러한 어려움의 목적은 신자를 바로 세우는 데 있습니다. 바로 선 신자는 복음으로 인한 고난은 받지만, 불순종으로 인해 어려움을 당하지는 않습니다.

하나님께로 돌아올 때, 그들은 어떤 모습으로 회복되어 어떤 조건이 성취될까요? 32장이 이에 대해 말씀합니다. 15-20절만 봅니다. "마침 내 위에서부터 영을 우리에게 부어 주시리니 광야가 아름다운 밭이 되며 아름다운 밭을 숲으로 여기게 되리라 그 때에 정의가 광야에 거하며 공의가 아름다운 밭에 거하리니 공의의 열매는 화평이요 공의의 결과는 영원한 평안과 안전이라 내 백성이 화평한 집과 안전한 거처와 조용히 쉬는 곳에 있으려니와 그 숲은 우박에 상하고 성읍은 파괴되리라 모든 물 가에 씨를 뿌리고 소와 나귀를 그리로 모는 너희는 복이 있느니라" 아멘.

여자들을 어렵게 할 흉년도 결국은 해결될 것입니다. 성령을 부어 주셔서 해결하실 것입니다. 그러나 그 전에 앗수르가 망해야 하고 예루살렘은 바벨론에 의해 파괴되어야 합니다. 그제야 이스라엘이 세상 의지의 결말을 확실히 깨닫게 될 것이기 때문입니다. 이 구절은 앗수르 침공과 바벨론 포로기를 넘어서는 내용을 포함합니다. 늘 궁극적인 회복을 바라보시는 하나님께서는 이스라엘을 보실 때 마지막 때까지를 고려하십니다. 이는 마치 부모가 아이를 양육할 때 아이가 장성하고 생을 마감할 때까지를 생각하며 돌보는 것과 같습니다.

선지자는 열방에 대해, 회복에 관해 얘기한 다음, 현실로 다시 돌아옵니다. 33장 1-2절입니다. "너 학대를 당하지 아니하고도 학대하며 속이고도 속임을 당하지 아니하는 자여 화 있을진저 네가 학대하기를 그치면 네가 학대를 당할 것이며 네가 속이기를 그치면 사람이 너를 속이리라 여호와여 우리에게 은혜를 베푸소서 우리가 주를 앙망하오니 주는 아침마다 우리의 팔이 되시며 환난 때에 우리의 구원이 되소서" 아멘. 이제 선지자는 현실 문제의 핵심인 앗수르에 대해 얘기합니다. 앗수르는 학대당하지도, 속지도 않았습니다. 그러나 학대와 속임으로 민족들을 처리합니다. 보복하는 마음이 아니라 교만한 마음으로 대합니다. 자신은 낮아지거나 망하지 않을 거라는 마음이 있습니다. 그러나 그도 당할 것입니다. 내분으로 나라가 쇠잔해질 것입니다. 최후의 회복과 앗수르의 멸망을 내다보면서도 이스라엘의 연단을 마음에 두고 사는 선지자는 기도할 수밖에 없습니다. 이스라엘의 연단이 구원으로 이어지기를 바라기 때문이지요.

그러나 우상숭배를 버리지 않는 열국과 에돔은 어떻게 될까요? 헤렘이 기다립니다. 34장 1-5절입니다. "열국이여 너희는 나아와 들을지어다 민족들이여 귀를 기울일지어다 땅과 땅에 충만한 것, 세계와 세계에서 나는 모든 것이여 들을지어다 대저 여호와께서 열방을 향하여 진노하시며 그들의 만군을 향하여 분내사 그들을 진멸하시며[헤렘하시며] 살륙 당하게 하셨은즉 그 살륙 당한 자는 내던진 바 되며 그 사체의 악취가 솟아오르고 그 피에 산들이 녹을 것이며 하늘의 만상이 사라지고 하늘들이 두루마리 같이 말리되 그 만상의 쇠잔함이 포도나무 잎이 마름 같고 무화과나무 잎이 마름 같으리라 여호와의 칼이 하늘에서 족하게 마셨은즉 보라 이것이 에돔 위에 내리며 진멸하시기로[헤렘하시기로] 한 백성 위에 내려 그를 심판할 것이라" 아멘. 에돔까지 헤렘될 것입니다. 회복이 요원해 보입니다. 여호와의 종이 오시지 않으면 회복은 없습니다.

믿음으로 싸우기를, 그리스도의 마음을 받기를, 믿음의 용사가 되기를, 잠잠히 하나님만 의지하기를 기도합니다.

질의와 응답

하나. "열방에 대한 하나님의 생각은 무엇입니까?"

열방의 대표인 애굽과 앗수르도 구원 대상입니다. 하나님의 관심이 제국의 구원에 있습니다.

둘. "왜 모압이 중요합니까?"

다윗의 증조모가 모압 여인 룻이었습니다. 다윗은 부모님을 모압에 맡기기도 했습니다. 모압은 이웃 나라입니다. 그래서 중요합니다.

셋. "정의와 공의의 차이가 무엇입니까?"

히브리어 '쩨덱'은 『개역』에서 '의'로 번역되었는데 『개역개정』에서 '공의'로 번역되었습니다. 히브리어 '미쉬파뜨'는 『개역』에서 '공의'로 번역되었는데 『개역개정』에서 '정의'로 번역되었습니다. 그래서 개념 측면에서 혼동이 불가피해졌습니다. 전에는 미쉬파뜨가 '공의'였는데, 지금은 쩨덱이 '공의'니까요. 쩨덱은 하나님의 '절대적인 의'를 가리킵니다. 헬라어로는 '디카이오쉬네'입니다. 미쉬파뜨는 '법에 기초한 의'를 가리킵니다. '판단하다'를 뜻하는 '솨파뜨'에서 파생된 단어입니다. 헬라어로는 '크리시스'입니다. '판단하다'를 뜻하는 '크리노'에서 파생된 단어입니다.

넷. "이사야 27장 2-4절의 노래는 왜 등장하나요?"

이사야서 5장의 '포도원 노래'의 주제가 한탄(恨歎)이었다면, 27장 노래의 주제는 기쁨입니다. '하나님께서 포도원을 지키신다'는 주제가 담겨 있습니다.

다섯. "이사야서 20장과 관련하여 '이사야는 길이 되고 예물이 되었다.' 하셨는데, 무슨 의미인가요?"

이사야가 벗은 몸과 발로 행한 것은 예표입니다. 이사야는 장차 유다가 걸어갈 '길'을 보여줍니다. 그 '길'을 보여주기 위해 하나님께 드려진 '예물'이 됩니다.

Weekly Reading

36

이사야 35-55장

“여호와의 종”

사 35-37장	사 38-40장	사 41-43장	사 44-46장	사 47-49장	사 50-52장	사 53-55장

check

이번 통독은 유명한 ‘여호와의 종의 노래’ 네 편이 담긴 본문을 포함합니다. 42장 1-9절, 49장 1-13절, 50장 4-9절, 52장 13절로 53장 12절까지입니다. 이 노래들에 대한 설명은 『그루터기들의 고난과 치유』에 모두 실었습니다.

여호와의 종

I.
종
그냥 종이 아니다.
종놈, 종년
하찮게 여겨진다.
때론 자식을, 때론 아내까지 내놓는다.

그런 종
누가 되고 싶을까?
종 되기 싫어 아등바등
한 푼이라도 더 벌어
군림하려 한다.

하나님께서
인간 지으실 때
평등 남녀로 지으시고
서로 존중하라셨지만
인간들, 툭하면 키재기다.

II.

종이 되어야 한다면,
누구의 종이 될까?
임금님 종 되면 나라도 말아먹고
대감님 종 되면 양반네도 무시 못 하니,
모두들 높고 힘 있는 주인 원한다.

여호와의 종은 어떤가?
가장 높고 힘 있는 분이니
그분의 종노릇은 할 만하겠다.
그런데 이게 왠 말인가?
여호와의 종 신세 가관일세.

십자가에 달릴 신세,
남을 위해 살 신세,
대신 죽을 신세,
열방을 품을 신세,
자기는 없는 신세.

III.

하나님의 종,
이름은 그럴싸하나,
누가 종이 될까?
모세는 싫다 했고
삼손은 괴로워했다.

그 누가 하나님 사랑하여
'그 종 제가 하겠습니다.' 자원할까?
이사야의 말에서
비슷한 소리 듣는다.
"내가 여기 있나이다 나를 보내소서"(사 6:8).

그 말, 그 마음
여호와의 종 이해할 만하니,
종의 노래 부를 만하니,
네 곡이나 주셨다,
여호와의 종의 노래를.

이사야 35장은 '하나님의 개입'을 소개합니다. 인류의 죄 문제 해결을 위한 하나님의 개입입니다. 죄뿐 아니라 악하고 더러운 영으로부터 자유롭지 못한 인류를 위한 하나님의 개입입니다. 죽는 것이 두려워 일생에 매여 마귀의 종노릇하는 자녀들에게 자유를 주시기 위한 하나님의 개입입니다. 사랑하는 마음도 제대로 표현하지 못하고, 자기 마음속에 있는 미워하는 마음도 자기 힘으로 지우지 못하는 무능한 우리를 위한 개입입니다. 좋은 것을 많이 가지고 있으면서도, 감사는커녕 더 갖겠다고 타인을 해하는 악한 자들을 위한 개입입니다. 마귀와 같이 영원한 형벌에 빠지지 않고 하나님과 어린 양 예수 그리스도와 함께 영원한 생명을 누리게 하시려는 하나님의 개입입니다.

하나님의 개입은 좋은 것이기에 즐거워해도 됩니다. 35장 1-2절입니다. "광야와 메마른 땅이 기뻐하며 사막이 백합화 같이 피어 즐거워하며 무성하게 피어 기쁜 노래로 즐거워하며 레바논의 영광과 갈멜과 사론의 아름다움을 얻을 것이라 그것들이 여호와의 영광 곧 우리 하나님의 아름다움을 보리로다" 아멘. 아마 성경 가운데 이 두 구절같이 기쁨 관련 단어가 많이 나오는 부분은 없을 것입니다. 우선, '광야와 메마른 땅이 기뻐하며'의 '기뻐하며'는 구약성경에 스물일곱 번 나옵니다. '사막이 백합화 같이 피어 즐거워하며'에서 '즐거워하며'는 2절에도 나옵니다. 구약성경에 마흔여덟 번 나오는데, 여기에 두 번 쓰였습니다. 2절에서 '무성하게 피어 기쁜 노래로' 했는데, 여기

'기쁨' 에 해당하는 단어는 구약성경에 두 번밖에 안 나옵니다. '노래' 에 해당하는 단어도 이곳과 6절에 나오는데, 구약성경 전체에 쉰다섯 번만 쓰이는 단어입니다. 기쁨과 즐거움이 몰려있습니다. 하나님의 개입이 있기 때문입니다.

광야와 메마른 땅이 하나님의 개입을 보면, 하나님의 아름다움을 보면 기뻐하고 즐거워하며 노래를 부를 거라는 기대가 있습니다. 그러나 정말 그렇습니까? 하나님의 아름다움을 보면 기뻐하고 즐거워하다 못해 노래를 부르느냐는 질문입니다. 아담과 하와가 '좋고 해로움의 지식 나무 열매' 를 먹어 수치에 사로잡히고 관계가 깨지고 죄에 대해 무능해졌을 때, 하나님께서 개입하셨습니다. 아담을 찾으셨습니다. "여호와 하나님이 아담을 부르시며 그에게 이르시되 네가 어디 있느냐"(창 3:9) 물으셨습니다. 그때 아담이 기뻐하고 즐거워했습니까? 하나님의 개입을 환영했습니까? 아담은 숨었습니다. 아담이 대답합니다. "내가 동산에서 하나님의 소리를 듣고 내가 벗었으므로 두려워하여 숨었나이다"(3:10) 아멘.

이사야 36장부터 39장까지는 '하나님의 개입' 을 통한 구원이 기쁨과 즐거움이 아닌 교만과 무관심으로 마무리된 것을 증거 합니다. 앗수르 군대 185,000명이 한 날에 죽습니다. "아침에 일찍이 일어나 본즉 시체뿐"입니다(사 37:36). 39장 5-8절입니다. "이사야가 히스기야에게 이르되 왕은 만군의 여호와의 말씀을 들으소서 보라 날이 이르리니 네 집에 있는 모든 소유와 네 조상들이 오늘까지 쌓아 둔 것이 모두 바벨론으로 옮긴 바 되고 남을 것이 없으리라 여호와의 말이니라 또 네게서 태어날 자손 중에서 몇이 사로잡혀 바벨론 왕궁의 환관이 되리라 하셨나이다 하니 히스기야가 이사야에게 이르되 당신이 이른 바 여호와의 말씀이 좋소이다 하고 또 이르되 내 생전에는 평안과 견고함이 있으리로다 하니라" 아멘. 회개가 없고 기쁨과 즐거움도 없습니다. 이제 역사는 하나님의 마지막 개입을 향해 700년을 다시 흘러가야 했습니다. 바벨론으로 끌려가야 했고 귀환이 있어야 했고 회복을 위한 모든 장치가 망가질 때까지 기다려야 했습니다. 마침내 하나님과 그분의 말씀으로 돌아갈 수 있는 모든 회복 장치가 망가졌을 때 예수님이 하나님의 개입으로 오셨습니다. 회복을 위한 중요한 장치로는 성전과 제사장, 왕과 선지자가 있는데, 성전은 강도의 소굴이 되었고, 제사장은 로마의 시녀가 되었으며, 왕직은 에돔 자손인 헤롯 집안으로 넘어갔고, 하나님의 말씀은 끊어졌습니다.

이제 이사야서는 새로운 국면으로 넘어갑니다. 40-55장 부분입니다. 하나님의 개입이 고레스와 여호와의 종으로 이뤄질 것이 기대됩니다. 그들의 기여는 예배의 회복입니다. 예배 회복을 위해 회복되어야 하는 것이 있습니다. 성전입니다. 그보다 먼저 회복되어야 하는 것이 있습니다. 하나님에 대한 이해입니다. 여호와 그분만이 하나님이십니다. 그리고 이스라엘의 자기 정체성 회복이 필요합니다. 그들은 하나님의 종이자 증인입니다.

이사야서 40장은 히스기야 당대에 하나님의 개입을 통한 회복이 일어나지 못하게 되었을 때 주어진 말씀입니다. 35장보다 더 구체적이고 온전한 형태로 예수님을 통한 하나님의 개입이 선포됩니다. 그래서인지 신약성경에서 인용도 많이 되었습니다. 모두가 좋아하는 말씀입니다. 특별히 30-31절은 사랑을 많이 받습니다. "소년이라도 피곤하며 곤비하며 장정이라도 넘어지며 쓰러지되 오직 여호와를 앙망하는 자는 새 힘을 얻으리니 독수리가 날개치며 올라감 같을 것이요 달음박질하여도 곤비하지 아니하겠고 걸어가도 피곤하지 아니하리로다" 아멘. 40장 3절은 마태복음 3장 3절, 마가복음 1장 3절, 요한복음 1장 23절에 인용됩니다. 세례 요한이 광야의 소리였습니다. 40장 6절과 8절은 베드로전서 1장 24-25절에 인용됩니다. 하나님 개입 통한 구원을 인간의 구원과 비교하고 있습니다. 그러니 세상에 속한 좋은 것과 하나님 개입 통한 구원을 맞바꾸면 안 됩니다. 큰 손해입니다. 영원한 즐거움을 잠시의 쾌락과 바꾸는 것과 같습니다. 40장 9-11절에서는 이사야 35장에 소개된 하나님의 개입을 다시 언급합니다. 목자 되신 예수님을 잘 읽을 수 있는 본문입니다.

이어 40장 12-17절에서는 하나님의 크심이 기술됩니다. 하나님의 개입은 보통 개입이 아닙니다. 크신 하나님의 개입입니다. 그분 앞에 서면 열방도 없는 것과 다름없습니다. 끝장나고, 텅 빈 것이나 다름없습니다. 이 구절 가운데 13절이 로마서 11장 34절과 고린도전서 2장 16절에 인용됩니다. 당시 세계에서 가장 강력했던 도시 로마에 있는 교회를 향해 바울 사도는 하나님의 크심을 이사야서 40장 13절 인용을 통해 선포했습니다. 또한, 당시 부유함과 타락의 극치를 달리던 고린도에 있던 교회에도 이 말씀을 인용했습니다. 바울 사도는 크신 하나님의 개입이 예수 그리스도를 통해 이뤄졌기에 '십자가에 못 박힌 예수 그리스도' 외에는 알지 않기로 작정했다고 하면서, 예수 그리스도만을 중심에 둔 사람만이 신령한 자이며 주님의 마음을 가진 자라고 선언합니다.

하나님, 그분과 같은 분은 없습니다. 그런데 이 사실을 그분의 종이자 증인인 이스라엘조차 잘 모릅니다. 그래서 교육이 진행됩니다. 하나님께서 신이 아닌 것들에게 매우 단순하게 물으십니다. 41장 22-23절입니다. "장차 당할 일을 우리에게 진술하라 또 이전 일이 어떠한 것도 알게 하라 우리가 마음에 두고 그 결말을 알아보리라 혹 앞으로 올 일을 듣게 하며 뒤에 올 일을 알게 하라 그리하면 너희가 신들인 줄 우리가 알리라 또 복을 내리든지 재난을 내리든지 하라 우리가 함께 보고 놀라리라" 아멘. 우상들, 이방신들에게 그들이 정말 신이라면 두 가지를 해보라고 말씀하십니다. 하나는 과거와 미래에 대해 아는 것이고, 다른 하나는 결과를 바꾸는 것입니다. '장차 당할 일뿐 아니라, 이전 일을 아느냐?' 질문하십니다. '앞으로 다가올 일뿐 아니라, 뒤에 올 일을 아느냐?' 질문하십니다. 세상이 처음에 어떻게 시작되었는지 아느냐 물으십니다. 이는 창조주만이 아십니다. 다가오는 일은 단기 예측입니다. 뒤에 올 일은 장기 예측입니다. 예측해보라고 하십니다. 모르면 너는 신이 아니라고 하십니다. "복을 내리든지 재난을 내리든지 하라" 하십니다. '잘 되게 하든지, 안 되게 하든지 해보라' 말씀하십니다. 그걸 못하면 신이 아니라고 하십니다. 뒤집어 말하면, 하나님은 시작부터 지금까지의 일도 아시고 지금부터 마지막 때까지의 일도 아시며, 잘 되게 하실 수도 있고 안 되게 하실 수도 있습니다.

신이라 이름하는 존재가 이 두 가지를 못하면, 그는 아무것도 아니며 허망하다고, 그러한 신을 선택한 자는 가증하다고 말씀하십니다. 41장 24절입니다. "보라 너희는 아무것도 아니며 너희 일은 허망하며 너희를 택한 자는 가증하니라" 아멘. 왜 이런 신(神)을 신으로 택한 자는 가증할까요? 자신을 지으신 하나님을 버렸기 때문입니다. 하나님께서는 야곱 자손에게 이미 충분히 많은 확실한 증거를 보이셨습니다. '과거와 현재와 미래를 아시고 상황을 언제든지 바꾸실 수 있으시다는 것' 을 늘 보여주셨습니다. 이제, 야곱 자손의 포로 귀환을 가능케 할 자를 북방에서 오게 하리라고 말씀하십니다. 25-26절입니다. "내가 한 사람을 일으켜 북방에서 오게 하며 내 이름을 부르는 자를 해돋는 곳에서 오게 하였나니 그가 이르러 고관들을 석회 같이, 토기장이가 진흙을 밟음 같이 하리니 누가 처음부터 이 일을 알게 하여 우리가 알았느냐 누가 이전부터 알게 하여 우리가 옳다고 말하게 하였느냐 알게 하는 자도 없고 들려 주는 자도 없고 너희 말을 듣는 자도 없도다" 아멘. 마지막 문장의 '너희 말' 은 '가짜 신들의 말' 입니다. 하나님께서는 이사야 선지자를 통해, 아직 바벨론으로 포로가 되어 끌려가기도 전 상태에 있는 야곱 자손를 귀환시킬 귀환자에 대해 말씀하십니다.

이사야 41장은 우상과 우상을 섬기는 자들의 헛됨으로 마무리됩니다. 그런데, 헛되지 않은 하나님의 종이 등장합니다. 여호와의 종입니다. 42장 1-4절을 달리 번역해 보았습니다. "보라! 내 종이다. 내가 그를 지지한다[/붙든다]. 나의 뽑은 자를[/내가 선택한 자를] 내 영혼이 기뻐한다. 내가 내 영을 그에게[그 위로] 주었다. 공의를 민족들을 위해 그가 내놓는다. "그는 떠들지 않고 {언성을} 높이지 않는다. 또한 그의 소리가 바깥에서 들리게 하지 않는다. 상한 갈대를 꺾지 않는다. 또한 희미한 심지를 끄지 않는다. 진실로 공의를 시행한다. 신뢰할 만하게 공의를 내놓는다. 그는 희미하지[/흐려지지] 않고 상하지 않는다. 땅에 공의를 둘 때까지이다. 또한 그의 율법을 섬들이 앙망한다."

예수님에 대한 예언입니다. 오실 때 잘 알아보도록 하나님께서 당신의 종을 소개하십니다. 이 모습은 예수님을 보여주는 그림자의 모습이기도 하고, 예수님을 따르는 제자의 모습이기도 합니다. 우리의 모습이기를 바랍니다. 그런데, 당시 '여호와의 종' 이라 할 수 있는, 그러나 우상을 하나님으로 섬기는 이들이 있습니다. 이들을 향한 말씀이 42장 17-25절에 있습니다. 42장 19절만 봅니다. "맹인이 누구냐 내 종이 아니냐 누가 내가 보내는 내 사자 같이 못 듣는 자겠느냐 누가 내게 충성된 자 같이 맹인이겠느냐 누가 여호와의 종 같이 맹인이겠느냐" 아멘. 하나님의 종이라 할 수 있는 이스라엘이 못 보고 못 듣습니다.

이제 본문은 '우상을 숭배하는 야곱에 대한 하나님의 구속' 에 대한 말씀으로 이어집니다. 43장입니다. 이 가운데 14-21절에는 '새로운 일을 행하시는 하나님' 이 소개됩니다. 우선, 포로로 끌려간 것은 이스라엘 그들을 위함이었다고 말씀하십니다. '너희를 위해서 내가 바벨론으로 보냈다.' 말씀하십니다. 14절입니다. "너희의 구속자요 이스라엘의 거룩한 이 여호와가 말하노라 너희를 위하여 내가 바벨론에 사람을 보내어 모든 갈대아 사람에게 자기들이 연락하던 배를 타고 도망하여 내려가게 하리라" 아멘. 우리 번역에서 '사람을' 은 빼는 것이 좋겠습니다. 하나님은 이스라엘의 거룩하신 분이고 구속자이십니다. 그런 하나님께서 이스라엘을 바벨론으로 보내셨습니다. 그러니 그들이 거기서 망하지 않을 것입니다. 하나님께서 바벨론의 빗장 전체를 내리실 것입니다.

이어지는 다음 표현이 어려울 수 있습니다. "갈대아 사람에게 자기들이 연락하던 배를 타고 도망하여 내려가게 하리라"는 '빗장 전체를 내가 내릴 것이다. 배 안의 갈대아인들이 그들의 즐거움 가운데 있다.' 의 번역이 어려워 두 문장을 섞은 것입니다. 두 번째 문장이 이해가 안 되는 것입니다. 바벨론의 빗장이 내려지는데 왜 갈대아인들이 즐거워할 것인지 이해가 안 되는 것입니다. 문맥을 보면 이해됩니다. 하나님의 구원은 열방의 구원이고, 이 열방 안에는 갈대아인도 들어가 있습니다. 이스라엘이 포로로 끌려감이 그들을 증인과 증거 삼기 위한 하나님의 일하심이었기에 이스라엘에게 유익이 된 것처럼, 바벨론 멸망도 그들에게 유익이 될 것입니다. 거룩한 하나님을 경험한 것으로 인한 즐거움으로 이해됩니다. 비록 자기 나라는 망했지만, 하나님의 하나님 되심을 경험했으니 그들이 믿기만 하면 즐겁게 될 것입니다.

이어지는 15절에는 하나님의 정체성이 다시 선포됩니다. 하나님은 거룩하신 분, 창조자, 왕이십니다. 16-17절에서는 출애굽이 다시 회상됩니다. 새로운 요소가 추가됩니다. 애굽 군대에 대한 부분입니다. 갈대아인과 비교하기 위함입니다. 바로의 애굽 군대가 엎드러지고 일어나지 못했습니다. 등불 꺼지듯 꺼졌습니다. 이전에 애굽 군대에게 행하신 일 기억하는 것을 통해 깨닫는 것이 있기를 원하십니다. 이제 하나님은 출애굽과 귀환에 이어 새 일을 행하실 것입니다. 19절입니다. "보라 내가 새 일을 행하리니 이제 나타낼 것이라 너희가 그것을 알지 못하겠느냐 반드시 내가 광야에 길을 사막에 강을 내리니" 아멘. 35장 1, 6-7절과 40장 3-4절이 이곳에서 반복됩니다. 19절의 '광야' 는 '황폐한 곳' 이라는 단어로, '메마른 곳' 과 '사막' 을 하나로 묶은 표현입니다. 이제 길이 생기고 물이 흐릅니다. 예수 그리스도를 통한 새로운 구원의 길이고 생명수 물입니다. 21절은 유명한 구절인데, '나를 찬송' 이라기보다 '내 찬송' 이 맞겠습니다. 내 노래 즉, 하나님의 노래를 부를 이들입니다. 하나님을 노래하는 이들이 아닙니다.

하나님께서 부르시는 노래를 함께 부를 이들입니다. '출애굽' 과 '귀환' 에 이어질 '새 일' 이 이뤄지면, 하나님의 노래를 같이 부를 이들이 생길 것입니다. 이들은 남을 위해 십자가를 지는 이들입니다.

이스라엘을 위한 교육이 계속됩니다. 신의 세 가지 조건이 언급됩니다. 44장입니다. 첫째, 신은 지음 받지 않았어야 합니다. 둘째, 신은 실재해야 합니다. 셋째, 신은 처음과 마지막을 알아야 합니다. 하나님은 지음 받지 않으셨고 지으셨습니다. 그분은 실제로 존재하십니다. '눈에 보이지만 실제로는 존재하지 않는 신' 인 우상을 제작하는 이들에 대한 평가가 18-20절에 있습니다. "그들이 알지도 못하고 깨닫지도 못함은 그들의 눈이 가려서 보지 못하며 그들의 마음이 어두워져서 깨닫지 못함이니라 마음에 생각도 없고 지식도 없고 총명도 없으므로 내가 그것의 절반을 불사르고 또한 그 숯불 위에서 떡도 굽고 고기도 구워 먹었거늘 내가 어찌 그 나머지로 가증한 물건을 만들겠으며 내가 어찌 그 나무토막 앞에 굴복하리요 말하지 아니하니 그는 재를 먹고 허탄한 마음에 미혹되어 자기의 영혼을 구원하지 못하며 나의 오른손에 거짓 것이 있지 아니하냐 하지도 못하느니라" 아멘. 실물인 나무로 실제적인 필요를 채우다가 남는 것으로 우상을 만듭니다. 허상이지요. 마찬가지로 다양한 실무에 사용되던 컴퓨터로 가상 인간, 가상 애완동물을 만듭니다. 돈을 벌어다 주지만 허상입니다.

우상을 제작하는 이들의 마음을 한 마디로 '허탄한 마음' 이라고 부릅니다. 20절에 있습니다. '허탄한 마음' 은 '흉내 내는 마음' 의 번역입니다. 흉내는 내지만 실재가 아닙니다. 실재여야 우상이 아닙니다. '가상' 은 '흉내' 입니다. '가상' 이 무엇입니까? "주관적으로는 실제 있는 것처럼 보이나 객관적으로는 존재하지 않는 거짓 현상" 입니다. 우상을 만드는 마음이 '가상' 을 만드는 마음으로 표현됩니다. 그렇다면 '가상 세계' 에 대해 좀 더 진지하게 고민해야 할 것 같습니다.

그럼, 가상이 아니시고, 실재이신 하나님은 뭐라고 말씀하시나요? 우선 1-2절입니다. "나의 종 야곱, 내가 택한 이스라엘아 이제 들으라 너를 만들고 너를 모태에서부터 지어낸 너를 도와 줄 여호와가 이같이 말하노라 나의 종 야곱, 내가 택한 여수룬아 두려워하지 말라" 아멘. 하나님은 야곱을 '종' 이라고 부르십니다. 택하셨다고 말씀하십니다. 만들고 지었다고 하십니다. 야곱을 '여수룬' 이라고 부르십니다. 여수룬은 '정직한 자, 똑바른 자' 입니다. 우상을 만드는 자는 우상을 자기가 만듭니다. 그러나 하나님은 우리를 만드셨다고 말씀하십니다. 신의 첫째 조건입니다. 창조되지 않고 창조하는 자여야 합니다.

이어지는 3-4절입니다. "나는 목마른 자에게 물을 주며 마른 땅에 시내가 흐르게 하며 나의 영을 네 자손에게, 나의 복을 네 후손에게 부어주리니 그들이 풀 가운데에서 솟아나기를 시냇가의 버들 같이 할 것이라" 아멘. 하나님은 물을 주시고 시내가 마른 땅에 흐르게 하시고 그분의 영과 복을 자손과 그 후손에게 부어 주십니다. 우상과 확연하게 다르지 않습니까? 가상 인간과도 다르지 않습니까? 인공지능 챗봇들과도 다릅니다. 물을 주십니다. 실재입니다. 마른 땅에 시내가 흐릅니다. 영상이 아닙니다. 변화입니다. 영을 부어 주시고 복을 주십니다. 누구도 흉내 낼 수 없는 일입니다. 자손이 시냇가의 버들처럼 일어납니다. 가상 애완동물이 아닙니다. 살아있는 실재 생명이 일어납니다. 가상 고양이는 1억 마리를 길러도 실제 고양이 한 마리 생기지 않습니다. 가상 인간을 1억 명을 만들어도 실재 사람 한 명도 낳을 수 없습니다. 신의 둘째 조건입니다. 실재입니다.

하나님은 분명 초월적인 분입니다. 하늘이 그분의 보좌요 땅이 그분의 발등상이니 그분을 인지하기가 어렵습니다. 계산이 안 되는 우주가 그분의 의자입니다. 그러니 그분은 계산이 안 됩니다. 그분이 실제로 존재한다고 여기기 어렵습니다. 그래서 유물론 사상을 가진 이들은 신에 대한 마음을 아편에 비했습니다. 신이 허상이라는 것입니다. 우상이야 허상입니다. 그러나 천지를 지으신 하나님은 허상이 아니라 실재입니다. 그분이 허상이 아니고 실재라는 것을 성경이 증거 합니다. 그리고 하나님의 사람들이 증언합니다. 그들은 하나님을 경험한 사람들입니다. 그래서 하나님은 실재라고 증언합니다. 이들 가운데 몇몇이 성령의 감동으로 성경을 기록했습니다. 기록된 말씀으로 하나님이 실재이심이 증거됩니다.

하나님께서는 내재를 통해 그분의 실재를 피조물에게 나타내십니다. "어떤 사물이나 범위의 안에 들어 있음. 또는 그런 존재."가 '내재' 의 기본 정의입니다. 내 영이 아닌 다른 영, 그것도 거룩하신 하나님 영의 역사를 경험하면서 하나님의 내재를 경험합니다. 우리 영의 자발적 결정으로 우리 안에 그분이 계시기를 바라고 기도하고 그분이 응답하시는 과정에서 그분의 내재를 경험합니다. 때로는 지성으로, 때로는 감성으로, 때로는 일상에서 일하시는 그분을 보고 들음으로 그분의 내재를 경험합니다. 그분의 내재에서 그분의 실재를 확인합니다.

그분의 실재를 확인한 이들은 허상을 추구하지 않습니다. 비록 그들의 결정과 말과 행동이 사람들에 의해 이해받지 않는다고 하더라도, 내재를 통해 실재를 보이시는 하나님의 말씀과 인도를 존중합니다. 이들은 순교도 합니다. 자기 신념이나 암시, 도취나 중독이 아니라, 실제로 존재하시고 내재를 통해 자신을 계시하시는 하나님과의 매우 분명한 교제를 통해 확신한 바를 따라 자기 생명까지도 내어놓는 것입니다. 예배는 그분의 실재를 공동체적으로 확인하는 시간입니다. 숭고하고 거룩한 시간입니다. 방해받을 수 없는 시간입니다. 북한의 성도들이 잡히면 죽을 것을 알고도 숲에서 모여 예배드리는 이유가 거기에 있습니다.

하나님의 실재를 경험한 이들은 44장 5절처럼 말합니다. "한 사람은 이르기를 나는 여호와께 속하였다 할 것이며 또 한 사람은 야곱의 이름으로 자기를 부를 것이며 또 다른 사람은 자기가 여호와께 속하였음을 그의 손으로 기록하고 이스라엘의 이름으로 존귀히 여김을 받으리라" 아멘. 그분을 위해 내가 있다고 말합니다. 내가 그분을 규정하지 않고 그분이 나를 규정합니다. '야곱의 이름으로 자기를 부른다'는 말이 무슨 뜻일까요? '야곱'은 하나님 백성의 이름입니다. 대단한 이름이 아닙니다. 그러나 하나님 백성의 이름입니다. 하나님의 실재를 경험한 이들은 하나님 백성 되는 것을 좋아합니다. 성도라고, 신자라고, 교인이라고 불리는 것을 부끄러워하지 않습니다. 자기 손에 자신의 소속이 하나님께 있음을 기록합니다. 자신이 하나님께 속했음을 다른 사람들에게 알리는 것을 좋아합니다. 하나님을 위해 자신이 존재하는 것을 자랑스러워합니다. 이스라엘이라는 이름으로 자신의 이름을 삼습니다. 야곱과 마찬가지로 이스라엘도 하나님 백성의 이름입니다.

교수가 좋습니까, 목사가 좋습니까? 저희집 애들은 목사가 좋답니다. 교수로서 제가 하는 일은 다가오지 않고, 목사로서 제가 하는 일은 실제로 다가오기 때문인 듯합니다. 제 강의를 듣지는 않지만, 제 설교는 듣기 때문이지요. 하나님의 내재를 경험한 성도들은 다른 이름을 좋아하지 않습니다. 애굽의 총리보다 야곱이라는 이름이 좋고, 바로 공주의 아들보다 이스라엘 이라는 이름이 더 좋습니다. 하나님의 내재를 통해 실재를 경험하기 때문입니다. 누가 교회를 사랑합니까? 교회를 통해 유익을 누리는 이들입니다.

교회를 통해 유익을 누리는 이들에게, 하나님의 실재를 그분의 내재를 통해 경험하는 이들에게 하나님께서 말씀하십니다. 6-9절입니다. "이스라엘의 왕인 여호와, 이스라엘의 구원자인 만군의 여호와가 이같이 말하노라 나는 처음이요 나는 마지막이라 나 외에 다른 신이 없느니라 내가 영원한 백성을 세운 이후로 나처럼 외치며 알리며 나에게 설명할 자가 누구냐 있거든 될 일과 장차 올 일을 그들에게 알릴지어다 너희는 두려워하지 말며 겁내지 말라 내가 예로부터 너희에게 듣게 하지 아니하였느냐 알리지 아니하였느냐 너희는 나의 증인이라 나 외에 신이 있겠느냐 과연 반석은 없나니 다른 신이 있음을 내가 알지 못하노라" 아멘.

신의 세 번째 조건입니다. 그는 시작이어야 하고 마지막이어야 합니다. 시작도 말할 수 있어야 하고 마지막도 말할 수 있어야 합니다. 하나님이 그런 분이라는 것은 하나님의 실재를 그분의 내재를 통해 경험한 이들만 알 수 있습니다. 성경이 진리이고 하나님의 말씀이라는 것이 믿어지는 이들만 알 수 있는 영역입니다. 성경이 진리이고 하나님의 말씀이라는 것이 믿어지시지요? 성경 전체가 믿어지시지요? 이건 다른 차원입니다. 성경이 부분적으로 믿어지는 것과 전체가 믿어지는 것은 차원이 다릅니다. 전체가 믿어지시기를 바랍니다. 신약뿐 아니라 구약이 믿어지고, 창세기뿐 아니라 이사야서도 믿어지시기를 바랍니다. 성경 전체가 하나님의 말씀이라고 믿어질 때 우리는 하나님이 처음이요 마지막이시라는 말씀이 믿어집니다.

성경을 부지런히 묵상하는 이유가 거기에 있습니다. 가상 애완동물 키울 시간이 없습니다. 가상인간에게 나눠줄 시간이 없습니다. 가상화폐의 등락에 마음 줄 시간이 없습니다. 실물 경제에서 실재를 경험하며, 현실 세계에 하나님이 내재하시기를 기도하며 살아가는 우리이기에 그렇습니다. 가상공간 활용 최소화를 위해 노력할 이유가 거기에 있습니다. 눈앞에 있는 사람에게 집중하시고, 대면 관계에 의미를 더 부여하십시오. 그리고 하나님은 가상이 아닙니다. 물론 가상이 하나님일 수 없습니다. 너무 크셔서 가상처럼 보인다고 하더라도 그분은 가상이 아닙니다.

그분이 가상이 아니라는 것을 가장 분명하게 보여주는 사건이 있습니다. 그분의 구속(救贖)입니다. 허물과 죄로 죽었던 우리를 살리신 사건입니다. 비록 그 일이 30년 전에 일어났다고 하더라도 잊지 말아야 합니다. 그분의 내재가 내게 확인된 시간이기 때문입니다. 21-24절입니다. "야곱아 이스라엘아 이 일을 기억하라 너는 내 종이니라 내가 너를 지었으니 너는 내 종이니라 이스라엘아 너는 나에게 잊혀지지 아니하리라 내가 네 허물을 빽빽한 구름 같이, 네 죄를 안개 같이 없이 하였으니 너는 내게로 돌아오라 내가 너를 구속하였음이니라 여호와께서 이 일을 행하셨으니 하늘아 노래할지어다 땅의 깊은 곳들아 높이 부를지어다 산들아 숲과 그 가운데의 모든 나무들아 소리 내어 노래할지어다 여호와께서 야곱을 구속하셨으니 이스라엘 중에 자기의 영광을 나타내실 것임이로다" 아멘.

하늘도 노래하고 땅도 노래합니다. 매미들이 노래합니다. 죄 사함을 받은 것이 여러분 노래의 가사이기를 바랍니다. 하나님의 하나님 되심이 우리 노래의 가사이기를 바랍니다. 할 일이 많다고요? 잘 따져보면 절반은 버릴 수 있는 일입니다. 드라마도 가상현실입니다. 영화도 가상현실입니다. 가상현실에서 빠져나오십시오. 가상현실이 이 시대의 우상입니다. 가상현실은 만들어진 것입니다. 가상현실은 실재가 아닙니다. 가상현실은 처음과 마지막이 아닙니다. 하나님은 우리를 지으셨습니다. 하나님은 실재이시고 내재를 통해 우리에게 자신을 알리십니다. 하나님은 처음이시고 마지막이십니다.

지금도 일하십니다. 무슨 일을 하시나요? 창조하시고 헛된 것을 폐하시고 그분 종들의 말을 세우시고 예배를 회복하십니다. 24-28절에 있습니다. "네 구속자요 모태에서 너를 지은 나 여호와가 이같이 말하노라 나는 만물을 지은 여호와라 홀로 하늘을 폈으며 나와 함께 한 자 없이 땅을 펼쳤고 헛된 말을 하는 자들의 징표를 폐하며 점치는 자들을 미치게 하며 지혜로운 자들을 물리쳐 그들의 지식을 어리석게 하며 그의 종의 말을 세워 주며 그의 사자들의 계획을 성취하게 하며 예루살렘에 대하여는 이르기를 거기에 사람이 살리라 하며 유다 성읍들에 대하여는 중건될 것이라 내가 그 황폐한 곳들을 복구시키리라 하며 깊음에 대하여는 이르기를 마르라 내가 네 강물들을 마르게 하리라 하며 고레스에 대하여는 이르기를 내 목자라 그가 나의 모든 기쁨을 성취하리라 하며 예루살렘에 대하여는 이르기를 중건되리라 하며 성전에 대하여는 네 기초가

놓여지리라 하는 자니라" 아멘.

우리는 코로나에 집중하지만, 하나님께서는 코로나 이후를 보십니다. 우리는 비대면 예배를 드릴지 대면 예배를 드릴지 고민하지만, 하나님께서는 우리가 하나님을 사랑하는지 확인하십니다. 물놀이를 위해 두세 시간 운전해서 갈 정도라면, 예배를 위해 운전하는 것이 아깝지 않겠지요. 최근(2021년 8월 8일 기준) 25일 동안 방역 수칙을 어긴 유흥업소가 만 이천 개라지요. 그런데 그 가운데 만 개 정도에 방역 수칙 재전달이 이뤄졌다고 합니다. 교회였다면 바로 행정명령이 내려졌겠지요. 절반 이상에 시설 폐쇄 집행명령이 내려졌을 것입니다. 그러나 모두가 유흥을 원합니다. 그러니 만 이천 개 가운데 스물일곱 곳에 영업정지가 내려졌습니다. 이들 업소도 다양한 행정처분과 소송을 통해 다시 살아날 것입니다.

하나님께서 기다리시는 것 같습니다. 진정한 예배를 말입니다. 진정한 예배자를 말입니다. 준비된 예배자입니다. 성경 전체가 진리임을 믿고 하나님 앞에 나오는 예배자입니다. 허상이나 가상이 아닌 실재에 마음을 둔 예배자입니다. 설교자가 아니라 설교자 너머의 하나님, 땅 위 공간이 아니라 하늘 너머의 공간에 마음을 둔 예배자입니다. 홀로라도 하나님 앞에 나아가기를 즐거워하는 예배자입니다. 그런 예배자들이 되시기를 바랍니다.

신의 세 가지 조건을 한 번 더 확인합니다. 그분은 만들어지지 않습니다. 그분은 만드시는 분입니다. 그분은 허상이나 가상이 아닙니다. 실상이고 실재입니다. 그분은 처음이고 마지막이십니다. 중간에 시작된 어떤 것도, 중간에 소멸될 어떤 것도 신이 아닙니다. 신이 아닌 것에 마음 뺏기지 마시고 하나님께 마음을 드리시기 바랍니다. 돈 되는 일이 아니더라도 묵상에 힘과 시간을 쏟으십시오. 여러분의 장례가 복 되실 것입니다. 여러분의 마지막이 아름다울 것입니다. 가상세계에 사용하는 시간과 돈, 힘을 줄이십시오. 휩쓸리지 않고 중심을 잡고 가실 수 있을 것입니다. 26절에서 말씀하시는 일이 이뤄질 것입니다. "그의 종의 말을 세워 주며 그의 사자들의 계획을 성취하게 하며" 아멘. 여러분의 기도를 그분이 들어주실 것입니다. 가상공간을 통해 여러분의 꿈을 이루려 말고, 하나님 앞에 나아가 그분의 도움으로 여러분의 꿈을 이루십시오.

진정한 신의 조건이 하나 더 있습니다. '구원' 입니다. 자기 백성을 구원할 수 있어야 합니다. 그런데, 고레스를 통해 메대 바사, 페르시아 제국을 형성하시는 하나님, 이스라엘을 포로에서 되돌리시는 하나님을 들으며 선지자가 하나님께 반응합니다. 45장 15절입니다. "구원자 이스라엘의 하나님이여 진실로 주는 스스로 숨어 계시는 하나님이시니이다" 아멘. 모세, 고레스, 여호와의 종이신 예수 그리스도를 통해 구원하시고, 예배자를 세우시고, 예배를 받으시는 하나님은 '스스로 숨어 계시는 하나님' 이라는 것입니다. 눈에 보이도록 일하시면 좋겠는데, 은밀히 일하신다는 말입니다. 그 하나님은 이스라엘을 업어 키우십니다. 신명기 32장 11-12절입니다. "마치 독수리가 자기의 보금자리를 어지럽게 하며 자기의 새끼 위에 너풀거리며 그의 날개를 펴서 새끼를 받으며 그의 날개 위에 그것을 업는 것 같이 여호와께서 홀로 그를 인도하셨고 그와 함께 한 다른 신이 없었도다" 아멘.

그럼, 이스라엘을 업어 키우시는 하나님의 반대편에는 누가 있나요? 우상이 있습니다. 바벨론의 우상 벨과 느보가 있습니다. 46장 1-2절을 달리 번역해보았습니다. "벨은 무너졌다. 느보는 구푸리는데, 그것들[/벨과 느보]의 형상들이 짐승과 가축을 위한 것이 되었다. 업혀 다닐 너희의 짐들이. 지치게 하는 화물이. 그들[/벨과 느보]이 구푸리고 무너진다, 함께. 그들이 짐{되는 것}을 피할 수 없다. 그들의 영혼도 포로 되어 걷는다." 바벨론에게 하나님께서 많이 주셨습니다. 제국을 형성하게 하셨으니까요. 그런데 그들은 보이는 우상을 만들어 섬겼습니다. 더구나 자신들의 소유가 주어진 것임을 잊고 교만하게 행했습니다. 47장 6절입니다. "전에 내가 내 백성에게 노하여 내 기업을 욕되게 하여 그들을 네 손에 넘겨주었거늘 네가 그들을 긍휼히 여기지 아니하고 늙은이에게 네 멍에를 심히 무겁게 메우며" 아멘. 하나님께서는 '내 백성을 내가 너희에게 넘겼는데, 왜 내 백성을 긍휼히 여기지 않았느냐?' 물으십니다. 여기서 소유가 늘면 긍휼한 마음이 준다는 것을 깨닫습니다. 소유가 늘면서 긍휼도 는다면 좋겠지만요.

바벨론은 예배자가 되지 못했습니다. 감사하지 않았습니다. 소유를 당연하게 여겼습니다. 그 결과가 무엇입니까? 47장 1-3절입니다. "처녀 딸 바벨론이여 내려와서 티끌에 앉으라 딸 갈대아여 보좌가 없어졌으니 땅에 앉으라 네가 다시는 곱고 아리땁다 일컬음을 받지 못할 것임이라 맷돌을 가지고 가루를 갈고 너울을 벗으며 치마를 걷어 다리를 드러내고 강을 건너라 네 속살이 드러나고 네 부끄러운 것이 보일 것이라 내가 보복하되 사람을 아끼지 아니하리라" 아멘. 바벨론 딸의 신분이 강등됩니다. 형편이 어려워집니다. 더 이상 부드럽거나 매력적이지 않습니다. 노동자 혹은 하녀로 전락합니다. 약탈당합니다. 4절을 보니 이 모든 변화는 이스라엘의 구속자 여호와께서 하신 일입니다. "우리의 구원자는 그의 이름이 만군의 여호와 이스라엘의 거룩한 이시니라" 아멘. 5절입니다. "딸 갈대아여 잠잠히 앉으라 흑암으로 들어가라 네가 다시는 여러 왕국의 여주인이라 일컬음을 받지 못하리라" 아멘. 갈대아의 딸들이 침묵과 어둠으로 사라집니다.

신분이 강등되고 형편이 어려워져서 더 이상 매력적이지 않고 약탈당하는 그들에게 하나님께서 이유를 말씀하십니다. 첫째 이유가 6절입니다. 다시 봅니다. "전에 내가 내 백성에게 노하여 내 기업을 욕되게 하여 그들을 네 손에 넘겨주었거늘 네가 그들을 긍휼히 여기지 아니하고 늙은이에게 네 멍에를 심히 무겁게 메우며" 아멘. 소유가 늘면서 긍휼한 마음이 같이 늘지 못했습니다. 기도제목이 생깁니다. '소유가 늘면서 긍휼한 마음도 커지게 해주세요.' 7절을 보니 교만해졌네요. 소유가 늘면서 긍휼한 마음이 늘지 않고 마음이 높아졌습니다. 그의 말이 무엇입니까? "내가 영영히 여주인이 되리라"입니다. 그는 교만의 결과를 생각하지 못했습니다.

바벨론은 자신의 매력에 대한 확신이 있습니다. 47장 8-9절입니다. "그러므로 사치하고 평안히 지내며 마음에 이르기를 나뿐이라 나 외에 다른 이가 없도다 나는 과부로 지내지도 아니하며 자녀를 잃어버리는 일도 모르리라 하는 자여 너는 이제 들을지어다 한 날에 갑자기 자녀를 잃으며 과부가 되는 이 두 가지 일이 네게 임할 것이라 네가 무수한 주술과 많은 주문을 빌릴지라도 이 일이 온전히 네게 임하리라" 아멘. '사치하고' 라는 표현은 '관능적인' 이라는 단어의 번역입니다. 매력적입니다. 그래서 안전을 과신합니다. 최고라는 확신이 있습니다. 미래에 대해서도 확신합니다. 과부가 되지 않을 거랍니다. 자녀를 잃지 않을 거랍니다. 나이가 들면서 혹시 자신감이 늘어나고 계십니까? 그러면 돌아봐야 합니다. 자신의 매력에 대한 확신을 버리고 하나님을 신뢰하실 수 있기를 바랍니다.

바벨론은 악합니다. 10절입니다. "네가 네 악을 의지하고 스스로 이르기를 나를 보는 자가 없다 하나니 네 지혜와 네 지식이 너를 유혹하였음이라 네 마음에 이르기를 나뿐이라 나 외에 다른 이가 없다 하였으므로" 아멘. 스스로 괜찮다고 여깁니다. 지혜와 지식으로 자신을 속입니다. 결과는 무엇입니까? 11절입니다. "재앙이 네게 임하리라 그러나 네가 그 근원을 알지 못할 것이며 손해가 네게 이르리라 그러나 이를 물리칠 능력이 없을 것이며 파멸이 홀연히 네게 임하리라 그러나 네가 알지 못할 것이니라" 아멘. 자신의 매력과 지혜와 지식을 의지함으로 인해 해로움(재앙)이 임할 것입니다. 자신의 매력과 지혜와 지식으로 그 재앙을 유혹하지는 못할 것입니다. 이것이 "그 근원을 알지 못할 것이며"의 의미입니다. 손해가 임합니다. 그러나 변제(辨濟)하지 못합니다. 나이가 늘면서 악이 줄고 선이 늘어야 합니다. 아니라면 기도해야지요.

그럼, 하나님의 백성 이스라엘은 어떤가요? 목이 쇠 힘줄이고 이마는 놋입니다. 그들은 순종하지 않습니다. 그래서 진실과 공의가 없습니다. 48장 1-4절입니다. "야곱의 집이여 이를 들을지어다 너희는 이스라엘의 이름으로 일컬음을 받으며 유다의 허리에서 나왔으며 여호와의 이름으로 맹세하며 이스라엘의 하나님을 기념하면서도 진실이 없고 공의가 없도다 그들은 거룩한 성 출신이라고 스스로 부르며 이스라엘의 하나님을 의지한다 하며 그의 이름이 만군의 여호와라고 하나 내가 예로부터 처음 일들을 알게 하였고 내 입에서 그것들이 나갔으며 또 내가 그것들을 듣게 하였고 내가 홀연히 행하여 그 일들이 이루어졌느니라 내가 알거니와 너는 완고하며 네 목은 쇠의 힘줄이요 네 이마는 놋이라" 아멘.

결국 소망은 여호와의 종에게 있습니다. 그래서 종의 노래 두 번째가 이어집니다. 49장 1-13절에 있습니다. 하나님께서는 당신의 종을 통해 회복을 이루실 것입니다. 그러나 이스라엘의 반응은 냉랭합니다. 49장 14절입니다. "오직 시온이 이르기를 여호와께서 나를 버리시며 주께서 나를 잊으셨다 하였거니와" 아멘. 하나님의 대답이 돋보입니다. 유명한 구절이지요. 15-17절만 봅니다. "여인이 어찌 그 젖 먹는 자식을 잊겠으며 자기 태에서 난 아들을 긍휼히 여기지 않겠느냐 그들은 혹시 잊을지라도 나는 너를 잊지 아니할 것이라 내가 너를 내 손바닥에 새겼고 너의 성벽이 항상 내 앞에 있나니 네 자녀들은 빨리 걸으며 너를 헐며 너를 황폐하게 하던 자들은 너를 떠나가리라" 아멘. 하나님께서 일하시고 나면 그들의 말이 바뀔 것입니다. 21절입니다. "그 때에 네가 네 마음이 이르기를 누가 나를 위하여 이들을 낳았는고 나는 자녀를 잃고 외로워졌으며 사로잡혀 유리하였거늘 이들을 누가 양육하였는고 나는 홀로 남았거늘 이들은 어디서 생겼는고 하리라" 아멘.

사람들의 불평과 하나님의 대답이 주어진 다음, 여호와의 종이 노래를 부릅니다. 세 번째 노래입니다. 50장 1-13절에 있습니다. 그에게는 하나님을 향한 신뢰가 있습니다. 하나님께서 주신 능력에 대한 감사와 기쁨과 만족이 있습니다. 담대합니다. 당당합니다. 6-7절입니다. "주 여호와께서 나의 귀를 여셨으므로 내가 거역하지도 아니하며 뒤로 물러가지도 아니하며 나를 때리는 자들에게 내 등을 맡기며 나의 수염을 뽑는 자들에게 나의 뺨을 맡기며 모욕과 침 뱉음을 당하여도 내 얼굴을 가리지 아니하였느니라" 아멘. 여호와의 종은 매 맞는 것도, 수염을 뽑히는 것도, 모욕과 침 뱉음을 당하는 것도 피하지 않습니다. 하나님께서 의도하신 것이라면 종류를 가리지 않습니다. 주는 대로 먹고, 주는 대로 받습니다. 식성도, 기호도, 배알도 없는 것처럼 기꺼이 당합니다. 기쁘게 당합니다. 모욕당하고 침 뱉음을 당함에도 수치스러워하지 않는다고, 수치 당하지 않을 거라 말합니다. 하나님께서 도우실 것을 믿기 때문이죠. 기도를 응답해주시고 약속에 근거하여 일하실 것을 믿기 때문이죠. 얼굴에 부싯돌 깔았습니다. 체면 그런 것 생각하지 않습니다. 오직 하나님께서 이루실 일만 생각하죠.

여호와의 종을 따르는 이들이 있습니다. 그들은 "여호와를 경외하며 그의 종의 목소리를 청종하는 자"(50:10)입니다. "의를 따르며 여호와를 찾아 구하는 너희"(51:1)입니다. 그들은 하나님의 "백성"과 "나라"입니다(51:4). "의를 아는 자들"이고 '마음에 하나님의 율법이 있는 백성들' 입니다(51:7). "여호와께 구속 받은 자들"입니다(51:11). 하나님은 그들의 '위로자' 이십니다(51:12). 그러니 '학대자' 를 두려워할 필요가 없습니다(51:13). 하나님은 "그의 백성의 억울함을 풀어 주시는" 하나님이십니다(51:22).

그러므로 시온은, 예루살렘은 깨어나야 합니다. 51장 17절과 52장 1절입니다. "여호와의 손에서 그의 분노의 잔을 마신 예루살렘이여 깰지어다 깰지어다 일어설지어다 네가 이미 비틀걸음 치게 하는 큰 잔을 마셔 다 비웠도다", "시온이여 깰지어다 깰지어다 네 힘을 낼지어다 거룩한 성 예루살렘이여 네 아름다운 옷을 입을지어다 이제부터 할례받지 아니한 자와 부정한 자가 다시는 네게로 들어옴이 없을 것임이라" 아멘. 드보라의 노래에서 나왔던 표현이지요. 다른 사람들이 어떠하든지 관계없이 하나님의 사람들은 깨어 일어나야 합니다. 52장 2절입니다. "너는 티끌을 털어 버릴지어다 예루살렘이여 일어나 앉을지어다 사로잡힌 딸 시온이여 네 목의 줄을 스스로 풀지어다" 아멘.

이어 40장 9절의 노래가 다시 울려 퍼집니다. 52장 7절입니다. "좋은 소식을 전하며 평화를 공포하며 복된 좋은 소식을 가져오며 구원을 공포하며 시온을 향하여 이르기를 네 하나님이 통치하신다 하는 자의 산을 넘는 발이 어찌 그리 아름다운가" 아멘. 선지자가 기쁩니다. 귀환이 이뤄집니다. 11-12절입니다. "너희는 떠날지어다 떠날지어다 거기서 나오고 부정한 것을 만지지 말지어다 그 가운데에서 나올지어다 여호와의 기구를 메는 자들이여 스스로 정결하게 할지어다 여호와께서 너희 앞에서 행하시며 이스라엘의 하나님이 너희 뒤에서 호위하시리니 너희가 황급히 나오지 아니하며 도망하듯 다니지 아니하리라" 아멘.

이어 종의 네 번째 노래가 울려 퍼집니다. 가장 유명한 노래이지요. 고난주간마다 한 번쯤은 듣는 노래입니다. 52장 13절부터 53장 12절까지에 있지요. 53장 5-8절을 보면, 그분은 우리의 반역 때문에 찔리셨어요. 그분은 우리가 저지른 범죄 때문에 짓이겨지셨어요. 우리 평화의 징계가 그분 위에 있어요. 우리의 회복을 위해 필요한 형벌을 그분이 대신 받으셨어요. 그분의 매 자국은 우리를 치료하기 위하심이었어요. 우리는 예외 없이 모두 다 길을 잃었어요. 사람마다 자기 길로, 자기가 원하는 길로, 자기가 옳다고 생각하는 길로 방향을 틀었어요. 하나님 말씀의 길이 아니라 자기 길로 갔어요. 그러자 여호와께서는 우리가 지은 갖가지 범죄를 그분 안에 두셨어요. 그분은 압제당하셨어요. 그리고 한없이 밟히셨어요. 그래도 그분의 입을 열지 않으셨어요. 죽어야 할 양처럼 끌려가셨어요. 털 깎는 자 앞에 선 암양처럼 잠잠하셨어요. 그분의 입을 전혀 열지 않으셨죠. 입을 열기만 하면 상황을 뒤집으실 수 있었지만, 우리를 위해 죽으시려고 입을 열지 않으셨죠. 압제당하다가 재판받다가 끌려가셨어요. 그분 세대 가운데 누가 생각이나 했을까요? 병든 내 백성의 범법 그것 때문에 그분이 산 자의 땅에서 잘려 나가신 것을요.

사도행전 8장의 구스 내시는 이 구절을 읽으면서 질문이 생겼습니다. "청컨대 내가 묻노니 선지자가 이 말한 것이 누구를 가리킴이냐 자기를 가리킴이냐 타인을 가리킴이냐"(8:34). 이에 "빌립이 입을 열어 이 글에서 시작하여 예수를 가르쳐 복음을 전"했습니다. 인생의 소망 없음, 예수님의 십자가, 소망 없는 인생을 구하시기 위한 예수님의 고난을 설명했습니다.

이 복음의 말씀을 들은 이들에게 복음이 선포됩니다. 약속이 주어집니다. 54장 1-3절입니다. "잉태하지 못하며 출산하지 못한 너는 노래할지어다 산고를 겪지 못한 너는 외쳐 노래할지어다 이는 홀로 된 여인의 자식이 남편 있는 자의 자식보다 많음이라 여호와께서 말씀하셨느니라 네 장막터를 넓히며 네 처소의 휘장을 아끼지 말고 널리 펴되 너의 줄을 길게 하며 너의 말뚝을 견고히 할지어다 이는 네가 좌우로 퍼지며 네 자손은 열방을 얻으며 황폐한 성읍들을 사람 살 곳이 되게 할 것임이라" 아멘. 이 말씀을 붙들고 살았습니다. 아이를 낳지 못했으니까요. 청년 때의 수치가 있었으니까요. 그러나 장막 터를 넓히라는 말씀을 따라 넓혔고, 휘장을 널리 펴라는 말씀을 따라 폈으며, 줄을 길게 하고 말뚝을 견고히 했습니다. 좌우로 퍼졌습니다. 이제는 자손들이 열방을 얻을 것을 기대합니다. 황폐한 성읍들을 사람 살 곳이 되게 할 것을 기대합니다. 두려워하지 않고 놀라지 않습니다. 모든 것이 은혜입니다. 그래서 교만을 멀리합니다.

이제는 교회가 설 것입니다. 54장 11-14절입니다. "너 곤고하며 광풍에 요동하며 안위를 받지 못한 자여 보라 내가 화려한 채색으로 네 돌 사이에 더하며 청옥으로 네 기초를 쌓으며 홍보석으로 네 성벽을 지으며 석류석으로 네 성문을 만들고 네 지경을 다 보석으로 꾸밀 것이며 네 모든 자녀는 여호와의 교훈을 받을 것이니 네 자녀에게는 큰 평안이 있을 것이며 너는 공의로 설 것이며 학대가 네게서 멀어질 것인즉 네가 두려워하지 아니할 것이며 공포도 네게 가까이하지 못할 것이라" 아멘. "여호와의 종들"이 세워집니다. 54장 17절입니다. "너를 치려고 제조된 모든 연장이 쓸모가 없을 것이라 일어나 너를 대적하여 송사하는 모든 혀는 네게 정죄를 당하리니 이는 여호와의 종들의 기업이요 이는 그들이 내게서 얻은 공의니라 여호와의 말씀이니라" 아멘. '여호와의 종'을 따르는 이들입니다.

이들에게 명령과 약속이 주어집니다. 55장입니다. 1-3절입니다. "오호라 너희 모든 목마른 자들아 물로 나아오라 돈 없는 자도 오라 너희는 와서 사 먹되 돈 없이, 값 없이 와서 포도주와 젖을 사라 너희가 어찌하여 양식이 아닌 것을 위하여 은을 달아 주며 배부르게 하지 못할 것을 위하여 수고하느냐 내게 듣고 들을지어다 그리하면 너희가 좋은 것을 먹을 것이며 너희 자신들이 기름진 것으로 즐거움을 얻으리라 너희는 귀를 기울이고 내게로 나아와 들으라 그리하면 너희의 영혼이 살리라 내가 너희를 위하여 영원한 언약을 맺으리니 곧 다윗에게 허락한 확실한 은혜이니라" 아멘. "다윗에게 허락한 확실한 은혜" 이것이 뭘까요? 번역 수정이 필요합니다. '다윗의 인자들, 확실한 것' 입니다. 이 부분이 사도행전 13장 34절에 이렇게 인용됩니다. "내가 다윗의 거룩하고 미쁜 은사를 너희에게 주리라" 아멘. '다윗의 은사' 입니다. 거룩하고 미쁜 은사입니다. 다윗이 받은 인자가 아니고, 다윗이 베푼 인자입니다. 다윗의 인자는 성전과 관계됩니다. 다윗으로 인해 예배가 회복됩니다. 여호와의 종을 통해, 예수님을 통해, 성전과 예배가 회복됩니다.

그래서 이어지는 말씀이 55장 6-13절과 같습니다. 예배자들이 돌아옵니다. 예배가 회복됩니다. 예배의 은혜가 열매로 맺힙니다. 이것이 다윗이 이스라엘에게 베푼 은혜입니다. 그는 성전 설계도를 그렸고, 성전을 지을 수 있는 모든 준비를 마칩니다. 이 은혜가 예수 그리스도를 통해 주어졌습니다. 그래서 우리는 예배합니다. 예배를 통해 함께 지어집니다. 성전으로 함께 지어져 갑니다.

하나님의 개입을 즐거워하기를, 하나님의 개입에 대한 무관심과 교만을 버리기를, 하나님의 하나님 되심을 이해하기를, 우상을 버리기를, 믿음의 용사가 되기를, 예배자가 되기를, 하나님의 종들로 살기를 기도합니다.

질의와 응답

하나. "법정 단락에서 하나님께서 창조주이시고 구원자이심이 드러납니다. 법정 단락의 기능이 무엇인가요?"

성경은 증언입니다. 영어로 Testament라고 하지요. 하나님께서 어떤 분이신지 증언하고 증거를 줍니다. 증거 및 증언과 부합되는 장소가 법정입니다. 최후의 심판도 법정에서 이뤄집니다. 우리 일상과 무관해 보이지만, 우리 삶의 자리가 법정입니다. 우리 삶의 자리에는 증인의 증언이 있고 증거도 있습니다.

둘. "여행과 법정 모티브가 성경에서 중요하나요?"

여행은 '길'을 따라 이뤄집니다. '길'은 '방법 및 태도'와 연결됩니다. 복음을 '길 도(道)'의 뜻을 가진 '호도스'로 표현하기도 합니다. 그리고 삶은 책임져야 할 우리 각자의 몫입니다. 각자의 몫과 관련해서 하나님의 법정에 서겠지요. 하나님의 법정에 담대히 서려면, 하나님과 닮은 삶의 방식과 태도로 삶을 살아내야겠네요. 그 길이 되시는 분이 예수님입니다. "내가 곧 길이요 진리요 생명이니 나로 말미암지 않고는 아버지께로 올 자가 없느니라"(요 14:6) 아멘.

셋. "이사야 43장 19절의 '새 일'이 무엇일까요? 여호와의 종은 누구일까요?"

'새 일'은 '출애굽과 귀환 이후의 어떤 것'입니다. '예수 그리스도를 믿는 믿음으로 하나님을 예배하는 것'이라고 하면 될 것 같은데, 설명이 필요하겠죠? 여호와의 종의 '과거'는 다윗이고, '가까운 미래'는 고레스이며, '먼 미래'는 예수님입니다. 모두 성전 및 예배 회복과 관계됩니다. 출애굽도 예배를 위한 것이었고, 귀환도 예배를 위한 것이었습니다. 하나님께서 하신다는 '새 일'도 예배와 관련이 있습니다. 온전한 제물이신 예수님께서 단번에 드리신 제사에 기초한 우리의 예배, 그것이 하나님께서 궁극적으로 이루고자 하신 '새 일'이겠습니다.

넷. "도입 시에서, 모세는 하나님 종 됨을 싫어하고 삼손은 하나님 종 됨을 괴로워했다고 표현하셨는데, 왜들 그랬을까요?"

모세는 하나님의 종이 어떤 것인지 알게 되었지요. 선한 의도로 좋은 일을 하더라도 오해받고 비난받는 신세입니다. 그러니 싫었지요. 삼손은 선택권이 없었습니다. 태어나기 전부터 나실인이었으니까요. 비밀을 말하지 못하는 괴로움이 있습니다. 단 지파인데, 이웃 지파인 유다 지파가 도와주지 않습니다. 되려 결박해서 블레셋에 넘겨줍니다. 1인 군대의 괴로움이 있습니다. 람보나 터미네이터, 어벤져스의 괴로움이지요.

다섯. "출애굽이 더 웅장하고 좋아 보이는데, 왜 기억하지 말라고 하시나요? 왜 출바벨론이 '새 일'과 관련되나요?"

출애굽은 첫째 은혜 같습니다. 새로 믿게 된 이들이 누리는 유익과 같습니다. '해방'입니다. 그러나 포로로 끌려감은 '추방'입니다. 누리던 것을 빼앗겼습니다. 온전해지는 과정입니다. 남을 위한 삶과 관계됩니다. 둘째 은혜 같은 것이지요. 내가 태어나는 출생으로 축하받습니다. 귀하고 복됩니다. 그런데 해산의 수고를 통해 아이를 낳고 받는 축하가 있습니다. 출애굽이 출생이라면, 출바벨론은 출산입니다.

Weekly Reading

37

이사야 56장 – 예레미야 10장

"소망과 고난"

사 56-58장	사 59-61장	사 62-64장	사 65장-렘 1장	렘 2-4장	렘 5-7장	렘 8-10장

check

이번 통독은 '여호와의 종을 통한 우주적인 회복' 을 다루는 이사야 56-66장과 '하나님 백성 추방의 현장' 에 있었던 예레미야 선지자의 서설과 같은 1-10장입니다. '총체적 회복' 을 읽고서 '처참한 패망' 을 읽으니 마음이 아픕니다. 그러나 이사야서의 회복도 '여호와의 종' 의 고난으로 주어지는 것이니 이상하지 않습니다.

소망과 고난

I.
소망에서 고난을 예상하고
고난에서 소망을 발견한다.

종의 노래에서 소망을 발견하고
종의 고난에서 절대 변치 않을 소망을 발견한다.

고난 없이 소망이 이뤄지면 안 될까?
고난이 없다면 소망이 일그러지지 않을 것 같다.

II.
일그러진 소망도 소망인가?

일그러진 마음과 얼굴에서 고난을 읽는다.

고난과 고통의 문제
사회정의가 젊은이들의 가슴을 찢는다.

찢긴 가슴에서
소망이 빠져나간다.

III.
인간의 소망
무엇을 일궈낼 수 있는가?

따스한 위로와 풍요가
소망을 주고 소망일 수 있는가?

그렇다면 오늘 나는
따뜻한 아랫목, '이밥에 고깃국'을 추구하겠다.

IV.
빌딩 숲, 문명의 이기(利器)에서 풍요를 읽는다.
알록달록 간판에서 예상되는 위로가 있다.

돈으로만 얻을 수 있는 풍요와 위로가
도시를 채운다.

콘크리트 벽 두꺼울수록
단열 잘 되고 내부는 화려하다.

V.
우리 이제 어떤 집을 지을까?
안전과 풍요로 채울 캐슬[성]을 지을까?

아무나 들어올 수 없는 집
소망도 들어올 수 없는 집

안전하고 풍요로우면서도
소망도 들어올 수 있는 집은 없을까?

VI.
이사야 노래한다,
그런 집 여호와의 종께서 지으신다고.

예레미야 노래한다,
일단 부서져야 지을 수 있다고.

부서져야 지어지니 고난과 고통이 있고,
새 은혜로 지은 집이니 기쁨 소망 넘친다.

VII.
변혁은 고통을 수반하고
일그러진 뒤에 참 미소 있으니,

말씀과 하나님의 능력을 믿고
고난의 바다로 뛰어 들어간다.

차갑지만
어느새 온기 주는 바다로

여호와의 종의 은혜, 다윗의 은혜로 예배가 회복됩니다. 예배가 회복되면 쉼이 있습니다. '쉼' 의 대명사 '안식' 이 실현됩니다. '복, 언약, 성산' 이 언급됩니다. 56장 7절은 '예수님의 성전 청결' 과 관련하여 인용된 말씀입니다. "내가 곧 그들을 나의 성산에서 인도하여 기도하는 내 집에서 그들을 기쁘게 할 것이며 그들의 번제와 희생을 나의 제단에서 기꺼이 받게 되리니 이는 내 집은 만민이 기도하는 집이라 일컬음이 될 것임이라" 아멘. 하나님의 집은 '기도의 집' 입니다. 누구라도 와서 형편을 아뢰고 상황 변개(變改)를 구할 수 있는 곳입니다. 죄는 사해집니다. 관계는 회복됩니다. 하나님의 선하고 아름다운 뜻이 이뤄집니다. 하나님의 도움이 없이는 일어나지 않는 일들이 일어납니다.

그런데, 예수님 당시 바리새인과 서기관들이 천국 가는 길을 막아선 것처럼, 이사야 당시에도 하나님 나라 입성의 길을 막아서는 이들이 있습니다. 56장 10-12절입니다. "이스라엘의 파수꾼들은 맹인이요 다 무지하며 벙어리 개들이라 짖지 못하며 다 꿈꾸는 자들이요 누워 있는 자들이요 잠자기를 좋아하는 자들이니 이 개들은 탐욕이 심하여 족한 줄을 알지 못하는 자들이요 그들은 몰지각한 목자들이라 다 제 길로 돌아가며 사람마다 자기 이익만 추구하며 오라 내가 포도주를 가져오리라 우리가 독주를 잔뜩 마시자 내일도 오늘 같이 크게 넘치리라 하느니라" 아멘. '탐욕, 몰지각, 자기 이익' 이 그들의 상태를 잘 표현해 줍니다.

하나님께서는 이들을 심지어 '무당의 자식, 간음자와 음녀의 자식' 으로까지 부르십니다(57:3). 그들의 우상숭배가 심각합니다. 그럼에도, 하나님은 '겸손과 통회' 로 회복이 가능하다고 말씀하십니다. 57장 15-19절입니다. "지극히 존귀하며 영원히 거하시며 거룩하다 이름하는 이가 이와 같이 말씀하시되 내가 높고 거룩한 곳에 있으며 또한 통회하고 마음이 겸손한 자와 함께 있나니 이는 겸손한 자의 영을 소생시키며 통회하는 자의 마음을 소생시키려 함이라 내가 영원히 다투지 아니하며 내가 끊임없이 노하지 아니할 것은 내가 지은 그의 영과 혼이 내 앞에서 피곤할까 함이라 그의 탐심의 죄악으로 말미암아 내가 노하여 그를 쳤으며 또 내 얼굴을 가리고 노하였으나 그가 아직도 패역하여 자기 마음의 길로 걸어가도다 내가 그의 길을 보았은즉 그를 고쳐 줄 것이라 그를 인도하며 그와 그를 슬퍼하는 자들에게 위로를 다시 얻게 하리라 입술의 열매를 창조하는 자 여호와가 말하노라 먼 데 있는 자에게든지 가까운 데 있는 자에게든지 평강이 있을지어다 평강이 있을지어다 내가 그를 고치리라 하셨느니라" 아멘. 탐심과 패역이 떠나고 위로와 평강이 옵니다. 요엘을 통해 울라시던 하나님의 초청이 들립니다.

탐심과 패역을 버리고 위로와 평강으로 돌아오는 길에 걸림돌이 있습니다. 겉으로만 예배를 드리는 것입니다. 하나님께서 기뻐하지 않으시는 금식입니다. 금식이 나뉩니다. '여호와께서 기뻐하시는 금식' 과 '여호와께서 기뻐하시지 않는 금식' 입니다(58:5-7). 기득권 주장 없이, 진리에 기초한 자유, 창조 섭리를 따르는 자유가 있을 때, 하나님께서 기뻐하십니다. 하나님께 기쁨을 드리는 이들에게는 세상의 위로, 돈으로 살 수 있는 풍요가 아니라, 하늘 위로와 영원한 풍요가 약속됩니다(58:11-12, 14).

평생을 나무와 함께한 니시오카 츠네카즈씨의 말입니다. "노목이지만 그중에는 어린나무처럼 가지와 잎의 기세가 좋은 나무도 있었습니다. 그런 나무는 분명 속이 비어 있습니다. 나이에 걸맞은 풍격(風格)이 있는 나무는 속까지 꽉 차 있었습니다. 나이에 맞는 모양을 한 나무는 껍질에서부터 속까지 충실합니다. 고목인데도 싱싱하고 푸른 잎에 기세가 있는 나무는 반드시 속이 텅텅 비어있습니다. 나무는 속이 비어있으면 껍질 부분만 생장시키면 되기 때문에 양분이 외관으로 과도하게 공급되어 어린나무처럼 보이는 게 아닐까요?" (『호류지를 지탱한 나무: 1300년을 견딘 나무의 비밀』).

'노목인데 겉이 너무 어린나무는 속이 비어있다.' 이런 깨달음입니다. 그렇죠. 사람도 나이가 들면 머리도 하얗게 되고 피부에서 윤기도 사라지고 눈도 좀 침침해야 정상이지요. 노인이 너무 노인 같지 않아도 이상합니다. 신자는 어떤가요? 신앙 연륜이 깊어지면 겉 불이 꺼지고 속 불이 붙는 것 같습니다. 젊었을 때의 패기나 용기보다는 불꽃 같은 눈매가 돋보입니다. 심령을 뚫어보는 눈입니다. 다른 것보다 죄를 걸러냅니다.

이사야서 58장의 핵심은 2절에 있습니다. 2절을 보면, 아무 문제 없어 보입니다. 그런데, 1절의 마지막은 "내 백성에게 그들의 허물을, 야곱의 집에 그들의 죄를 알리라" 말씀합니다. '허물' 과 '죄' 를 말씀하시는데, 2절의 모습에서 허물과 죄를 발견하기가 어렵습니다. 2절입니다. "그들이 날마다 나를 찾아 나의 길 알기를 즐거워함이 마치 공의를 행하여 그의 하나님의 규례를 저버리지 아니하는 나라 같아서 의로운 판단을 내게 구하며 하나님과 가까이하기를 즐거워 하는도다" 아멘. '의로운 판단' 을 하나님께 구하고 하나님을 가까이하는데 뭐가 문제죠?

'의로운 판단' 이라는 단어가 독특합니다. 법에 기초한 의('미쉬파뜨')와 하나님의 절대적인 의('쩨덱')가 묶인 표현입니다. 구약성경에서 한 번밖에 나오지 않는 표현입니다. 굳이 의미를 적어 보자면, '하나님의 절대적인 의' 로 '법에 기초한 의' 를 한정합니다. 법이 옳고 그름을 정합니다. 그런데 그 옳고 그름을 하나님의 의를 가져와 달리 판단합니다. 왠지 더 좋을 것 같습니다. 하나님의 절대적인 의가 법에 기초한 의보다 더 상위법처럼 보이기 때문입니다. 그런데, 여기에 함정이 있습니다. 법이라는 것이 하나님에게서 비롯되었기 때문입니다. 율법이 하나님에게서 비롯되었습니다. '율법의 의' 는 '하나님의 의' 안에 있습니다. 그런데 율법을 지키고 싶지 않습니다. 아니, 율법을 내 쪽으로 끌어들여 내가 원하는 방향으로 해석하고 적용하고 싶습니다. 이때 하나님을 끌어들입니다. 분명 법이 금하는 내용이지만, 하나님을 끌어들여 가능하게 만듭니다.

예로 금식이 제시됩니다. 금식하기 때문에 다른 법을 어겨도 된다고 생각합니다. 3절을 보면, 하나님을 핑계 삼아 법을 어기는 이들의 말이 소개됩니다. "우리가 금식하되 어찌하여 주께서 보지 아니하시오며 우리가 마음을 괴롭게 하되 어찌하여 주께서 알아주지 아니하시나이까" 이렇게 말합니다. '금식까지 하는데 알아주셔야죠. 우리 편을 들어주셔야죠.' 이런 입장입니다. 이에 대한 하나님의 대답이 3절 뒷부분부터 나옵니다. "보라 너희가 금식하는 날에 오락을 구하며 온갖 일을 시키는도다" 아멘. "온갖 일을 시키는도다"의 대체역이 각주에 소개됩니다. "너희 역군을 압제하는도다" 입니다. 금식하면서도 악덕 기업주 역할을 합니다.

4절도 봅니다. "보라 너희가 금식하면서 논쟁하며 다투며 악한 주먹으로 치는도다 너희가 오늘 금식하는 것은 너희의 목소리를 상달하게 하려는 것이 아니니라" 아멘. 금식하는 사람이 논쟁하고 다투며 악한 주먹으로 칩니다. 하나님께 기도하는 것이 아닙니다. 금식으로 자신의 경건을 나타내지만, 전혀 경건하지 않습니다. 노목(老木)이지만 겉은 어린나무 같습니다.

5절도 봅니다. "이것이 어찌 내가 기뻐하는 금식이 되겠으며 이것이 어찌 사람이 자기의 마음을 괴롭게 하는 날이 되겠느냐 그의 머리를 갈대 같이 숙이고 굵은 베와 재를 펴는 것을 어찌 금식이라 하겠으며 여호와께 열납될 날이라 하겠느냐" 아멘. 금식하는 이들의 모습이 잘 묘사됩니다. 머리를 갈대 같이 숙입니다. 벼가 익을수록 고개를 숙인다고 하니, 겉으로는 겸손합니다. 굵은 베옷을 입었습니다. 복장은 분명 통회하는 자의 복장입니다. 재를 폈습니다. 재를 펴고 앉고 머리에 재를 뿌리니 분명 겉은 회개하는 자입니다. 그러나 그들의 마음은 괴롭지 않습니다. 다른 사람을 압제하고 자기가 옳다고 주장하며 싸우면서 주먹질까지 합니다.

이들은 분명 겉으로는 경건하지만, 마음은 경건하지 않습니다. 이제 2절을 다시 봅니다. "그들이 날마다 나를 찾아 나의 길 알기를 즐거워함이 마치 공의를 행하여 그의 하나님의 규례를 저버리지 아니하는 나라 같아서 의로운 판단을 내게 구하며 하나님과 가까이하기를 즐거워 하는도다" 아멘. 중간에 이런 표현이 있습니다. "마치 공의를 행하여 그의 하나님의 규례를 저버리지 아니하는 나라 같아서"입니다. '마치 같아서' 에는 실제로는 아니라는 의미도 가능합니다. 마치 하나님의 의를 행하는 자 같고, 마치 하나님의 규례를 저버리지 않는 자 같습니다. 그러나 그들은 하나님의 율법이라도 하나님을 설득하여 바꾸려 합니다.

떼쓰는 자식과 같습니다. 아빠가 '안 돼!' 이렇게 분명하게 말했지만, '아빠, 아빠는 나를 사랑하잖아요.' 하면서 끝까지 자기 뜻을 관철하려는 자식과 같습니다. 아빠가 사랑하니까 '안 된다.' 말했는데, 사랑하니까 된다고 주장합니다. 이들은 날마다 하나님을 찾습니다. 하나님의 길 알기를 즐거워하는 것처럼 보입니다. 아니 즐거워합니다. 그러나 하나님의 길 행하는 것은 전혀 즐거워하지 않습니다. 하나님의 뜻을 알려고만 합니다. 행하려고는 하지 않습니다. 하나님을 가까이하지만, 하나님을 닮을 마음은 없습니다.

'오, 대단합니다. 하나님을 경외하여 가난하지만 불평하지 않는군요. 헌신도가 대단해요. 적은 월급을 받고도 많은 일을 하는군요. 매우 좋아요.' 이렇게 말하지만, 자신은 적은 월급을 싫어하는 것과 같습니다. 헌신하지 않는 것과 같습니다. '오, 대단해요.' 말하는 칭찬으로 곰으로 재주 부리게 합니다. 그러나 자신은 곰이 부리는 재주를 통해 얻는 수입을 즐거워합니다.

이런 일이 있습니까? 있습니다. 봤습니까? 분명하게 봤습니다. 하나님을 경외하는 것 같고, 경외하는 이들을 칭찬하지만, 자신은 하나님 경외 통한 어려움을 피하는 이들입니다. 설거지 잘한다고 칭찬합니다. 그러나 자신은 안 합니다. 청소 잘한다고 칭찬합니다. 그러나 자기는 전혀 안 합니다. 헌금 많이 한다고 칭찬합니다. 그러나 자신은 인색합니다. 사랑, 사랑 말하지만, 긍휼함이 전혀 없습니다. 정의를 외치지만, 전혀 정의롭지 않습니다. '마치 같이' 삽니다.

솔직해집시다. 사랑이 없으면 사랑이 없다고 말하고, 헌신하고 싶지 않으면 헌신하고 싶지 않다고 말합시다. 겉만 번지르르한 빛 좋은 개살구 같은 이들에게 하나님께서 말씀하십니다. 정말 이해하기 쉽게 말씀하십니다. 6절입니다. "내가 기뻐하는 금식은 흉악의 결박을 풀어 주며 멍에의 줄을 끌러 주며 압제 당하는 자를 자유하게 하며 모든 멍에를 꺾는 것이 아니겠느냐" 아멘. 경건하다면 사람을 얽어매지 말아야지요. 나도 자유로워야 하지만 남도 자유롭게 해줘야 맞습니다. 7절도 봅니다. "또 주린 자에게 네 양식을 나누어 주며 유리하는 빈민을 집에 들이며 헐벗은 자를 보면 입히며 또 네 골육을 피하여 스스로 숨지 아니하는 것이 아니겠느냐" 아멘. 이해되지 않는 표현은 하나도 없습니다. 금식이 일상과 구별될 수 없다고 하십니다. 경건의 모양이 능력과 연계되어야 한다고 말씀하십니다.

약속을 주십니다. 네가 그러기만 하면 달라질 거라 말씀하십니다. 8-12절입니다. "그리하면 네 빛이 새벽같이 비칠 것이며 네 치유가 급속할 것이며 네 공의가 네 앞에 행하고 여호와의 영광이 네 뒤에 호위하리니 네가 부를 때에는 나 여호와가 응답하겠고 네가 부르짖을 때에는 내가 여기 있다 하리라 만일 네가 너희 중에서 멍에와 손가락질과 허망한 말을 제하여 버리고 주린 자에게 네 심정이 동하며 괴로워하는 자의 심정을 만족하게 하면 네 빛이 흑암 중에서 떠올라 네 어둠이 낮과 같이 될 것이며 여호와가 너를 항상 인도하여 메마른 곳에서도 네 영혼을 만족하게 하며 네 뼈를 견고하게 하리니 너는 물 댄 동산 같겠고 물이 끊어지지 아니하는 샘 같을 것이라 네게서 날 자들이 오래 황폐된 곳들을 다시 세울 것이며 너는 역대의 파괴된 기초를 쌓으리니 너를 일컬어 무너진 데를 보수하는 자라 할 것이며 길을 수축하여 거할 곳이 되게 하는 자라 하리라" 아멘.

물 댄 동산입니다. 밭에 물을 댔습니다. 식물이 잘 자랍니다. 물이 끊어지지 아니하는 샘입니다. 여기 '끊어지지 않는다.'를 위해 '거짓말을 안 한다.' 하는 표현을 썼습니다. 물 근원이 거짓말을 안 합니다. 물이 나올 것 같은데, 물이 나오지 않는 거죠. 여름에 설악산 오색약수터를 갔습니다. 물이 나오지 않습니다. 관광지 개발이 많이 되었습니다. 그런데 정작 약수물이 나오지 않습니다. 경건 능력이 있는 자는 거짓말을 안 합니다. 무너진 데를 보수하는 자입니다. 특별히 벽에 금이 간 것을 수리하는 자입니다. 수리하지 않으면 벽이 무너집니다. 집이 무너집니다. 경건한 자는 수리하는 자입니다. 길을 수축하여 거할 곳이 되게 하는 자입니다. 길이 가시덤불에 막히면 집으로 들어갈 수가 없습니다. 경건한 자는 길을 내는 자입니다.

진짜 경건한 자가 되십시오. 정말 살리는 자가 되십시오. 아이를 낳는 자가 되십시오. 병자를 고치고 주린 자를 먹이는 자가 되십시오. 억압하는 자 말고 자유를 주는 자가 되십시오. 문제를 가리는 자 말고, 해결하는 자가 되십시오. 교회가 비대면으로 모이는데 심각한 사회 문제가 해결되겠습니까? 점점 더 안 됩니다. 망하기로 작정한 것 같습니다.

예배드리러 모인 우리는 정말 경건해야겠습니다. 사람으로부터 자유하고 하나님께 매이기를 바랍니다. 13-14절입니다. 요약하십니다. "만일 안식일에 네 발을 금하여 내 성일에 오락을 행하지 아니하고 안식일을 일컬어 즐거운 날이라, 여호와의 성일을 존귀한 날이라 하여 이를 존귀하게 여기고 네 길로 행하지 아니하며 네 오락을 구하지 아니하며 사사로운 말을 하지 아니하면 네가 여호와 안에서 즐거움을 얻을 것이라 내가 너를 땅의 높은 곳에 올리고 네 조상 야곱의 기업으로 기르리라 여호와의 입의 말씀이니라" 아멘.

우리의 즐거움을 좇지 않으면 여호와 안에서 즐거움을 얻을 것입니다. 그러나 우리의 즐거움을 위해, 심지어 하나님까지 겁박하는 가증한 자가 된다면, 망하는 길 외에 다른 길은 없습니다. 그래서 1절처럼 말씀하십니다. "크게 외치라 목소리를 아끼지 말라 네 목소리를 나팔 같이 높여 내 백성에게 그들의 허물을, 야곱의 집에 그들의 죄를 알리라" 아멘. 정말 주님을 사랑하십니까? 정말 하나님을 신뢰하십니까? 정말 하나님께서 천지를 지으셨다고 믿으십니까? 그런데 그렇게 사십니까?

부디 겉과 속이 일치되시기를 바랍니다. 오락이 아니라 주님을 찾으시길 바랍니다. 그러면 물 댄 동산이 됩니다. 거짓말하지 않는 샘이 됩니다. 벽을 고쳐 무너지지 않게 합니다. 길을 고쳐 사람이 다니게 만듭니다. 주님이 우리의 빛을 새벽빛같이 밝히신다고 약속하십니다. 치유가 빠를 것이라 약속하십니다. 의가 앞서 행하고 여호와의 영광이 뒤에서 호위할 거라 약속하십니다. 그런 거 싫으십니까? 그저 내가 원하는 것 하는 게 좋습니까? 아니라면, 금식에 맞는 삶을 살고, 예배자에 부합되는 마음을 가집시다. 다른 것 다 관두고 신자답게 삽시다.

거짓과 허무는 악이 되어 하늘 위로와 영원한 풍요로 가는 길을 막습니다. '거짓과 허무'가 '독사의 알과 거미의 줄'로 표현됩니다. 59장 5-6절입니다. "독사의 알을 품으며 거미줄을 짜나니 그 알을 먹는 자는 죽을 것이요 그 알이 밟힌즉 터져서 독사가 나올 것이니라 그 짠 것으로는 옷을 이룰 수 없을 것이요 그 행위로는 자기를 가릴 수 없을 것이며 그 행위는 죄악의 행위라 그 손에는 포악한 행동이 있으며" 아멘. 거짓은 그 자체가 독이 되어 거짓된 자를 죽이고, 허무는 무능하여 허무로 무장한 자를 보호하지 못합니다. 소망을 이루는 고난은 없고 파멸로 몰아가는 거짓과 허무만 난무합니다. 이에 하나님께서는 '구속자'를 보내십니다. 59장 16-21절에 있습니다. 20-21절만 봅니다. "여호와의 말씀이니라 구속자가 시온에 임하며 야곱의 자손 가운데에서 죄과를 떠나는 자에게 임하리라 여호와께서 이르시되 내가 그들과 세운 나의 언약이 이러하니 곧 네 위에 있는 나의 영과 네 입에 둔 나의 말이 이제부터 영원하도록 네 입에서와 네 후손의 입에서와 네 후손의 후손의 입에서 떠나지 아니하리라 하시니라 여호와의 말씀이니라" 아멘. 예수님을 믿는다는 것은 '거짓과 허무'를 벗는다는 것을 의미합니다.

거짓과 허무를 떠나 하나님께서 기뻐하시는 예배를 드릴 때, 비로소 여호와의 종과 같은 예배자들이 일어납니다. 60장 1절과 18-20절입니다. "일어나라 빛을 발하라 이는 네 빛이 이르렀고 여호와의 영광이 네 위에 임하였음이니라", "다시는 강포한 일이 네 땅에 들리지 않을 것이요 황폐와 파멸이 네 국경 안에 다시 없을 것이며 네가 네 성벽을 구원이라, 네 성문을 찬송이라 부를 것이라 다시는 낮에 해가 네 빛이 되지 아니하며 달도 네게 빛을 비추지 않을 것이요 오직 여호와가 네게 영원한 빛이 되며 네 하나님이 네 영광이 되리니 다시는 네 해가 지지 아니하며 네 달이 물러가지 아니할 것은 여호와가 네 영원한 빛이 되고 네 슬픔의 날이 끝날 것임이라" 아멘. '다시는'이라는 표현이 눈에 띕니다.

이어지는 22절은 어느 선교사님이 마음에 품은 대표 구절이지요. '작은 자'와 '약한 자'에 대한 약속입니다. 그 '작은 자와 약한 자'가 고백합니다. 61장 1-3절입니다. "주 여호와의 영이 내게 내리셨으니 이는 여호와께서 내게 기름을 부으사 가난한 자에게 아름다운 소식을 전하게 하려 하심이라 나를 보내사 마음이 상한 자를 고치며 포로된 자에게 자유를, 갇힌 자에게 놓임을 선포하며 여호와의 은혜의 해와 우리 하나님의 보복의 날을 선포하여 모든 슬픈 자를 위로하되 무릇 시온에서 슬퍼하는 자에게 화관을 주어 그 재를 대신하며 기쁨의 기름으로 그 슬픔을 대신하며 찬송의 옷으로 그 근심을 대신하시고 그들이 의의 나무 곧 여호와께서 심으신 그 영광을 나타낼 자라 일컬음을 받게 하려 하심이라" 아멘. 누가복음 4장을 보면, 예수께서 이 구절을 읽으시고, "이 글이 오늘 너희 귀에 응하였느니라"(눅 4:21) 말씀하셨지요.

이제 예수님으로 인해 사람들이 일어납니다. 제자들입니다. 그들에 대한 말씀입니다. 61장 4-9절에 있습니다. 구원자와 그를 통해 일어나는 일꾼들의 모습이 한 번 더 소개됩니다. 61장 10절에서 62장 12절까지에 있습니다. '여호와 영의 기름 부음'이 이번에는 '혼인 잔치'로 소개됩니다. 이때 등장하는 표현이 유명한 '헵시바'와 '쁄라'입니다. 62장 4-5절입니다. "다시는 너를 버림 받은 자라 부르지 아니하며 다시는 네 땅을 황무지라 부르지 아니하고 오직 너를 헵시바라 하며 네 땅을 쁄라라 하리니 이는 여호와께서 너를 기뻐하실 것이며 네 땅이 결혼한 것처럼 될 것임이라 마치 청년이 처녀와 결혼함 같이 네 아들들이 너를 취하겠고 신랑이 신부를 기뻐함 같이 네 하나님이 너를 기뻐하시리라" 아멘. 여호와의 '종'과 '종들'의 관계가 '부부' 관계로 표현되니, 바울 사도가 이렇게 말했습니다. "내가 하나님의 열심으로 너희를 위하여 열심을 내노니 내가 너희를 정결한 처녀로 한 남편인 그리스도께 드리려고 중매함이로다 그러나 나는 뱀이 그 간계로 하와를 미혹한 것 같이 너희 마음이 그리스도를 향하는 진실함과 깨끗함에서 떠나 부패할까 두려워하노라"(고후 11:2-3) 아멘.

'고난의 종, 여호와의 영으로 채워져 자유를 주는 구원자, 교회의 신랑'이신 그리스도가 심판자로 오십니다. '임마누엘, 그리스도, 주'가 되시는 예수님의 심판 사역이 소개됩니다. 마치 이스라엘의 대적처럼, 에돔에서 에돔의 수도 보스라에서 옵니다. 그러나 그분은 신적 존재이며, 온 땅과 만민을 심판하시는 분입니다. 63장 1-6절에 있습니다. 이 모든 것을 듣고 보고 선지자가 깨닫습니다. 하나님의 구원 시나리오가 보입니다.

이에 기도합니다. 이사야 63장 7절부터 64장까지는 기도입니다. 읽으면 읽을수록 은혜가 되는 말씀이죠. 63장 7절입니다. "내가 여호와께서 우리에게 베푸신 모든 자비와 그의 찬송을 말하며 그의 사랑을 따라, 그의 많은 자비를 따라 이스라엘 집에 베푸신 큰 은총을 말하리라" 아멘. 이 구절에서 가장 중요한 동사는 번역되지는 않았지만

'기억하다.' 입니다. 기도자는 먼저 기억합니다. 하나님의 자비를 기억합니다. 또한 '그의 찬송' 을 기억합니다. 여기서 '그' 는 '하나님' 을 가리킵니다. '하나님의 찬송' 이 뭘까요? '하나님의 노래' 이렇게 표현하면 더 잘 와닿을 것 같습니다. 하나님은 무슨 노래를 부르실까요? 예수님은 십자가 위에서 '엘리 엘리 라마 사박다니' 노래하셨습니다.

시편의 노래는 하나님의 노래입니다. 믿는 신자들이 하나님을 경외하지 않는 사람들 틈에 살면서 하나님의 마음을 받고 그분의 성품을 닮아 가면서 부른 노래입니다. 그러니 하나님의 노래입니다. 하나님 마음에 합했던 다윗이 가장 많이 시간을 할애한 영역은 노래였습니다. 전쟁도 아니고 왕권 유지를 위해 백성의 마음을 얻는 것도 아니었습니다. 신자는 하나님의 자비와 그분이 부르신 노래를 기억합니다. '우리에게 베푸신 모든 자비' 에서 '베푸신' 이라는 단어는 '아이에게 젖을 먹이는 것' 을 표현할 때 사용하는 단어입니다. 하나님의 자비가 마치 어머니가 갓난아이에게 젖을 먹이듯 백성들에게 베풀어졌음을 기억합니다. 우리에게 젖을 먹이신 것에 근거하여 이스라엘에게 베푸신 좋은 것이 많음에 근거하여 그분의 자비와 노래를 기억합니다. 어린아이가 엄마 품에서 들었던 노래를 기억하듯, 하나님 품속에서 들었던 그분의 노래를 기억합니다.

63장 8절에 그분의 노래 가사가 있습니다. "그들은 실로 나의 백성이요 거짓을 행하지 아니하는 자녀라" 아멘. 하나님께서 '내 백성, 내 아들들' 이라며 노래하십니다. 하나님은 그 노래를 부르며 그들의 구원자가 되셨습니다. 63장 9절은 이러한 하나님의 구원을 더욱 자세하게 설명합니다. 그분은 백성의 고난과 환란에 동참하셨습니다. 사자를 보내서 구원하셨습니다. 사랑과 자비로 구속하셨습니다. 한편으로 보복하셨습니다. 조정하셨습니다. 긴 세월 안아 올리고 세우셨습니다. 신자의 삶이란 하나님과의 이런 추억이 있는 삶입니다. 이런 추억은 우리의 삶에서 말씀대로 사는 근거와 힘이 됩니다. 우리 역시 사랑하고 노래하게 됩니다.

그런데 이처럼 자비와 긍휼이 풍성하시고 갓난아이를 돌보듯 이스라엘 백성을 돌보신 하나님에 대한 이스라엘의 반응은 우리가 잘 알 듯 반역이었습니다. 63장 10절입니다. "그들이 반역하여 주의 성령을 근심하게 하였으므로 그가 돌이켜 그들의 대적이 되사 친히 그들을 치셨더니" 아멘. 이스라엘은 하나님의 사랑을 긴 세월 받았지만, 하나님에게서 멀어져 갔습니다. 반역은 대부분 태도에서 표현됩니다. 붙지 않고 떨어짐니다. 그런데 이에 대한 하나님의 반응은 "돌이켜 그들의 대적이 되사 친히 그들을 치셨더니"입니다. 하나님은 이스라엘을 멀리하시지 않고 그들에 대한 태도를 바꾸십니다. 대적이 되고 그들을 치는 자가 되십니다. 무관심이 아니고 강한 관심을 표현하십니다. 질투의 하나님이라 불리는 이유가 여기에 있습니다. 요엘서 2장 18절에도 표현되었지요. "그 때에 여호와께서 자기의 땅을 극진히 사랑하시어 그의 백성을 불쌍히 여기실 것이라" 아멘.

하나님의 강한 관심의 결과가 63장 11-14절의 '기억'에 표현됩니다. "백성이 옛적 모세의 때를 기억하여 이르되 백성과 양 떼의 목자를 바다에서 올라오게 하신 이가 이제 어디 계시냐 그들 가운데에 성령을 두신 이가 이제 어디 계시냐 그의 영광의 팔이 모세의 오른손을 이끄시며 그의 이름을 영원하게 하려 하사 그들 앞에서 물을 갈라지게 하시고 그들을 깊음으로 인도하시되 광야에 있는 말 같이 넘어지지 않게 하신 이가 이제 어디 계시냐 여호와의 영이 그들을 골짜기로 내려가는 가축 같이 편히 쉬게 하셨도다 주께서 이와 같이 주의 백성을 인도하사 이름을 영화롭게 하셨나이다 하였느니라" 아멘. 백성이 다시 기억합니다. 모세 때를 기억합니다. 하나님은 백성과 양 떼의 목자가 바다에서 올라오게 하신 분입니다. 거룩한 영 성령을 백성 가운데 두신 분입니다. 영광의 팔로 모세의 오른손을 이끄신 분입니다. 홍해로 갈라지게 하셨습니다. 깊음으로 인도하신 분입니다. 광야의 말처럼 이스라엘을 강하게 만들어 주셨습니다. 그들을 골짜기에 내려가는 가축처럼 편히 쉬게 하셨습니다. 그분을 찾습니다. 백성을 인도하신 그분을 찾습니다.

여기 중요한 단어가 있습니다. '이름'입니다. 12절("그의 이름을 영원하게 하려 하사")과 14절("이름을 영화롭게 하셨나이다")에 있습니다. 하나님은 하나님의 이름이 영원히 기억되기를 원하십니다. 우리에 의해 기억되기를 원하십니다. 해방의 하나님, 귀환의 하나님, 주 예수 그리스도의 아버지 하나님으로 기억되기를 원하십니다. 그래서 14절을 보면, "이와 같이 주의 백성을 인도하사 이름을 영화롭게 하셨나이다" 증거 합니다.

우리는 하나님의 자비와 노래를 기억하는 백성으로 살아갑니다. 그러면서 하나님의 이름이 기억됩니다. 그분의 성품과 자비, 그분의 일하심과 수고가 기억됩니다. 그분의 원칙과 말씀이 기억됩니다. 이것을 한 마디로 표현하면 '그분이 이름이 기억된다.' 하는 것입니다. 이어지는 63장 15절부터 64장까지의 기도가 우리의 기도가 되기를 바랍니다.

이사야 65-66장은 기도에 대한 하나님의 응답입니다. 하나님의 아픔이 있습니다. 65장 2-3절입니다. "내가 종일 손을 펴서 자기 생각을 따라 옳지 않은 길을 걸어가는 패역한 백성들을 불렀나니 곧 동산에서 제사하며 벽돌 위에서 분향하여 내 앞에서 항상 내 노를 일으키는 백성이라" 아멘. 그러나 이제 아픔이 가시고 기쁨이 올 것입니다. 10절입니다. "사론은 양 떼의 우리가 되겠고 아골 골짜기는 소 떼가 눕는 곳이 되어 나를 찾은 내 백성의 소유가 되려니와" 아멘. 사막과 같이 된 사론(사 33:9)이 "양 떼의 우리"가 됩니다. 아간과 그의 가족의 무덤이 된 '아골 골짜기' (수 7:26)가 "소 떼의 눕는 곳"이 됩니다. 황폐하고 절망스러운 곳이 평화로운 안식처가 됩니다. 그날을 사모합니다. 인간에 대한 절망이, 부활하신 그리스도로 인해 소망으로 바뀌는 날을 사모합니다.

그날을 사모하던 스데반님은 이사야 66장 1-2상반절을 노래하며 순교했습니다. 그가 못다 부른 노래를 불러보겠습니다. 66장 22-24절입니다. "내가 지을 새 하늘과 새 땅이 내 앞에 항상 있는 것 같이 너희 자손과 너희 이름이 항상 있으리라 여호와의 말이니라 여호와가 말하노라 매월 초하루와 매 안식일에 모든 혈육이 내 앞에 나아와 예배하리라 그들이 나가서 내게 패역한 자들의 시체들을 볼 것이라 그 벌레가 죽지 아니하며 그 불이 꺼지지 아니하여 모든 혈육에게 가증함이 되리라" 아멘.

긴 이사야서에 이어 예레미야서가 이어집니다. 예루살렘이 바벨론에 의해 망하는 과정이 세세히 소개됩니다. 아골 골짜기가 된 예루살렘의 멸망입니다. 그리고 마지막에는 바벨론의 멸망이 소개됩니다.

예레미야는 제사장의 아들입니다. 아나돗은 베냐민 땅입니다. 솔로몬에 의해 폐위된 아비아달의 자손으로 추정됩니다. "왕이 제사장 아비아달에게 이르되 네 고향 아나돗으로 가라 너는 마땅히 죽을 자이로되 네가 내 아버지 다윗 앞에서 주 여호와의 궤를 메었고 또 내 아버지가 모든 환난을 받을 때에 너도 환난을 받았은즉 내가 오늘 너를 죽이지 아니하노라 하고"(왕상 2:26) 아멘. 다윗의 말이 성취되었지요. "다윗이 아비아달에게 이르되 그 날에 에돔 사람 도엑이 거기 있기로 그가 반드시 사울에게 말할 줄 내가 알았노라 네 아버지 집의 모든 사람 죽은 것이 나의 탓이로다 두려워하지 말고 내게 있으라 내 생명을 찾는 자가 네 생명도 찾는 자니 네가 나와 함께 있으면 안전하리라 아니라"(삼상 22:22-23) 아멘.

역시 자랑할 것이 없는 집안인가요? 엘리의 집에서 간신히 살아남은 아비아달, 그런데 결국은 제사장 직무를 하지 못하게 되었습니다. 하나님께서는 그 집의 후손에게 은혜를 주십니다. 예레미야 1장 4-5절입니다. "내가 너를 모태에 짓기 전에 너를 알았고 네가 배에서 나오기 전에 너를 성별하였고 너를 여러 나라의 선지자로 세웠노라 하시기로" 아멘. 이에 대한 예레미야의 반응은 슬픔입니다. 6절입니다. "내가 이르되 슬프도소이다 주 여호와여 보소서 나는 아이라 말할 줄을 알지 못하나이다 하니" 아멘.

이에 여호와께서 사명을 주십니다. 7-10절입니다. "여호와께서 내게 이르시되 너는 아이라 말하지 말고 내가 너를 누구에게 보내든지 너는 가며 내가 네게 무엇을 명령하든지 너는 말할지니라 너는 그들 때문에 두려워하지 말라 내가 너와 함께 하여 너를 구원하리라 나 여호와의 말이니라 하시고 여호와께서 그의 손을 내밀어 내 입에 대시며 여호와께서 내게 이르시되 보라 내가 내 말을 네 입에 두었노라 보라 내가 오늘 너를 여러 나라와 여러 왕국 위에 세워 네가 그것들을 뽑고 파괴하며 파멸하고 넘어뜨리며 건설하고 심게 하였느니라 하시니라" 아멘. 큰 사명입니다. 11-19절에서 한 번 더 약속이 주어집니다. 직을 뺏긴 제사장 자손에게 하나님께서는 과분한 약속을 주셨습니다. 그러나 사명이 과분해 보일수록 예레미야가 당할 수모는 더 클 것입니다.

예레미야에게 주시는 하나님이 말씀의 시작은 '이스라엘의 사랑' 입니다. 2장 1-3절입니다. "여호와의 말씀이 내게 임하니라 이르시되 가서 예루살렘의 귀에 외칠지어다 여호와께서 이와 같이 말씀하시기를 내가 너를 위하여 네 청년 때의 인애와 네 신혼 때의 사랑을 기억하노니 곧 씨 뿌리지 못하는 땅, 그 광야에서 나를 따랐음이니라 이스라엘은 여호와를 위한 성물 곧 그의 소산 중 첫 열매이니 그를 삼키는 자면 모두 벌을 받아 재앙이 그들에게 닥치리라 여호와의 말씀이니라" 아멘.

그러나 곧바로 '죄 고발, 회개 촉구, 심판 선언' 으로 어어집니다. 2장 7-9절입니다. "내가 너희를 기름진 땅에 인도하여 그것의 열매와 그것의 아름다운 것을 먹게 하였거늘 너희가 이리로 들어와서는 내 땅을 더럽히고 내 기업을 역겨운 것으로 만들었으며 제사장들은 여호와께서 어디 계시냐 말하지 아니하였으며 율법을 다루는 자들은 나를 알지 못하며 관리들도 나에게 반역하며 선지자들은 바알의 이름으로 예언하고 무익한 것들을 따랐느니라 그러므로 내가 다시 싸우고 너희 자손들과도 싸우리라 여호와의 말씀이니라" 아멘. 자기 백성과 싸우겠다고 하시네요.

하나님 백성의 악이 13절에는 '생수의 근원이신 하나님을 버린 것' 과 '터진 웅덩이를 스스로 판 것' 으로 제시됩니다. "내 백성이 두 가지 악을 행하였나니 곧 그들이 생수의 근원되는 나를 버린 것과 스스로 웅덩이를 판 것인데 그것은 그 물을 가두지 못할 터진 웅덩이들이니라" 아멘. 19절도 봅니다. "네 악이 너를 징계하겠고 네 반역이 너를 책망할 것이라 그런즉 네 하나님 여호와를 버림과 네 속에 나를 경외함이 없는 것이 악이요 고통인 줄 알라 주 만군의 여호와의 말씀이니라" 아멘. 이스라엘의 고통이 어디에서 왔나요? 하나님을 버리고 경외하지 않는 데서 왔습니다.

이들의 모습이 27절에 잘 표현되어있습니다. "그들이 나무를 향하여 너는 나의 아버지라 하며 돌을 향하여 너는 나를 낳았다 하고 그들의 등을 내게로 돌리고 그들의 얼굴은 내게로 향하지 아니하다가 그들이 환난을 당할 때에는 이르기를 일어나 우리를 구원하소서 하리라" 아멘. 하나님의 징계가 무익하다고 하십니다. 30절입니다. "내가 너희 자녀들을 때린 것이 무익함은 그들이 징계를 받아들이지 아니함이라 너희 칼이 사나운 사자 같이 너희 선지자들을 삼켰느니라" 아멘. 이들의 말입니다. "우리는 놓였으니 다시 주께로 가지 아니하겠다"(2:31), "나는 무죄하니 그의 진노가 참으로 내게서 떠났다, 나는 죄를 범하지 아니하였다"(2:35). 그들의 신들의 수가 성읍 수와 같습니다(2:28). 행음하지 아니한 산이 없습니다(3:2). 이들의 상태를 3장 4-5절로 확인합니다. "네가 이제부터는 내게 부르짖기를 나의 아버지여 아버지는 나의 청년 시절의 보호자이시오니 노여움을 한없이 계속하시겠으며 끝까지 품으시겠나이까 하지 아니하겠느냐 보라 네가 이같이 말하여도 악을 행하여 네 욕심을 이루었느니라 하시니라" 아멘. 말뿐인 백성입니다. 말은 청산유수이지만, 악과 욕심을 버리지 않습니다.

회개 촉구가 있습니다. 3장 13절입니다. "너는 오직 네 죄를 자복하라 이는 네 하나님 여호와를 배반하고 네 길로 달려 이방인들에게로 나아가 모든 푸른 나무 아래로 가서 내 목소리를 듣지 아니하였음이라 여호와의 말씀이니라" 아멘. 약속도 있습니다. 3장 22상반절입니다. "배역한 자식들아 돌아오라 내가 너희의 배역함을 고치리라 하시니라" 아멘. 마음의 할례가 언급됩니다. 4장 4절입니다. "유다인과 예루살렘 주민들아 너희는 스스로 할례를 행하여 너희 마음 가죽을 베고 나 여호와께 속하라 그리하지 아니하면 너희 악행으로 말미암아 나의 분노가 불 같이 일어나 사르리니 그것을 끌 자가 없으리라" 아멘. 이제는 진실한 회개만이 효과가 있을 것입니다. 눈 가리고 '아웅' 하는 식의 회개는 이제 더 이상 통하지 않을 것입니다. 심판이 선포됩니다. 4장 6절입니다. "시온을 향하여 깃발을 세우라, 도피하라, 지체하지 말라, 내가 북방에서 재난과 큰 멸망을 가져오리라" 아멘. '죄의 지적, 회개 촉구' 까지는 그나마 할 만했습니다. 그러나 북방에서 재난이 오리라는 예언은 선지자를 고통스럽게 합니다. 4장 10절입니다. "내가 이르되 슬프도소이다 주 여호와여 주께서 진실로 이 백성과 예루살렘을 크게 속이셨나이다 이르시기를 너희에게 평강이 있으리라 하시더니 칼이 생명에 이르렀나이다" 아멘. 하나님의 종으로 부름을 받는 것이 매우 좋은 일이었으나, 백성이 매우 싫어할 말씀을 전하는 종으로 사역하는 것은 매우 힘든 일이었습니다.

그러나 예루살렘은 이미 충분히 부패했습니다. 소돔과 고모라보다도 못합니다. 의인 열 명이 아니라 '한 명' 을 찾으라고 하십니다. 5장 1절입니다. "너희는 예루살렘 거리로 빨리 다니며 그 넓은 거리에서 찾아보고 알라 너희가 만일 정의를 행하며 진리를 구하는 자를 한 사람이라도 찾으면 내가 이 성읍을 용서하리라" 아멘. 5장 31절이 심각한 상태를 잘 표현합니다. "선지자들은 거짓을 예언하며 제사장들은 자기 권력으로 다스리며 내 백성은 그것을 좋게 여기니 마지막에는 너희가 어찌하려느냐" 아멘. 이제 예루살렘에는 소망이 없습니다. 무너져야 소망이 생기려나 봅니다. 선지자는 베냐민 자손들에게 예루살렘을 떠나라고 권합니다. 6장 1절입니다. "베냐민 자손들아 예루살렘 가운데로부터 피난하라 드고아에서 나팔을 불고 벧학게렘에서 깃발을 들라 재앙과 큰 파멸이 북방에서 엿보아 옴이니라" 아멘.

마침내 '예루살렘 성전이 성전이 아니라.' 하는 선포가 있습니다. 7장 4절입니다. "너희는 이것이 여호와의 성전이라, 여호와의 성전이라, 여호와의 성전이라 하는 거짓말을 믿지 말라" 아멘. '무익한 거짓말' 과 '악한 행동' 이 어울어진 성전이 '도둑의 소굴' 이라고 표현됩니다. 7장 8-11절입니다. "보라 너희가 무익한 거짓말을 의존하는도다 너희가 도둑질하며 살인하며 간음하며 거짓 맹세하며 바알에게 분향하며 너희가 알지 못하는 다른 신들을 따르면서 내 이름으로 일컬음을 받는 이 집에 들어와서 내 앞에 서서 말하기를 우리가 구원을 얻었나이다 하느냐 이는 이 모든 가증한 일을 행하려 함이로다 내 이름으로 일컬음을 받는 이 집이 너희 눈에는 도둑의 소굴로 보이느냐 보라 나 곧 내가 그것을 보았노라 여호와의 말씀이니라" 아멘. 7장 11절 역시 예수님의 '성전 청결' 과 관련하여 인용된 말씀입니다. 이사야 56장 7절과 함께 인용되었지요.

회개 없는 백성을 향한 '회개 촉구와 심판 선언' 으로 인해 선지자가 점점 더 고통스럽습니다. 8장 18절입니다. "슬프다 나의 근심이여 어떻게 위로를 받을 수 있을까 내 마음이 병들었도다" 아멘. 또한, 9장 1절도 봅니다. "어찌하면 내 머리는 물이 되고 내 눈은 눈물 근원이 될꼬 죽임을 당한 딸 내 백성을 위하여 주야로 울리로다" 아멘. 10장 19-25절에도 있습니다. 선지자는 점차 자신의 죄를 깨닫습니다. '선지자의 자기 회개' 가 시작됩니다.

질의와 응답

하나. "이사야서가 큰 그림을 보여주고, 이후 선지자들을 통해 구체적인 그림을 보여주시는 건가요?"

모든 선지자는 그 시대 속에서 구체적인 그림을 보여준다고 생각합니다. 이사야서는 노래로 예배 회복을 구체적으로 보여줍니다. 예레미야는 예루살렘과 성전 훼파의 현장에서 선지자의 자기 회개를 포함한 회개 관련 내용을 구체적으로 보여주고요. 에스겔은 하나님의 모습을 보여줍니다. 에스겔 성전은 예수님입니다. 모든 선지자는 자기 시대에 살면서도 시대를 초월하시는 하나님과 그리스도를 보고 소개합니다.

둘. "이사야서 39장에서 40장으로 갈 때 내용상 점프가 있습니다. 점프한 내용을 예레미야서가 보충한다고 볼 수 있을까요?"

그렇게 볼 수도 있겠습니다. 이사야는 포로로 끌려가지 않았기에 구체적으로 묘사하기는 어려웠을 것입니다.

셋. "이사야 66장 1-2상반절을 스데반 순교와 관련해서 언급하셨는데요. 사도행전 3-7장을 볼 때, 초기 성도들의 성전관은 어떤 것입니까? 하나님이 계신 곳입니까? 아니면, 그냥 모임 장소입니까?"

지상 성전은 하늘 성전의 모형입니다. 하나님께서 계실 때 의미가 있습니다. 이전 규례와 당시 상황에 맞춰 성전에 모이기도 하고 성전에 가서 기도도 합니다. 그러나 성전의 성전 됨은 하나님의 인정(認定)에 달려 있습니다. 하나님께서 인정하시는데 부정할 필요 없고, 하나님께서 떠나셨는데 미련둘 이유도 없습니다.

Weekly Reading

38

예레미야 11-31장

"눈을 뜨다"

렘 11-13장	렘 14-16장	렘 17-19장	렘 20-22장	렘 23-25장	렘 26-28장	렘 29-31장

check

이번 통독은 '선지자의 자기 회개' 가 본격적으로 다뤄지는 예레미야 11-20장과 선지자가 새롭게 되어 선지 사역을 힘있게 감당하는 부분인 21-29장이 주를 이룹니다. 더하여 '새 언약' 이 구체적으로 소개되는 31장까지가 이번 통독의 범위입니다.

눈을 뜨다

I.
막 태어난 아이
눈을 감고 있다.

눈을 떠도
초점을 잘 맞추지 못한다.

삼 개월은 되어야
제대로 본단다.

II.
젊은 선지자,
눈은 떴으나 뚜렷이 보이지 않는다.

남도 잘 보이지 않지만
나도 잘 못 본다.

내가 보이기 시작하니
회개도 깊어지지만, 선지 사역에도 힘이 붙는다.

III.
제사장 집안의 선지자,
현실에 눈을 뜬다.

바르게 살면 평안할 줄 알았는데,
바르게 살기에 평안이 없다.

하나님 뜻대로 의롭게 살면 칭찬받을 줄 알았는데,
도리어 책망과 박해 늘어간다.

IV.
아스돗 작은 동네에 사는 선지자,
미래에 눈을 뜬다.

'결혼도 하지 마라, 자녀도 낳지 마라.' (렘 16:2).
미래 없는 삶 같지만,

신부의 소리, 신랑의 소리 미리 듣고(렘 7:34; 16:9; 25:10; 33:11)
언약 갱신 미리 본다.

V.
태어나지 않았기를 소원한 선지자(렘 20:14-18),
언약에 눈을 뜬다.

"칠십 년 동안 바벨론의 왕을 섬기리라"(렘 25:11)
약속으로 받고 보니,

이런들 어떠리, 저런들 어떠리,
포로로 끌려감도, 애굽행(行)도 덜 아쉽다.

VI.
눈물의 선지자,
새 언약에 눈을 뜬다.

포로 귀환의 하나님과
새 언약의 예수님이 보인다.

지금은 곧 과거가 되고
미래는 조만간 실현된다.

예레미야 21장에서 왕들의 얘기가 구체적으로 시작되기 전에 예레미야 1-20장의 분위기는 어떠할까요? 먼저, 세우고 심고 뽑고 무너뜨리는데 인생의 입을 사용하시는 하나님이 소개됩니다. 이는 '긍정적 사고방식' 을 말하는 게 아닙니다. 하나님께서 세우신 자를 통해 일을 이루신다는, 그 입에 권세를 주신다는 말씀이다. 예레미야는 그 입에 권세가 있는 선지자로 세워졌습니다.

그럼, 예레미야 앞에 있는 이스라엘은 어떤 상태에 있을까요? 수치 가운데 있습니다. 동시에 뻔뻔스럽습니다. 죄를 짓고도 죄가 없다고 주장합니다. 부끄러워해야 하는데 부끄러워하지 않습니다. '믿음 없는 이스라엘보다 성실하지 않는 유다가 더 나쁘다.' 이렇게 말씀하십니다. 마치 '교회 다니지 않는 불신자보다 교회 다니면서도 하나님을 의지하지 않는 게 더 나쁘다.' 말씀하시는 듯합니다.

하나님과 우상 가운데 누가 진짜인지 질문하십니다. 우상인가 하나님인가? 진노는 멸망으로 이어질 것이기에, 하나님의 길을 알고 따르는 것이 매우 중요합니다. 그러므로 하나님과 우상 가운데 누가 참 행복을 주는지 아는 것이 중요합니다. 하나님의 백성이 하나님의 길을 모르고 그 길을 따르지 않고 우상 뒤를 따르니, 이방인들에게 삼킴을 당합니다. 이스라엘 가운데에는 하나님의 뜻대로 살아가려는 의지가 약합니다. 반면, 적들은 강합니다. 그러니 살아남으려면 개혁이 필요합니다. 하나님 백성들은 의지박약에서 벗어나야 합니다. 훈련받는 것이 하나님 백성들에게 절실합니다.

그런데 유다 백성들의 마음은 약할 뿐 아니라 악하고 고집스럽습니다. 꺾인 나뭇가지와 같습니다. 목이 곧아 부러질 사람 같습니다. 유다는 교만하고 예루살렘은 더욱 교만합니다. 그들은 수치를 모르는 창기와 같습니다. 율법을 지켜야 하는데 지키지 않으니 깨질 항아리와 같습니다. 깨지면 돌이킬 수 없습니다. 마지막으로 한 번 더 '생명의 길과 사망의 길' 사이에서 선택할 기회를 주신 하나님 앞에 그들이 서 있습니다. 어떡할 것인가?

예레미야 11장 14절입니다. "그러므로 너는 이 백성을 위하여 기도하지 말라 그들을 위하여 부르짖거나 구하지 말라 그들이 그 고난으로 말미암아 내게 부르짖을 때에 내가 그들에게서 듣지 아니하리라" 아멘. 백성을 위해 기도하지 말라고 하십니다. 19절입니다. "나는 끌려서 도살 당하러 가는 순한 어린 양과 같으므로 그들이 나를 해하려고 꾀하기를 우리가 그 나무와 열매를 함께 박멸하자 그를 살아 있는 자의 땅에서 끊어서 그의 이름이 다시 기억되지 못하게 하자 함을 내가 알지 못하였나이다" 아멘. 백성은 예레미야를 죽이려 합니다. 그래서 힘든 예레미야를 향해 주시는 말씀이 12장 5-6절입니다. "만일 네가 보행자와 함께 달려도 피곤하면 어찌 능히 말과 경주하겠느냐 네가 평안한 땅에서는 무사하려니와 요단강 물이 넘칠 때에는 어찌하겠느냐 네 형제와 아버지의 집이라도 너를 속이며 네 뒤에서 크게 외치나니 그들이 네게 좋은 말을 할지라도 너는 믿지 말지니라" 아멘. '이건 아무것도 아니다.' 말씀하십니다. 선지자가 떠납니다. 유브라데 강입니다. 멀리 바벨론이 있는 강이라고도 하고, 아나돗에서 그리 멀리 떨어지지 않은 강이라고도 합니다. 어느 쪽 강이든, 문제는 '교만' 입니다. 13장 9절입니다. "여호와께서 이와 같이 말씀하시니라 내가 유다의 교만과 예루살렘의 큰 교만을 이같이 썩게 하리라" 아멘. 교만으로 썩는다고 하시니, 마음을 살펴봅니다. '썩을 놈의 교만' 이 들어섰는지 살핍니다.

가뭄에 대해 말씀하십니다. 단순한 가뭄이 아닙니다. 14장 7-9절입니다. "여호와여 우리의 죄악이 우리에게 대하여 증언할지라도 주는 주의 이름을 위하여 일하소서 우리의 타락함이 많으니이다 우리가 주께 범죄하였나이다 이스라엘의 소망이시요 고난 당한 때의 구원자시여 어찌하여 이 땅에서 거류하는 자 같이, 하룻밤을 유숙하는 나그네 같이 하시나이까 어찌하여 놀란 자 같으시며 구원하지 못하는 용사 같으시니이까 여호와여 주는 그래도 우리 가운데 계시고 우리는 주의 이름으로 일컬음을 받는 자이오니 우리를 버리지 마옵소서" 아멘. 하나님 없는 가뭄입니다. 선지자가 회개합니다. 14장

20절입니다. "여호와여 우리의 악과 우리 조상의 죄악을 인정하나이다 우리가 주께 범죄하였나이다" 아멘. 회개했지만, 하나님의 반응은 '시큰둥' 입니다. 15장 1-2절입니다. "여호와께서 내게 이르시되 모세와 사무엘이 내 앞에 섰다 할지라도 내 마음은 이 백성을 향할 수 없나니 그들을 내 앞에서 쫓아 내보내라 그들이 만일 네게 말하기를 우리가 어디로 나아가리요 하거든 너는 그들에게 이르기를 여호와께서 이와 같이 말씀하시니라 죽을 자는 죽음으로 나아가고 칼을 받을 자는 칼로 나아가고 기근을 당할 자는 기근으로 나아가고 포로 될 자는 포로 됨으로 나아갈지니라 하셨다 하라" 아멘.

고통 중의 선지자가 하소연하지만, 하나님의 대답은 확고합니다. 15장 17-21절입니다. "내가 기뻐하는 자의 모임 가운데 앉지 아니하며 즐거워하지도 아니하고 주의 손에 붙들려 홀로 앉았사오니 이는 주께서 분노로 내게 채우셨음이니이다 나의 고통이 계속하며 상처가 중하여 낫지 아니함은 어찌 됨이니이까 주께서는 내게 대하여 물이 말라서 속이는 시내 같으시리이까 여호와께서 이와 같이 말씀하시되 네가 만일 돌아오면 내가 너를 다시 이끌어 내 앞에 세울 것이며 네가 만일 헛된 것을 버리고 귀한 것을 말한다면 너는 나의 입이 될 것이라 그들은 네게로 돌아오려니와 너는 그들에게로 돌아가지 말지니라 내가 너로 이 백성 앞에 견고한 놋 성벽이 되게 하리니 그들이 너를 칠지라도 이기지 못할 것은 내가 너와 함께하여 너를 구하여 건짐이라 여호와의 말씀이니라 내가 너를 악한 자의 손에서 건지며 무서운 자의 손에서 구원하리라" 아멘. 이어 아내와 자녀를 두지 말라 하시고(16:2), 초상집에도 가지 말라 하시고(16:5), 잔칫집에도 가지 말라고 하십니다(16:8). 그럼, 어디에 가야 하나요? 포로로 끌려가야 합니다. 16장 14-15절입니다. "여호와의 말씀이니라 그러나 보라 날이 이르리니 다시는 이스라엘 자손을 애굽 땅에서 인도하여 내신 여호와께서 살아 계심을 두고 맹세하지 아니하고 이스라엘 자손을 북방 땅과 그 쫓겨났던 모든 나라에서 인도하여 내신 여호와께서 살아 계심을 두고 맹세하리라 내가 그들을 그들의 조상들에게 준 그들의 땅으로 인도하여 들이리라" 아멘.

하나님의 뜻은 확고합니다. 유다의 죄가 너무 깊이, 그리고 확실하게 뿌리내렸기 때문입니다. 17장 1-2절입니다. "유다의 죄는 금강석 끝 철필로 기록되되 그들의 마음

판과 그들의 제단 뿔에 새겨졌거늘 그들의 자녀가 높은 언덕 위 푸른 나무 곁에 있는 그 제단들과 아세라들을 생각하도다" 아멘. 자신의 실상, 민족의 실상, 유다와 예루살렘의 실상을 파악한 선지자, 고쳐달라 기도합니다. 17장 12-14절입니다. "영화로우신 보좌여 시작부터 높이 계시며 우리의 성소이시며 이스라엘의 소망이신 여호와여 무릇 주를 버리는 자는 다 수치를 당할 것이라 무릇 여호와를 떠나는 자는 흙에 기록이 되오리니 이는 생수의 근원이신 여호와를 버림이니이다 여호와여 주는 나의 찬송이시오니 나를 고치소서 그리하시면 내가 낫겠나이다 나를 구원하소서 그리하시면 내가 구원을 얻으리이다" 아멘. 선지자는 자신의 '치유'와 '구원'을 위해 기도합니다. 그런데 여전히 '안식일'이 문제이군요. 17장 27절입니다. "그러나 만일 너희가 나를 순종하지 아니하고 안식일을 거룩되게 아니하여 안식일에 짐을 지고 예루살렘 문으로 들어오면 내가 성문에 불을 놓아 예루살렘 궁전을 삼키게 하리니 그 불이 꺼지지 아니하리라 하셨다 할지니라 하시니라" 아멘. 참된 회개가 없으니 망하는 길만 남아 있습니다. 18장 11-12절입니다. "그러므로 이제 너는 유다 사람들과 예루살렘 주민들에게 말하여 이르기를 여호와의 말씀에 보라 내가 너희에게 재앙을 내리며 계책을 세워 너희를 치려 하노니 너희는 각기 악한 길에서 돌이키며 너희의 길과 행위를 아름답게 하라 하셨다 하라 그러나 그들이 말하기를 이는 헛되니 우리는 우리의 계획대로 행하며 우리는 각기 악한 마음이 완악한 대로 행하리라 하느니라" 아멘.

선지자가 하나님의 뜻을 깨닫고 자신과 민족을 점점 더 분명하게 들여다볼수록, 백성은 선지자를 대적합니다. 18장 18절입니다. "그들이 말하기를 오라 우리가 꾀를 내어 예레미야를 치자 제사장에게서 율법이, 지혜로운 자에게서 책략이, 선지자에게서 말씀이 끊어지지 아니할 것이니 오라 우리가 혀로 그를 치고 그의 어떤 말에도 주의하지 말자 하나이다" 아멘. 하나님의 결정에도 변함이 없습니다. 19장 10-11절입니다. "너는 함께 가는 자의 목전에서 그 옹기를 깨뜨리고 그들에게 이르기를 만군의 여호와께서 이와 같이 말씀하시되 사람이 토기장이의 그릇을 한 번 깨뜨리면 다시 완전하게 할 수 없나니 이와 같이 내가 이 백성과 이 성읍을 무너뜨리리니 도벳에 매장할 자리가 없을 만큼 매장하리라" 아멘. 마침내 예레미야 선지자가 성전 총감독 바스훌에게 매를 맞습니다. 20장 1-2절입니다. "임멜의 아들 제사장 바스훌은 여호와의 성전의 총

감독이라 그가 예레미야의 이 일 예언함을 들은지라 이에 바스훌이 선지자 예레미야를 때리고 여호와의 성전에 있는 베냐민 문 위 층에 목에 씌우는 나무 고랑으로 채워 두었더니" 아멘. 예레미야의 어려움은 더해갑니다. 20장 7절입니다. "여호와여 주께서 나를 권유하시므로 내가 그 권유를 받았사오며 주께서 나보다 강하사 이기셨으므로 내가 조롱거리가 되니 사람마다 종일토록 나를 조롱하나이다" 아멘. 욥의 고통이 있습니다. 20장 14절입니다. "내 생일이 저주를 받았더면, 나의 어머니가 나를 낳던 날이 복이 없었더면" 아멘.

이어지는 예레미야 21장은 예루살렘 멸망 2년 전인 주전 588년에 일어난 사건에 대해 말합니다. 20장까지의 1부가 끝나고 21-36장까지의 2부가 시작됩니다. 역사의 중요한 순간들마다 주셨던 하나님의 기회들이 소개됩니다. 21장 1절에 나오는 말기야의 아들 바스훌은 20장 1절에 소개된 '임멜의 아들 제사장 바스훌'과 다른 사람입니다. 관원으로 보입니다. 예레미야 29장 25절에 따르면, 마아세야의 아들 스바냐는 제사장 여호야다를 대신하여 성전 감독자가 되었고 예레미야 선지자에 대해 온건한 입장을 취했습니다. 당시 대제사장은 스라야이고 이 스라야를 보좌하는 부제사장이 마아세야의 아들인 스바냐인 듯합니다. 스라야와 스바냐 모두 느부갓네살에 의해 처형당합니다(렘 52:24, 27). 스뱌냐가 제사장 바스훌보다 더 온순해 보이지만 하나님 말씀에 불순종하여 결국 망하고 맙니다.

시드기야의 요청이 21장 2절에 있습니다. "바벨론의 느부갓네살 왕이 우리를 치니 청컨대 너는 우리를 위하여 여호와께 간구하라 여호와께서 혹시 그의 모든 기적으로 우리를 도와 행하시면 그가 우리를 떠나리라 하니" 아멘. 그들이 생각했던 기적은 히스기야 당시 앗수르 군대 십팔만 오천 명을 하룻밤에 처리하셨던 것을 가리키는 것 같습니다. 이러한 요청 뒤에는 자신이 여호야긴보다는 낫다는 시드기야의 생각이 있었던 듯합니다. 여호야긴 당시에, 예루살렘은 느부갓네살에 의해 무너졌고 많은 사람들이 포로로 끌려갔기 때문입니다. 이러한 시드기야의 기대에도 불구하고 시드기야의 아들들은 시드기야 앞에서 죽임을 당했고 시드기야는 눈이 뽑히고 바벨론으로 끌려가지요(39:6-7). 시드기야가 여호야긴보다 못했습니다.

시드기야와 신하들이 기대했던 기적은 일어나지 않았습니다. 다만 애굽 왕 바로가 애굽에서 나오자 갈대아인의 군대가 예루살렘에서 떠나는 일이 발생합니다(37:5). 그러나 그들은 다시 돌아옵니다. 사람들은 애굽의 바로 왕으로 인해 갈대아인들이 떠나자 용기를 얻습니다. 그러나 이것은 '거짓 기적' 이었습니다. 예레미야서는 유다 멸망과 관련된 21장과 37장을 분기점으로 세 부분으로 나뉠 수 있습니다. 21장부터 36장은 아직 기회가 있을 때 주어진 말씀입니다. 이스라엘은 바벨론에게 항복하면 살 수 있습니다. 아직 기회가 있는 것이지요.

다윗 집안을 왕가 삼으신 이유는 그들을 통해 의가 실현되기를 원하셨기 때문입니다. 시드기야를 포함한 다윗 집안에게 기대하시는 것은 '바른 통치' 입니다. 판결이 바르게 이뤄져야 합니다. 탈취당한 자를 압박자에게서 건지는 것이 왕의 역할입니다. 압박자와 함께 약자의 소유를 나누면 안 됩니다. 그런데 그들은 '바른 통치' 는 하지 않으면서 교만합니다. 그들이 말합니다. 21장 13절입니다. "여호와의 말씀이니라 골짜기와 평원 바위의 주민아 보라 너희가 말하기를 누가 내려와서 우리를 치리요 누가 우리의 거처에 들어오리요 하거니와 나는 네 대적이라" 아멘. 여기 '거처' 라는 단어의 어근으로 '사술을 행하다' 라는 단어를 생각할 수 있습니다. 그러니 '사술을 행하는 거처' 로 볼 수도 있습니다. 이들이 머무는 곳을 '골짜기와 평원 바위' 라 부릅니다. 산이 높고 골이 깊은 넓은 곳입니다. 험하면서도 살기 좋은 곳입니다. 살기 좋고 지키기도 좋은 곳입니다. '누가 내려오리오, 누가 들어올까?' 묻습니다. 그러자 하나님께서 대답하십니다. '내가 내려온다. 내가 들어간다.' 안전과 축복은 성터에 좌우되지 않습니다. 열매에 달려 있습니다. 14절입니다. "내가 너희 행위대로 너희를 벌할 것이요 내가 또 수풀에 불을 놓아 그 모든 주위를 사르리라 여호와의 말씀이니라" 아멘. 그들이 자랑하는 수풀에게 약점이 있습니다. 불입니다. 아직 기회가 있을 때 원칙을 확인하고 마음을 겸손히 가지며 개혁을 감행하면 삽니다.

교만은 시드기야만의 문제가 아니었습니다. 요시야의 다른 아들 살룸[여호아하스]도 문제였고(22:11), 요시야의 다른 아들 여호야김도 문제였으며(22:18), 요시야의 손자 고니야[여호야긴](22:24, 28)도 문제였습니다. 장차 그리스도께서 오셔야 해결될 문제이네요. 23장 5-6절입니다. "여호와의 말씀이니라 보라 때가 이르리니 내가 다윗에게 한 의로운 가지를 일으킬 것이라 그가 왕이 되어 지혜롭게 다스리며 세상에서 정의와 공의를 행할 것이며 그의 날에 유다는 구원을 받겠고 이스라엘은 평안히 살 것이며 그의 이름은 여호와 우리의 공의라 일컬음을 받으리라" 아멘.

여고냐[여호야긴] 시절에 하나님께서 이미 보여주신 환상이 있습니다(24:1-7). 무화과 두 광주리가 있습니다. "처음 익은 듯한 극히 좋은 무화과" 한 광주리와 "나빠서 먹을 수 없는 극히 나쁜 무화과" 한 광주리가 있습니다(24:2). 24장 5-7절입니다. "이스라엘의 하나님 여호와께서 이와 같이 말씀하시니라 내가 이 곳에서 옮겨 갈대아인의 땅에 이르게 한 유다 포로를 이 좋은 무화과 같이 잘 돌볼 것이라 내가 그들을 돌아보아 좋게 하여 다시 이 땅으로 인도하여 세우고 헐지 아니하며 심고 뽑지 아니하겠고 내가 여호와인 줄 아는 마음을 그들에게 주어서 그들이 전심으로 내게 돌아오게 하리니 그들은 내 백성이 되겠고 나는 그들의 하나님이 되리라" 아멘. 포로로 끌려가는 것이 그리 나쁘지 않습니다. 그들이 좋은 무화과였습니다. 바벨론과 온 세계의 미래도 미리 말씀해주십니다. 특별히 중요한 말씀이 25장 11-12절입니다. "이 모든 땅이 폐허가 되어 놀랄 일이 될 것이며 이 민족들은 칠십 년 동안 바벨론의 왕을 섬기리라 여호와의 말씀이니라 칠십 년이 끝나면 내가 바벨론의 왕과 그의 나라와 갈대아인의 땅을 그 죄악으로 말미암아 벌하여 영원히 폐허가 되게 하되" 아멘. '칠십 년' 입니다. 한 인생의 시간입니다.

'칠십 년' 을 미리 말씀하시고, 포로로 끌려간 이들이 좋은 무화과가 되리라는 비유에서, 하나님의 마음을 읽습니다. '자기 백성이 회개하기를 바라시는 하나님의 갈망' 입니다. 26장 3절입니다. "그들이 듣고 혹시 각각 그 악한 길에서 돌아오리라 그리하면 내가 그들의 악행으로 말미암아 그들에게 재앙을 내리려 하던 뜻을 돌이키리라" 아멘. 26장 1절을 보니 이 말씀은 괜찮았던 왕 요시아의 아들인 여호야김 통치 초기에 주신 말씀입니다. 요시아의 아들 여호아하스가 석 달 만에 애굽 왕 바로 느고에 의해 폐위되고 여호야김이 세워졌습니다. 왕위를 승계하는 승계 년 제도가 시행되었다면 여호야김의 승계 년(accession year)은 주전 609년 9월부터 608년 4월까지였고, 여호야김의 즉위는 주전 608년 4월에 이뤄졌겠습니다. 바벨론 왕 느부갓네살에 의해 주전 607년에서 606년 사이에 다니엘을 비롯한 유다 왕족과 귀족이 포로로 끌려갔으니, 1차 포로 1-2년 전에 주신 말씀입니다.

그나마 여호와 하나님을 예배하는 이들에게 하나님께서 말씀하십니다. 하나님이 정말 원하시는 것은 그들의 평안과 행복인데, 그들이 행하는 악행으로 인해 평안과 행복을 주실 수가 없습니다. 다른 이들은 관두고서라도 성전 예배를 계속하는 이들만이라도 악행을 그친다면, 바벨론에 의해 망하는 일을 막으실 작정이십니다. 3차에 걸쳐 포로로 끌려갔는데, 1차 포로 1-2년 전이지만 재앙을 돌이키실 마음이 있다고 말씀하셨습니다. 진짜 하나님은 바보 같으십니다. 그처럼 속으시고 그처럼 당하셨으면 기회를 주지 않으셔도 될 것 같은데, 끝까지 기회를 주십니다. 마치 롯과 그의 가족에게 기회를 주시는 것처럼 심판을 늦추고 심판 범위를 줄여서라도 기회를 주고 싶어 하십니다. 이 마음을 예배자들이라도 알면 좋을 텐데, 예배 섬김이들도 잘 모릅니다.

그러다 보니 하나님은 예레미야에게 엄격하십니다. 자신을 잘 아는 이에게 엄격하십니다. 선지자에게 엄격하신 하나님입니다. 26장 2절입니다. "여호와께서 이와 같이 말씀하시니라 너는 여호와의 성전 뜰에 서서 유다 모든 성읍에서 여호와의 성전에 와서 예배하는 자에게 내가 네게 명령하여 이르게 한 모든 말을 전하되 한 마디도 감하지 말라" 아멘. '한 마디도 감하지 마라' 는 말씀은 '말씀을 축소시키지 마라.' 하는 뜻입니다. 들은 대로, 있는 그대로 전하라는 말씀입니다. 혹시 요약해서 전하면 이해하지 못할까 봐, 표현을 바꾸면 오해할까 봐, 한 마디도 축소하지 말고 그대로 전하라 명하십니다. 선지자에게 엄격하신 하나님은, 다른 한편으로 선지자들을 꾸준히, 부지런히 보내신 하나님입니다. 5절입니다. "내가 너희에게 나의 종 선지자들을 꾸준히 보내 그들의 말을 순종하라고 하였으나 너희는 순종하지 아니하였느니라" 아멘. 선지자들을 통해 말씀만 보내시는 것이 아닙니다. 실제적인 표징을 주시는 하나님입니다. 6절입니다. "내가 이 성전을 실로 같이 되게 하고 이 성을 세계 모든 민족의 저줏거리가 되게 하리라 하셨느니라" 아멘.

왕이 임명한 지도자인 고관과 백성 앞에서 한 예레미야의 변론이 12-15절에 소개됩니다. "예레미야가 모든 고관과 백성에게 말하여 이르되 여호와께서 나를 보내사 너희가 들은 바 모든 말로 이 성전과 이 성을 향하여 예언하게 하셨느니라 그런즉 너희는 너희 길과 행위를 고치고 너희 하나님 여호와의 목소리를 청종하라 그리하면 여호와께서 너희에게 선언하신 재앙에 대하여 뜻을 돌이키시리라 보라 나는 너희 손에 있으니 너희 의견에 좋은 대로, 옳은 대로 하려니와 너희는 분명히 알아라 너희가 나를 죽이면 반드시 무죄한 피를 너희 몸과 이 성과 이 성 주민에게 돌리는 것이니라 이는 여호와께서 진실로 나를 보내사 이 모든 말을 너희 귀에 말하게 하였음이라" 아멘. 돌이킴을 제안합니다. 아직 기회가 있습니다. 본인에 대해서는 고관과 백성들 보기에 선하고 옳은 방향으로 처리하라 말합니다. 다만 자신을 죽이면 무죄한 피를 흘리는 것이라는 점을 분명히 합니다. 여호와께서 진실로 자신을 보내셨기 때문입니다. 예레미야의 변론을 들은 고관들과 백성들의 결정이 16절에 소개됩니다. "고관들과 모든 백성이 제사장들과 선지자들에게 이르되 이 사람이 우리 하나님 여호와의 이름으로 우리에게 말하였으니 죽일 만한 이유가 없느니라" 아멘. 한 마디로 '사형 판결 부적절' 입니다. 이유는 '우리 하나님 여호와의 이름으로 우리에게 말했기 때문' 입니다.

다음에 전통적인 지도자인 그 땅 장로들의 지지 발언이 26장 17-19절에 소개됩니다. "그러자 그 지방의 장로 중 몇 사람이 일어나 백성의 온 회중에게 말하여 이르기를 유다의 왕 히스기야 시대에 모레셋 사람 미가가 유다의 모든 백성에게 예언하여 이르되 만군의 여호와께서 이와 같이 말씀하셨느니라 시온은 밭 같이 경작지가 될 것이며 예루살렘은 돌 무더기가 되며 이 성전의 산은 산당의 숲과 같이 되리라 하였으나 유다의 왕 히스기야와 모든 유다가 그를 죽였느냐 히스기야가 여호와를 두려워하여 여호와께 간구하매 여호와께서 그들에게 선언한 재앙에 대하여 뜻을 돌이키지 아니하셨느냐 우리가 이같이 하면 우리의 생명을 스스로 심히 해롭게 하는 것이니라" 아멘. 히스기야 왕 당시 심판을 예언했던 미가 선지자를 예로 듭니다. 미가 선지자는 미가서 기록자로 요담(주전 750-732년), 아하스(주전 735-716/715년), 히스기야(주전 729-687/686년)가 왕으로 있을 때 활동했습니다. 예레미야보다 약 90년 정도 전에 활동했던 선지자입니다. 미가 선지자의 고향 모레셋은 쉐펠라 지역에 있던 동네로 가드 가까이에 있었던 것으로 추정됩니다. 남쪽 요새였던 라기스에서 북동쪽으로 10킬로미터, 예루살렘에서 남서쪽으로 40킬로미터 정도 떨어진 곳입니다.

미가 선지자의 심판 예언 내용이 18절에 소개됩니다. 이 내용은 미가서 3장 10-12절에 있습니다. "시온을 피로, 예루살렘을 죄악으로 건축하는도다 그들의 우두머리들은 뇌물을 위하여 재판하며 그들의 제사장은 삯을 위하여 교훈하며 그들의 선지자는 돈을 위하여 점을 치면서도 여호와를 의뢰하여 이르기를 여호와께서 우리 중에 계시지 아니하냐 재앙이 우리에게 임하지 아니하리라 하는도다 이러므로 너희로 말미암아 시온은 갈아엎은 밭이 되고 예루살렘은 무더기가 되고 성전의 산은 수풀의 높은 곳이 되리라" 아멘. 미가 선지자 당시나 예레미야 선지자 당시나 별반 차이가 없어 보입니다. 우두머리, 제사장, 선지자 모두 타락했습니다. 차이가 있다면 그때 지도자들은 회개했고, 예레미야 당시 지도자들은 회개하지 않았다는 것입니다(26:19). 돌이킬 때 후회하시는 하나님입니다. 하나님께서는 동일한 반응을 갈망하셨습니다. 차라리 자신이 틀리기를 원하셨습니다. 그러나 이번에는 그렇게 되지 않았습니다.

그러나 예레미야는 풀려납니다. 24절입니다. "사반의 아들 아히감의 손이 예레미야를 도와 주어 그를 백성의 손에 내어 주지 아니하여 죽이지 못하게 하니라" 아멘. 사반은 요시야 왕 당시 제사장 힐기야에게서 두루마리 성경을 받아 왕에게 전달한 서기관입니다. 아히감은 그 서기관 사반의 아들입니다. 아히감은 요시야 당시 이미 선지자 훌다에게 보냄 받은 사람들 가운데 하나였습니다. 예레미야가 제사장들과 선지자들에게 기소되던 당시에는 고관들의 대표였던 것 같습니다. 제사장들과 선지자들의 어긋난 기소에도 불구하고, 고관들과 백성들의 의견을 고려하여 무죄석방을 감행합니다.

예레미야 26장 20-23절에는 우리를 매우 당황하게 만들 수 있는 사건이 기록됩니다. 우리야의 죽음입니다. 밧세바의 남편인 우리야와 이름이 매우 비슷한 사람입니다. 우리말로는 이름이 같지만, 히브리어로 밧세바의 남편은 우리야, 26장 20-23절의 우리야는 우리야후입니다. 의미는 같습니다. '여호와가 내 등불이라' 는 의미를 갖습니다. 저는 예레미야는 살고 우리야는 죽는 차이가 사도행전 12장에서 야고보 사도는 죽고 베드로 사도는 사는 문제와는 다른 문제라고 생각합니다. 야고보 사도의 순교는 그의 죄에 기초하지 않습니다. 베드로 사도가 옥에서 풀려났다고 해서 그가 야고보 사도보다 의롭다고 본문이 말하지 않습니다.

그러나 예레미야 26장 20-23절에서 예레미야와 우리야는 여러 면에서 차이가 있습니다. 우선 두 사건의 순서를 명확히 알기는 어렵습니다. 우리야 사건은 예레미야 사건 직전 혹은 직후의 일입니다. 우리야가 "예레미야의 모든 말과 같이" 경고했다고 한 것을 보아 직후일 가능성이 높습니다. 우선, 우리야는 밧세바의 남편과 이름이 같아 좋은 인상을 줍니다. 그는 아나돗 출신인 예레미야와 달리 법궤가 머물렀던 기럇여아림 출신입니다. 당시로서는 명문 출신입니다. 그의 예언은 '스스로 한 예언'을 뜻할 수 있습니다. 20절 서두의 "여호와의 이름으로 예언한"에서 '예언한'이 재귀(再歸)의 의미를 갖는 형태(히트파엘)를 갖기 때문입니다. 물론 단정 지어 말하기는 어렵습니다. 그런데 이어지는 증거로 인해 왠지 하나님으로부터 받은 예언이 아니라 예레미야가 한 예언을 자기 예언인 것처럼 말한 것처럼 보입니다.

즉 20절의 "예레미야의 모든 말과 같이"라는 표현을 보면, 우리야는 예레미야처럼 예언했습니다. 신적 기원을 가진 예언이 아닐 수 있습니다. 그냥 따라 했을 수 있습니다. 누군가 다른 사람에게서 들은 말을 자신이 직접 하나님에게서 들었다고 표현하는 것은 부적절합니다. 특히 21절에 있는 애굽으로 도망간 우리야의 행동에서 뭔가가 의심스럽습니다. 분명 예레미야를 통해 주신 말씀은 바벨론에 항복하라는 것이었습니다. 그런데 예레미야와 똑같이 말한 우리야는 자신에게 어려움이 닥칠 것이 예상되자 애굽으로 도망갔습니다. 뭔가 이상합니다. 여호야김은 애굽 왕이 세운 왕입니다. 애굽과 소통이 잘 될 수밖에 없습니다. 우리야를 잡으러 애굽에 내려간 악볼의 아들 엘라단은 엘리야김에게 말씀의 두루마리를 태우지 말라 권했던 서기관 겸 고관이었습니다(36:12, 25). 엘라단은 예레미야가 죽으면 안 된다고 판단했던 고관들 가운데 하나였을 것입니다. 그런데 그가 우리야를 잡아 오는 책무를 맡고 이를 이행하는 데 성공합니다. 우리야는 재판 없이 처형됩니다. 더구나 기드론 골짜기에 있는 평민의 묘지에 던져집니다. 매장되지 못합니다. 매우 부정적입니다. 우리야에 대한 처리에 대해 성경 기자는 적절하지 않았다고 평가하지 않습니다. 단지 소개를 통해, 말한 내용은 비슷하지만, 자신의 안전을 별로 중시하지 않았던 예레미야와 매우 달랐고 상반된 결말에 도달했다는 것을 말해줍니다.

참 선지자가 전한 내용과 같은 내용이라 하더라도 자신이 하나님으로부터 받지 않은 내용을 자신이 받은 것처럼 전하는 것은 적절하지 않습니다. 저작권 위반이라고나 할까요. 더구나 내용과 어긋한 삶을 산다면 이는 더욱 심각하다고 하겠습니다. 우리의 판단이 적절하다면, 우리야의 죽음을 통해 하나님은 진정한 회개가 얼마나 중요한지 보여주신 것입니다. 동일어구(同一語句)의 반복은 예언이 아닙니다. 하나님으로부터 말을 위탁받아야 하고, 그 말에 자신의 진심이 실려야 합니다. 스스로도 그 말씀을 따를 작정이 있어야 옳습니다. 하나님께서는 예레미야에게 주신 말을 동일하게 반복했다고 하여 그의 안전을 책임지지 않으셨습니다. 어쩌면 내용 못지않게 중요한 것이 진정성(眞正性)이었습니다.

이어지는 27-28장에 소개된 거짓 선지자들과의 갈등은 이런 깨달음과 잘 연결됩니다. 특별히 예레미야의 목에서 '나무 멍에'를 꺾어 '쇠 멍에'를 만든 하나냐의 이야기는 거짓 선지자의 폐해를 잘 보여줍니다. 28장 12-13절입니다. "선지자 하나냐가 선지자 예레미야의 목에서 멍에를 꺾어 버린 후에 여호와의 말씀이 예레미야에게 임하니라 이르시기를 너는 가서 하나냐에게 말하여 이르기를 여호와의 말씀에 네가 나무 멍에들을 꺾었으나 그 대신 쇠 멍에들을 만들었느니라" 아멘.

이어지는 29장은 주전 597년에 여고니야 왕과 왕후와 궁중 내시들과 유다와 예루살렘의 고관들과 기능공과 토공들이 예루살렘을 떠난 다음에, 시드기야가 바벨론에 사신을 보낼 때 예레미야가 보낸 편지를 소개합니다. 진실한 선지자 예레미야 곁에 사람들이 있습니다. 외로운 싸움 같지만 그를 돕는 사람도 있고, 마음을 같이 하는 사람들도 있습니다. 앞서 살펴본 26장에서는 고관들과 장로들이 예레미야를 변호하는 것을 보았습니다. 29장도 보면, 예레미야의 편지를 바벨론에 있는 이들에게 전달해주는 '사반의 아들 엘라사와 힐기야의 아들 그마랴'가 있습니다.

사반은 요시야 왕 당시 제사장 힐기야에게서 두루마리 성경을 받아 왕에게 전달한 서기관입니다(왕하 22:8-10). 사반의 아들 아히감은 예레미야가 제사장들과 선지자들에게 기소당했을 때 무죄 방면한 고관이었습니다(렘 26:24). 사반의 아들 그마랴는 여호야김 왕이 두루마리 성경을 태울 때 말렸고(렘 36:12, 25), 사반의 아들 엘라사는 바벨론에 사신으로 가면서 예레미야의 편지를 바벨론의 있는 유다 백성들에게 전달하였습니다(렘 29:3).

편지를 함께 전달했던 그마랴의 아버지 힐기야에 대해(왕하 22:8; 렘 29:3), 요시야 왕 당시 두루마리 성경을 발견하여 요시야 왕에게 전달했던 대제사장으로 보기도 합니다. 그나마 경건했던 요시야 왕의 선한 영향력이 남아 있습니다. 엘라사 및 그마랴와 함께 제사장 스바냐도 예레미야와 마음을 같이 한 사람입니다. 그는 예레미야를 벌주라는 스마야의 편지를 예레미야에게 읽어주고 그를 벌하지는 않습니다. 주님을 위해 수고하는 길에 주님의 도우심이 있습니다.

이스라엘 백성들이 바벨론에 살게 된 것도 비슷합니다. '몰아가신다.' 말하기보다 '인도하셨다.' 말하는 것이 더 좋겠습니다. '몰아가다' 에는 '어쩔 수 없음' 이 담겨있지만, '인도하다' 에는 긍정적인 이유가 담겨있기 때문입니다. 29장 4절과 7절을 보면, "포로 중 남아 있는 장로들과 제사장들과 선지자들과 모든 백성" 으로 바벨론에 거하게 하신 분은 하나님이셨습니다. 4절입니다. "만군의 여호와 이스라엘의 하나님께서 예루살렘에서 바벨론으로 사로잡혀 가게 한 모든 포로에게 이와 같이 말씀하시니라" 아멘. 7절에서 하나님은 "너희는 내가 사로잡혀 가게 한 그 성읍" 이라 말씀하십니다. 하나님께서 유다 백성이 바벨론으로 사로잡혀 가게 하셨습니다. '사로잡혀 가다' 를 표현하는 단어는 '벗기다' 에서 나왔습니다. 포로들이 모든 것을 빼앗기고 좋은 옷도 벗겨진 상태로 끌려갔기 때문에 포로로 끌려가는 상황을 '벗기다' 라는 단어로 표현합니다. 터전도 잃고, 집도 잃고, 소유도 모두 빼앗기고, 전혀 낯선 곳에 와서 살아야 하는 그들은 '벗겨진 사람들' 입니다.

누가 그들로 빈털터리가 되게 하셨나요? 하나님이십니다. 모든 것을 잃은 듯한 이들에게 주시는 하나님의 말씀을 보면, 이들은 인도받은 부분이 있습니다. 그들에게 주신 명령을 보면 분명합니다. 그들에게 주신 첫째 명령은 '생육하고 번성하라' 입니다. 5-6절입니다. "너희는 집을 짓고 거기에 살며 텃밭을 만들고 그 열매를 먹으라 아내를 맞이하여 자녀를 낳으며 너희 아들이 아내를 맞이하며 너희 딸이 남편을 맞아 그들로 자녀를 낳게 하여 너희가 거기에서 번성하고 줄어들지 아니하게 하라" 아멘. 집을 지으라는 말은 정착하라는 말씀입니다. 도망가려 하지 말고 금방 떠나려 하지 말고 집을 지으라. 거기 살아라. 텃밭을 만들어라. 그 열매를 먹어라. 결혼해서 자녀를 낳아라. 자식들도 혼인시켜라. 그래서 손자 손녀를 보아라. 한 마디로 '생육하고 번성하라' 고 명하십니다. 죽으라는 말씀이 아닙니다. 그곳에서 살라는 말씀입니다.

둘째 명령은 7절에 있습니다. "너희는 내가 사로잡혀 가게 한 그 성읍의 평안을 구하고 그를 위하여 여호와께 기도하라 이는 그 성읍이 평안함으로 너희도 평안할 것임이라" 아멘, '하나님께서 살게 하신 그곳을 축복하라' 말씀하십니다. 바벨론은 유다 백성들을 '벗긴', 포로로 끌고 간 자들이 있는 곳입니다. 그들이 힘을 가진 곳입니다. 그런데 그곳을 축복하라 말합니다. 그곳이 번성하면 너희가 그 번성의 혜택을 누릴 거라 말씀하십니다. 억울하고 분하고 미울 수 있는데, 마음을 바꾸라 말하십니다. 원수를 갚아 달라 기도하지 말고 평안을 구하라 말씀하십니다. 그러니 인도하신 것입니다.

셋째 명령은 8-9절에 있습니다. "만군의 여호와 이스라엘의 하나님께서 이와 같이 말씀하시니라 너희 중에 있는 선지자들에게와 점쟁이에게 미혹되지 말며 너희가 꾼 꿈도 곧이 듣고 믿지 말라 내가 그들을 보내지 아니하였어도 그들이 내 이름으로 거짓을 예언함이라 여호와의 말씀이니라" 아멘. 내용은 '거짓 선지자들을 믿지 마라' 입니다. 거짓 선지자들은 '금방 유다로 되돌아갈 것이다. 우리 하나님이 어떤 분이냐? 그러니 정착하려 말고 돌아갈 계획을 세우라.' 이렇게 말합니다. 거짓 선지자들의 말이 의미하는 바는 '바벨론은 너희가 살 곳이 아니다.' 하는 것입니다. '이곳에서 사는 것은 어긋난 일이다.' 하고 말하는 것입니다. 그러나 하나님께서는 '그렇지 않다.' 말씀하십니다.

넷째 명령은 20절에 있습니다. "그런즉 내가 예루살렘에서 바벨론으로 보낸 너희 모든 포로여 여호와의 말씀을 들을지니라" 아멘. '거짓 선지자들의 말을 듣지 말고 하나님의 말씀에 순종하라.' 명하십니다.

명령의 근거로 회복을 말씀하십니다. 29장 10절에서는 70년을 언급하십니다. "여호와께서 이와 같이 말씀하시니라 바벨론에서 칠십 년이 차면 내가 너희를 돌보고 나의 선한 말을 너희에게 성취하여 너희를 이 곳으로 돌아오게 하리라" 아멘. 칠십 년이 차면 돌아올 것이라 하십니다. 돌아오지 못하는 게 아닙니다. 70년이 지나면 돌아올 것입니다. 모세의 노래 시편 90편을 보면, "우리의 연수가 칠십이요 강건하면 팔십"

(90:10)이라 했습니다. 한 인생의 연수가 지나면 돌아옵니다. 11절에서는 하나님의 생각이 '평안과 미래와 소망'에 있다고 하십니다. "여호와의 말씀이니라 너희를 향한 나의 생각을 내가 아나니 평안이요 재앙이 아니니라 너희에게 미래와 희망을 주는 것이니라" 아멘. 그러니 인도입니다. 겉으로는 잃는 것 같지만 사실은 얻는 것입니다. 평안을 뺏긴 것 같지만 실상은 평안을 얻는 것이고, 미래와 소망이 없어지는 것 같지만 더 나은 미래와 소망이 생기는 길입니다. 12-13절에서는 하나님과 이스라엘의 관계 회복에 대해 말씀하십니다. "너희가 내게 부르짖으며 내게 와서 기도하면 내가 너희들의 기도를 들을 것이요 너희가 온 마음으로 나를 구하면 나를 찾을 것이요 나를 만나리라" 아멘. 기도와 응답이 재개될 것입니다. 망한 다음에 갖게 되는 관계이기에 의미가 더 큽니다. 부활하신 후 베드로에게 '네가 나를 사랑하느냐?' 물으셨던 주님처럼, 이스라엘과 하나님의 관계는 더욱 돈독해질 것입니다.

예상되는 변화가 29장 14절에 그려집니다. "이것은 여호와의 말씀이니라 나는 너희들을 만날 것이며 너희를 포로된 중에서 다시 돌아오게 하되 내가 쫓아 보내었던 나라들과 모든 곳에서 모아 사로잡혀 떠났던 그 곳으로 돌아오게 하리라 이것은 여호와의 말씀이니라" 아멘. 만나시는 하나님, 돌아오게 하시는 하나님, 모으시는 하나님을 얘기합니다. 그들이 바벨론으로 끌려가는 것은 좋은 일입니다. 불순종할 때 포로로 끌려갈 거라 예언하신 약속의 성취로서 하나님의 신실함을 보여주기도 하고, 이처럼 심각한 백성에 대해서조차 기회를 주시는 하나님의 사랑을 보여주기도 합니다. 동시에, 포로로 끌려가는 것을 통해서도 선을 이루시는 하나님의 전지전능을 봅니다.

그런데 하나님이 주신 자리를 축복으로 여기지 않는 이들이 있습니다. 그들의 주장이 15절에 있습니다. "너희가 말하기를 여호와께서 우리를 위하여 바벨론에서 선지자를 일으키셨느니라" 아멘. '우리도 선지자다.' 하는 이들입니다. 이들로 인해 아직 포로로 끌려가지 않은 이들, 고생하지 않은 이들에 대한 심판이 선고됩니다. 17-19절입니다. "만군의 여호와께서 이와 같이 말씀하시되 보라 내가 칼과 기근과 전염병을 그들에게 보내어 그들에게 상하여 먹을 수 없는 몹쓸 무화과 같게 하겠고 내가 칼과 기근과 전염병으로 그들을 뒤따르게 하며 그들을 세계 여러 나라 가운데에 흩어 학대를 당하게 할 것이며 내가 그들을 쫓아낸 나라들 가운데에서 저주와 경악과 조소와 수모의 대상이 되게 하리라" 아멘. 칼과 기근과 전염병에 죽으리라는 심판입니다. 17절에 따르면, 그들은 먹을 수 없는 상한 무화과와 같을 거라 말씀하십니다. 다 잃고 포로로 끌려간 추방자가 되면 상한 무화과가 될 줄 알았습니다. 그런데 고생하지 않은 자들, 끌려가지 않는 자들이 상한 무화과가 된다고 말씀하십니다. 이유는 하나입니다. 19절에 있습니다. '순종하지 않아서' 입니다.

그러기에 예레미야 편지의 요지가 '하나님께서 살게 하신 그곳을 축복하고 생육하고 번성하며 거짓 선지자의 말을 믿지 말고 회복을 약속하신 하나님의 말씀을 순종하라' 는 것이었습니다. 순종을 명하시면서 거짓 선지자 아합과 시드기야의 죄악과 그들이 받을 심판을 말씀하십니다. 어리석은 일을 행하고 이웃의 아내와 간음하며 거짓을 말하는 이들은 불에 타 죽을 것입니다. 사드락과 메삭과 아벳느고는 불 속에서도 타죽지 않았지만, 이들은 타죽을 것입니다.

그런데 이 편지를 보낸 다음에 바벨론에 있는 스마야가 제사장 스바냐에게 편지를 보냅니다. 26-28절입니다. "여호와께서 너를 제사장 여호야다를 대신하여 제사장을 삼아 여호와의 성전 감독자로 세우심은 모든 미친 자와 선지자 노릇을 하는 자들을 목에 씌우는 나무 고랑과 목에 씌우는 쇠 고랑을 채우게 하심이어늘 이제 네가 어찌하여 너희 중에 선지자 노릇을 하는 아나돗 사람 예레미야를 책망하지 아니하느냐 그가 바벨론에 있는 우리에게 편지하기를 오래 지내야 하리니 너희는 집을 짓고 살며 밭을 일구고 그 열매를 먹으라 하였다 하니라" 아멘. 이 편지를 보면, 마치 예레미야가 대제사장 여호야다에 의해 죽임당한 아합의 딸 아달랴와 같은 인물이라는 인상을 줍니다. 그리고 자세히 보면 스마야는 예레미야가 보낸 편지 가운데 회복에 관한 내용은 쏙 빼고 바벨론에 정착하고 살라는 부분만 인용합니다. 예레미야는 그 땅에 영원히 살라 하지 않았습니다. 70년이 지난 다음에 돌아올 것이니 70년 동안 수가 줄어들지 않도록 힘쓰라 한 것입니다.

이에 대한 하나님의 반응이 31-32절입니다. "너는 모든 포로에게 전언하여 이르기를 여호와께서 느헬람 사람 스마야를 두고 이같이 말씀하셨느니라 내가 그를 보내지 아니하였거늘 스마야가 너희에게 예언하고 너희에게 거짓을 믿게 하였도다 그러므로 여호와께서 이와 같이 말씀하시니라 보라 내가 느헬람 사람 스마야와 그의 자손을 벌하리니 그가 나 여호와께 패역한 말을 하였기 때문에 이 백성 중에 살아 남을 그의 자손이 하나도 없을 것이라 내가 내 백성에게 행하려 하는 복된 일을 그가 보지 못하리라 하셨느니라 이것은 여호와의 말씀이니라" 아멘. 이 내용은 예레미야가 포로 공동체에게 보낸 두 번째 편지도 되겠습니다. 하나님의 말씀에 정면으로 배치되는 예언을 자기 마음대로 한 선지자는 백성 중에 거하지 못할 것입니다. 하나님의 회복을 목도하는 사람 가운데 그의 자손이 없을 것입니다. 즉, 그의 자손이 끊어질 것입니다. 있더라도 하나님의 회복이 일어나기 전에 죽을 것입니다.

이어지는 30장에는 '백성이 섬기는 나라를 멸망시킴으로 그들을 훈련하시는 하나님, 자기 백성을 멸망시킨 나라를 멸망시킴으로 자기 백성을 구원하시는 하나님' 이 소개됩니다.

변화를 예언할 수 없으면 참 예언이 아닙니다. 지금 상태가 계속되리라는 얘기는 누구라도 할 수 있습니다. 바뀐다는 얘기도 할 수 있습니다. 그러니, 지금 상태가 언제 바뀔 것인가를 말할 수 있어야 진정 미래를 아는 것입니다. 변화가 어떻게 일어날지를 말해야 진정 미래를 아는 것입니다. 저녁에 '아침이 오리라.' 말하거나, 아침에 '저녁이 오리라.' 말하는 것은 누구라도 말할 수 있습니다. 경기(景氣)가 좋지 않을 때 좋아질 거라는 얘기는 누구라도 할 수 있습니다. 물론 더 나빠질 수도 있지요.

하나님께서는 변화가 언제 있을 것인지, 변화가 어떻게 올 것인지 말씀하실 수 있는 분입니다. 이스라엘이 하나님 앞에 불순종하자, 하나님께서는 예레미야를 통해 이스라엘이 망한다고 말씀하셨습니다. 하나님을 경외하는 이들이 유다 국가의 문제를 해결해 달라 기도할 때 하나님의 응답은 '그래, 나라를 망하게 해주마.' 하는 것이었습니다. '집에 벼룩이 있습니다. 괴로워 살 수 없습니다.' 하는 기도에 '집을 다 태워 주마.' 이렇게 응답하신 것과 같습니다. 몹시 당황스러운 응답이었습니다. 그래서 거짓 선지자들이 더 판을 쳤는지 모릅니다. 예레미야를 통해서 주신 하나님의 응답은 보편적이지 않은, 그동안 하나님께서 사용하시지 않은 종류의 대답이었기 때문입니다. 그러나 하나님께서는 나라를 망하게 하심으로, 성전을 부수심으로 정결을 이루시겠다고 말씀하십니다.

그런데 하나님 백성의 구원 방법에 대해서도 하나님께서는 비슷한 답을 주십니다. 바벨론을 멸망시키심으로 이스라엘을 구원하시겠다고 말씀하십니다. 출애굽 당시 애굽을 멸망시키시지 않았습니다. 그런데 멸망을 통해 백성을 연단(鍊鍛)하신 하나님께서 제시하신 구원은 멸망을 통한 것이었습니다. 멸망을 통해 연단되었기에 멸망을 통해 이루신다는 방법입니다. 유다의 멸망을 통해 남은 자를 바벨론으로 옮기신 하나님은 바벨론의 멸망을 통해 남은 자를 약속의 땅으로 옮기시겠다고 말씀하십니다. 동일한 방법을 사용하십니다. 물론 두 가지 모두 예상하기 어려웠습니다. 유다의 멸망을 통해 유다를 정결케 하시겠다는 방법도 예상하기 어려웠지만, 바벨론의 멸망을 통해 유다를 구원하시겠다는 방법도 예상하기 어려웠을 것입니다. 이유는 전례가 없었기 때문입니다. 하나님뿐 아니라 세상 어떤 신도 자기를 섬기는 나라를 멸망시킴으로 그들을 단련하거나 자기 백성을 멸망시킨 나라를 멸망시킴으로 자기 백성을 구원한 신은 없었습니다.

예레미야서 30장에는 이러한 독특한 방법을 사용하시는 하나님을 소개합니다. 하나님께서 하실 일, 특별히 바벨론 멸망을 통해 하나님 백성을 구원하실 것을 미리 말씀하십니다. 아직 유다가 멸망하기 전입니다. 유다가 멸망하기도 전에 바벨론 멸망을 말씀하십니다. 벼룩 잡으려 집 태운 것에 대해 말씀드렸는데, 하나님 백성 구원을 위한 바벨론 멸망은 불타버린 집에서 새집이 솟아나는 것과 같습니다. 벼룩을 잡으려고 집을 태웠습니다. 그런데 불타버린 집에서 새집이 솟아오릅니다. 불탄 집보다 더 좋은 집입니다. 화재보험에 들었었나 봅니다. 보험금 타서 더 좋은 집을 지은 것과 같습니다.

1-3절을 보면, 하나님께서는 예언이 변치 않는 것이 되도록, 다시 말해 바벨론 멸망을 통한 이스라엘 구원이 본래 의도되었다는 것을 확실히 하시기 위해 '기록하라!' 명하십니다.

4-6절에는 바벨론 멸망 모습이 소개됩니다. 5절에 보니 바벨론 인들이 무서워 떱니다. 6절이 인상적입니다. "모든 남자가 해산하는 여자 같이 손을 자기 허리에 대고 모든 얼굴이 겁에 질려 새파래"져 있습니다. 군인은 무기를 손에 들고 전투 자세를 취해야 합니다. 그런데 애 낳는 자세를 취하고 있습니다. 전투의지를 상실한 채 겁에 질려 있습니다. 바벨론 제국의 군대에게서 발견하기 어려운 모습입니다. 그러나 바벨론이

망하는 그날 바벨론 군인들은 손을 허리에 댄 채로 겁에 질린 표정을 하게 될 것입니다. 시간이 지나면서, 구성원이 바뀌면서, 군대가 바뀌었습니다.

7-11절은 이날이 야곱에게 어떤 날인가 설명합니다. 이날은 야곱에게도 환란의 때입니다. 그러나 동시에 구원의 날입니다. 8절을 보니 멍에가 꺾이는 날이고 포박이 끊어지는 날입니다. 9절을 보니 섬기는 신과 왕이 바뀌는 날입니다. 섬기는 신은 우상이 아니라 여호와 하나님이 됩니다. 섬기는 왕은 바벨론 왕이 아니라 다윗의 자손 왕이 됩니다. 10절을 보니, 이날은 태평과 안락의 날입니다. 잠잠히 쉴 수 있습니다. 11절을 보니, 법에 따라 징계 받는 날입니다. 바벨론이 망한다고 해서 야곱이 무작정 아무 기준 없이 구원받지 않습니다. 기준이 있습니다. 예레미야가 포로 공동체에게 보낸 편지대로 산 사람은 '할렐루야!'를 외치는 날일 것입니다. 예레미야의 편지대로 살지 못한 사람은 후회의 근심을 뿜어내는 날일 것입니다. 생육과 번성에 관심을 가지고 평안을 빌며 살았던 사람들의 자녀 손들은 약속의 땅으로 가는 날이 될 것이고, 그러지 못한 이들은 어디 있는지도 알지 못하는 날이 될 것입니다.

12-17절은 하나님께서 바벨론 멸망을 통해 자기 백성을 구원하시는 이유가 제시됩니다. 그들의 상처는 고칠 수 없고 부상은 중대하나 구원자도 약도 처방도 없고 사랑하고 의지하던 자도 다 떠난 상황이기 때문입니다. 아무도 그들을 돌아보지 않기 때문에 그들을 돌아보시겠다고 말씀하십니다.

의지하는 인간이 없어야 합니다. 의지하는 돈이 없어야 합니다. 의지할 것이 없어야 합니다. 그래야 하나님으로부터 구원이 임합니다. 가난해지든지, 가진 것을 의지하지 않던지, 둘 가운데 하나가 되어야 하나님의 구원이 임합니다. 아브라함이 이삭을 통해 이루려던 뭔가를 다 내려놓을 때 이삭을 통해 이루시려 했던 하나님의 뜻이 이뤄집니다. 예수님이 십자가에서 돌아가셨을 때 하나님께서 예수님을 통해 이루려 하셨던 계획이 이뤄집니다. 참 이상합니다. 아무것도 의지하지 않는 상태가 되어야 믿음이 작동합니다. 하나님의 구원이 작동합니다. 기도할 수 있습니다. 하늘로부터 응답이 있습니다.

우리 각자에게 주신 사명이 이뤄지려면 우리가 아무도 의지하지 말아야 합니다. 오직 하나님만 의지해야 이뤄집니다. 누구라도 돌아볼 사람이 있습니까? 그러면 하나님으로부터의 구원은 없습니다. 안 된다고 고백하십시오. 나도 안 되고, 공동체도 안 된다고, 우리가 할 수 없다고 고백하세요. 그러면 바벨론이 망합니다.

18절부터는 하나님의 구원이 임했음을 보여주는 증거들이 나열됩니다. 포로들이 돌아옵니다. 폐허 위에 성읍이 건축됩니다. 감사하는 소리가 있습니다. 즐거워하는 소리가 있습니다. 수가 늘어납니다. 존귀하게 됩니다. 주님 주시는 승리가 있습니다. 지도자가 공동체에서 나옵니다. 마지막으로 공동체는 하나님의 백성으로 규정되고, 하나님께서는 공동체의 하나님으로 자리를 잡으십니다.

우리가 속한 각자의 교회에 하나님의 구원이 임했음을 보여주는 증거들도 비슷합니다. 돌아오는 이들이 있어야 합니다. 폐허가 사람 살 곳이 되어야 합니다. 감사하는 소리, 즐거워하는 소리가 늘어납니다. 수도 늘어납니다. 존귀하게 됩니다. 주님 주시는 승리가 있습니다. 지도자가 공동체에서 나옵니다. 공동체가 교회로, 하나님의 성령이 역사하는 곳으로 규정되고, 하나님께서 우리의 하나님으로 불립니다. 이런 증거가 하나님의 구원이 임했음을 보여주는 증거들입니다.

23-24절은 확신 표현입니다. "보라 여호와의 노여움이 일어나 폭풍과 회오리바람처럼 악인의 머리 위에서 회오리칠 것이라 여호와의 진노는 그의 마음의 뜻한 바를 행하여 이루기까지는 돌이키지 아니하나니 너희가 끝날에 그것을 깨달으리라" 아멘.

이어지는 31장에는 유명한 '새 언약'에 대한 말씀이 담겨 있습니다. 옛 언약과 새 언약은 둘 다 생명의 길이지만 차이가 있습니다. 첫 언약은 돌판에 기록되었습니다. 그러나 새 언약은 마음에 기록됩니다. 33절입니다. "그러나 그 날 후에 내가 이스라엘 집과 맺을 언약은 이러하니 곧 내가 나의 법을 그들의 속에 두며 그들의 마음에 기록하여 나는 그들의 하나님이 되고 그들은 내 백성이 될 것이라 여호와의 말씀이니라" 아멘. 시내 산에서 이스라엘 백성들은 "여호와께서 말씀하신 모든 것을 우리가 준행하리이다"(출 24:3) 하였고 이러한 결심에 근거하여 언약이 체결되었습니다. 그러나 최후의 만찬 때 예수님은 제자들에게 "받아서 먹으라 이것은 내 몸이니라"(마 26:26), "너희가 다 이것을 마시라 이것은 죄 사함을 얻게 하려고 많은 사람을 위하여 흘리는바 나의 피 곧 언약의 피니라"(마 26:27-28) 말씀하셨습니다. 이 언약은 영원한 언약입니다. 35-36절입니다. "여호와께서 이와 같이 말씀하셨느니라 그는 해를 낮의 빛으로 주셨고 달과 별들을 밤의 빛으로 정하였고 바다를 뒤흔들어 그 파도로 소리치게 하나니 그의 이름은 만군의 여호와니라 이 법도가 내 앞에서 폐할진대 이스라엘 자손도 내 앞에서 끊어져 영원히 나라가 되지 못하리라 여호와의 말씀이니라" 아멘.

현실에 눈을 뜨고 우리 자신에 대해서도 정확히 보며, 하나님과 하나님의 뜻에 대해서도 눈이 열리기를 기도합니다.

질의와 응답

하나. "승계년 제도(accession year)가 무엇입니까?"

왕이 된 때부터 새해까지의 시기를 가리킵니다.

둘. "바벨론 포로 기간이 왜 70년인가요?"

세 번에 걸쳐 포로로 끌려갔습니다. 다니엘은 주전 605년에 끌려갔고, 에스겔은 주전 597년에 끌려갔으며, 마지막 세 번째는 주전 586년입니다. 에스겔에게 '예루살렘 함락 소식'이 전달된 것은 그가 여호야긴 왕과 함께 포로로 끌려간 지 '열두째 해 열째 달 다섯째 날'(겔 33:21)이었습니다. 주전 585년 1월 8일입니다. 그러므로 주전 605년부터 538년까지에는 73년이라는 기간이 있지만, 이동(移動)에 걸린 시간을 고려하고 햇수로 계산하면, 70년이라고 계산할 수 있겠습니다.

셋. "거짓 선지자의 기준이 무엇입니까?"

하나님께서 보내지 않으셨으면 거짓 선지자입니다. 하나님께서 주신 말씀이 아닌데 전하면, 거짓 선지자입니다. 하나님께서 주신 말씀을 틀리게 전해도 거짓 선지자입니다.

넷. "바벨론에 있는 스마야가 예루살렘에 서신을 보내 영향을 끼치려 합니다. 이게 가능한가요?"

왕족, 고관들, 기술자들이 끌려갔습니다. 본래 영향력이 있던 이들입니다. 그리고 이들이 끌려간 나라가 바벨론으로 강대국이었으니 유다에 영향을 끼칠 수 있었을 것입니다.

Weekly Reading

39

예레미야 32-52장

"애굽과 바벨론 사이에서"

렘 32-34장	렘 35-37장	렘 38-40장	렘 41-43장	렘 44-46장	렘 47-49장	렘 50-52장

check

이번 통독은 멸망 전 유다에게 주신 말씀의 끝자락인 예레미야 32-36장과, 멸망이 확정된 이후에 주어진 말씀인 37-52장입니다. 예레미야서 마지막까지 읽게 됩니다. 바벨론이 망하고 이스라엘은 회복이 된다고 하시네요. 애굽과 바벨론 사이에서 이렇게 저렇게 힘쓰다 망한 유다를 보면서, '왜 하나님만을 의지하지 못했을까?' 질문합니다. 유다는 '애굽과 바벨론 사이에서' 저울질을 했습니다.

애굽과 바벨론 사이에서

I.
바벨의 영광
바벨론으로 이어졌다.

힛타이트에게 망할 때
다시 일어날까 싶었다.

그러다 앗수르 약해짐 틈타서
신바벨론 일어선다.

II.
애굽의 영광은
나일강과 그것의 범람에 있다.

따가운 햇살, 뜨거운 공기도
한 몫 한다.

누구나 노리는 곡창지대,
먹거리로 만족하지 못하고 군림하려 한다.

III.
약속의 땅 가나안,
유브라데와 애굽 강 사이에 있다.

힘이 세지면
'유브라데와 애굽 강까지 내 것이요!' 말하지만,

힘이 약해지면
양쪽에서 협공이다.

IV.
아브람 가뭄 피해 애굽 가듯
힘겨울 땐 애굽이 부른다.

야곱 집안 마침내 애굽에서 자리잡으니
출애굽은 했건만 틈만 나면 애굽 타령이다.

애굽 안 간 이삭처럼
곡창지대 유혹 벗어날 자 누구인가?

V.
아브람 롯 구하려
북국 네 동맹 무찔렀건만

힘 빠진 유다

앗수르 바벨론 아군 삼았다.

아브람 패기 이어받은 자 누구이며,
다윗의 용맹 따를 자 누구인가?

VI.
불쌍한 시드기야,
임명권자 바벨론 배신하더니 망했다.

불쌍한 엘리야김,
임명권자 애굽 의지하고 성경 두루마리 태우더니 망했다.

남겨진 유다인들
그다랴 죽인 이스마엘 따라 애굽 가더니 망했다.

VII.
애굽과 바벨론
바벨론과 애굽

지금도 두 개의 의지대상 되어
우리 곁에 있다.

그 누가 애굽 모르는 채, 바벨론 못 본 채하고
하늘만 바랄까?

VIII.
대한민국 정부와 교단
애굽과 바벨론처럼 힘이 있다.

의지하는 자 구원할 것 같고
연합하지 않는 자 멸할 것처럼 말한다.

그러나
하나님만 의지할 자 누구랴?

예레미야가 시위대 뜰에 갇힌 얘기는 32장에도 나오고 37장에도 나옵니다. 그러나 둘의 위치는 다릅니다. 37장 이후는 망한 다음에 어떻게 해야 하는지에 대한 말씀이지만, 32-36장은 멸망이 임박한 상황에서 어찌해야 하는지를 말씀하십니다.

시드기야 왕 열째 해(주전 587년), 다시 말해 예루살렘이 망하기 일 년 전에, 아나돗에 있는 숙부 살룸의 아들 하나멜 즉, 예레미야의 사촌이 자신의 밭을 사라고 합니다. 기업 무를 권리와 의무가 예레미야에게 있다고 주장합니다. 하나님께서는 예레미야에게 '기업을 무르라는 사촌의 요청에 응하라.' 말씀하십니다. 32장 6-7절입니다. "예레미야가 이르되 여호와의 말씀이 내게 임하였느니라 이르시기를 보라 네 숙부 살룸의 아들 하나멜이 네게 와서 말하기를 너는 아나돗에 있는 내 밭을 사라 이 기업을 무를 권리가 네게 있느니라 하리라 하시더니" 아멘. 이에 예레미야가 기도합니다. 16-25절에 있습니다.

예레미야의 고향인 아나돗 사람들은 예레미야를 죽이려 했었습니다(11:21-23). 그런데 아나돗에 있는 사촌이 다른 집안에게 넘어가게 된 부동산에 대해 책임지고 돈을 내어 다른 집안으로 토지가 넘어가지 않도록 하라고 말합니다. 이에 대한 하나님의 응답은 '그리하라' 는 것이었습니다. 땅 값은 은 17세겔(은 193.8그램)이었습니다. 요셉의 몸값이 20세겔이었습니다. 다윗이 산 아라우나의 타작마당은 50세겔이었고 나중에 성전 터가 됩니다. 이제 나라가 망하게 되었습니다. 그런데 예레미야는 성전 터 값의 3분의 1을 지불하여 기업을 물어 줍니다.

본래 땅값은 희년 때까지의 소출로 계산합니다. 주전 1,400년을 시작점으로 잡으면 이때가 587년쯤이니 희년까지 32년 남았습니다. 그 땅에서 32년간 얻을 것으로 기대되는 소출의 값이 땅값입니다. 원래대로라면 17세겔은 반 세겔 소출이 예상되는 땅의 값밖에 되지 않습니다. 그러나 율법을 더 이상 지키지 않는 그들이 땅값 계산을 율법대로 했을 것 같지는 않습니다. 시세대로 매매했겠죠.

예레미야는 말씀대로 순종하여 매입하고, 마음을 담아 기도합니다. 이것이 차이입니다. 먼저 순종했고 그다음에 불합리해 보이는 부분에 대해 여쭈었습니다. 32장 16절입니다. "내가 매매 증서를 네리야의 아들 바룩에게 넘겨 준 뒤에 여호와께 기도하여 이르되" 아멘. 그리고 그의 기도를 보면 그간 알게 된 하나님에 대해 먼저 고백하였습니다. 17절에서는 "주에게는 할 수 없는 일이 없으시"다고 고백합니다. 18절에서는 은혜의 하나님, 능력의 하나님을 고백합니다. 19절에서는 보응의 하나님을 고백합니다. 그는 그간 살아오면서 하나님이 어떤 분인지 알게 되었습니다. 그것을 고백합니다. 여러분은 여러분의 인생에서 어떤 하나님을 고백하게 되었습니까?

이어 역사 속에서 일하신 하나님을 고백합니다. 직접 경험한 것은 아닙니다. 그러나 들어서 알고 읽어서 알고 있는 사실입니다. 32장 20-21절에서는 출애굽의 하나님을 고백합니다. 22절은 가나안 땅을 기업으로 주신 약속 성취의 하나님을 고백합니다. 23-24절에서는 불순종에 대한 약속 성취의 하나님을 고백합니다. 하나님 말씀의 성취로서의 당시 상황이 담긴 24-25절입니다. "보옵소서 이 성을 빼앗으려고 만든 참호가 이 성에 이르렀고 칼과 기근과 전염병으로 말미암아 이 성이 이를 치는 갈대아인의 손에 넘긴 바 되었으니 주의 말씀대로 되었음을 주께서 보시나이다 주 여호와여 주께서 내게 은으로 밭을 사며 증인을 세우라 하셨으나 이 성은 갈대아인의 손에 넘기신 바 되었나이다" 아멘. 예레미야는 사람들의 어떠함에 대해 불평하지 않았고 자기감정의 어떠함이나 형편의 어려움을 낱낱이 아뢰지 않았습니다. 주님은 밭을 사며 증인을 세우라 하셨습니다. 그런데 하나님께서는 예루살렘 성을 바벨론 사람들에게 넘기셨습니다. 거기까지입니다. '어떻게 이러실 수 있습니까?' 하는 표현을 덧붙이지 않습니다. 예레미야의 기도가 성숙해져 갑니다.

성숙한 예레미야의 기도에 대해 하나님께서 대답하십니다. 32장 26-44절입니다. 하나님에 대한 예레미야의 인식이 틀리지 않았다고 말씀하십니다. 언약 성취의 부분에 대해서도 말씀하십니다. 다만 지나간 얘기는 길게 말씀하시지 않고 예레미야가 알고 있는 당시 상황에 대해서 말씀하십니다. 마지막으로 예레미야의 기업 무르기를 왜 명하셨는지 대답하십니다. 우선 27절은 17절의 반복입니다. 다른 것이 있다면 '모든 육체의 하나님' 이라는 표현입니다. 두 번째로 하나님은 약속 성취 부분을 언급하십니다. 이스라엘은 하나님을 화나게 하였습니다. 화나게 하는 이스라엘의 모습을 33절은 매우 재미있게 표현합니다. 훈련받기를 거절하는 이스라엘은 목덜미('등' 이라고 번역됨)를 하나님께 보입니다. 35절에 보면, 심지어 딸까지 몰렉 제사에 사용했습니다.

하나님께서는 '역사 속에서 일하신 하나님'을 말하는 예레미야에게 손에 잡히는 얘기만 하십니다. 이것이 하나님의 겸손입니다. 하나님께서는 출애굽 때도 살아계셨습니다. 그러나 예레미야는 그때 태어나지도 않았었습니다. 그러기에 예레미야가 경험했던, 그래서 분명히 알고 있는 내용만 말씀하십니다. 36절은 반전입니다. "그러나 이스라엘의 하나님 여호와께서 너희가 말하는 바 칼과 기근과 전염병으로 말미암아 바벨론 왕의 손에 넘긴 바 되었다 하는 이 성에 대하여 이와 같이 말씀하시니라" 아멘. 하나님의 심판만을 얘기하는 사람들이 있습니다. 그들은 멸망에 초점을 맞춥니다.

그런데 하나님의 목적은 회복에 있었습니다. 회복이 목적이셨습니다. 회복이 일어납니다. '돌아와서 편히 산다.' 하고 말씀하십니다. 37절입니다. "보라 내가 노여움과 분함과 큰 분노로 그들을 쫓아 보내었던 모든 지방에서 그들을 모아들여 이 곳으로 돌아오게 하여 안전히 살게 할 것이라" 아멘. 관계가 재정립된다고 말씀하십니다. 38절입니다. "그들은 내 백성이 되겠고 나는 그들의 하나님이 될 것이며" 아멘. 돌아온 자들의 상태에 변화가 있을 거라 말씀하십니다. 그들에게 한마음이 있습니다. 삶의 양식도 같습니다. 같은 길을 걸어갑니다. 하나님을 경외합니다. 39절입니다. "내가 그들에게 한 마음과 한 길을 주어 자기들과 자기 후손의 복을 위하여 항상 나를 경외하게 하고" 아멘. 영원한 언약을 맺으십니다. 잘해주실 것입니다. 하나님 경외를 마음에 주실 것입니다. 40절입니다. "내가 그들에게 복을 주기 위하여 그들을 떠나지 아니하리라 하는 영원한 언약을 그들에게 세우고 나를 경외함을 그들의 마음에 두어 나를 떠나지 않게 하고" 아멘.

이스라엘은 하나님만을 따를 것입니다. 하나님께서 뒤돌아보시면 그들의 목덜미가 아니라 얼굴이 보일 것입니다. 41절을 보니, 하나님께서는 백성에게 잘해주는 게 기쁘실 것입니다. 큰 어려움을 주셨으나, 모든 좋은 것을 내려주실 것입니다(32:42). 사람들이 황폐하여 '사람도 없고, 가축도 없다.' 이렇게 사람들이 말하는 이 땅에서 부동산 매매가 이뤄질 것입니다(32:43). 밭을 위해 은을 달아주는 일이 있을 것입니다. 매매 증서가 기록되고 도장이 찍히고 증인이 세워질 것입니다. 베냐민 땅, 예루살렘 주변, 유다 땅, 산지, 쉐펠라 지역과 남방에서, 다시 말해 유다 땅 모든 곳에서 부동산 매매가 이뤄질 것입니다. 왜냐하면 포로귀환이 일어날 것이기 때문입니다. 44절입니다. "베냐민 땅과 예루살렘 사방과 유다 성읍들과 산지의 성읍들과 저지대의 성읍들과 네겝의 성읍들에 있는 밭을 은으로 사고 증서를 기록하여 봉인하고 증인을 세우리니 이는 내가 그들의 포로를 돌아오게 함이니라 여호와의 말씀이니라" 아멘. 하나님께서는 부동산 매매 재개로 예레미야의 기도에 응답하셨습니다.

예레미야가 아직 시위대 뜰에 있는데 말씀이 임합니다. 33장 1-3절입니다. "예레미야가 아직 시위대 뜰에 갇혀 있을 때에 여호와의 말씀이 그에게 두 번째로 임하니라 이르시되 일을 행하시는 여호와, 그것을 만들며 성취하시는 여호와, 그의 이름을 여호와라 하는 이가 이와 같이 이르시도다 너는 내게 부르짖으라 내가 네게 응답하겠고 네가 알지 못하는 크고 은밀한 일을 네게 보이리라" 아멘. 예루살렘이 망합니다. 그럼, 다윗 왕가도 망하는 것입니다. 요시야가 죽고 여호아하스는 애굽으로 끌려가고 여호야김, 여호야긴, 시드기야는 바벨론으로 끌려갑니다. 백성이 포로로 끌려 왔으니 여호야긴 왕도 37년 동안 감옥 생활을 합니다. 말이 37년이지 18세에 왕이 되어 석 달간 통치하고 포로로 끌려가서 55세가 될 때까지 감옥살이했습니다. 인생 황금기를 감옥에서 죄수 아닌 죄수로 살았습니다.

다윗 왕가만 망하는 것이 아닙니다. 성전이 훼파되었으니 성전 제사가 끝납니다. 성전이 없고 성전 제사가 없으면 레위인이 할 일이 없습니다. 예배가 없으면 예배 수종자들이 필요 없습니다. 왕보다 더 오래된 직분이 제사장 직분이었습니다. 다윗이 왕이 된 때가 주전 1,011년이었습니다. 아론이 제사장이 된 것은 주전 1,440년경이었습니다. 레위 지파가 다윗 집안보다 400여년이나 먼저 직분자로 세워졌습니다. 그런데 이제 800년 가까이 이어져 오던 제사가 끝납니다. 400여 년 이어져 오던 다윗 왕가가 끝납니다.

그래서 사람들이 생각합니다. 33장 24절입니다. "이 백성이 말하기를 여호와께서 자기가 택하신 그들 중에 두 가계를 버리셨다 한 것을 네가 생각하지 아니하느냐 그들이 내 백성을 멸시하여 자기들 앞에서 나라로 인정하지 아니하도다" 아멘. 하나님께서 레위와 이새를, 아론과 다윗을 택하셨지만 버리셨다는 말입니다. 800년, 400년은 긴 세월입니다. 꽤 길게 다윗 집안과 레위 집안을 사용하신 것입니다. 그러나 400년, 800

년도 '영원'이라는 시간과 비교하면 아주 짧은 시간입니다. 팔천 년, 팔만 년이라 해도 영원은 아닙니다. 그래서 다윗 집안이 버림 받은 것 같고, 레위 집안이 실직하는 것 같은 예루살렘과 성전 멸망의 때에 하나님께서는 다윗 집안과 레위 집안에 대해 말씀하셨습니다. 22절입니다. "하늘의 만상은 셀 수 없으며 바다의 모래는 측량할 수 없나니 내가 그와 같이 내 종 다윗의 자손과 나를 섬기는 레위인을 번성하게 하리라 하시니라" 아멘. 다윗의 자손과 레위인을 하늘의 별과 바다의 모래 같게 하시겠다는 말씀입니다. 다윗의 자손으로 오신 예수님이 왕이십니다. 멜기세덱의 반차를 따라 영원한 대제사장이신 예수님이 제사를 드리십니다. 22절의 강조는 '번성'에 있습니다. 하늘의 별, 바다의 모래, 둘 다 많다에 초점이 있습니다. '번성하게 하리라' 말씀하십니다. 이는 예수님의 제자가 하늘의 별과 바다의 모래 같을 것을 예언하신 것입니다.

하나님께서는 다윗과 레위의 번성에만 관심을 두셨을까요? 아닙니다. 다윗과 레위 번성의 기초이신 예수님에 대해서도 말씀하셨습니다. 15절입니다. "그 날 그 때에 내가 다윗에게서 한 공의로운 가지가 나게 하리니 그가 이 땅에 정의와 공의를 실행할 것이라" 아멘. 이사야서에 예언된 '여호와의 종'의 모습입니다. 예수님이 왕이 되시면 어떻게 됩니까? 16절입니다. "그 날에 유다가 구원을 받겠고 예루살렘이 안전히 살 것이며 이 성은 여호와는 우리의 의라는 이름을 얻으리라" 아멘. 예루살렘의 이름이 바뀝니다. '의의 성'이 됩니다. 우리를 의롭게 해주는 성입니다. 본래 예루살렘은 하나님 백성을 의롭게 해주는 기능을 수행했습니다. 제사를 통해 백성이 의롭게 되었으니까요. 그런데 '여호와는 우리의 의'라는 이름이 부여됩니다. 성전이나 성전제사가 아니라 하나님 한 분께 집중됩니다. 그분이 우리의 의입니다. 예수님 그분 한 분의 제물 되심이 우리 모두의 의가 된 것을 읽을 수 있습니다. 17-18절을 읽어보면, 다윗 왕위와 레위 제사장직의 영원성을 말합니다. 결국 다윗 집안과 레위 집안에 대해 두 가지가 약속됩니다. 하나는 영원성이고 다른 하나는 번성입니다.

시드기야는 예레미야를 통해 주시는 하나님의 말씀을 듣고, 예루살렘이 멸망하기 1년 반 전쯤 백성들이 하나님의 말씀을 실천하도록 계약을 맺었습니다. 본래 법이기 때문에 그렇게 살았어야 했는데 그리 못했기 때문에 행해진 조치입니다. 34장 10절입니다. "이 계약에 가담한 고관들과 모든 백성이 각기 노비를 자유롭게 하고 다시는 종을 삼지 말라 함을 듣고 순복하여 놓았더니" 아멘. 동족 가운데 종이 된 사람에게 자유를 주라는 법이 오래도록 시행되지 못했습니다. 이런 상황이 지속되었고 누구도 보편적으로 퍼져있는 이 문제를 개혁하지 못했습니다. 요시야도 손대지 못했습니다. 물론 히스기야도 손대지 못했습니다. 그런데 예루살렘이 망하기 1년 반쯤 전에 시드기야 왕이 이 문제를 가지고 백성과 계약을 맺은 것입니다. 계약을 맺고 자유를 선포했습니다. 8절에 사용된 '자유' 라는 단어는 독특한 단어입니다. 본래 신명기 15장에는 나오지 않는 단어입니다. 새의 이름으로 쓰일 때는 '제비' 를 가리키는 이 단어는 '방출' 을 의미합니다. '창고대방출' 처럼, 종들을 온통 내보내겠다는 말입니다.

모든 백성이 처음에는 동의했습니다. 그런데 마음이 바뀌어 종이었던 그들을 다시 얽어매 종 삼습니다. 11절입니다. "후에 그들의 뜻이 변하여 자유를 주었던 노비를 끌어다가 복종시켜 다시 노비로 삼았더라" 아멘. 하나님 앞에서 맺은 계약이지만 어기고 노비들을 다시 데려왔습니다. 18-19절을 보면, 계약을 맺을 때 송아지를 둘로 쪼개고 그 두 조각 사이로 지나는 것을 통해 계약을 맺었습니다. 이러한 방법은 계약을 이행하지 않을 경우 송아지처럼 둘로 쪼개지겠다는 약속을 표현하는 계약 방법입니다. 그런데 그러한 결심이 자신들의 어려움과 불편함을 만나자 너무도 쉽게 무너져버린 것입니다. 하나님을 경외한다는 것, 그것은 나의 어려움이나 불편함보다 하나님의 뜻을 존중한다는 것을 의미합니다. 힘들지만 그분 뜻대로 사는 것입니다. 어렵지만 그분이 원하시는 길을 택하는 것입니다. 불편함도 감수하는 것입니다.

유다 백성들은 레갑 사람들에게서 배워야 했습니다. '비주류의 생존법' 입니다. 사사기 1장 16절을 보면, 겐 족속은 유다 지파와 함께 지냈습니다. "모세의 장인은 겐 사람이라 그의 자손이 유다 자손과 함께 종려나무 성읍에서 올라가서 아랏 남방의 유다 황무지에 이르러 그 백성 중에 거주하니라" 아멘. 여리고와 산지 사이의 넓은 지역에서 유목을 하며 살았습니다. 동거는 허락되었으나 대접 받는 분위기는 아닙니다. 그래서인지 겐 사람 헤벨은 게데스에 가까운 사아난님 상수리나무 곁에 이르러 장막을 치고 살았습니다. 그러다가 헤벨의 아내 야엘이 하솔에서 통치하는 가나안 왕 야빈의 군대장관 시스라를 장막 말뚝으로 관자놀이를 뚫어 죽이는 일이 있게 됩니다. 사사기 4-

5장입니다. 겐 사람의 아내가 영웅이 되었습니다.

그러나 사무엘상 15장을 보면 겐 사람은 아말렉 사람들 가운데 거하고 있습니다. 이스라엘에서 자리를 잡지 못하고 있습니다. 사울이 말합니다. "아말렉 사람 중에서 떠나 가라 그들과 함께 너희를 멸하게 될까 하노라 이스라엘 모든 자손이 애굽에서 올라 올 때에 너희가 그들을 선대하였느니라 이에 겐 사람이 아말렉 사람 중에서 떠나니라" 아멘. 사울은 '겐 사람이 이스라엘 사람들을 선대했으므로 멸하지 않겠다.' 말합니다. 그러나 본래 약속은 '이스라엘이 겐 사람에게 선대하겠다.' 하는 것이었습니다. 죽이지 않는 것으로 은혜를 갚았다 할 수는 없습니다.

겐 족속을 후대한 사람이 있었습니다. 다윗입니다. 사무엘상 30장 26절 이하를 보면, 다윗이 전리품을 유다 장로들에게 보내는데, 그 명단에 '겐 사람의 성읍들에 있는 자' 가 있습니다. 겐 사람의 성읍들이 유다 산지에 있는 걸 보면 나름 자리를 잡은 것으로 보입니다. 장소가 협소하여 아말렉과 함께 거하는 이들도 있고 멀리 북쪽 갈릴리로 이주하는 사람들도 있지만, 유다 산지에도 거하는 자가 있습니다.

이후 겐 족속에 대한 언급은 없습니다. 그런데 겐 족속 가운데 하나인 레갑 족속이 열왕기하 10장에 갑자기 등장합니다. 미친 듯이 병거를 모는 예후가 이스르엘에서 이세벨을 죽이고 사마리아로 가다가 레갑의 아들 여호나답을 만납니다. "그의 안부를 묻고 그에게 이르되 내 마음이 네 마음을 향하여 진실함과 같이 네 마음도 진실하냐 하니 여호나답이 대답하되 그러하니이다 이르되 그러면 나와 손을 잡자 손을 잡으니 예후가 끌어 병거에 올리며 이르되 나와 함께 가서 여호와를 위한 나의 열심을 보라 하고 이에 자기 병거에 태우고 사마리아에 이르러 거기에 남아 있는 바 아합에게 속한 자들을 죽여 진멸하였으니 여호와께서 엘리야에게 이르신 말씀과 같이 되었더라" (10:15-17) 아멘. 레갑 족속이 정계에 진출했습니다.

그런데 이 여호나답이 예레미야 35장 6절에 나오는 요나답 같습니다. '여호나답' 과 '요나답' 의 의미는 같습니다. '여호와께서 재촉하신다' 입니다. 요나답이 이스라엘에서 실세가 되었을 때 자손들에게 말했습니다. '우리 족속이 망하지 않으려면 본래 분수를 유지해야 한다. 정착하면 안 되고, 기득권층이 되면 안 되고, 유목민 상태를 유지해야 한다.' 어쩌면 유목민 상태를 유지했기에 그들은 북국 이스라엘이 망한 다음에 남국 유다로 넘어와 살 수 있게 된 것 같습니다.

이어지는 예레미야 36장에는 엘리야김이 하나님의 말씀이 기록된 두루마리를 화로 불에 던져서 모두 태운 이야기를 담고 있습니다. 그러지 말았어야 했는데, 요시야 때와 대조되는 행동을 보였습니다. 30절입니다. "바룩이 여호와의 성전 위뜰 곧 여호와의 성전에 있는 새 문 어귀 곁에 있는 사반의 아들 서기관 그마랴의 방에서 그 책에 기록된 예레미야의 말을 모든 백성에게 낭독하니라" 아멘. 이로써 기회는 끝났습니다.

예레미야 37장에 들어서면 예레미야의 시위대 뜰 감금 얘기가 재개됩니다. 바벨론 군대가 예루살렘을 에워쌌습니다. 다급해지자, 시드기야는 예레미야에게 기도를 부탁합니다. 그를 통해 주신 말씀을 듣지 않으면서 영적인 필요가 생기자 도움을 요청합니다. 청하는 내용은 "너는 우리를 위하여 우리 하나님 여호와께 기도하라"입니다. '우리를 위하여'를 직역하면 '우리 뒤에서'입니다. '옆에 설 필요도 없고, 앞설 필요도 없다. 뒤에서 기도해다오.' 얘기합니다. 2절과 3절은 모순됩니다. 예레미야를 통해 주시는 하나님의 말씀을 듣지 않으면서 뒤에서 기도해 달라고 합니다. 2-3절입니다. "그와 그의 신하와 그의 땅 백성이 여호와께서 선지자 예레미야에게 하신 말씀을 듣지 아니하니라 시드기야 왕이 셀레먀의 아들 여후갈과 마아세야의 아들 제사장 스바냐를 선지자 예레미야에게 보내 청하되 너는 우리를 위하여 우리 하나님 여호와께 기도하라 하였으니" 아멘.

이어지는 5절을 보면 기도가 응답되었습니다. 애굽 군대가 왔고 바벨론 군대는 물러났습니다. 그러나 시드기야가 기대한 응답은 아니었던 것 같습니다. 시드기야는 히스기야 당시 앗수르 군대 18만 5천 명이 한 순간에 죽었던 일이 반복되기를 원했던 것 같습니다. 그런데 애굽 군대가 올라왔고 애굽 군대로 인해 바벨론 군대가 물러갔습니다. 그러자 시드기야의 마음이 변했나 봅니다. 시드기야가 원하지 않았던 응답을 주십니다. 7절은 '애굽 군대의 도움은 한시적, 일시적이다. 그들도 돌아간다.' 하는 응답입니다. 사람들을 통한 위로와 기쁨은 잠시 잠깐입니다. 8절은 조건성취를 말합니다. 갈대아인들이 돌아와 예루살렘 성에 맞서 싸울 것입니다. 취하고 불태울 것입니다. 스스로 속이지 말라 하십니다(37:9). 칼과 창에 찔려 자기 장막에서 치료 받는 부상병만 남더라도 그들이 회복되어 결국 이 성 예루살렘을 불태울 것입니다(37:10).

애굽 군대의 출현으로 잠시 잠깐 안도의 숨을 쉴 수 있을 때, 예레미야는 일상으로 돌아갑니다. 12절을 보니 분깃을 받으려고 예루살렘을 떠나 아나돗으로 가려 합니다. 그런데 일상으로 돌아가는 예레미야를 붙들어 넘기는 자가 있습니다. 베냐민 문의 문지기입니다. 이리야입니다. 그는 예레미야가 갈대아인에게 항복하러 간다고 생각했습니다. 예레미야가 부인하지만, 이리야는 예레미야의 말을 믿지 않습니다. 고관들이 화를 내며 예레미야를 때립니다(37:15). 면제년 규례를 지키기로 했다가 되돌린 이들입니다. 자기 욕심을 말씀보다 중시하는 이들입니다. 이익에 눈이 먼 자들입니다. 서기관 요나단의 집으로 예레미야를 보냅니다. 서기관은 말씀을 맡은 자입니다. 그런데 정치에 물들어 집을 감옥으로 사용합니다. 예레미야는 많은 날 동안 구멍에 갇혀 있습니다(37:16).

시드기야가 예레미야를 데려다가 몰래 질문합니다(37:17). '무슨 신탁이 있느냐?' 묻습니다. 뭔가 자기에게 이로운 신탁이 주어졌는지 궁금해합니다. 예레미야는 고난 가운데 있으면서도 신탁 변경을 기대하지 않습니다. 왕의 질문에 예레미야는 '있습니다. 왕이 바벨론 왕에게 주어집니다.' 대답합니다. 고난에도 불구하고 왕을 의지하지 않습니다. 이어 예레미야는 당당하게 질문합니다. '내 죄가 무엇입니까?' (37:18) 순종도 죄입니까? '거짓 예언자들 모두 어디 있습니까?' (37:19) 하고 이어 묻습니다. 진실하지 않은 자들입니다. 그러면서 구할 것이 있다고 합니다. 자신을 요나단 집에 보내지 말아 달아 요청합니다(37:20). 그러면 자신이 죽지 않겠다고 말합니다. 이것이 정직입니다. 허세 없습니다. 결국 예레미야는 시위대 뜰에 머물게 됩니다(37:21). 굽는 자의 거리에서 빵 한 덩이씩 갖다주니 그걸 먹습니다. 왕이 공급하지 않습니다. 시장 물건을 공급합니다. 다 떨어진 다음에는 주지 않습니다. 예레미야는 굶었을 것입니다.

예레미야는 백성과 함께 고난받는 선지자입니다. 시드기야는 자기의 안전을 최우선시하는 왕입니다. 예레미야는 하나님의 말씀으로 인해 고난받는 선지자입니다. 주님의 종들에게는 고난이 늘 보너스로 지급됩니다. 그러므로 고난을 피하려는 자는 주님의 종으로 사는 것이 아닙니다. 시드기야는 하나님의 말씀을 순종하지 않는 왕입니다. 38-

39장을 보면, 구덩이에 있는 예레미야 선지자에게 시드기야가 다시 묻고 살 수 있는 길을 안내받지만 따르지 않지요. 결국, 예루살렘이 함락되고 예레미야는 석방됩니다.

한편, 느부사라단은 예레미야에게 바벨론으로 가면 선대(善待)하겠다고 말합니다. 40장 4절입니다. "보라 내가 오늘 네 손의 사슬을 풀어 너를 풀어 주노니 만일 네가 나와 함께 바벨론으로 가는 것을 좋게 여기거든 가자 내가 너를 선대하리라 만일 나와 함께 바벨론으로 가는 것을 좋지 않게 여기거든 그만 두라 보라 온 땅이 네 앞에 있나니 네가 좋게 여기는 대로 옳게 여기는 곳으로 갈지니라 하니라" 아멘. 그러나 예레미야는 거절하지요. 약속의 땅에 남아 있기로 결정합니다. 그러나 상황은 다르게 진행됩니다. 바벨론 왕이 세운 총독이 살해됩니다(41장). 유다 백성은 하나님의 뜻을 구합니다. 그런데 우리가 아는 대로 예레미야가 가져온 응답에 대해 그들은 하나님이 주신 것이 아니라고 반응합니다. 열흘 만에 하나님의 응답이 와서 문제였을까요? 42장 7절에 보니 "십 일 후에 여호와의 말씀이 예레미야에게 임"했습니다.

이제 뜻을 돌이키시겠다는 하나님이 미덥지 않은 걸까요? 아니면 속상한 걸까요? 42장 10절입니다. "너희가 이 땅에 눌러 앉아 산다면 내가 너희를 세우고 헐지 아니하며 너희를 심고 뽑지 아니하리니 이는 내가 너희에게 내린 재난에 대하여 뜻을 돌이킴이라" 아멘. 그동안 하나님은 바벨론에 항복하면 살리라 하셨습니다. 그런데 이제 뜻을 돌이키셨다면서, 여기 머물면 산다고 말씀하십니다. 11절입니다. "여호와의 말씀이니라 너희는 너희가 두려워하는 바벨론의 왕을 겁내지 말라 내가 너희와 함께 있어 너희를 구원하며 그의 손에서 너희를 건지리니 두려워하지 말라" 아멘. 그간 항복하라 하셨던 바벨론 왕을 겁내지 말라 하십니다. 바벨론 왕의 손에서 자신들을 건지시겠다고 하십니다. 그럴 작정이셨으면 예루살렘이 망하지 않게 하실 것이지, 왜 갑자기 바벨론 왕에게서 자신들을 건지시겠다고 하신단 말인가? 12절에서는 '불쌍히 여기셔서 본향으로 돌려보내겠다.' 말씀하십니다. 그동안은 긍휼히 여기시지 않으셨다는 말인가?

유다 백성들은 미스바에서 남쪽으로 20여 킬로미터 떨어진 베들레헴 근처 게룻김함에 있습니다. 미스바에서 그리 멀리 오지 않았습니다. 총독 그다랴를 죽인 이스마엘 일행과 군 지휘관들이 만났던 기브온에서도 그리 멀리 오지 않았습니다. 하루 안에 다시 돌아갈 수 있습니다. 그들에게는 세 가지 길이 있습니다. 하나는 돌아가는 길입니다.

다른 하나는 왼쪽 길을 택하는 것입니다. 왼쪽 길은 사해 바다 쪽으로 난 길로 엔게디로 갈 수 있습니다. 엔게디에서 남쪽으로 15킬로미터만 내려가면 마사다도 있습니다. 다시 말해, 그 길을 택한다는 것은 항전 혹은 도망자의 삶을 의미합니다. 베들레헴에서 오른쪽 길을 택하면 다양한 가능성이 있습니다. 특별히 그들은 애굽으로 갈 수 있습니다. 당시 애굽은 헬라 출신 호브라가 왕이었기에 이방인들에 대해 매우 호의적이었습니다.

하나님의 응답에는 '세 가지 길 가운데 두 가지를 선택해야 한다.' 하는 내용이 담겨있습니다. 이 땅에 사는 것입니다. 14절에서는 선택하면 안 되는 한 가지 길을 구체적으로 말씀하십니다. '애굽 땅으로 가는 것' 입니다. 15절에서는 그들의 마음을 "너희가 만일 애굽에 들어가서 거기에 살기로 고집하면"으로 표현하십니다. 여기서 '고집하면' 은 '너희들의 얼굴을 고정하면' 입니다. 이들의 얼굴은 지금 남서쪽을 향하고 있습니다. 오른쪽입니다. 방향 이름도 좋습니다. '오른쪽, 바른쪽' 입니다. 그런데 그곳으로 얼굴을 고정하면 죽을 것이라 말씀합니다. 칼과 기근과 전염병이 그들을 따라갈 것이라 말씀합니다.

애굽은 주전 609년 바벨론 군대를 이겼습니다. 이후 비록 주전 605년 갈그미스 전투에서 패했지만 그곳은 애굽 본토가 아니라 적진이었고 애굽 왕도 그곳에 없었습니다. 그리고 주전 601년 가사에서 있었던 전투에서 애굽 군대와 바벨론 군대는 막상막하의 실력을 보였습니다. 그런데 유다 백성들이 지금 애굽 본토로 들어가려 합니다. 그런데 어떻게 바벨론의 칼이 그들을 따라오겠습니까? 또한 애굽은 역사 이래로 곡창지대입니다. 아름답고 살진 암송아지입니다. 그런데 거기에 기근이 있다니요? 아브람도 기근을 피해 간 곳이, 야곱 집안 전체가 기근을 피해 간 곳이 애굽이었습니다. 그런데 기근이 애굽 본토를 따라와요? 어림 반 푼 어치도 없습니다. 전염병이요? 애굽은 건조한 곳입니다. 잘 먹고 잘 지내는데 전염병이 왜 생깁니까? 20절의 말은 치명적이었을 것입니다. 예레미야가 유다 백성들에 대해 말합니다. '야, 너희 지난번에 말 참 잘하더라. 그런데 쇼였지? 자기 속에 뭐가 있는지도 모르고 말이야.' 21절은 더 심각합니다. 유다에 남아 있는 백성들이 아직 행동을 결정하지도 않았는데도 예레미야가 이렇게 말합니다. "너희 하나님 여호와께서 나를 보내사 너희에게 명하신 말씀을 내가 오늘 너희에게 전하였어도 너희가 너희 하나님 여호와의 목소리를 도무지 순종하지 아니하였은즉" 아멘. 마지막으로 22절에서는 심판이 선고됩니다. "너희가 가서 머물려고 하는 곳에서 칼과 기근과 전염병에 죽을 줄 분명히 알지니라" 아멘.

도대체 하나님께서는 왜 이들의 마음을 긁는 답을 주셨을까요? 그것도 열흘이나 지나서 말입니다. 그간의 말씀과는 반대되는 말씀을 주시면서, 그것도 그들이 좋게 표현했던, 겉으로는 전혀 부정적으로 비치지 않는 그들의 태도에 대해 자신들을 속인 것이라고 평가하셨을까요? 더구나 애굽에서 일어나기 힘든 일이 일어날 거라 말씀하심으로써 신뢰도를 떨어뜨리시고, 급기야는 아무 행동도 하지 않은 그들을 향해 불순종했다고 하시면서 애굽에서 칼과 기근과 전염병에 망할 거라는 심판을 선포하셨을까요?

하나님의 반응이 너무 강한 반응이어서 유다 백성들은 43장 2-3절처럼 반응을 보였을까요? "호사야의 아들 아사랴와 가레아의 아들 요하난과 모든 오만한 자가 예레미야에게 말하기를 네가 거짓을 말하는도다 우리 하나님 여호와께서 너희는 애굽에서 살려고 그리로 가지 말라고 너를 보내어 말하게 하지 아니하셨느니라 이는 네리야의 아들 바룩이 너를 부추겨서 우리를 대적하여 갈대아 사람의 손에 넘겨 죽이며 바벨론으로 붙잡아가게 하려 함이라" 아멘. 성경기자의 판단이 담긴 하나의 표현이 있습니다. '모든 오만한 자' 입니다. 자신감이 넘치는 이들입니다. 자신의 판단이 옳다고 여기는 이들입니다. 이들 안에는 제가 지적했던 논리가 있었을 것입니다. '아니 하나님은 왜 마음이 왔다 갔다 하시는가? 언제는 이 땅에 눌러있지 말고 항복하라 말씀하시고서 이제는 이 땅에 살라 하시는가? 그동안 우리를 전혀 백성처럼 대접하지 않으시고 느부갓네살 편을 드시더니, 왜 갑자기 우리를 긍휼히 여기시며 구원하겠다고 하시는가? 애굽 본토에서 일어나기 힘든 전쟁과 기근과 전염병이 우리를 망하게 할 거라고? 아직 아무 짓도 하지 않은 우리가 불순종했다고 하면서 아예 심판까지 선고되네? 이건 분명 하나님의 응답이 아니다. 분명 바룩이 예레미야를 꼬드긴 거야. 나쁜 놈들, 진실한 마음으로 기도를 부탁한 우리를 조롱해!' 이런 거죠.

누가 봐도 이들의 논리는 타당합니다. 그럼, 하나님 편에서의 논리는 무엇입니까? '나는 너희의 하나님이다. 바벨론 왕 느부갓네살을 필요에 따라 부리기는 하지만 나는 너희의 하나님이다. 너희는 나의 언약 백성이다. 너희가 우상을 섬기며 언약을 어겼기에 언약서에 담긴 대로 포로로 끌려가는 것을 허락했다. 그러나 이 땅은 내가 너희에게 준 약속의 땅이다. 아브라함에게 약속했고 이삭과 야곱에게 두 번, 세 번 확언한 곳이다. 이 땅을 너희에게 줄 때를 기억해 보거라. 나는 특별한 도움으로 너희가 이 땅을 차지하게 하였다. 너희가 이 땅에 머물러 사는 것은 본래 나의 뜻이었다. 바벨론으로 끌려가는 것을 허락한 것은 언약서에 있는 내용 때문이다. 나는 70년이라는 시간의 한계를 두었다. 이제 그 70년도 20년 가까이 지났으니 50년 정도밖에 남지 않았다. 그러므로 너희가 이곳에 머무는 것이 맞다. 더구나 바벨론이 예루살렘을 점령한 것은 내가 그들의 손을 들어줬기 때문이다. 승리가 그들의 힘에 있지 않았다. 갈그미스에서의 승리 역시 그들 힘이 아니었다. 그러니 내가 너희로 승리케 한다면 너희는 승리한다. 그런데 예레미야가 거듭 이 땅에 머물러 지내는 것이 하나님의 뜻이라고 말하는데 왜 너희는 고개를 돌리지 않느냐? 얼굴 방향을 왜 바꾸지 않느냐? 마음이 이미 정해졌구나. 돌아갈 마음이 없구나. 그렇다면 너희를 기다리는 것은 칼과 기근과 전염병이다.'

결국 예레미야는 애굽으로 끌려갑니다(43장). 애굽에 사는 유다 사람들에게 하나님의 말씀이 선포됩니다(44장). 오지 말았어야 했습니다.

그런데 45장에 바룩에 대한 말씀이 소개됩니다. 하나님의 선지자를 도우며 자신을 드려 주님 일을 하는 바룩에게 주님은 '너의 생명은 내가 보장한다.' 약속하십니다. 이 약속을 받은 바룩에 대해 이미 소개되었습니다. 36장을 보면, 여호야김 오 년 구월, 다시 말해 예레미야 45장 당시보다 일 년쯤 뒤에, 예루살렘의 모든 백성과 유다 성읍들에서 예루살렘에 이른 모든 백성이 여호와 앞에서 금식을 선포하고 금식할 때에, 예레미야가 감금을 당하고 있었기 때문에, 바룩이 그들 앞에서 예레미야의 구전대로 두루마리에 기록한 여호와의 말씀을 낭독합니다. 그는 같은 내용을 모든 방백 앞에서 낭독합니다. 여호야김 왕이 바룩을 잡으려 하였으나 여호와께서 숨기셨습니다. 43장에 보면, 바룩은 예레미야를 꼬드겼다는 모함을 받았고 예레미야와 함께 애굽으로 갑니다(43:6). 여호야김 4년에 주신 여호와 하나님의 약속(45장)을 믿고 의지하며, 힘든 중에도 바룩은 담대하고 용감하게 자신의 사명을 감당하였습니다(36장).

그러기에 바룩에게 주셨던 말씀이 44장과 46장 사이에 있는 것입니다. 44장은 '애굽에 있는 이스라엘 사람들에게 하신 하나님의 말씀' 입니다. 애굽을 의지하였으니 망하리라는 말씀입니다. 46장은 애굽에 대한 말씀입니다. 바룩은 약속을 받고 이십 년쯤 지나 예레미야와 함께 애굽으로 끌려갔습니다. 그러나 그가 구원받았음을 45장을 통해 예상합니다. 애굽으로 간 유다 백성이 망해도, 애굽이 망해도 그에게 주어진 하나님의 약속은 성취되었을 것입니다.

열방의 선지자로 부름 받은 예레미야에게 하나님께서는 애굽, 블레셋, 모압, 암몬, 에돔, 다메섹, 하맛, 아르밧, 게달, 하솔, 엘람, 그리고 마지막으로 바벨론에 대한 심판을 말씀하십니다. 46-51장입니다.

예레미야는 46-51장의 부분을 애굽에 대한 예언에서 시작하고 바벨론에 대한 예언으로 마칩니다. 두 개의 강대국을 시작과 끝으로 잡고 있습니다. 결국 가장 강력한 두 개의 나라를 포함하여 그 가운데 있는 모든 나라를 하나님께서 다스리신다는 것을 말합니다. 애굽은 함 자손의 대표국가입니다. 바벨론은 셈 자손의 대표국가입니다. 아직 야벳 자손의 제국은 형성되기 이전입니다. 바벨론을 무너뜨린 메대와 바사 나라 다음에 일어날 헬라와 로마 제국은 야벳 자손의 제국입니다. 이스라엘은 이 세 제국의 교집합 부분에 있습니다. 그래서 레이니(Rainey)와 노틀리(Notley)는 자신들의 지도책(atlas)에 『신성한 다리(*The Sacred Bridge*)』라는 제목을 붙였습니다.[1] 반달 모양의 레반트(levant) 지역이 노아의 세 자손이 사는 세 지역의 다리 역할을 하는데, 이곳을 하나님께서 구별하시고 아브라함에게 주시기로 약속하셨고 약속하신 대로 주셨으며 그곳에 성전을 세우셨으니, '거룩하고 신성한 곳' 이라는 말입니다. 이 이름대로라면 이스라엘 백성들은 다리에서 살았습니다. 힘이 있으면 다리 위에서 힘을 과시했고 힘이 없으면 다리 밑에 숨어 지냈습니다.

예레미야 46장부터 살펴보면, 나선형 그림이 보입니다. 하나님께서는 이스라엘을 중시하셨습니다. 그러나 애굽과 바벨론이라는 두 강대국을 고려하셨습니다. 이스라엘을 중심에 두지 않으셨습니다. 그리고 직선보다는 나선형 방향으로 나라들을 소개하셨습니다. 하나님은 나선형을 좋아하시는 것 같습니다. 계시도 점진적 발전으로 설명됩니

---

1) Anson F. Rainey and R. Steven Notley, *The Sacred Bridge: Carta's Atlas of the Biblical World* (Jerusalem: Carta, 2006).

다. 요한계시록의 일곱 인, 일곱 나팔, 일곱 대접의 환상도 나선형 구조로 이해됩니다. 나선형은 반복과 전진을 특징으로 갖습니다. 돌기 때문에 반복됩니다. 그러나 제자리를 맴돌지 않습니다. 전진합니다. 더디지만 전진합니다. 못으로 하면 나사못입니다. 나사못은 튼튼합니다. 돌면서 들어갔기에 쑥 빠지지 않습니다.

바벨론 성의 제국의 수도였습니다. 헤로도투스(Herodotus, 헬라 역사가)에 따르면, 바벨론 성벽의 길이는 95킬로미터이고, 성벽 두께는 26.5미터이며, 성벽 높이는 90미터였습니다. 크테시아스(Ctesias, 페르시아에 머물며 페르시아 역사책 기술한 주전 5세기 헬라 의사)에 따르면, 바벨론 성벽의 길이는 68킬로미터였고 높이는 90미터였습니다. 고고학 발굴에 따르면, 바벨론 성의 내벽 두께는 6.5미터이고 외벽 두께는 3.7미터이며 둘 사이의 거리는 7미터 이상이었습니다. 그러므로 발굴된 이중벽의 두께는 17미터가 넘습니다.

바벨론 성은 539년에 바사 군대에 의해 점령당합니다. 견고한 성벽이 아무짝에도 소용없었습니다. 바벨론의 마지막 왕 나보니두스(Nabonidus, 주전 556-539년)는 아들 벨사살에게 바벨론을 맡기고 아라비아 곳곳에 부대를 주둔시키고 제국 이곳저곳에 새로운 신전을 건축하는 일에 몰두하였습니다. 아들이 바벨론에서 술판이나 벌이고 있는 줄은 모르고 말입니다. 왕이 제국 바깥을 정비할 때 왕의 아들은 제국 심장부에서 성전 기명을 가져다가 술을 마십니다. 하나님의 심판이 선고되고, 그날 밤 운하를 통해 유브라데 강물 수위를 낮춰 성으로 침투해온 메대 바사 군대에 의해 나라가 망합니다.

바벨론 왕가는 자신들이 무너지리라고 생각하지 않았습니다. 그랬다면 왕이 바깥 정비를 위해 돌아다니지 않았을 것입니다. 왕자가 술판을 벌이지 않았을 것입니다. 망하지 않을 줄 알았는데 망한 것입니다. 흑자 부도였습니다. 건강했는데 한순간에 생을 마감한 경우와 같습니다.

이처럼 바벨론의 두 번째 멸망은 뜻밖의 일이었습니다. 그래서 50장 2절을 보면, "바벨론이 함락되고 벨이 수치를 당하며 므로닥이 부스러지며 그 신상들은 수치를 당하며 우상들은 부스러진다" 이렇게 전파하고 공포하라 말씀합니다. 여기서 '부스러진다'는 말은 '깜짝 놀라다'를 의미합니다. 바벨론의 신 므로닥이 깜짝 놀랍니다. 우상들이 깜짝 놀랍니다. '아니, 어떻게 바벨론이 망하게 되었지?' 하며 믿지 못하겠다는 듯 외칠 거라는 말씀입니다.

바벨론의 멸망은 곧, 시온의 구원으로 연결됩니다. 바벨론의 놀람은 시온의 감격이 됩니다. 50장 4-5절입니다. "여호와의 말씀이니라 그 날 그 때에 이스라엘 자손이 돌아오며 유다 자손도 함께 돌아오되 그들이 울면서 그 길을 가며 그의 하나님 여호와께 구할 것이며 그들이 그 얼굴을 시온으로 향하여 그 길을 물으며 말하기를 너희는 오라 잊을 수 없는 영원한 언약으로 여호와와 연합하라 하리라" 아멘. 이스라엘과 유다는 솔로몬 이후 갈라섰습니다. 그런데 이들이 함께 돌아옵니다. 같이 고생했습니다. 둘 다 망했습니다. 동병상련이 있습니다. 하나님의 약속 성취에 대한 감격이 있습니다. 절대로 망할 것 같지 않던 바벨론이 망합니다. 약속대로 망합니다. 약하지 않았는데 뜻밖에 망합니다. 그래서 하나님의 간섭이라는 것이 더욱 분명합니다. 이사야서에 예언된 고레스는 왕이 되기 어려운 메대의 식민지였던 바사 귀족의 아들이었습니다. 그런데 그가 왕이 되었고 하나님이 계획하셨던 포로귀환까지 명하는 사람이 됩니다.

바벨론 멸망으로 귀환하는 사람들은 바벨론에서 약속의 땅 너머의 '확장의 시간'을 보냈던 사람들입니다. 바벨론 문화에 동화되고 므로닥을 신으로 섬긴 사람들은 돌아오지 않습니다. 물론 다니엘처럼 하나님을 섬기며 확장의 시간을 가진 사람들 가운데 돌아오지 못한 이들도 있습니다. 그들에게는 바벨론에 남아서 별과 같이 지내는 사명이 있었습니다. 그러나 확장의 시간을 가졌던 사람들 대부분은 약속의 땅으로 돌아와 집중의 시간을 가지게 됩니다. 성전을 재건하고 예배를 회복하고 율법을 배웁니다.

예레미야 50장 1-20절은 하나님 백성들이 바벨론에 의해 노략 당했음을 증거 합니다. 바벨론은 하나님의 백성들을 도적질했습니다. 그들의 도적질마저도 하나님 나라를 위해 사용하신 하나님입니다. 그러나 바벨론의 도적질을 공의로 심판하시는 하나님이십니다. 하나님의 소유였던 유다를 노략한 바벨론은 약탈의 대상이 됩니다. 50장 10-11절입니다. "갈대아가 약탈을 당할 것이라 그를 약탈하는 자마다 만족하리라 여호와의 말씀이니라 나의 소유를 노략하는 자여 너희가 즐거워하며 기뻐하고 타작하는 송아지 같이 발굽을 구르며 군마 같이 우는도다" 아멘. 갈대아는 온 세계에서 도적질을 행했고 하나님의 성전 기명까지 도적질했습니다. 도적질한 것으로 술잔을 기울였습니다.

이제 그들은 약탈 대상이 됩니다. 그들은 본래 쇠파리 떼였습니다(46:20). 황충이었습니다(46:23). 그런데 도적질을 통해 살진 쇠파리 떼, 배부른 황충이 되었습니다.

그들은 도적질하면서도 죄책감을 느끼지 않았습니다. 50장 7절입니다. "그들을 만나는 자들은 그들을 삼키며 그의 대적은 말하기를 그들이 여호와 곧 의로운 처소시며 그의 조상들의 소망이신 여호와께 범죄하였음인즉 우리는 무죄하다 하였느니라" 아멘. 여기서 그들은 유다를 가리킵니다. 하나님의 백성이 하나님께 죄를 범했으니 그들의 것을 노략질하는 것은 죄가 아니라는 말입니다. 그렇습니까? 장물 즉, "절도, 강도, 사기, 횡령 따위의 재산 범죄에 의하여 불법으로 가진 타인 소유의 재물"을 도적질하는 것은 죄가 아닙니까? 죄가 있는 죄인이라고 하여 함부로 대해도 됩니까? 누구의 것을 빼앗든지 간에 도적질은 도적질입니다. 그런데 바벨론은 도적질하면서도, 죄인의 것을 도적질했기 때문에 자신들은 죄가 없다고 말합니다.

그러나 하나님께서는 도적질은 나쁜 것이라고 말씀하십니다. 이스라엘이 죄를 지었다 해도 그들의 것을 도적질한 것은 심판받을 행동이라고 규정하십니다. 그래서 모르드개와 에스더 당시 유다인들은 하만에게 속한 이들의 재산에 손대지 않았습니다. 하나님의 도구가 죄를 지으면 하나님이 오해를 받습니다. 그래서 하나님께 쓰임 받을 때는 더 신중해야 합니다. 예로, 여리고가 무너진 뒤 아간이 훔친 재물이 이스라엘 전체에게 영향을 끼친 것을 들 수 있습니다. 하나님께 쓰임 받는 순간 즉, 하나님의 사람들은 확장의 시간에 더 긴장해야 합니다. 예배의 시간에는 동질의 사람들이 함께 있기에 좀 더 안전합니다. 그러나 확장의 시간에는 공격과 방해가 있기에 좀 더 깨어있어야 합니다.

바벨론에 의해 노략 당한 하나님의 백성에 대한 호칭이 있습니다. 6절에는 "잃어버린 양 떼"로, 17절에는 "흩어진 양"이라 불립니다. 왜 이스라엘은 잃어버린 양 떼가 되었습니까? 목자들이 잘못 인도했기 때문입니다. 집중의 시간에 온전히 집중하지 못했기 때문입니다. 50장 6절입니다. "내 백성은 잃어버린 양 떼로다 그 목자들이 그들을 곁길로 가게 하여 산으로 돌이키게 하였으므로 그들이 산에서 언덕으로 돌아다니며 쉴 곳을 잊었도다" 아멘. 이스라엘 안에 내부 문제가 있습니다. 돈을 사랑한 아나니아가 있고 주님을 팔아넘긴 가룟 유다가 있습니다. 교회 안에 사기꾼들이 있고 교회 지도자에게 당한 양들이 있습니다. 그러다 보니 이스라엘은 탕자가 되었습니다. 잃은 양이 되었고, 잃은 드라크마가 되었습니다. 교회는 하나님의 말씀이 가르쳐지는 곳입니다. 하나님을 예배하는 곳입니다. 하나님이 어떤 분인지 소개하는 곳입니다. 바르게 선포되고 바르게 전해져야 합니다. 교회에서마저 하나님을 왜곡시킨다면 어디에서 하나님을 배우겠습니까? 교회는 손해를 보더라도 하나님을 올바로 소개해야 할 책임이 있습니다. 그런데 이스라엘의 목자들은 손해를 보지 않기 위해 하나님의 모습을 어그러뜨렸습니다. 돈을 위해서는 거짓 안전도 말하는 분으로 하나님을 그렸습니다. 결국 백성들도 이익을 위해서는 하나님도 버리는 백성이 되었습니다.

왜 하나님의 백성들이 흩어지게 되었습니까? 사자들 때문입니다. 앗수르와 바벨론이라는 사자들 때문입니다. 50장 17절입니다. "이스라엘은 흩어진 양이라 사자들이 그를 따르도다 처음에는 앗수르 왕이 먹었고 다음에는 바벨론의 느부갓네살 왕이 그의 뼈를 꺾도다" 아멘. 이스라엘 밖에도 대적들이 있습니다. 하나님의 허락하심인 줄 모르고 하나님 백성을 노략질하는 사자들이 우글거립니다. 살을 물어뜯고 뼈를 꺾는 앗수르와 바벨론이 있습니다. 교회는 앗수르와 바벨론으로부터 성도들을 보호할 책임이 있습니다. 앗수르와 바벨론 심장부에서라도 하나님의 백성으로 살아갈 수 있도록 성도들을 훈련할 책임이 있습니다. 그래서 교회는 예배를 포기하지 않습니다. 예배는 집중의 시간이기 때문입니다.

결국 앗수르와 바벨론 심판을 통해 하나님께서 기대하시는 것은 무엇입니까? 이스라엘의 성결입니다. 죄 문제 해결입니다. 집중의 시간입니다. 20절입니다. "여호와의 말씀이니라 그 날 그 때에는 이스라엘의 죄악을 찾을지라도 없겠고 유다의 죄를 찾을지라도 찾아내지 못하리니 이는 내가 남긴 자를 용서할 것임이라" 아멘.

바벨론는 역사 가운데 두 번의 기회를 받았습니다. 두 번째 기회는 특별한 기회였습니다. 세계 최강국이 되는 기회를 받았습니다. 앗수르를 넘어서는 제국을 형성했습니다. 당시 세계 최강이고 최대였던 성을 건축했습니다. 유브라데라고 하는 남서 아시아에서 가장 큰 강, 아르메니아에서 발원하여 페르시아 만까지 2,860킬로미터를 흐르는 큰 강을 자기 우물 삼는 힘과 지혜를 얻었습니다. 그러나 죄를 죄로 여기지 않고 속이 썩어 문드러지는 줄도 모르고 확장만을 꾀하다가 망했습니다.

다니엘이 벨사살에게 말한 바와 같습니다. 다니엘 5장 18-22절에 있습니다. "마음을 낮추지 아니하고"(5:22)에 초점이 있습니다. 바벨론이 왜 망했습니까? 마음을 낮추지 않아 망했습니다. 이후 바벨론은 교만의 상징이 되었습니다. 신약 당시 성도들은 교만한 로마를 바벨론이라 불렀습니다. 요한계시록에서도 큰 성 바벨론을 이렇게 묘사합니다. "무너졌도다 무너졌도다 큰 성 바벨론이여 귀신의 처소와 각종 더러운 영이 모이는 곳과 각종 더럽고 가증한 새들이 모이는 곳이 되었도다 그 음행의 진노의 포도주로 말미암아 만국이 무너졌으며 또 땅의 왕들이 그와 더불어 음행하였으며 땅의 상인들도 그 사치의 세력으로 치부하였도다"(계 18:2-3) 아멘. 재물과 더불어 음행과 죄악과 더러운 영의 집합소를 바벨론으로 부릅니다.

바벨론은 망합니다. 그러니 바벨론과 함께 망하지 않으려면 정신을 차리고 근신하여 열매 맺는 삶을 살아야 합니다. 바벨론 영광의 허무한 멸망을 기억하십시오. 쌓았다고 망하지 않는 게 아닙니다. 오늘날의 바벨론도 망합니다. 그러나 바벨론에 사는 성도들은 망하지 않습니다. 바벨론에서도 망하지 않는 성도로 사는 이들이 있습니다. 여러분은 바벨론에서 망하지 않는 성도로 살고 계십니까? 50장 5절처럼, 길을 묻는 이들에게 "너희는 오라 잊을 수 없는 영원한 언약으로 여호와와 연합하라" 하고 대답하는 성도로 살고 계십니까? 50장 4-5절을 읽으며 이런 성도로 살도록 은혜를 구합니다. "여호와의 말씀이니라 그 날 그 때에 이스라엘 자손이 돌아오며 유다 자손도 함께 돌아오되 그들이 울면서 그 길을 가며 그의 하나님 여호와께 구할 것이며 그들이 그 얼굴을 시온으로 향하여 그 길을 물으며 말하기를 너희는 오라 잊을 수 없는 영원한 언약으로 여호와와 연합하라 하리라" 아멘.

이들은 울면서 진리의 길을 갑니다. 하나님을 찾고 시온에게 가야 할 길을 묻습니다. 바른 길, 생명 길, 진리의 길을 가면서도 자기가 잘 가고 있는지 질문합니다. 그들은 하나님과 연합합니다. 하나님을 붙좇습니다. 예수님만 따라갑니다. 세상에서도 예수님 가신 길을 갑니다. 그래서 웁니다. 그래서 또 하나님을 찾습니다. 세상과 타협하지 않습니다. 영원한 언약에 마음을 둡니다. 바벨론의 이중성벽에 마음 두지 않습니다. 말씀을 기억합니다. 언약을 기억합니다. 하나님과의 약속을 기억합니다. 재물보다 하나님과의 약속에 더 마음을 둡니다. 이들은 더 이상 잃어지지 않습니다. 흩어지지 않습니다. 그들은 어디에 있으나 하늘에 연결된 공들입니다. 여기저기에서 튀고 이리저리 뒹구는 것 같지만 그들은 의미 없이 뒹굴지 않습니다. 예수 그리스도의 족적(足跡)을 남깁니다. 예수의 흔적을 남기며 뒹굴고 튀는 예레미야와 같은 공입니다. 우리 모두 예레미야와 같이 삽시다. 바벨론은 두 번째로 망합니다. 그러나 망하지 않는 이들이 있습니다. 이들은 하나님과 연합인 이들입니다. 음란한 도시에서 살지만, 진리의 길을 가는 이들입니다.

바벨론 멸망에 대한 예언도 나선형 구조를 갖습니다. 반복되면서도 진전이 있는 구조입니다. 50장 3절 앞부분을 보면, 바벨론을 치는 나라에 대해 "한 나라가 북쪽에서 나와서 그를 쳐서" 이렇게 말씀하십니다. 9절을 보면, "보라 내가 큰 민족의 무리를 북쪽에서 올라오게 하여 바벨론을 대항하게 하리니 그들이 대열을 벌이고 쳐서 정복할 것이라 그들의 화살은 노련한 용사의 화살 같아서 허공을 치지 아니하리라" 이렇게 말씀하십니다.

그런데 두 번째 문단인 11-20절에서는 14-15절을 보면, "바벨론을 둘러 대열을 벌이고 활을 당기는 모든 자여 화살을 아끼지 말고 쏘라 … 그 주위에서 고함을 지르리로다" 하였습니다. 바벨론을 치라는 하나님의 명령이 치는 자들에게 주어졌음이 기술됩니다.

세 번째 문단을 보면, 더 자세히 언급됩니다. 21절과 26절입니다. "너희는 올라가서 므라다임의 땅을 치며 브곳의 주님을 쳐서 진멸하되 내가 너희에게 명령한 대로 다하라", "먼 곳에 있는 너희는 와서 그를 치고 그의 곳간을 열고 그것을 곡식더미처럼 쌓아 올려라 그를 진멸하고 남기지 말라 그의 황소를 다 죽이라 그를 도살하려 내려 보내라"와 같이 바벨론을 치는 자들을 향한 명령이 있습니다. 므라다임과 브곳은 유브라데 강 하구에 있는 지역으로 바벨론 동쪽에 있는 지역입니다. 이 두 지역이 언급됨으로써 바벨론을 치는 세력이 북동쪽에 있다는 것을 알 수 있습니다. 바로 메대와 바사입니다. 29절도 보십시오. "활 쏘는 자를 바벨론에 소집하라 활을 당기는 자여 그 사면으로 진을 쳐서 피하는 자가 없게 하라 그가 일한 대로 갚고 그가 행한 대로 그에게 갚으라" 아멘. 특별히 21절과 26절에 쓰인 '진멸'이라는 단어는 '헤렘'입니다. 바벨론이 혜렘되리라는 하나님의 심판 선언이 있습니다.

네 번째 문단이라고 볼 수 있는 35절 이하를 보면, 엘람과 달리 활과 칼을 함께 사용하는 나라에 의해 공격당할 것을 말합니다. 또한 매우 구체적으로 나열합니다. "칼이 갈대아인의 위에와 바벨론 주민의 위에와 그 고관들과 지혜로운 자의 위에 떨어지리라 칼이 자랑하는 자의 위에 떨어지리니 … 칼이 용사의 위에 떨어지리니 … 칼이 그들의 말들과 병거들과 그들 중에 있는 여러 민족의 위에 떨어지리니 … 칼이 보물 위에 떨어지리니 … 가뭄이 물 위에 내리어" 이렇게 기술합니다. 41절 이하도 보십시오. "보라 한 민족이 북쪽에서 오고 큰 나라와 여러 왕이 충동을 받아 땅 끝에서 일어나리니 그들은 활과 투창을 가진 자라 잔인하여 불쌍히 여기지 아니하며 그들의 목소리는 바다가 설레임 같도다 딸 바벨론아 그들이 말을 타고 무사 같이 각기 네 앞에서 대열을 갖추었도다" 아멘. 또한 44절입니다. "보라 사자가 요단의 깊은 숲에서 나타나듯이 그가 와서 견고한 처소를 칠 것이라" 아멘.

바벨론을 치는 자의 설명뿐 아니라 바벨론의 멸망 상황 기술도 반복되면서 보다 구체적인 표현을 사용합니다. 첫째 문단인 50장 3절에서는 "그 땅으로 황폐하게 하여 그 가운데에 사는 자가 없게 할 것임이라 사람이나 짐승이 다 도망할 것임이니라", 10절에서는 "갈대아가 약탈을 당할 것이라" 했습니다.

두 번째 문단인 12절 이하를 보면 "큰 수치를 당하리라 너희를 낳은 자가 치욕을 당하리라 보라 그가 나라들 가운데의 마지막과 광야와 마른 땅과 거친 계곡이 될 것이며 … 주민이 없어 완전히 황무지가 될 것이라 바벨론을 지나가는 자마다 그 모든 재안에 놀라며 탄식하리로다"가 있습니다. 16절에서는 "파종하는 자와 추수 때에 낫을 잡은 자를 바벨론에서 끊어 버리라 사람들이 그 압박하는 칼을 두려워하여 각기 동족에게로 돌아가며 고향으로 도망하리라" 말합니다. 18절에서는 "앗수르의 왕을 벌한 것 같이 바벨론의 왕과 그 땅을 벌하고" 말합니다.

세 번째 문단인 22절 이하를 보면 "그 땅에 싸움의 소리와 큰 파멸이 있으리라 온 세계의 망치가 어찌 그리 꺾여 부서졌는고 바벨론이 어찌 그리 나라들 가운데에 황무지가 되었는고" 합니다. 바벨론 멸망에 하나님이 개입되셨다는 것을 24-25절은 말합니다. 이 구절에 '올무'라는 표현이 돋보입니다. 32절에서는 "교만한 자가 걸려 넘어지겠고 그를 일으킬 자가 없을 것이며 내가 그의 성읍들에 불을 지르리니 그의 주위에 있는 것을 다 삼키리라" 말합니다.

네 번째 문단인 34절에서는 "바벨론 주민은 불안하게 하리라" 하십니다. 36절 이하에서는 "그들이 어리석게 될 것이며 … 그들이 놀랄 것이며 … 그들이 여인들 같이 될 것이며 … 그것이 약탈되리라 … 그것을 말리리니 … 그들은 무서운 것을 보고 실성하였음이니라" 하여 바벨론의 감정과 정신 및 지적 상태가 어떻게 될지를 표현합니다. 39절에서는 살 자가 없을 것이라는 표현을 보다 구체적이고도 강하게 표현합니다. "그러므로 사막의 들짐승이 승냥이와 함께 거기에 살겠고 타조도 그 가운데에 살 것이요 영원히 주민이 없으며 대대에 살 자가 없으리라" 아멘. 40절도 보십시오. "하나님께서 소돔과 고모라와 그 이웃 성읍들을 뒤엎었듯이 거기에 사는 사람이 없게 하며 그 가운데에 머물러 사는 사람이 아무도 없게 하시리라" 아멘. 43절에서는 바벨론 왕의 모습을 소개합니다. "바벨론 왕이 그 소문을 듣고 손이 약하여지며 고통에 사로잡혀 해산하는 여인처럼 진통하는도다" 아멘. 45절 마지막 부분과 46절을 보면 "양 떼의 어린 것들을 그들이 반드시 끌어 가고 그들의 초장을 황폐하게 하리니 바벨론이 약탈 당하는 소리에 땅이 진동하며 그 부르짖음이 나라들 가운데에 들리리라" 하십니다.

바벨론 멸망에 대해 말하지만, 더욱더 구체적이면서도 다각적으로 묘사하여 '아, 바벨론이 정말 망하겠구나. 이런 식으로 망하겠구나. 정말 소망이 없구나.' 깨닫게 돕습니다.

바벨론 멸망으로 인해 발생할 이스라엘의 구원에 대한 부분도 반복적으로 나타납니다. 첫 부분에서는 돌아오는 모습을 그려줍니다. 50장 4-5절입니다. "그 날 그 때에 이스라엘 자손이 돌아오며 유다 자손도 함께 돌아오되 그들이 울면서 그 길을 가며 그의 하나님 여호와께 구할 것이며 그들이 그 얼굴을 시온으로 향하여 그 길을 물으며 말하기를 너희는 오라 잊을 수 없는 영원한 언약으로 여호와와 연합하라 하리라" 아멘.

두 번째 문단인 19-20절은 이스라엘 회복의 다른 모습을 보여줍니다. "이스라엘을 다시 그의 목장으로 돌아가게 하리니 그가 갈멜과 바산에서 양을 기를 것이며 그의 마음이 에브라임과 길르앗 산에서 만족하리라 여호와의 말씀이니라 그 날 그 때에는 이스라엘의 죄악을 찾을지라도 없겠고 유다의 죄를 찾을지라도 찾아내지 못하리니 이는 내가 남긴 자를 용서할 것임이라" 아멘.

세 번째 문단에서는 이스라엘의 회복을 하나님의 보복으로 표현합니다. 하나님 편에서의 회복이라는 말입니다. 28절은 "시온에서 우리 하나님 여호와의 보복하시는 것, 그의 성전의 보복하시는 것을 선포하는 소리로다" 하였고, 29절에서는 "그가 이스라엘의 거룩한 자 여호와를 향하여 교만하였음이라" 하였고, 31절에서는 "보라 내가 너를 대적하나니 너의 날 곧 내가 너를 벌할 때가 이르렀음이라" 하십니다.

네 번째 문단인 34절에서는 "그들의 구원자는 강하니 그의 이름은 만군의 여호와라 반드시 그들 때문에 싸우시리니 그 땅에 평안함을 주고" 하십니다.

이스라엘의 회복과 하나님의 명예 회복이 동시에 일어납니다. 이스라엘이 망하면서 하나님의 명예에도 심각한 손상이 있었기 때문입니다. 하나님께서는 자신의 명예가 손상될 것을 아셨지만, 백성을 위해 성전이 훼파되는 것을, 백성이 우상 숭배의 나라에 포로로 끌려가는 것을 허락하셨습니다. 그러나 마침내 백성의 회복을 통해 하나님의 이름도 거룩히 여김을 받으실 것입니다.

하나님께서는 모든 일을 분명하게 알고 계십니다. 그러므로 각도를 바꾸고 강조점을 바꾸더라도 틀리지 않게 진술하실 수 있고 미리 말씀하실 수 있습니다. 예언을 다각도(多角度)로 주셔서 조합하더라도 모순되지 않도록 주십니다. 실상을 알고 계시기 때문입니다. 단편적인 지식만이 있거나 분명히 알지 못하면 주실 수 없는 예언을 미리 주십니다.

바벨론 멸망과 이스라엘 회복에 대한 말씀은 51장에도 계속됩니다. 나선형적인 구조로 보면 잘 이해될 수 있습니다. 이렇게 보면, 51장 20절 이하의 '하나님의 철퇴'는 바벨론보다는 메대와 바사를 가리키는 것으로 보는 것이 좋겠습니다. 앗수르는 몽둥이이고, 바벨론은 망치(50:23)이며, 메대와 바사는 '철퇴' 입니다.

결국 바벨론 멸망을 통해 하나님께서 궁극적으로 기대하시는 것은 무엇일까요? 찬송입니다. 51장 15-19절에 있습니다. 바벨론에 의해 망하게 하셨지만, 결국 바벨론의 멸망을 통해 이스라엘을 회복시키시고, 하나님께서 어떤 분이시라는 것을 나타내신 분입니다. 하나님은 인간의 생각으로 만들어지고 인간에 의해 조종되는 우상이 아니십니다.

우리 예배의 대상이신 하나님은 우리에 의해 조정되는 분이 아닙니다. 그러므로 우리는 다양한 현상과 요소를 무시하지 않고 이를 종합하려 애씁니다. 내가 하나님이 아니고, 하나님께서 한 가지 요소로 설명되지 않기에 겸손한 마음으로 사람들의 말을 듣습니다. 하나님의 '능력'을 인정합니다. 그분의 '지혜'와 '명철'을 인정합니다. 그분의 '목소리'에 귀를 기울이고 그분이 '행하시는 일'에 주목합니다.

하나님을 인정하지 않는 인생은 '어리석고 무식'합니다. 우상을 만들고 의지하는 자는 어리석고 무지한 자입니다. 부디 다른 어떤 것으로도 하나님과 바꾸지 않는 지혜가 있으시길 바랍니다. 생의 안정과 행복도 하나님과 바꿀 만하지 않습니다. 명예와 부도 하나님과 바꿀 만하지 않습니다. 예레미야는 우리에게 바벨론을 선택하지 말고 하나님을 선택하라고 권합니다. 세상은 끊임없이 바벨론이 얼마나 강한지, 얼마나 튼튼하고 믿을 만한지, 얼마나 의지할 만하고 우리에게 좋을 것을 줄 수 있는지를 설득하려고 합니다. 반면, 성경은 바벨론은 결국 망한다고 말하고, 하나님께서 강하고 지혜로우시면 우리에게 좋은 것을 주시는 분이라고 말합니다.

누구 말을 믿으시겠습니까? 세상 말을 믿으시겠습니까, 성경을 믿으시겠습니까? 바벨론을 의지하시겠습니까, 하나님을 의지하시겠습니까? 세상 말을 믿어 바벨론을 의지할 때 어떻게 되는지 잘 보십시오. 동시에 성경을 믿고 하나님을 의지하는 사람들의 결말도 잘 보십시오.

하나님께서 이스라엘을 애굽에서 나오게 하실 때 애굽을 망하게 하지는 않으셨습니다. 신명기 23장 7절 이하를 보면, "애굽 사람을 미워하지 말라 네가 그의 땅에서 객이 되었음이니라 그들의 삼 대 후 자손은 여호와의 총회에 들어올 수 있느니라" 명하셨습니다. 애굽 사람은 여호와의 총회에도 들어올 수 있습니다. 가나안 일곱 족속에 대해서도 하나님께서는 구원을 길을 여셨습니다. 라합과 그의 집안이 구원받았고, 기브온 거민들도 비록 이스라엘 자손들을 속였지만 백성이 되게 하셨습니다.

그러나 바벨론에 대해서만큼은 유독 하나님께서는 엄격하셨습니다. 은혜를 저버린 애굽 사람은 용서하셨고, 죄가 가득했던 지역의 가나안 7족속도 회개하면 받아주셨지만, 바벨론에 대해서는 입장이 다르십니다. 51장 53절입니다. “가령 바벨론이 하늘까지 솟아오른다 하자 높은 곳에 있는 피난처를 요새로 삼더라도 멸망시킬 자가 내게로부터 그들에게 임하리라 여호와의 말씀이니라” 아멘. 51장 56절입니다. “곧 멸망시키는 자가 바벨론에 이르렀음이라 그 용사들이 사로잡히고 그들의 활이 꺾이도다 여호와는 보복의 하나님이시니 반드시 보응하시리로다” 아멘. 60-64절입니다. “예레미야가 바벨론에 대하여 기록한 이 모든 말씀을 한 책에 기록하고 스라야에게 말하기를 너는 바벨론에 이르거든 삼가 이 모든 말씀을 읽고 말하기를 여호와여 주께서 이 곳에 대하여 말씀하시기를 이 땅을 멸하여 사람이나 짐승이 거기에 살지 못하게 하고 영원한 폐허가 되리라 하셨나이다 하라 하니라 너는 이 책 읽기를 다한 후에 책에 돌을 매어 유브라데 강 속에 던지며 말하기를 바벨론아 나의 재난 때문에 이같이 몰락하여 다시 일어서지 못하리니 그들이 피폐하리라 하라 하니라 예레미야의 말이 이에 끝나니라” 아멘.

바벨론의 죄악은 두 가지입니다. 하나님을 향한 교만과 하나님 백성에 대한 폭행과 학대입니다. 50장 29절과 51장 35절입니다. “활 쏘는 자를 바벨론에 소집하라 활을 당기는 자여 그 사면으로 진을 쳐서 피하는 자가 없게 하라 그가 일한 대로 갚고 그가 행한 대로 그에게 갚으라 그가 이스라엘의 거룩한 자 여호와를 향하여 교만하였음이라”, “내가 받은 폭행과 내 육체에 대한 학대가 바벨론에 돌아가기를 원한다고 시온 주민이 말할 것이요 내 피 흘린 죄가 갈대아 주민에게로 돌아가기를 원한다고 예루살렘이 말하리라” 아멘.

하나님의 백성들이 바벨론에 대해서만큼은 그들의 심판을 간구합니다. 시편 137편 8-9절은 이렇게 노래합니다. “멸망할 딸 바벨론아 네가 우리에게 행한 대로 네게 갚는 자가 복이 있으리로다 네 어린 것들을 바위에 메어치는 자는 복이 있으리로다” 아멘. 요한계시록에서도 바벨론은 반드시 패망해야 할 대상으로 소개됩니다. 18장 21, 24절을 보면 이렇습니다. “이에 한 힘 센 천사가 큰 맷돌 같은 돌을 들어 바다에 던져 이르되 큰 성 바벨론이 이같이 비참하게 던져져 결코 다시 보이지 아니하리로다 … 선지자들과 성도들과 및 땅 위에서 죽임을 당한 모든 자의 피가 그 성 중에서 발견되었느니라 하더라” 아멘. 그러므로 바벨론을 택하는 일은 절대로 하지 말아야 합니다.

예레미야서는 시드기야의 멸망과 여호야긴의 회복으로 끝납니다. 52장입니다. 앞서 여러 번 소개된 시드기야의 멸망을 한 번 더 소개한 뒤, 그의 전임자 여호야긴의 회복으로 끝납니다. 열왕기하와 끝이 같습니다. 애굽과 바벨론을 의지하지 않기를, 마음이 정결하여 힘들고 어려워도 하나님만을 의지하기를, 세상에 거하는 '확장의 시간'에 위축되지 않고 예배드리는 '집중의 시간'에 사명에 붙들리기를 기도합니다.

질의와 응답

하나. "예레미야는 나라가 곧 망할 것이 예견될 때 기업을 무르기 위해 땅을 샀습니다. 이유가 무엇입니까?"

매매가 다시 이루어질 것을 상징적으로 보여줍니다. 자신에게는 이익이 되지 않지만, 하나님께서 장차 이루실 일을 보여줍니다.

둘. "확장의 시간과 집중의 시간에 대해 좀 더 설명해주세요."

바벨론으로 끌려가서 새로운 세상을 경험하는 시간이 '확장의 시간'입니다. 약속의 땅으로 돌아와 성전을 재건하고 다시 하나님 앞에 모이는 시간이 '집중의 시간'입니다. 오늘날 신자들은 예배 시간에 모여 '집중의 시간'을 가지고, 흩어져서 '확장의 시간'을 갖습니다.

셋. "레이니(Rainey)와 노틀리(Notley)가 자신들의 지도책(atlas)에 『신성한 다리(*The Sacred Bridge*)』라는 제목을 붙였다고 하셨는데요. 이것이 일반적인 견해입니까?"

네. 일반적인 견해라고 보셔도 되겠습니다.

Weekly Reading

40

예레미야애가 1장 – 에스겔 16장

"끝"

애 1-3장	애 4-5장, 겔 1장	겔 2-4장	겔 5-7장	겔 8-10장	겔 11-13장	겔 14-16장

check

이번 통독은 예루살렘의 멸망에 대한 슬픔을 노래한 예레미야애가와 예루살렘 멸망의 이유와 현장을 담은 에스겔 1-16장입니다.

끝

I.
끝은 마지막이다.
시간, 공간, 사물의 마지막이고
긴 물건의 끄트머리이며
순서의 마지막이다.

II.
끝은 시작이다.
고생 끝에 영광 있고
노력 끝에 성취 있으며
산고 끝에 생명 있다.

III.

끝은 전환점이다.
돌이킬 수 없는 지점이고
시작할 수 있는 지점이며
전후(前後)가 다른 지점이다.

IV.

고생 끝 행복 시작도 있지만,
행복 끝 고생 시작도 있으며,
평화 끝 전쟁 시작도 있지만,
전쟁 끝 평화 시작도 있다.

V.

예루살렘은 언제 시작하고 끝났는가?
멜기세덱 시작하고 다윗이 끝냈다.
다윗 시작하고 느브갓네살 끝냈다.
고레스 시작하고 티투스[디도] 끝냈다.

VI.

느부갓네살이 끝낸 예루살렘!
누가 다시 살려낼 수 있을까?
고레스 왕 스룹바벨 총독 여호수아 대제사장 학개와 스가랴 선지자 느헤미야와 에스라까지
여러 사람 긴 세월 수고하여 살려냈다.

VII.

살아난 예루살렘, 다시 끝난다.
예수님을 십자가에 매다니 끝나고
복음을 거부하니 끝나며
섬김 버리고 욕심부리니 끝난다.

VIII.

여부스 거민의 끝은 다윗성으로 이어지고,

시드기야의 끝은 성전 성벽 재건으로 이어졌는데,
주후 70년의 끝은 영원히 끝이다.
하늘 성전이 있기 때문이다.

IX.
예루살렘의 끝은 슬픔이고 마침이었다.
그러나 예루살렘의 끝이 온 세상의 기쁨이 되었고
예루살렘이 끝남으로 하나님 나라가 온 땅에 퍼졌다.
그래서 예루살렘의 끝을 노래한 예레미야와 에스겔에게서 소망을 듣는다.

예레미야애가는 '슬프다'로 시작합니다. 히브리어로 '에카'입니다. '어디에'를 뜻하는 '에'와 '이처럼'을 뜻하는 '카'가 만나, '이런 일이 어디에 있을까요? 이런 일이 일어날 수는 없는 일이잖아요?' 하는 의미를 갖습니다. 내가 선지자인데 하나님과 이런 관계일 수는 없잖아요? 예루살렘은 하나님의 성전이 있는 성인데, 이렇게 망할 수는 없잖아요? 히스기야 때 바벨론과 남국 유다가 어떤 관계였는지를 생각한다면, 바벨론에 의해 예루살렘이 이처럼 처참하게 패망하는 일은 있을 수 없잖아요? 뭐 이런 질문입니다.

예레미야는 예루살렘이 망할 거라 예언했습니다. 망하지 않을 거라는 거짓 예언자들이 그를 따돌리고 괴롭혔습니다. 예루살렘은 예레미야의 예언대로 함락되고 망했습니다. 이때 예레미야는 기뻐하지 않았습니다. '거봐, 내 말이 맞았잖아.' 하지 않았습니다. 울었습니다. '이런 일이 일어날 수는 없잖아요?' 하면서 울었습니다. 예루살렘과 하나가 되었습니다. 예루살렘과 같은 마음을 품었습니다.

그런데 예루살렘은 어떤 상태에 있습니까? '죄를 지어 더러워졌지만 부끄러워하지 않는' 상태에 있습니다. 1장 9절입니다. "그의 더러운 것이 그의 옷깃에[혹은 치마에] 묻어 있으나 그의 나중을 생각하지 아니함이여 그러므로 놀랍도록 낮아져도 그를 위로할 자가 없도다" 아멘. 잘못했고, 잘못한 것 때문에 어려움을 당했으나, 회개할 마음도 없고 개선되고 싶어 하지도 않습니다. 이를 뿌득뿌득 갈거나 원망하거나 절망할 뿐입니다. 분노, 절망, 원망으로는 죄가 해결되지 않는데, 돌이켜야 하는데, 돌이킬 가망이 없어 보입니다.

그럼, 예레미야는 어떤 상태에 있습니까? '쓸모없게 된 선지자' 처럼 되었습니다. 11절에서 "나는 비천하오니 여호와여 나를 돌보시옵소서" 하였습니다. 여기서 '비천하다' 는 말은 '쓸모없다' 는 단어를 표현한 것입니다. 왜 예레미야가 쓸모없게 되었을까요? 예루살렘이 망한다고 예언하면 예루살렘 거민들이 회개할 줄 알았습니다. 시드기야에게 '당신이 바벨론에 항복하면 삽니다.' 하고 말하면 항복할 줄 알았습니다. 그러나 요나의 예언을 듣고 니느웨 거민들과 왕이 보인 반응과는 정반대로, 예루살렘 거민들은 회개하지 않았고 시드기야 왕도 항복하지 않았습니다. 결국 예레미야가 한 예언대로 이뤄지고 말았습니다. 그러나 이러한 결과에 대해 예레미야는 자신이 쓸모없었다고 말합니다. 요나는 자신이 예언한 대로 이뤄지지 않았다고 화를 냈습니다. 그런데 예레미야는 자신이 예언한 대로 이뤄졌기에 자신은 쓸모없는 선지자랍니다.

두 번째로 그는 하나님의 강권적인 역사로 어찌할 수 없는 상태에서 고통 가운데 있습니다. 12-13절입니다. "지나가는 모든 사람이여 너희에게는 관계가 없는가 나의 고통과 같은 고통이 있는가 볼지어다 여호와께서 그의 진노하신 날에 나를 괴롭게 하신 것이로다 높은 곳에서 나의 골수에 불을 보내어 이기게 하시고 내 발 앞에 그물을 치사 나로 물러가게 하셨음이여 종일토록 나를 피곤하게 하여 황폐하게 하셨도다" 아멘. 자신을 통해 선포되는 멸망과 파쇄의 말씀이 실제로 이뤄질 것을 눈치챈 예레미야는 요나처럼 도망가려 하였습니다. 그러면 하나님께서는 요나가 탄 배에 풍랑을 보내신 것처럼 불을 보내시고, 요나에게 큰 물고기를 보내셔서 다시스로 가지 못하게 하신 것처럼 예레미야에게는 낚싯줄과 투망과 그물을 보내셔서 끌어당기셨습니다.

세 번째로 예레미야는 불가항력적 고통 속에서 자신의 허물을, 자기 허물의 무게를 느낍니다. 14절입니다. "내 죄악의 멍에를 그의 손으로 묶고 얽어 내 목에 올리사 내 힘을 피곤하게 하셨음이여 내가 감당할 수 없는 자의 손에 주께서 나를 넘기셨도다" 아멘. 공동체의 평균이 자신을 끌어당기는 가운데, '자신도 한통속' 이라는 '선지자의 자기 회개' 에 도달합니다. 한 아이가 울면 다른 애도 덩달아 웁니다. 음란한 세대에 살면 음란에 노출되기 쉽습니다. 음식이 많으면 과식하기 쉽고, 오염된 세상에 살면서 오염물질을 피하기 어렵습니다. 예레미야의 고통은 국가적인 어려움으로 더해집니다. 15

절입니다. "주께서 내 영토 안 나의 모든 용사들을 없는 것 같이 여기시고 성회를 모아 내 청년들을 부수심이여 처녀 딸 유다를 내 주께서 술틀에 밟으셨도다" 아멘. 죄로 인해, 용사들은 버려지고, 청년들은 깨지고, 유다 딸 처녀는 밟힙니다. 죄는 죄로 끝나지 않습니다. 형벌이 있습니다. "죄의 삯은 사망이요 하나님의 은사는 그리스도 예수 우리 주 안에 있는 영생이니라"(롬 6:23).

죄 가운데 살아가야 하는 어려움과, 죄로 인해 발생하는 다양한 형벌에 기인한 고통으로, 예레미야는 울지 않을 수 없습니다. 16절 "이로 말미암아 내가 우니 내 눈에 눈물이 물같이 흘러내림이여" 아멘. 예레미야는 우는 '여자'(여성분사 사용)와 같습니다. 어쩌면 그는 '우는 예루살렘'이고, '우는 시온'입니다. 울지만 위로할 자, 회복시켜 줄 자가 멀리 있습니다. 누가 위로자, 회복자인가요? 하나님이십니다. 하나님이 멀리 계십니다. 17절은 시온(예루살렘)의 상태를 보여줍니다. 시온이 도울 자를 찾아 팔을 뻗지만, 위로자가 없습니다. 시온 가까이 주위에는 위로자는 없고 대적뿐입니다. 위로자 되시는 하나님은 대적으로 하여금 시온을 치라 명하십니다. 위로자가 대적자가 되었으니 시온은 더욱 힘듭니다. 대적들은 시온 즉 예루살렘을 쓰레기 취급합니다. 가치를 두지 않습니다.

결국 선지자는 1장 18절에서 "여호와는 의로우시도다" 이렇게 부르짖습니다. 그러면서 자신의 죄가 '그의 명령을 거역'한 데 있음을 고백합니다. "내가 그의 명령을 거역하였도다"(1:18)를 직역하면 "그분의 입을 내가 반역하였다"입니다. 그분이 '예루살렘의 멸망'을 선포하라 하실 때, 물러서지 말고 주저하지 않고 선포했더라면, 어쩔 수 없이 전하지 않고 진리를 담대히 선포했다면, 어쩌면 백성이 회개했을 가능성이 더 커졌을 수 있는데, 인간적인 바람(願)을 앞세우다 보니 원치 않는 심판 선포가 더욱 현실이 되었을 거라는 깨달음입니다. 종이면 종다워야 하는데, 주인을 가르치려 한 것입니다. 마치 다메섹의 아나니아가 사울을 안수하라는 예수님의 명령에 토를 달 듯(행 9:13-14), 예레미야도 하나님의 지각과 신실하심을 신뢰하지 못하고 명령을 거부한 것입니다. 마치 자신의 인지능력이 하나님의 전지하심을 넘어서기라도 하듯, 자신의 오감으로 하나님의 사랑을 지울 수 있다고 여기듯, 하나님을 가르치려 들었습니다. 마치 하나님의 능력이 몇몇 사람들의 능력보다 작은 것처럼, '여호와의 손이 짧아'(민

11:23) 국방 문제를 해결하지 못하신다고 여겨 안절부절못하는 것처럼, 예레미야는 자신이 가진 모든 정보와 오감으로 하나님의 전지전능에 맞섰습니다. 그러다 깨달았습니다. 예루살렘 성이 훼파되고 백성이 포로로 끌려갔을 때, 처녀들과 용사들이 포로로 끌려갔을 때(애 1:18) 깨달았습니다.

고통 가운데 있을 때 예레미야는 자신과 함께 울어줄 자를 찾았습니다(1:19). 제사장들과 장로들은 자신과 같이 울어줄 줄 알았습니다. 그러나 그들은 자기 양식을 구하고 자기 목숨에 연연해합니다. 집착하여 미련을 가집니다. 예레미야는 제사장들과 장로들을 함께 갈 자, '우리' 라고 여겼습니다. 그런데 '우리' 가 아니었습니다. 속았습니다. 마음을 같이 할 자가 없기에 예레미야는 더 괴롭습니다(1:20). 속이 부글부글 끓습니다. 그래서 주님을 다시 부릅니다. 예루살렘으로부터 멀리 계신 주님을 부릅니다. 그러나 속마음은 뒤집힙니다. 자신이 하나님을 거역하기 때문입니다. 예루살렘의 심판을 기꺼이 선포할 수 없기 때문입니다. 그러는 사이, 밖에서는 살육이, 집안에서는 사망이 지속됩니다.

예레미야는 근심합니다(1:21). 한탄합니다. 답답합니다. 뜻대로 되지 않습니다. 그런다고 위로해주는 사람도 없습니다. 예루살렘이 망하는 것을 원수들은 기뻐합니다. 예레미야의 고통도 기뻐합니다. 하나님께서 예루살렘을 망하게 두시는 것을 기뻐합니다. 그들은 하나님의 백성과 도성이 망하는 것 그 자체가 좋습니다. 마음을 같이하기는커녕 남 망하는 것을 기뻐하는 그들에 대한 예레미야의 분노가 있습니다. '어떻게 그럴 수 있는가?' 하여 하나님께 시온의 원수도 소환해 달라고 요청합니다. 그러면 원수들도 예레미야처럼 고통스럽게 될 것입니다. 22절입니다. "그들의 모든 악을 주 앞에 가지고 오게 하시고 나의 모든 죄악들로 말미암아 내게 행하신 것 같이 그들에게 행하옵소서 나의 탄식이 많고 나의 마음이 병들었나이다" 아멘. '그들의 모든 해악을 하나님 앞으로 올라오게 해주십시오. 그리고 그들도 저를 대하셨던 것처럼 대해 주십시오. 저는 반역했습니다. 그러나 원수들은 해악을 끼쳤습니다. 그렇다면 그들도 당해야 하지 않습니까? 그들이 당하기 전까지는 제 탄식은 크고 제 마음은 희미해져 갈 수밖에 없습니다.'

아이러니하게도 예레미야는 바벨론과의 공동체성을 부르짖습니다. 그들도 우리처럼 대해주십시오. 뒤집으면, '그들이 회개하면 그들도 구원해주십시오.' 하는 것이 됩니다. 고통과 번민, 괴로움과 답답함의 순간에 예레미야는 백성 가까이 다가오시는 하나님을 배웠습니다. 이스라엘과 함께하시려는, 그래서 이스라엘의 거룩함을 요청하시는 하나님입니다. 죄로 멀어진 관계를 회복하시려는, 그래서 예언대로 망하게 할 선지자를 찾으셨습니다. 죄악 많은 백성 가운데 거하지만 거룩하신 하나님의 마음으로 백성 가까이 다가갈 선지자를 찾으셨습니다. 그 하나님과 하나 되기가 어렵습니다. 나는 죄악 중에 거하는 백성의 일부분이기 때문입니다. 어리석고 쓸모없는 선지자이기 때문입니다. 말도 어눌하고 능력도 없기 때문입니다.

그러나 예레미야는 다가오시는 하나님, 말씀 주시는 하나님을 통해 하나님의 의로우심을 또한 배웁니다. 범접할 수 없는, 그러나 같이 갈 수 있는 하나님의 의를 배웁니다. "이제는 율법 외에 하나님의 한 의가 나타났으니 율법과 선지자들에게 증거를 받은 것이라 곧 예수 그리스도를 믿음으로 말미암아 모든 믿는 자에게 미치는 하나님의 의니 차별이 없느니라 모든 사람이 죄를 범하였으매 하나님의 영광에 이르지 못하더니 그리스도 예수 안에 있는 속량으로 말미암아 하나님의 은혜로 값 없이 의롭다 하심을 얻은 자 되었느니라"(롬 3:21-24) 아멘. 비록 심판에 대한 부분이기는 하지만, 예레미야는 바벨론도 유다와 똑같이 대해 달라 기도합니다. 이방인들과 공동체가 됩니다. 심판 기준이 같다면 구원 기준도 같습니다.

예루살렘에 대한 하나님의 진노에 선지자는 고통합니다(애 2:11-12). 그 고통에 대한 노래가 3장 앞부분에 있습니다. 그러나 고통은 고통으로 끝나지 않습니다(3:22-23). 회개로(3:40-41), 간구로(3:55-66) 이어집니다. 그리고 예루살렘은 망합니다. '끝' 이 왔습니다(4:18). 그러나 예레미야는 소망을 하나님에게서 찾습니다. 5장 21절입니다. "여호와여 우리를 주께로 돌이키소서 그리하시면 우리가 주께로 돌아가겠사오니 우리의 날들을 다시 새롭게 하사 옛적 같게 하옵소서" 아멘.

에스겔은 '하나님께서 강하게 하신다.' 하는 뜻을 가진 선지자입니다. 그는 자신을 제사장이라고 소개했습니다. 그의 아버지 이름은 부시입니다. '부시' 라는 단어는 욥기

32장에서 "람 종족 부스 사람 바라겔의 아들 엘리후"와 관련하여 쓰입니다. '부스 사람'이라고 번역했습니다. '부스'가 '경멸'을 의미하기에 '부시'는 '나를 경멸하는 자'일 수 있습니다. 자신을 낮추고 하나님을 높이는 엘리후의 발언을 생각할 때 '나를 경멸하는 자'라는 표현과 잘 맞습니다. 에스겔의 아버지의 이름인 '부시'도 당시 시대 상황을 생각할 때 '나를 경멸하는 자'라고 볼 수도 있겠습니다.

부시가 유다의 우상숭배가 극에 달했던 므낫세 왕(주전 697-643년)이 통치할 때 태어났을 가능성이 크기 때문입니다. 부시의 아버지는 자신을 중시하지 않는 사람으로 살겠다는 결심을 아들의 이름에 담았을 수 있습니다. 그리고 부시는 에스겔을 요시야 왕의 1차 개혁 때 낳았을 것으로 보입니다. 1장 1절의 '서른째 해'를 거의 모든 주석가들이 에스겔의 나이로 보기 때문입니다. 1장의 배경이 되는, 2절의 "여호야긴 왕이 사로잡힌 지 오 년"은 주전 597년입니다. 이때 나이가 서른이라면 에스겔은 요시야 왕의 1차 개혁이 이뤄진 620년에 태어났습니다.

에스겔의 할아버지는 아들을 낳고 절망의 마음, 겸손의 결심을 아들의 이름인 '부시'를 통해 표현했습니다. 그러나 시대가 바뀌고 요시야를 통해 이루고자 하셨던 하나님의 뜻이 이뤄지면서 에스겔의 아버지 부시는 아들의 이름에 소망을 담을 수 있었습니다. 그런데 이게 웬일입니까? 요시야가 애굽 왕 바로느고에 의해 므깃도에서 전사한 것입니다. 그리고 나라는 다시 어려워집니다. 그러다 에스겔의 나이 25세가 되었을 때?이 나이에 여호야김은 왕이 되었습니다?에스겔은 여호와긴 왕과 함께 바벨론에 포로로 끌려갑니다. 하나님께서 강하게 하실 것이라는 기대는 물거품처럼 사라진 듯합니다.

민수기 8장 24절에 따르면, 레위인은 25세에 성전 봉사를 시작합니다. 제사장인 에스겔은 25세가 되었고 성전 봉사를 이제 막 시작했었을 수 있습니다. 그런데 이방 나라에 끌려와 오 년이라는 시간이 지났습니다. 집으로 돌아가지 못했습니다. 제사장 직무를 수행한다는 것은 꿈도 꾸기 어렵습니다. 성전은 파괴될 것입니다. 더구나 에스겔의 아내는 이때로부터 4년 뒤, 포로로 끌려온 지 9년 만에 죽습니다. 24장 15-18절입니다. "여호와의 말씀이 또 내게 임하여 이르시되 인자야 내가 네 눈에 기뻐하는 것을 한 번 쳐서 빼앗으리니 너는 슬퍼하거나 울거나 눈물을 흘리거나 하지 말며 죽은 자들을 위하여 슬퍼하지 말고 조용히 탄식하며 수건으로 머리를 동이고 발에 신을 신고 입술을 가리지 말고 사람이 초상집에서 먹는 음식물을 먹지 말라 하신지라 내가 아침에 백성에게 말하였더니 저녁에 내 아내가 죽었으므로 아침에 내가 받은 명령대로 행하매" 아멘. 예루살렘 성전 파괴 2년이 채 남지 않았을 때, 하나님께서는 에스겔이 기뻐하는 아내의 죽음을 통해 성전 파괴가 반드시 일어날 것을 보여주십니다.

제사장 직무 수행을 위해 준비했던 모든 것이 아무것도 아닌 것이 되었습니다. 아내는 4년 뒤에 이방 나라에서 먼저 죽을 것입니다. 성전은 6년 뒤에 파괴될 것입니다. 이런 상황에서 다시 말해, 불행이 계속되고 있고 앞으로 더욱 가중될 상황에서 하나님께서는 에스겔에게 하나님 당신을 보여주십니다. 에스겔 1장 1절입니다. "서른째 해 넷째 달 초닷새에 내가 그발 강 가 사로잡힌 자 중에 있을 때에 하늘이 열리며 하나님의 모습이 내게 보이니" 아멘.

'하나님의 모습' 이라는 표현이 매우 독특합니다. 하나님을 보지는 못했지만, 하나님의 모습을 본 것입니다. 1장에서 '하나님의 모습' 을 직접적으로 표현한 것으로는 '단 쇠' 가 있습니다. 4절입니다. "내가 보니 북쪽에서부터 폭풍과 큰 구름이 오는데 그 속에서 불이 번쩍번쩍하여 빛이 그 사방에 비치며 그 불 가운데 단 쇠 같은 것이 나타나 보이고" 아멘. 여기서 '단 쇠' 는 '호박(琥珀)' 을 가리킵니다. 야채 호박 말고 남자 한복 단추로 사용하던 광물입니다. 번역자는 '호박' 을 불에 달궈진 쇠로 표현했습니다. 아마도 불과 호박 색깔을 고려한 듯합니다. '단 쇠' 로 번역된 호박은 27절에도 나옵니다. 궁창 위 보좌 위에 사람 모양 같은 형상이 있는데 허리 위가 '단 쇠' 로 보인다고 했습니다. 이 '단 쇠' 는 하나님을, 특별히 하나님의 상반신을 표현하는 데 사용되었습니다.

'단 쇠' 와 함께 하나님과 관계된 것으로 '영' 이 있습니다. 1장 12절과 20절에 있습니다. 먼저 12절입니다. "영이 어느 쪽으로 가면 그 생물들도 그대로 가되 돌이키지 아니하고 일제히 앞으로 곧게 행하며" 아멘. 네 개의 얼굴, 서로 연결된 네 개의 날개, 날개 밑에 있는 네 개의 손, 곧은 다리, 광낸 구리처럼 반짝이는 소 발바닥, 하나로 어우러진 네 개의 바퀴, 바퀴 안에 영을 가진 생물 넷이 있습니다. 이 생물은 영이 움직이는 대로 움직입니다. 이 영은 하나님의 영입니다. 다음으로 20절입니다. "영이 어떤 쪽으로 가면 생물들도 영이 가려 하는 곳으로 가고 바퀴들도 그 곁에서 들리니 이는 생물의 영이 그 바퀴들 가운데에 있음이니라" 아멘.

여기서 혼동되면 안 되는 것이 있는데, 하나님의 영과 생물의 영입니다. 생물의 영은 말 그대로 생물의 영입니다. 생물이 있고 그의 영이 있습니다. 그의 영은 바퀴 안에 있고 바퀴에는 많은 눈이 있습니다. 그런데 12절과 20절 앞부분에 있는 영에는 '관사'가 붙어 있습니다. 생물의 영이라는 표현은 20절과 21절에 나오는데 관사 없이 쓰였습니다. 생물의 영과 하나님의 영을 구분하고 있습니다. 그리고 4절에 하나님의 임재와 함께 보인 폭풍, 구름, 불, 단 쇠에서 '폭풍'을 '영'과 연결해 볼 수 있습니다. '폭풍'이라는 표현 가운데 '영'을 의미하는 단어가 들어가 있기 때문입니다. 본래 '루아흐'라는 단어는 '영' 뿐 아니라 '바람'의 의미로도 쓰입니다.

처음에는 하나님의 모습만 보였습니다. 그런데 그 안에 있는 생물들이 보여서 설명합니다. 얼굴이 네 개입니다. 정면은 사람, 오른쪽은 사자, 왼쪽은 소, 뒤쪽은 독수리의 얼굴입니다. '생물'은 '살아 있는 것, 생명이 있는 것'으로 표현하면 다른 오해가 줄겠습니다. '생물'은 과학 교과 가운데 하나의 이름으로도 쓰이고, 냉동 물고기가 아니라는 의미로도 쓰이기 때문입니다. 살아 있는 것 넷이 있는데 모습이 독특합니다. 얼굴이 넷이고 얼굴 아래에 네 개의 날개가 연결되어 있는데, 둘은 나는 데 사용하고 둘은 몸을 가리는 데 사용합니다. 날개 아래에는 손이 있습니다. 손이 넷입니다. 이 생물들도 하나님처럼 바람 같은 영들이 있습니다. 그런데 생물의 영들은 바퀴처럼 생긴 것 안에 있습니다. 하나님의 영이 가는 곳으로 생물도 가고 생물의 영이 들어있는 바퀴도 따라갑니다. 바퀴는 땅 쪽으로 있다고 하였습니다. 에스겔이 볼 때, 네 생물 가운데 하나에는 사람의 얼굴이 보이고, 오른쪽에 있는 생물의 경우 사자의 얼굴이 보이고, 왼쪽에 있는 생물의 경우 소의 얼굴이 보이고, 안쪽에 있는 생물의 경우에는 독수리의 얼굴이 보였을 것입니다. 또한, 생물 앞 아래쪽으로는 눈이 가득한 바퀴가 보였을 것입니다. 바퀴는 전체적으로 황옥과 같았습니다.

에스겔의 상황은 절망적입니다. 배우고 준비한 것은 헛것이 되고 포로로 끌려왔습니다. 그의 아버지 부시가 가졌던 소망도 무너져 내렸습니다. 그는 사로잡힌 자들 가운데 있습니다. 그런데 하늘이 열리면서 하나님의 모습을 보았습니다. 그 모습은 밝았습니다. 크고 두려운 위엄이 있었습니다. 모든 것이 어그러진 사회에 살던 에스겔에게 하나님께서는 하나님의 모습을 보여주셨습니다. 그것은 신비였습니다. 겉과 속의 불일치, 신비로운 초월과 신비로울 만큼 절망스러운 실재의 불일치 가득한 곳에서, 하나님께서는 에스겔에게 하나님의 일치를 보여주셨습니다. 하나님의 힘, 하나님의 아름다움, 그분의 영광입니다. 범접할 수 없는 그러나 닮고 싶은, 한편 갖고 싶은, 모시고 싶은 영광입니다. 비록 얼굴이 하나이고 손은 둘이며 날개는 없고 바퀴라고는 자동차 바퀴뿐이지만, 번개 같은 움직임, 거침없는 날갯짓, 어느 방향으로도 몸을 돌리지 않고 다니는 유동성이 부럽습니다.

그런데 그때 그분이 말씀하십니다. '일어나라!' 하십니다. 그리고 그분의 영이 나를 일으켜 세우십니다. 2장 1-2절입니다. "그가 내게 이르시되 인자야 네[너의] 발로 일어서라 내가 네게 말하리라 하시며 그가 내게 말씀하실 때에 그 영이 내게 임하사 나를 일으켜 내 발로 세우시기로 내가 그 말씀하시는 자의 소리를 들으니" 아멘. 하나님께서는 일어나라 하시고 일으켜 세워주십니다. 나는 거부하지만 않으면 됩니다. 일으켜 세우실 때 주저앉지만 않으면 됩니다. 거절하지 않고 마음만 실으면 됩니다. 신비와 실재가 일치될 길이 여기에 있습니다. 하늘에서 이뤄진 것처럼 하나님의 뜻이 땅에서도 이뤄지는 기도는 이때 이뤄집니다. 하나님의 말씀을 거절하지 않는 것입니다.

말씀을 거절하지 않았다고 하여 에스겔에게 불행이 찾아오지 않는 것이 아니었습니다. 이로부터 4년 뒤 에스겔은 아내를 잃습니다. 그는 성전이 파괴되고 나라가 망한 뒤에 3차 포로로 끌려오는 이들을 보아야 했습니다. 그가 포로로 끌려오기 전에 끌려온 이들이 있었습니다. 요시야의 큰 아들 여호야김 왕 삼 년에, 즉 에스겔 1장의 내용이 있기 전 십 년 전에, 느부갓네살에 의해 다니엘과 세 친구를 포함한 이들이 끌려왔습니다. 에스겔은 두 번째로 끌려온 포로였습니다. 그는 이후 아내를 잃었고 마지막으로 끌려온 포로들을 보았습니다. 눈이 뽑힌 시드기야를 보았을 것입니다(렘 39:7). 그의 생전에 포로 귀환은 일어나지 않았습니다. 그러나 그는 마지막 날의 온전한 성전을 보았습니다. 에스겔서 40-48장이 마지막 성전에 대한 환상을 소개합니다. 우리가 잘 아는 대로 37장에서는 자신을 일으켜 세우신 하나님의 영이 마른 뼈로 군대를 만드는 것도 보았습니다.

에스겔은 하나님의 모습을 본, 다시 말해, 하나님의 신비를 본 사람이었습니다. 그러나 그의 주변의 실재는 그 신비와 전혀 어울리지 않아 보였습니다. 신비와 실재 사이에서 에스겔은 자신의 삶과 생각을 정리해 가야 했습니다. 살아내야 했습니다. 아내가 죽어도 울지 않으면서 마른 뼈들이 일어날 것을 기대하고 기도하면서 하루하루의 삶을 살아내었습니다. 신비를 보았지만, 신비와 실재 사이의 괴리에 불평하지 않고 신비가 실재가 되는 통로로 살았습니다.

한편, 이스라엘 백성은 패역한 족속입니다(2:5, 7). 그들의 이마와 마음은 굳어 있습니다(3:7). 이제는 그들이 듣든지 아니 듣든지 말하라고 하십니다(3:11). 파수꾼으로서 에스겔은 말합니다(3:16-21). 사실 그들은 듣기 싫어할 것입니다. 3장 27절입니다. "그러나 내가 너와 말할 때에 네 입을 열리니 너는 그들에게 이르기를 주 여호와의 말씀이 이러하시다 하라 들을 자는 들을 것이요 듣기 싫은 자는 듣지 아니하리니 그들은 반역하는 족속임이니라" 아멘. 그러기에 예루살렘은 에워싸일 것입니다.

에스겔 선지자는 바쁩니다. 우선 그림을 그려야 합니다. 4장 1절입니다. "너 인자야 토판을 가져다가 그것을 네 앞에 놓고 한 성읍 곧 예루살렘을 그 위에 그리고" 아멘. 토판을 가져다가 성읍을 그립니다. 성읍은 예루살렘 성입니다. 그리고 성읍 둘레로 포위 진지를 세웁니다. 흙으로 쌓고 천막을 치고 성을 공격하는 무기인 공성퇴를 세웁니다. 예루살렘 성이 곧 포위될 것입니다. 바벨론에 의해 둘러싸일 것입니다. 도망갈 곳이 없습니다. 에스겔은 바벨론의 진지가 매우 견고하다는 것을 철판을 가지고 표현합니다. 예루살렘과 에스겔 사이에 철판이 있습니다. 에스겔은 바벨론이 됩니다. 바벨론은 이스라엘의 원수입니다. 그런데 선지자 에스겔이 바벨론이 됩니다. 사실 에스겔은 바벨론에 있습니다. 그러니 바벨론 역할을 한다고 해도 이상하지 않습니다. 하나님의 선지자가 예루살렘을 포위하고 있는 모습에서 하나님께서 예루살렘 성을 포위하고 계시다는 것을 나타냅니다.

이어 에스겔은 자신이 예루살렘이 됩니다. 하나님께서 에스겔을 줄로 묶으십니다. 8절입니다. "내가 줄로 너를 동이리니 네가 에워싸는 날이 끝나기까지 몸을 이리 저리 돌리지 못하리라" 아멘. '에워싸는 날' 보다는 '에워싸이는 날' 이 더 적절하겠습니다. 하나님께서 에스겔을 묶으십니다. 예루살렘이 포위당하는 것처럼 에스겔이 포위당했습니다. 우리를 위해 십자가 지신 예수님의 모습을 보여줍니다. 백성의 죄를 담당하셨습니다. 에스겔은 430일 동안 묶입니다. 이 시간은 죄악을 담당하는 시간입니다. '담당한다.' 하는 말은 '든다.' 하는 말입니다. 손으로 들 수도 있고 등에 짊어질 수도 있습니다. 에스겔의 자세를 생각하니 짊어진 죄악이 등 쪽에 있다고 보는 것이 적절하겠습니다. 옆으로 누웠기에, 손에 잡고 있으면 안고 있는 모습이기 때문입니다. 또한, 성전 입구는 항상 동쪽입니다. 그래서 동쪽에 머리를 두고 왼쪽으로 누우면 등이 북쪽을 향합니다. 그러니 북쪽 이스라엘의 죄악을 등에 짊어지고 390일을 남쪽을 바라보고 누워 있습니다. 이스라엘과 유다 지파를 사이에 두고 선지자가 눕습니다.

왜 '390일' 일까요? 여러 견해가 있지만, 하루가 일 년이라는 6절의 기준을 따라 계산하여, 다윗이 왕으로 다스리던 시기 중반부터 이 당시까지의 기간으로 보는 것이 좋겠습니다. 주전 983년부터 593년까지입니다. 일 년 넘게 분리의 죄를 짊어진 에스겔은 이제 방향을 바꿔 북쪽을 바라봅니다. 남쪽 유다의 죄를 짊어집니다. 40일입니다. 시간을 계산해보니 종교개혁을 했던 요시야 통치 중반부터입니다. 주전 633년부터 593년까지입니다. 하나님께서 요시야 왕을 선물로 주시고 개혁을 하게 하셨지만 진정한 개혁이 충분히 이뤄지지 못합니다. 개혁에 마음을 합하지 못한 죄를 회개합니다. 분리의 죄도 회개해야 하지만 합하지 못한 죄도 회개해야 합니다.

430일이면 430년입니다. 430년은 이스라엘이 애굽에서 종살이한 기간입니다. 출애굽기 12장 40절입니다. "이스라엘 자손이 애굽에 거주한 지 사백삼십 년이라" 아멘. 애굽에서 종살이한 기간만큼 선지자가 죄수처럼 묶여 지냅니다. 한 사람이 430일 동안 묶여 지내는데, 한 민족이 430년 동안 노예 생활한 효과를 누립니다. 도대체 몇 배의 효과입니까? 이스라엘과 유다의 430년 죄를 430일로 끝냅니다. 그것도 온 민족의 죄를 한 사람이 끝냅니다. 365배로 치러야 할 것을 생각하면[정탐 40일에 40년 광야 생활], 365 곱하기 365배만큼 효율적입니다. 133,225배입니다. 여기에 이스라엘 족속의 수만큼 곱해야 진짜 효율이 나옵니다. 수천억 배의 효율입니다.

어떻게 이것이 가능합니까? 순종으로 가능합니다. 에스겔은 도망가지 않았습니다. 430일 동안 누워 지냈습니다. 그리고 먹거리와 마실 거리를 따로 마련했습니다. 여섯 개의 곡식을 섞어 매일 떡을 만들어 먹었습니다. 물은 하루에 육분의 일 힌 즉, 1리터

씩 마십니다. 많지 않으나 움직이지 않으니 화장실 많이 가지 않고 지낼 만한 양으로 보입니다. 에스겔의 식생활은 예루살렘 거민들이 근심 중에 떡을 먹고 두려워하고 떨면서 물을 마시는 것을 보여줍니다. 4장 16-17절입니다. "또 내게 이르시되 인자야 내가 예루살렘에서 의뢰하는 양식을 끊으리니 백성이 근심 중에 떡을 달아 먹고 두려워 떨며 물을 되어 마시다가 떡과 물이 부족하여 피차에 두려워 하여 떨며 그 죄악 중에서 쇠패하리라" 아멘.

이스라엘은 죄를 짓는 데는 이방인보다 더합니다(5:6-7). 음란한 마음으로 하나님을 떠나고 음란한 눈으로 우상을 섬깁니다(6:9). 그러니 이제 '끝'이 옵니다. 7장 1, 2, 6절입니다. "또 여호와의 말씀이 내게 임하여 이르시되 너 인자야 주 여호와께서 이스라엘 땅에 관하여 이같이 말씀하셨느니라 끝났도다 이 땅 사방의 일이 끝났도다 … 끝이 왔도다, 끝이 왔도다 끝이 너에게 왔도다 볼지어다 그것이 왔도다" 아멘.

예루살렘의 상태에 대해 하나님께서 직접 보이십니다. 주전 592년입니다. 8장 3절입니다. "그가 손 같은 것을 펴서 내 머리털 한 모숨을 잡으며 주의 영이 나를 들어 천지 사이로 올리시고 하나님의 환상 가운데에 나를 이끌어 예루살렘으로 가서 안뜰로 들어가는 북향한 문에 이르시니 거기에는 질투의 우상 곧 질투를 일어나게 하는 우상의 자리가 있는 곳이라" 아멘. 예루살렘을 치시기 전에 탄식하는 자의 이마에 표를 하십니다. 9장 3-4절입니다. "그룹에 머물러 있던 이스라엘 하나님의 영광이 성전 문지방에 이르더니 여호와께서 그 가는 베 옷을 입고 서기관의 먹 그릇을 찬 사람을 불러 여호와께서 이르시되 너는 예루살렘 성읍 중에 순행하여 그 가운데에서 행하는 모든 가증한 일로 말미암아 탄식하며 우는 자의 이마에 표를 그리라 하시고" 아멘.

이제 하나님의 영광이 예루살렘을 떠납니다. 10장 4, 18-19절, 11장 1상반, 23-24절입니다. "여호와의 영광이 그룹에서 올라와 성전 문지방에 이르니 구름이 성전에 가득하며 여호와의 영화로운 광채가 뜰에 가득하였고 … 여호와의 영광이 성전 문지방을 떠나서 그룹들 위에 머무르니 그룹들이 날개를 들고 내 눈 앞의 땅에서 올라가는데 그들이 나갈 때에 바퀴도 그 곁에서 함께 하더라 그들이 여호와의 전으로 들어가는 동문에 머물고 이스라엘 하나님의 영광이 그 위에 덮였더라 … 그 때에 주의 영이 나를 들어올려서 여호와의 전 동문 곧 동향한 문에 이르시기로 … 여호와의 영광이 성읍 가운데에서부터 올라가 성읍 동쪽 산에 머무르고 주의 영이 나를 들어 하나님의 영의 환상 중에 데리고 갈대아에 있는 사로잡힌 자 중에 이르시더니 내가 본 환상이 나를 떠나 올라간지라" 아멘. 그러나 하나님의 약속이 있습니다. 한마음과 새 영의 약속입니다. 11장 19절입니다. "내가 그들에게 한마음을 주고 그 속에 새 영을 주며 그 몸에서 돌 같은 마음을 제거하고 살처럼 부드러운 마음을 주어" 아멘.

에스겔은 포로로 끌려갈 것을 행동으로 예언합니다. 12장 3절입니다. "인자야 너는 포로의 행장을 꾸리고 낮에 그들의 목전에서 끌려가라 네가 네 처소를 다른 곳으로 옮기는 것을 그들이 보면 비록 반역하는 족속이라도 혹 생각이 있으리라" 아멘. 예언이 이뤄지기 전에 거짓 선지자들에 대해 경고하십니다. 13장 3, 14, 17, 19절, 14장 10, 14절입니다. "주 여호와의 말씀에 본 것이 없이 자기 심령을 따라 예언하는 어리석은 선지자에게 화가 있을진저 … 회칠한 담을 내가 이렇게 허물어서 땅에 넘어뜨리고 그 기초를 드러낼 것이라 담이 무너진즉 너희가 그 가운데에서 망하리니 나를 여호와인 줄 알리라 … 너 인자야 너의 백성 중 자기 마음대로 예언하는 여자들에게 경고하며 예언하여 … 너희가 두어 움큼 보리와 두어 조각 떡을 위하여 나를 내 백성 가운데에서 욕되게 하여 거짓말을 곧이듣는 내 백성에게 너희가 거짓말을 지어내어 죽지 아니할 영혼을 죽이고 살지 못할 영혼을 살리는도다 … 선지자의 죄악과 그에게 묻는 자의 죄악이 같은즉 각각 자기의 죄악을 담당하리니 … 비록 노아, 다니엘, 욥, 이 세 사람이 거기에 있을지라도 그들은 자기의 공의로 자기의 생명만 건지리라 나 주 여호와의 말이니라" 아멘.

이스라엘은 포도나무였습니다. 에스겔 15장 2절입니다. "인자야 포도나무가 모든 나무보다 나은 것이 무엇이랴 숲속의 여러 나무 가운데에 있는 그 포도나무 가지가 나은 것이 무엇이랴" 아멘. 사사기 9장을 보면 요담의 노래가 있습니다. 거기에 이런 내용이 있습니다. "나무들이 또 포도나무에게 이르되 너는 와서 우리 위에 왕이 되라 하매 포도나무가 그들에게 이르되 하나님과 사람을 기쁘게 하는 내 포도주를 내가 어찌 버리고 가서 나무들 위에 우쭐대리요 한지라"(9:12-13) 아멘. 포도나무는 하나님과 사람을 기쁘게 하는 포도주가 되는 포도를 맺는 귀한 나무이지만, 그 가지야, 포도나무 막대기야 어디에 쓰겠습니까?

포도나무는 곧게 자리지 않습니다. 울퉁불퉁하고 이리저리 휘어져 자랍니다. 그렇다고 매화나무처럼 멋이 있는 것도 아닙니다. 못생겼다고 볼 수 있습니다. 물론 곧게 자란 나무를 기준으로 볼 때 그렇습니다. 키도 작습니다. 안은 텅 비어있습니다. 오래되었다고 두꺼워지지도 않습니다. 그러므로 15장 3절에서 말씀하듯, 포도나무를 가지고는 아무것도 제조할 수 없고 무슨 그릇을 걸 못도 만들 수가 없습니다. 포도나무의 유용성은 오직 하나, 넝쿨을 타고 맺히는 포도 열매에 있습니다. 열매 없는 포도나무같이 쓸모없는 것도 없습니다. 아이들 칼싸움하는 데도 적합하지 않습니다.

하나님께서는 하나님 백성을 열방의 포도나무로 심으셨습니다. 그런데 노아는 포도주에 취해 가나안을 저주했습니다. 이스라엘과 유다는 소돔의 포도나무가 되어 하나님께서 주신 은혜로 죄를 짓고 살았습니다. 하나님의 백성이 하나님을 떠나면 비참해집니다. 하나님 백성의 가치는 하나님께 붙어 있어 그 말씀으로 채워지고 은혜로 가득하게 될 때 생성됩니다. 생명이 넘치고 윤기가 나고 귀한 열매를 알알이 맺힙니다. 이스라엘 백성이 하나님 언약 백성이 된 것은 그들이 잘나서가 아닙니다. 그들은 포도나무였습니다. 신명기 7장 7-8절입니다. "여호와께서 너희를 기뻐하시고 너희를 택하심은 너희가 다른 민족보다 수효가 많기 때문이 아니니라 너희는 오히려 모든 민족 중에 가장 적으니라 여호와께서 다만 너희를 사랑하심으로 말미암아, 또는 너희의 조상들에게 하신 맹세를 지키려 하심으로 말미암아 자기의 권능의 손으로 너희를 인도하여 내시되 너희를 그 종 되었던 집에서 애굽 왕 바로의 손에서 속량하셨나니" 아멘. 하나님의 은혜가 끊어지면 이스라엘은 빛 좋은 개살구였습니다.

이스라엘은 본래 보잘것없었습니다. 16장 4-5절입니다. "네가 난 것을 말하건대 네가 날 때에 네 배꼽 줄을 자르지 아니하였고 너를 물로 씻어 정결하게 하지 아니하였고 네게 소금을 뿌리지 아니하였고 너를 강보로 싸지도 아니하였나니 아무도 너를 돌보아 이 중에 한 가지라도 네게 행하여 너를 불쌍히 여긴 자가 없었으므로 네가 나던 날에 네 몸이 천하게 여겨져 네가 들에 버려졌느니라" 아멘. 예루살렘의 죄가 무엇입니까? 에스겔 16장 36절에 있습니다. "주 여호와께서 이같이 말씀하셨느니라 네가 네 누추한 것을 쏟으며 네 정든 자와 행음함으로 벗은 몸을 드러내며 또 가증한 우상을 위하여 네 자녀의 피를 그 우상에게 드렸은즉" 아멘. 여기서 '누추한 것'은 '구리, 동'으로 '돈'을 가리킵니다. 돈을 내고 음행했음을 의미합니다. 돈을 지급하고 음행합니다. 우상을 숭배합니다. 우상을 위해 자식을 살해합니다. 하나님 아닌 것을 신으로 삼고, 성공 우상을 위해 자식들을 희생시킵니다. 이단이 운영하는 학교라 해도 대학 진학률만 높으면 보내려 하는 사람들이 생각납니다. 죄를 지어 자신을 망치는 데 돈을 냅니다. '자신을 유익하게 하지 못할 뿐 아니라 자신을 망치는 일에 돈을 쓰고 하나님께 속한 생명을 우상을 위해 죽인 것'이 예루살렘의 죄입니다.

자녀는 어떤 존재입니까? 16장 20-21절입니다. "또 네가 나를 위하여 낳은 네 자녀를 그들에게 데리고 가서 드려 제물로 삼아 불살랐느니라 네가 네 음행을 작은 일로 여겨서 나의 자녀들을 죽여 우상에게 넘겨 불 가운데로 지나가게 하였느냐" 아멘. 자녀는 "네가[우리가] 나를[하나님을] 위하여 낳은 네[우리의] 자녀"입니다. "나의 자녀들"은 '하나님을 위한 자녀들'입니다. 자식들은 부모의 소유가 아닙니다. 그러니 이들을 하나님의 뜻에 반하게 양육한다면 죄를 짓는 것입니다. 예루살렘 백성들은 하나님께서 주신 자녀들을 우상을 위해 사용했습니다. 우상을 위해 죽였습니다. 자기 자신도 우상에게 내주었습니다. 우상에게 내줄 때 돈까지 주면서 내주었습니다.

이 죄가 얼마나 심각한가? 소돔의 죄보다 심각합니다. 소돔의 죄는 49-50절에 있습니다. "네 아우 소돔의 죄악은 이러하니 그와 그의 딸들에게 교만함과 음식물의 풍족함과 태평함이 있음이며 또 그가 가난하고 궁핍한 자를 도와 주지 아니하며 거만하여 가증한 일을 내 앞에서 행하였음이라 그러므로 내가 보고 곧 그들을 없이 하였느니라" 아멘. 배부른 가운데 교만하고 태평을 누리면서 어려운 사람들을 돌아보지 않았습니다. 그러다 보니 가증한 일 즉, 동성애를 시작하였습니다. 배부름과 태평이 교만을 만나자 동성애로 이어졌습니다. 오늘날 '서양'과 '서양의 영향을 받아 자본을 축적한 나라들'에서 발견되는 현상입니다. 소돔의 죄악입니다. 이탈리아 폼페이에서 발견되는 죄악입니다. 하나님께서는 우상에게 자신과 자녀를 내주는 행위를 소돔의 죄악보다 더 나쁘다고 하셨습니다.

예루살렘의 죄가 소돔의 죄보다 더 나쁜 이유가 하나 더 있습니다. 51-52절입니다. "사마리아는 네 죄의 절반도 범하지 아니하였느니라 네가 그들보다 가증한 일을 심히 행하였으므로 네 모든 가증한 행위로 네 형과 아우를 의롭게 하였느니라 네가 네 형과 아우를 유리하게 판단하였은즉 너도 네 수치를 담당할지니라 네가 그들보다 더욱 가증한 죄를 범하므로 그들이 너보다 의롭게 되었나니 네가 네 형과 아우를 의롭게 하였은즉 너는 놀라며 네 수치를 담당할지니라" 아멘. '형과 아우를 유리하게 판단했다.' 하는 말은 '형과 아우를 위해 중보하였다 혹은 기도하였다.' 하는 말을 이해되기 쉽게 번역한 것입니다. 소돔과 사마리아보다 더 나쁜 짓을 했으니 그들을 위해 기도한 것과 같다는 말입니다. 소돔과 사마리아가 죄를 지은 것이 마치 잘한 것인 것처럼 행동했다는 말입니다. 그들을 따라 하지 않았다면 그들이 잘못했다고 말한 것이 되는데, 그들의 길을 더 열심히 갔으니 그들이 옳다고 말한 것이 된 것입니다. 틀린 것을 옳다 하였으니 죄가 더 큽니다. 그래서 '네가 네 형과 아우를 의롭게 하였은즉'이라고 표현하십니다.

애들이 이런 얘기 할 때 있습니다. '오빠도 그렇게 했어요.' '언니도 그렇게 했어요.' '오빠와 언니가 했으니 나도 했다.' 그런 말이죠. 오빠와 언니가 한 일이 틀렸으면 하면 안 됩니다. 오빠와 언니가 했다고 나도 하면, 나는 오빠와 언니가 옳다고 말한 것이 됩니다. 그런데 오빠나 언니가 한 것보다 더 심하게 했으면 오빠나 언니가 옳다고 더 분명하게 말한 것이 되지요. 오빠나 언니를 위한 것도 됩니다.

물론 소돔의 죄악과 예루살렘의 죄악의 뿌리는 같습니다. 무엇입니까? 16장 44-46절입니다. "속담을 말하는 자마다 네게 대하여 속담을 말하기를 어머니가 그러하면 딸도 그러하다 하리라 너는 그 남편과 자녀를 싫어한 어머니의 딸이요 너는 그 남편과 자녀를 싫어한 형의 동생이로다 네 어머니는 헷 사람이요 네 아버지는 아모리 사람이며 네 형은 그 딸들과 함께 네 왼쪽에 거주하는 사마리아요 네 아우는 그 딸들과 함께 네 오른쪽에 거주하는 소돔이라" 아멘. 아모리와 헷은 가나안 족속입니다. 사마리아는 큰딸, 예루살렘은 둘째 딸, 소돔은 셋째 딸이라고 부릅니다. '어머니가 그러하면 딸도 그러하다'를 '모전여전(母傳女傳)'이라고 하지요. 결국, 가나안의 죄악으로 사마리아, 예루살렘, 소돔의 죄를 규정하고 있습니다. 그 죄가 무엇입니까? 두 번이나 강조된 내용입니다. '남편과 자녀를 싫어한 죄' 입니다. 남편을 미워하고 자녀를 미워하였기에, 배부름과 태평을 교만과 엮어 동성애로 갔다고 말합니다. 남편과 자녀를 미워했기에, 음행하였고 자녀를 우상에게 바쳤다고 말합니다.

남편과 자녀를 미워하여 배부름과 태평을 교만과 결합하고 우상숭배로 나아간 이들에 대한 하나님의 심판이 무엇입니까? 37-39상반절입니다. "내가 너의 즐거워하는 정든 자와 사랑하던 모든 자와 미워하던 모든 자를 모으되 사방에서 모아 너를 대적하게 할 것이요 또 네 벗은 몸을 그 앞에 드러내 그들이 그것을 다 보게 할 것이며 내가 또 간음하고 사람의 피를 흘리는 여인을 심판함 같이 너를 심판하여 진노의 피와 질투의 피를 네게 돌리고 내가 또 너를 그들의 손에 넘기리니" 아멘. 37절의 '즐거워하는' 은 '달콤해하던' 입니다. 남편을 미워하여 쾌락의 달콤함을 추구하면서 만난 '정든 자' 가 예루살렘을 대적할 것입니다. 달콤함이 수치로 변합니다. 더 심한 일이 있습니다. 39하반절에서 41절입니다. "그들이 네 누각을 헐며 네 높은 대를 부수며 네 의복을 벗기고 네 장식품을 빼앗고 네 몸을 벌거벗겨 버려두며 무리를 데리고 와서 너를 돌로 치며 칼로 찌르며 불로 네 집들을 사르고 여러 여인의 목전에서 너를 벌할지라 내가 너에게 곧 음행을 그치게 하리니 네가 다시는 값을 주지 아니하리라" 아멘. 벌거벗겨 버려두는 것은 사랑이 아니라 잔인에서 비롯된 행동입니다. 모든 것을 파괴합니다. 이들의 행동은 예루살렘에 대해 하나님께서 하신 행동과 대조됩니다.

하나님께서는 피투성이 예루살렘을 살리셨을 뿐 아니라 입히고 꾸미고 아름답게 만들어주셨습니다. 그러나 예루살렘은 남편을 미워한 여인처럼 하나님을 미워했고, 하나님 주신 패물을 팔아 우상을 만들어 섬겼습니다. 하나님 주신 자녀들을 우상에게 내주었습니다. 그런데 우상은 예루살렘을 파괴하는 파괴자가 되었습니다. 하나님 주신 모든 것을 부쉈습니다. 예루살렘의 죄는 하나님의 은혜를 잊어버린 데서 시작되었습니다. 43절입니다. "네가 어렸을 때를 기억하지 아니하고 이 모든 일로 나를 분노하게 하였은즉 내가 네 행위대로 네 머리에 보응하리니 네가 이 음란과 네 모든 가증한 일을 다시는 행하지 아니하리라 주 여호와의 말씀이니라" 아멘. 하나님의 은혜를 잊고 하나님이 어떤 분인지도 잊었습니다. 그리고 현재 자신이 가지고 있는 것이 주어진 것이 아니라 자신의 힘으로 취했다고 생각합니다. 그래서 자기가 가진 것을 자기 마음대로, 그것을 주신 분의 뜻을 거슬러 사용합니다. 마음대로 사용할 때 즐거움이 있었습니다. 그러나 그 즐거움은 오래 지나지 않아 파괴자가 되어 돌아옵니다. 대출이 빚 폭탄이 되고, 한두 번 해 본 도박이나 게임에 중독이 되는 것과 같습니다.

예루살렘은 기억해야 합니다. 자신의 과거를 기억해야 합니다. 어떻게 하여 부유해졌는지, 귀해졌는지 기억해야 합니다. 우리도 기억해야 합니다. 지금 내 것이라고 여기는 것이 언제부터 내 것이었는지, 주어졌다면 목적에 맞게 사용하고 있는지 따져봐야 합니다. 또한 나의 행동이 누구를 의롭게 만드는지 생각해봐야 합니다. 내가 도둑질하면 도둑을 의롭다고 말하는 것이 됩니다. 욕심을 부리면, 욕심쟁이를 의롭다고 말하는 것이 됩니다. 긍휼을 베풀면 긍휼이 많으신 하나님이 의롭다고 말하는 것이 됩니다. 또한, 나의 행동이 나의 부모와 형제, 자매를 정해줍니다. 의와 공의를 행하면 예수님의 형제와 자매가 되지만, 남편과 자녀를 싫어하면 소돔의 형제와 자매가 됩니다. 나의 행동이 나를 예수님과 이어주는 것이 될 수 있도록 합시다. 은혜가 본래 목적대로 사용되게 도우소서.

질의와 응답

하나. "예루살렘을 멜기세덱이 시작하고 다윗이 끝냈다고 표현하셨는데, 왜 그런가요?"

창세기 멜기세덱 본문에서 예루살렘에 대해 처음 언급됩니다(창 14:18-20). 아브람 당시이니 다윗 때보다 천 년 이상 전입니다. 출애굽 이후 이스라엘이 가나안 땅에 들어왔지만, 베냐민 지파가 분배받은 쪽에 있는 예루살렘 다시 말해, 여부스 거민의 땅은 점령하지 못합니다. 그러므로 여부스를 점령하고 그곳에 다윗성을 세운 다윗이 예루살렘의 이전 역사를 끝냈다고 보았습니다.

둘. "예레미야애가의 '애가'가 '어디에 이런 일이'를 의미한다고 하셨습니다. 예레미야는 자신이 예고하고서 왜 '어찌 이런 일이'라고 하지요?"

우선, 자신이 원하지 않는 일이 일어났지요. 예루살렘 멸망입니다. '혹시 자신이 더 적극적으로 잘 전했다면 요나 때의 니느웨 성과 같이 예루살렘도 망하지 않을 수 있지 않았을까?' 하는 후회가 있는 것 같습니다. 그래서인지 예레미야애가에서 예레미야는 자신의 허물을 자주 표현합니다.

셋. "이사야, 예레미야, 에스겔 모두 제사장입니다. 이들과 성전은 어떻게 연결될까요?"

이사야는 성전에서 봉사했습니다. 예레미야는 아비아달의 후손으로 제사장으로 인정받기 어려운 사람입니다. 에스겔은 포로로 끌려가서 제사장 직분을 수행할 수 없었습니다. 성전에서 봉사한 이사야는 고난의 종인 여호와의 종을 통해 성전 예배가 회복될 것을 예언했습니다. 성전에서 봉사하지 못한 예레미야는 하나님의 새 언약에 기초한 새로워진 마음과 영으로 예배하리라고 예언했습니다. 성전에서 잠깐이나마 봉사했을 수 있지만 결국은 포로로 끌려가서 성전에서 섬기지 못한 에스겔은 그리스도를 성전으로 봤습니다.

넷. "예루살렘의 끝을 노래한 예레미야와 에스겔에게서 소망을 듣는다고 하셨는데요. 예수님이 소망이라고 이해하면 될까요? 예레미야와 에스겔이 고생을 많이 했는데, 의미 있는 고생이었을까요? 캠퍼스 선교에서 '끝'을 보고 있는데, 어떤 소망을 가질 수 있을까요? 후배들에게도 기회를 주고 싶습니다."

예수님이 소망이시죠. '끝'이라고 생각되는 막다른 골목에서 '새로운 시작'을 만납니다. 이번(2023년 1-2월) 튀르키예 그리스 이탈리아 답사에서 유라굴로를 만난 바울의 마음을 느꼈습니다. 모든 것을 잃은 것 같은 '끝'에서 '새로운 시작'을 만났습니다. 완전히 망가진 듯한 멜리데의 삶과 이웃을 경멸하는 로마의 삶을 확실히 깨달았습니다. 멜리데에서 사탄을 밟고 있는 천사상을 봤는데, 천사는 백인이고 사탄은 원주민이었습니다. 원주민을 바라보는 백인 천사의 얼굴에서 경멸을 읽을 수 있었습니다. 로마 베드로 성당 안에 '아나니아 삽비라 부부' 사건을 그린 그림이 있었습니다. 넘어져 있는 삽비라를 바라보는 베드로의 얼굴에서 미소를 봤습니다. 긍휼은 없었습니다. 군림하지 않기에 '끝'을 봅니다. 그러나 '끝'에 서서 하나님의 일하심을 바라는 이들에게 하나님께서는 지금도 '새로운 시작'을 주신다고 믿습니다.

Weekly Reading

41

에스겔 17–37장

"기뻐하는 것"

겔 17–19장	겔 20–22장	겔 23–25장	겔 26–28장	겔 29–31장	겔 32–34장	겔 35–37장

check

오늘 통독은 에스겔의 몸부림이 담긴 본문입니다. 스러진 여호야긴 안에서 그리스도를 보고, 아내의 죽음에서 성전 훼파를 만납니다. 자신을 마른 뼈라고 여기는 포로 공동체에게 말씀하시는 하나님의 통로, 에스겔의 몸부림입니다. 감정이 없는 듯, 모든 것을 받아들이고, 무슨 말씀이든 전하지만, 그의 내면에 차 있었을 고통의 색깔이 보입니다. 검은색입니다.

기뻐하는 것

I.
기뻐하는 것
좋아하는 것
갈망하는 것
쳐다보는 것

반드시 꼭 언제나 있어야 하는 것
필요한 것
무슨 일이 있어도 같이 가야 하는
나의 전부

II.
기뻐하는 것을 빼앗는 하나님
에스겔에게는 아내
아브라함에게는 이삭
유다에게는 성소

다시 새롭게 해서 주시겠다고
문제가 많으니 계속 갈 수 없다고
부적절함을 말씀하시고
더 나음으로 약속하시는

III.
하나님 계획 미리 알려지니
기다리는 자 초조하고
당하는 자 처절하나
시간은 흐른다.

에스겔의 아내는 죽고
예루살렘 성전은 파괴되나
에스겔은 종말의 성전을 보고
예수님, 성전으로 오신다.

IV.
어제 기뻐했던 것 소중하고
오늘 기뻐하는 것, 나의 기쁨이나
내일의 온전한 기쁨 보며
눈을 감는다.

하나님의 뜻 이뤄지길 기도하고
하나님 나라 임하도록 노력하고
사랑은 영글고 기쁨도 무르익으니
눈을 감으나 영원이 남는다.

에스겔 17장은 수수께끼로 시작합니다. 바벨론에 포로로 끌려간 여호야긴과 시드기야에 대한 수수께끼입니다. 여호야긴은 마태복음 1장에 보면 '여고냐' 라고 나옵니다. 요시야의 아들 가운데 유일하게 이름이 언급됩니다. "바벨론으로 사로잡혀 갈 때에 요시야는 여고냐와 그의 형제들을 낳으니라 바벨론으로 사로잡혀 간 후에 여고냐는 스알디엘을 낳고 스알디엘은 스룹바벨을 낳고"(마 1:11-12) 아멘.

요시야(주전 640-609년 통치)의 아들 여호아하스(주전 609년 통치), 여호야김(주전 608년 출생, 607-597년 통치), 시드기야(주전 596-586년 통치)가 예수님의 족보에서 생략됩니다. 요시야의 아들 여호아하스의 어머니는 립나 예레미야의 딸 하무달입니다. 여호아하스는 애굽에서 죽습니다. 엘리야김이라고도 불리는 여호야김은 요시야의 아들로, 어머니는 루마 브다야의 딸 스비다입니다. 맛다디야라 불리는 시드기야는 요시야의 아들이고, 직전 왕인 여호야긴의 숙부입니다. 그의 어머니는 립나인 예레미야의 딸 하무달이다. 여호아하스와 어머니가 같습니다. 결국 요시야의 손자이면서 여호야김의 아들인 여호야긴(여고냐라고도 불리며 주전 597년 통치)만이 족보에 언급됩니다. 그의 어머니는 예루살렘 엘라단의 아들 느후스다입니다. 여호야긴은 바벨론으로 끌려가지만 죽기 전에 그의 지위가 회복됩니다. 요시야의 세 아들 모두 족보에서 이름이 삭제되는데, 아들 셋이 왕이 되었으니 세 왕 모두 족보에 이름을 올릴 자격이 상실된 듯합니다.

스룹바벨은 성전을 재건한 총독으로 알려져 있습니다. 그래서 포로 귀환 뒤에 재건된 성전을 스룹바벨 성전이라고 부릅니다. 그런데 이 스룹바벨의 할아버지가 여고냐 즉, 여호야긴인데, 에스겔 17장에서 백향목으로 표현됩니다. 3-4절입니다. "여호와께서 이같이 말씀하여 이르시되 색깔이 화려하고 날개가 크고 깃이 길고 털이 숱한 큰 독수리가 레바논에 이르러 백향목 높은 가지를 꺾되 그 연한 가지 끝을 꺾어 가지고 장사하는 땅에 이르러 상인의 성읍에 두고" 아멘. '백향목 높은 가지, 연한 가지 끝' 이 여고냐를 가리킵니다. 이 구절에 대한 해석이 12절에 있습니다. "너는 반역하는 족속에게 묻기를 너희가 이 비유를 깨닫지 못하겠느냐 하고 그들에게 말하기를 바벨론 왕이 예루살렘에 이르러 왕과 고관을 사로잡아 바벨론 자기에게로 끌어 가고" 아멘. 여기 '왕' 이 여호야긴입니다. 에스겔은 여호야긴 왕이 사로잡혀 간 날을 매우 중요하게 생각했습니다. 그래서 1장 2절도 보면, "여호야긴 왕이 사로잡힌 지 오 년 그 달 초닷새라" 하면서, 여호야긴이 바벨론으로 끌려간 것에 대한 깊은 관심을 표현합니다. 여호야긴 왕이 사로잡혀 간 시점을 중요한 시작점으로 표현합니다.

백향목 높은 가지, 연한 가지 끝을 꺾은 '색깔이 화려하고 날개가 크고 깃이 길고 털이 숱한 큰 독수리'는 '바벨론'를 가리킵니다. 바벨론의 느부갓네살 왕은 백향목 높은 가지인 여고냐를 꺾어 상인들의 성읍, 바벨론에 둡니다. 4절에서 '장사하는 땅'은 '가나안 땅'입니다. 바벨론을 '가나안'으로 표현함으로써, 마치 아브람을 가나안으로 인도하시듯, 여호야긴을 인도하셨다는 뉘앙스를 주십니다. 여호야긴 왕이 백향목 꼭대기에 있는 가지라고 하였습니다. '나무의 꼭대기'는 나무의 성장 가능성을 보여줍니다. 그러므로 '나무 꼭대기 가지를 취했다.' 하는 말은 '성장 가능성이 있는 부분을 취했다.' 하는 말이 됩니다. 나무 꼭대기에는 여린 부분이 있습니다. 그런데 그 '여린 부분의 대가리'를 꺾어 버리면 그 나무는 계속 자라기가 어렵습니다.

느부갓네살은 여고냐가 유다의 생장점인 것을 알고 꺾어버렸습니다. 그런데 하나님께서는 유다의 생명력이 이어갈 수 있도록 여고냐가 꺾여 바벨론에 심기도록 하셨습니다. 이 여고냐의 자손으로 오신 예수님이 여고냐와 유사하게 불립니다. 22절을 보면 '백향목 꼭대기에서 높은 가지를 꺾는다.' 하는 표현이 나옵니다. '그 높은 새 가지 끝에서 연한 가지를 꺾어'라고 하여 여고냐보다 '더 높은 곳에 있는 더 연한 가지'로 메시아가 올 것을 분명하게 하십니다. 또한, 여고냐가 심긴 장사하는 땅, 가나안이 아니라 '높고 우뚝 솟은 산에 심긴다.' 하셔서 성전산에, 하늘 성전에 심길 것도 말씀하십니다. 메시야는 이스라엘 높은 산에 심깁니다. 가지가 무성하고 열매를 맺습니다. 아름다운 백향목이 됩니다.

여기서 우리는 약간 모순되어 보이는 표현을 만납니다. 열매와 백향목의 연결입니다. 백향목은 포도와 같은 열매가 맺히지 않습니다. 백향목은 나무 자체에 은혜가 있습니다. 이는 포도나무의 은혜가 나무 자체가 아니라 포도 열매에 있는 것과 비교됩니다. 그런데 그리스도는 가지가 무성하고 열매를 맺더니 아름다운 백향목이 됩니다. 결국, 각종 새가 그 아래에 깃들입니다. 그 가지의 그늘을 누립니다. 17장 24절에 수수께끼 같은 표현이 곁들여집니다. "들의 모든 나무가 나 여호와는 높은 나무를 낮추고 낮은 나무를 높이며 푸른 나무를 말리고 마른 나무를 무성하게 하는 줄 알리라 나 여호와는 말하고 이루느니라 하라" 아멘. 예수님은 하나님 품 안의 독생자이셨습니다. 그러니 높은 나무이시죠. 그런데 그분이 성육신하셨습니다. 낮아지셨죠. 그러나 낮은 나무가 되신 그분은 십자가에서 죽으시고 부활하신 다음, 하늘 보좌 우편에 앉으셨습니다. 낮은 나무가 높아졌습니다. 그분은 생명이십니다. 그러니 푸른 나무이시죠. 그런데 우리 위해 죽으셨습니다. 그러니 마른 나무가 되신 것입니다. 그런데 그분은 부활하셨습니다. 그리고 많은 사람이 예수님의 제자가 되었습니다. 무성하게 되셨죠. 죽임당한 어린 양을 많은 이들이 주님으로 모십니다.

여고냐가 비록 바벨론에 포로로 끌려갔지만, 회복되게 하신 하나님, 성전을 재건할 스룹바벨을 양육하며 소망을 갖게 하신 하나님께서는 예수님의 성육신을 통해 하늘 성전의 참 예배가 회복되게 하셨습니다. 여고냐와 예수님이 백향목으로 불리고, 특별히 예수님은 열매를 많이 맺는 아름다운 백향목이라 불리십니다. 여고냐 즉 여호야긴과 예수님이 백향목으로 불린 것의 의미를 분명하게 해주는 대상이 포도나무입니다. 17장 5-6절입니다. "또 그 땅의 종자를 꺾어 옥토에 심되 수양버들 가지처럼 큰 물 가에 심더니 그것이 자라며 퍼져서 높지 아니한 포도나무 곧 굵은 가지와 가는 가지가 난 포도나무가 되어 그 가지는 독수리를 향하였고 그 뿌리는 독수리 아래에 있었더라" 아멘. 이 구절의 포도나무는 유다의 마지막 왕 시드기야를 가리킵니다. 바벨론 왕 느부갓네살은 여고냐의 삼촌인 시드기야를 왕으로 삼았습니다. 왜 시드기야는 백향목이 아니라 포도나무일까요? 13-14절을 읽으면 알 수 있습니다. "그 왕족 중에서 하나를 택하여 언약을 세우고 그에게 맹세하게 하고 또 그 땅의 능한 자들을 옮겨 갔나니 이는 나라를 낮추어 스스로 서지 못하고 그 언약을 지켜야 능히 서게 하려 하였음이거늘" 아멘. 나라가 낮아졌습니다. 스스로 서지 못합니다. 바벨론 왕과 맺은 언약을 지켜야 나라가 설 수 있습니다. 결국, 통로 역할을 통해 열매를 맺게 될 형편이므로 시드기야는 포도나무라고 표현됩니다.

푸른 나무이신 예수님이 마른 나무가 되심으로만 마른 나무인 인류가 푸른 나무가 될 길이 열리기에, 17장의 메시아 약속에 이어 주어진 18장의 긴 논쟁을 통해 '의인과 악인의 구별'이 별로 큰 의미가 없을 만큼 우리의 의가 별것 아니라는 것을 보여 줍니다. 의인이든, 악인이든 모두가 다 마른 나무라는 말씀입니다. 18장의 논쟁은 '아버지가 신 포도를 먹었으므로 그의 아들의 이가 시다'(18:2)고 하는 속담에서 시작합니다. 하나님의 결론은 '각 사람이 각각 자신이 행한 대로 심판받는다.'(18:4)입니다.

그런데 논증 과정에서 보이신 것은 아버지가 의인이어도 아들이 악인이 되기도 하고, 아버지가 악인이어도 아들이 의인이 되기도 한다는 것입니다. 악인이 의를 행하면 의인이 되고, 의인도 악을 행하면 악인이라고 규정하십니다. 의인과 악인이 백지장(白紙張) 한 장 차이입니다. 대개는 의인은 계속 의인이고 그의 자손들도 구원이 보장된 의인이기를 기대하지만, 그렇지 않다는 말씀입니다. 또한, 악인은 심판받아 마땅하고 악인의 자손은 악인이어야 자연스러울 것 같은데, 그것도 아니라는 말씀입니다. 그래서 이렇게 말씀하십니다. 18장 23절입니다. "주 여호와의 말씀이니라 내가 어찌 악인이 죽는 것을 조금인들 기뻐하랴 그가 돌이켜 그 길에서 떠나 사는 것을 어찌 기뻐하지 아니하겠느냐" 아멘.

포도나무 같은 백향목으로 오실 메시아를 통해 마른 나무들이 살아나 푸른 나무들이 될 것입니다. 푸른 나무이신 메시아가 마른 나무가 되심을 통해 마른 나무들이 살아날 것입니다. 그런데, 하나님의 아들 그리스도로 인해 푸른 나무가 되기 전에는, 의롭다고 하는 푸른 나무나 불의하다고 하는 마른 나무가 별로 차이가 없습니다. 둘 다 심판 대상입니다. 의롭다고 하지만 하나님의 의에 미치지 못하기 때문입니다. 하나님의 아들 예수 그리스도의 의, 즉 하나님의 의를 덧입어야 진정한 푸른 나무가 됩니다. 영원한 생명을 가진 푸른 나무만이, 아들을 모셨기에, 그 아들이 안에 살아계시기에, 이제는 자신이 살아 있지 않은 나무만이 심판을 면하는 푸른 나무입니다.

하나님은 악인이라도 돌이켜 의인이 되고 구원에 이르기를 기뻐하십니다. 그러나 이스라엘에는 '백성들을 의로 인도할 지도자' 부재 상태가 됩니다. 19장에서는 이스라엘을 '암사자'와 '포도나무'로 표현하고서 포도나무가 말라버린 것을 애가(哀歌)로 노래합니다. 19장의 결론이 14절에 있습니다. "불이 그 가지 중 하나에서부터 나와 그 열매를 태우니 권세 잡은 자의 규가 될 만한 강한 가지가 없도다 하라 이것이 애가(哀歌)라 후에도 애가가 되리라" 아멘. 여기 '규'가 나옵니다. 지휘봉입니다. 이스라엘에

규가 될 만한 강한 가지가 끊어집니다. 그래서 등장한 것이 '하나님 아들의 규' 입니다.

우리말로 '규(圭)' 란 "옥으로 만든 홀(笏)"로 정의됩니다. 히브리어로 이 단어는 '지파나 종족' 과 '막대기나 통치자의 지휘봉' 을 의미합니다. 여기서는 통치자의 지휘봉을 가리킵니다. 이 단어는 에스겔서에서 '지휘봉 혹은 지파' 를 의미하는 용례로 쓰이는데, 지휘봉을 의미하는 경우는 다섯 번뿐입니다. 19장 11, 14절, 20장 37절, 21장 10, 13절입니다. 19장에서는 이스라엘 다윗 자손 가운데 규가 될 만한 가지가 없다는 내용과 관련하여 쓰입니다. 20장에서는 "막대기 아래로 지나가게 하며 언약의 줄로 매려니와"(20:37)라는 표현을 통해, 규 아래로 지나가야 언약 백성이 된다는 것을 말씀합니다. 그리고 21장에서는 그 규가 하나님 아들의 규라는 것이 알려집니다. '내 아들의 규' 즉, '하나님 아들의 지휘봉' 아래로 지나갈 때 언약 백성이 됩니다.

그럼 21장 10절에서 '하나님 아들의 지휘봉이 모든 나무를 업신여긴다.' 이렇게 말씀하시는데 무슨 뜻일까요? '모든 나무를 업신여긴다.' 하는 내용이 부담스럽습니다. 하나님의 아들 예수님이 '사람들' 을 의미하는 '모든 나무' 를 업신여긴다고 하기 때문입니다. 그분은 분명 겸손하고 온유하신 분인데, 우리를 구원하기 위해 십자가를 지신 분인데, 그분이 모든 나무를 업신여기시다니요. 이해하기 어렵습니다.

모든 나무를 업신여기는 하나님 아들의 칼은 21장 13절에 한 번 더 나옵니다. "이것이 시험이라 만일 업신여기는 규가 없어지면 어찌할까 주 여호와의 말씀이니라" 아멘. '업신여기는 규' 는 10절의 '모든 나무를 업신여기는 하나님 아들의 규' 를 줄여 표현한 것입니다. 그런데 여기서 '시험' 이란 무엇을 가리킬까요? 10-12절을 보면 알 수 있습니다. "그 칼이 날카로움은 죽임을 위함이요 빛남은 번개 같이 되기 위함이니 우리가 즐거워하겠느냐 내 아들의 규가 모든 나무를 업신여기는도다 그 칼을 손에 잡아 쓸 만하도록 빛나게 하되 죽이는 자의 손에 넘기기 위하여 날카롭게도 빛나게 하였도다 하셨다 하라 인자야 너는 부르짖어 슬피 울지어다 이것이 내 백성에게 임하며 이스라엘 모든 고관에게 임함이로다 그들과 내 백성이 함께 칼에 넘긴 바 되었으니 너는 네 넓적다리를 칠지어다" 아멘. 모두가 칼에 죽습니다. 그런데 이것은 시험입니다. 모두가 시험을 치릅니다. 시험지는 '하나님 아들의 규' 입니다. 이 지팡이가 시험시간에는 칼이 됩니다. 다정한 선생님이 시험시간에는 무서운 감독이 되는 것처럼, 하나님 아들의 규가 칼이 됩니다. 14절을 보시면, 에스겔은 손뼉을 쳐서 칼이 두세 번 거듭 쓰이게 합니다. 이 칼은 죽이는 칼입니다. 사람들을 둘러싸고 죽이는 큰 칼입니다. 그런데 예언자는 번개같이 빛난 이 큰 칼이 두세 번 죽이는 역할을 하도록 손뼉을 칩니다. 사람들이 낙담합니다. 아무도 살지 못할 것이기 때문입니다. 의인도 악인도 죽습니다. 모두가 죽습니다. 14-15절입니다. "그러므로 인자야 너는 예언하며 손뼉을 쳐서 칼로 두세 번 거듭 쓰이게 하라 이 칼은 죽이는 칼이라 사람들을 둘러싸고 죽이는 큰 칼이로다 내가 그들이 낙담하여 많이 엎드러지게 하려고 그 모든 성문을 향하여 번쩍번쩍하는 칼을 세워 놓았도다 오호라 그 칼이 번개 같고 죽이기 위하여 날카로웠도다" 아멘.

에스겔은 모두가 죽는 것에 대한 부담이 컸습니다. 우리도 마찬가지 아닙니까? 의인과 악인이 모두 죽는 것에 대한 부담은 나름 의롭게 산다 생각하는 사람들에게 더 클 것 같습니다. 의인과 악인이 같이 망하는 것에 대한 부담은 아브라함에게도 있었습니다(창 18:23-25). 에스겔도 아브라함과 같은 질문이 있었습니다(겔 9:8; 11:13). 모두가 죽는 것에 대해 하나님 앞에서 부르짖었던 선지자에게 하나님께서는 모두를 죽이는 칼이 제 기능을 충분히 그리고 철저히 잘할 수 있도록 손뼉을 치라고 말씀하십니다. 손뼉 침의 의미가 21장 16절에 있습니다. "칼아 모이라 오른쪽을 치라 대열을 맞추라 왼쪽을 치라 향한 대로 가라" 아멘. 죽이는 칼이 체계적으로 사람들을 죽이라는 손뼉입니다. 주저하지 말고 모두를 죽이라는 격려입니다. 17절은 더 심합니다. "나도 내 손뼉을 치며 내 분노를 다 풀리로다 나 여호와가 말하였노라" 아멘. 하나님께서도 하나님 아들의 규가 칼이 되어 모든 사람을 체계적으로 잘 죽이도록 손뼉을 치시겠다고 하십니다.

내용은 이해가 되는데 하나님께서 이렇게 하셔도 되는지, 하나님 아들의 규가 이처럼 죽이는 큰 칼로 사용되어도 되는지 질문이 생깁니다. 규는 지휘봉이지 칼은 아닙니다. 규는 권세를, 칼은 힘을 표현합니다. 규는 금이나 은, 뼈와 같은 재질로 만들었고, 칼은 동이나 철로 만들었습니다. 전쟁의 때에 왕은 규와 함께 칼을 가졌습니다. 권세를 가진 하나님의 아들이 칼을 가지신 것으로 표현됩니다. 이 칼을 21장 5절에서는 '내 칼' 즉, '하나님의 칼' 이라고도 불립니다. 하나님의 칼이 칼집에서 빼내진 다음 다시

꽂히지 않을 거라 말씀하시면서 허리가 끊어지도록 탄식하라 명하셨습니다. 이유가 7절에 있습니다. "그들이 네게 묻기를 네가 어찌하여 탄식하느냐 하거든 대답하기를 재앙이 다가온다는 소문 때문이니 각 마음이 녹으며 모든 손이 약하여지며 각 영이 쇠하며 모든 무릎이 물과 같이 약해지리라 보라 재앙이 오나니 반드시 이루어지리라 주 여호와의 말씀이니라 하라" 아멘.

하나님 아들의 '규에 기초한 큰 칼'의 조직적이고도 체계적인 살육이 시작되기 전에 하나님께서는 선지자에게 허리가 끊어지듯 탄식할 것을 미리 명하셨습니다. 모든 사람의 마음이, 모든 손이, 모든 영이, 모든 무릎이 녹고 약해집니다. 예외가 없습니다. 그러니 통곡하라 하십니다. 21장 7절뿐 아니라 3-4절을 보면, 이번 심판에 예외가 없다는 것이 이미 강조되었습니다. 의인은 치지 않으셔야 할 것 같은데, 의인과 악인 모두를 쳐서 끊어버리겠다고 하십니다. 남에서 북까지 예외 없이 치겠다고 하십니다. 20장 47절의 예언도 같은 내용입니다. 여기서는 사람이 나무로 표현됩니다. 푸른 나무와 마른 나무를 모두 없애겠다고 하십니다. 푸른 나무는 의인을, 마른 나무는 악인을 가리킵니다.

모든 나무로 표현되는 '의인과 악인을 포함한 모든 사람'을 심판하는 칼을 부릴 권세를 가진 하나님의 아들이 있습니다. 심판의 대상인 사람들은 자신들을 죽일 권세가 있는 하나님의 아들이 부담스러울 것입니다. 내가 아무리 의롭다고 해도 그분 앞에 서면 죄인으로 드러날 것이기 때문입니다. 그분의 불 앞에서 의롭다고 주장할 인생이 없기 때문입니다. 그러나 그 아들이 없다면 어떻게 될까요? 그들이 대속 받을 길도 없습니다. 그분으로 인해 모든 사람은 심판받습니다. 그러나 그분이 없다면 구원도 없습니다. 그분은 구원자이시며 심판자이십니다.

에스겔 당시 예루살렘은 우상숭배로 더러워졌습니다. 22장 3-4절입니다. "너는 말하라 주 여호와께서 이같이 말씀하셨느니라 자기 가운데에 피를 흘려 벌 받을 때가 이르게 하며 우상을 만들어 스스로 더럽히는 성아 네가 흘린 피로 말미암아 죄가 있고 네가 만든 우상으로 말미암아 스스로 더럽혔으니 네 날이 가까웠고 네 연한이 찼도다 그러므로 내가 너로 이방의 능욕을 받으며 만국의 조롱거리가 되게 하였노라" 아멘.

이스라엘은 찌꺼기가 되었습니다. 22장 18절입니다. "인자야 이스라엘 족속이 내게 찌꺼기가 되었나니 곧 풀무 불 가운데에 있는 놋이나 주석이나 쇠나 납이며 은의 찌꺼기로다" 아멘. 북국 이스라엘과 남국 유다 모두 더러워졌습니다(23장). 그러기에 여호야긴 왕이 사로잡혀 간 지 '아홉째 해 열째 달 열째 날'(24:1)에 '녹슨 가마와 아내의 죽음'에 대한 말씀이 임합니다. 주전 588년 1월 15일입니다. '예루살렘 함락'은 주전 586년 7월 18일경에 일어났으니, 예루살렘 함락 2년 반 전입니다.

에스겔에게 '예루살렘 함락 소식'이 전달된 것은 그가 여호야긴 왕과 함께 포로로 끌려간 지 '열두째 해 열째 달 다섯째 날'(33:21)이었습니다. 주전 585년 1월 8일입니다. 예루살렘이 함락되고 반년이 지나서입니다. 에스겔 33장 21-22절입니다. "우리가 사로잡힌 지 열두째 해 열째 달 다섯째 날에 예루살렘에서부터 도망하여 온 자가 내게 나아와 말하기를 그 성이 함락되었다 하였는데 그 도망한 자가 내게 나아오기 전날 저녁에 여호와의 손이 내게 임하여 내 입을 여시더니 다음 아침 그 사람이 내게 나아올 그 때에 내 입이 열리기로 내가 다시는 잠잠하지 아니하였노라" 아멘. 에스겔의 삼 년 침묵(함락 2년 반 전 예언과 함락 반년 후 예언 사이의 침묵)은 바꾸지 않으시겠다는 하나님 결단의 표현입니다. 동시에 '예루살렘 함락'이 '하나님이 하신 일'이라는 표징입니다.

예루살렘 성소는 하나님의 아내와 같았습니다. 그래서 전도서 9장 9절의 기대가 하나님께 있었습니다. "네 헛된 평생의 모든 날 곧 하나님이 해 아래에서 네게 주신 모든 헛된 날에 네가 사랑하는 아내와 함께 즐겁게 살지어다 그것이 네가 평생에 해 아래에서 수고하고 얻은 네 몫이니라" 아멘. 하나님의 아내와 같은 예루살렘 성소는 하나님의 몫이기에 하나님과 함께 즐거워야 했습니다. 그런데 성소가 더러워졌습니다. 맺어야 할 열매를 맺지 못하기는커녕 맺지 말아야 할 열매를 맺었습니다.

교회는 그리스도의 신부입니다. 교회는 그리스도와 함께 즐거워할 때 아름답습니다. 교회가 세상을 사랑하고 세상 조리법에 따라 말씀을 요리하면 '녹슨 가마'(24:6)와 같이 될 것입니다. 달콤한 것을 사랑하면 '맨 바위'(24:7) 위의 고기처럼 부끄러움을 당할 것입니다. 피와 뼈가 섞인 고기처럼 되어 쓰임 받지 못할 것입니다.

에스겔 25-32장은 열방에 대한 말씀입니다. 암몬, 에돔, 블레셋, 두로, 애굽, 바벨론까지 심판받을 것입니다. 바벨론에 대한 심판 메시지가 가장 늦게 주어집니다. "스물일곱째 해 첫째 달 초하루"입니다. 29장 17절입니다. "스물일곱째 해 첫째 달 초하루에 여호와의 말씀이 내게 임하여 이르시되" 아멘. 주전 571년 4월 26일입니다. 이날이 에스겔서에 소개된 가장 늦은 날입니다. 이로 볼 때 에스겔은 적어도 27년을 사역했습니다.

열방에 대한 말씀이 주어진 다음에, 에스겔이 '파수꾼' 즉, '지켜보는 자'로 소개됩니다. '현재'를 강조하시기 위함입니다. 현재를 강조하신 이유는 백성의 질문에 있습니다. 33장 17절입니다. "그래도 네 민족은 말하기를 주의 길이 바르지 아니하다 하는도다 그러나 실상은 그들의 길이 바르지 아니하니라" 아멘. 이스라엘 백성들이 '하나님의 길이 바르지 않다.' 말합니다. 18-19절이 하나님의 기준입니다. 그런데 백성은 20절에도 강조된 것처럼, '주의 길이 바르지 아니하다' 말합니다. 18-20절입니다. "만일 의인이 돌이켜 그 공의에서 떠나 죄악을 범하면 그가 그 가운데에서 죽을 것이고 만일 악인이 돌이켜 그 악에서 떠나 정의와 공의대로 행하면 그가 그로 말미암아 살리라 그러나 너희가 이르기를 주의 길이 바르지 아니하다 하는도다 이스라엘 족속아 나는 너희가 각기 행한 대로 심판하리라 하시니라" 아멘. 하나님의 기준은 '각 사람이 행한 대로'입니다. 특별히 지금 그가 하는 대로입니다. 의인이라고 해도 의를 떠나 죄악을 범하면 죄악으로 죽습니다. 악인이라도 악을 떠나서 의와 공의를 따라 살면 삽니다.

악인이 어떻게 악을 떠날 수 있을까요? 33장 15절에 나옵니다. "저당물을 도로 주며 강탈한 물건을 돌려 보내고 생명의 율례를 지켜 행하여 죄악을 범하지 아니하면 그가 반드시 살고 죽지 아니할지라" 아멘. 저당 잡고 있던 걸 돌려주지 않고 있었습니다. 그런데 돌려줍니다. 악이 수정되었습니다. 물건을 강탈했습니다. 빼앗았습니다. 그러나 돌려보냅니다. 악이 수정되었습니다. 그러면 하나님께서는 16절에서 말씀하신 것처럼 "그가 본래 범한 모든 죄"를 기억하지 않으십니다. 부정적인 과거가 기억되지 않습니다. 현재의 소망스러운 모습이 미래를 결정할 것입니다. 의인이 어떻게 망할 수 있는가는 13절이 말합니다. "그가 그 공의를 스스로 믿고 죄악을 행하면 그 모든 의로운 행위가 하나도 기억되지" 않습니다. 쉽게 말해 전에는 다른 사람의 물건을 강탈하지 않았는데, 지금은 강탈합니다. 전에는 하나님의 말씀대로 살았는데, 이제는 이익을 위해 하나님 말씀을 어기며 삽니다. 이때 하나님께서 '이전에 잘했던 것도 다 잊어버렸다.' 말씀하십니다.

그러니 이스라엘 백성이 속상합니다. 왜 전에 잘한 걸 계산 안 해주시나요? 따집니다. 17절과 20절에 나오는 '주의 길이 바르지 아니하다.' 에서 '바르지 아니하다' 는 '계산되지 않았다' 하는 말입니다. '주님, 계산이 틀렸습니다. 전에 잘한 걸 계산해주셔야죠. 전에 열 개 잘했는데, 이번에 한 개 잘못했으면, 여전히 아홉 개 잘한 것 아닌가요?' 질문합니다. 이때 주님 주신 말씀이 33장 1-9절입니다. 하나님의 계산법이 독특합니다. 하나님은 현재 모습으로 모든 것을 결정하십니다. 이전에 잘못한 게 있어도 다 잊으십니다. 이전에 잘한 게 있어도 다 잊으십니다. 지금 어떠한지만 따지십니다.

왜 이러실까요? 분명 출애굽기 34장 7절을 보면 이렇게 하나님 자신에 대해 말씀하셨습니다. "인자를 천대까지 베풀며 악과 과실과 죄를 용서하리라 그러나 벌을 면제하지는 아니하고 아버지의 악행을 자손 삼사 대까지 보응하리라" 아멘. 기준이 바뀌신 걸까요? 지금의 시간, 현재 모습만 따지시겠다는 하나님의 이유를 33장 11절에서 찾을 수 있습니다. "너는 그들에게 말하라 주 여호와의 말씀이니라 나의 삶을 두고 맹세하노니 나는 악인이 죽는 것을 기뻐하지 아니하고 악인이 그의 길에서 돌이켜 떠나 사는 것을 기뻐하노라 이스라엘 족속아 돌이키고 돌이키라 너희 악한 길에서 떠나라 어찌 죽고자 하느냐 하셨다 하라" 아멘. 이 말씀을 읽으니 이스라엘 백성의 현재 상태는 악인입니까, 의인입니까? 악인입니다. 그들은 악한 길에 있습니다. 그러니 그들은 죽을 것입니다. 그래서 하나님께서 현재만 보겠다고 하시는 것입니다. 이유는 그들이 악인이기 때문입니다.

하나님은 어떻게든 우리가 좋은 쪽으로 점수를 주려고 하십니다. 에스겔 당시 이스라엘 백성들은 잘한 게 없습니다. 그러니 '야, 지금 잘하면 전에 못한 거 다 없는 거야.' 말씀하셨습니다. 동시에 '그러니까, 지금 못하면 전에 잘한 것도 다 꽝이야.' 말씀하셨습니다. 그러니까, 백성들이 '뭐, 하나님이 그러신대요? 전에 잘한 게 있으면 따따블로 쳐주셔야지, 전에 잘한 것도 지금 잘못하면 다 없던 걸로 하신다고요? 계산법이 잘못되었습니다.' 따진 것입니다. 자신들이 뭔가 잘한 게 있다고 오해한 거죠. 실상을 정확하게 말하면, 이스라엘은 잘한 게 없었습니다. 그래서 '의인이 죄를 범하면 죽는다.' 하는 조건은 '의미 없는 조건'이었습니다. '의미 있는 조건'은 하나였습니다. '악인이 의를 행하면 산다.' 하는 조건입니다. 하나님은 그걸 말씀하고 싶으셨습니다.

더구나 백성보다는 선지자에게 책임을 더 지우려 하셨습니다. 백성이 죄를 돌이키지 않아 죽을 상황입니다. 하나님은 '에스겔에게 반드시 경고의 메시지를 전해야 한다.' 이런 말씀을 '칼이 임함을 보고도 파수꾼이 나팔을 불지 아니하여 백성에게 경고를 안 했다면, 죽은 자의 피를 파수꾼의 손에서 찾겠다.' 이렇게 표현하셨습니다. 33장 6절입니다. "그러나 칼이 임함을 파수꾼이 보고도 나팔을 불지 아니하여 백성에게 경고하지 아니하므로 그 중의 한 사람이 그 임하는 칼에 제거 당하면 그는 자기 죄악으로 말미암아 제거되려니와 그 죄는 내가 파수꾼의 손에서 찾으리라" 아멘. 마지막 부분에서 "그 죄는 내가 파수꾼의 손에서 찾으리라"에서 '그 죄'는 '그 피'입니다. 8절과 같습니다. "가령 내가 악인에게 이르기를 악인아 너는 반드시 죽으리라 하였다 하자 네가 그 악인에게 말로 경고하여 그의 길에서 떠나게 하지 아니하면 그 악인은 자기 죄악으로 말미암아 죽으려니와 내가 그의 피를 네 손에서 찾으리라" 아멘. 사실, 파수꾼이 나팔을 불어도 악인은 자기 죄악으로 죽습니다. 파수꾼이 나팔을 안 불어도 악인은 죽습니다. 그러나 파수꾼에게 나팔을 불지 않은 책임을 물으시겠다는 말씀입니다. 나팔 소리를 듣고도 정신 차리지 않는 사람은 '악인'입니다(33:4). 그러나 나팔을 안 불면 안 됩니다. 이유는 기회 때문입니다. 과거의 기회가 아니라, 미래의 기회가 아니라, 현재의 기회입니다. 하나님은 에스겔이 지금, 현재라는 시간에 회개의 기회를 제공하는 파수꾼이라고 하십니다. 지금 이스라엘은 악인입니다. 가만두면 죽습니다. 그러나 에스겔이 나팔을 불면 혹, 회개하는 이가 생길 수 있습니다. 그러면 그는 살 것입니다. '회개하면 이전에 잘못한 것을 다 잊어버리겠다.' 말씀하셨기 때문입니다.

하나님은 이런 분이십니다. 어떻게든 구원을 주고 싶어 하십니다. 과거에 잘했으면, '그걸 봐서' 말씀하십니다. 과거가 엉망이면, '지금 잘하면 전에 한 것은 없는 걸로' 말씀하십니다. 그런데도 백성들은 엉망인 과거에서 '좋은 것'을 건져내려 하고, 좀 잘한 게 있으면 그걸 빌미로 현재를 엉망으로 살려고 합니다. 그러나 현재는 과거의 반

영이며 미래의 거울입니다. 현재의 모습에는 과거도, 미래도 담겨있습니다. 이 점에서 현재라는 시간은 정말 중요합니다. 지금이 엉망이라면 과거의 영화가 의미 없고, 지금 좋아지고 있다면 과거에 안 좋았던 건 중요하지 않다는 거죠.

이 말씀 직후에 주어진 소식이 무엇이었을까요? 예루살렘 함락 소식이었습니다. 33장 21-22절입니다. "우리가 사로잡힌 지 열두째 해 열째 달 다섯째 날에 예루살렘에서부터 도망하여 온 자가 내게 나아와 말하기를 그 성이 함락되었다 하였는데 그 도망한 자가 내게 나아오기 전날 저녁에 여호와의 손이 내게 임하여 내 입을 여시더니 다음 아침 그 사람이 내게 나아올 그 때에 내 입이 열리기로 내가 다시는 잠잠하지 아니하였노라" 아멘. 예루살렘 함락이 의미하는 것이 있습니다. 이스라엘 백성의 죄악입니다. 이제 하나님께서는 이전 죄악을 없는 것으로 할 테니 돌아오라고 초청하십니다. 우리의 과거가 형편없으면 형편없을수록 에스겔의 말씀은 우리에게 기도할 힘을 줍니다. 그리고 우리가 기도할 수 있는 사람이라면, 파수꾼의 책임을 느끼게 합니다. 악인이 죽는 것을 기뻐하지 않으시는 하나님, 어떻게든 기회를 주시려는 하나님이십니다.

예루살렘은 주전 586년 7월 18일쯤 멸망했습니다. 그런데 멸망 소식이 전해진 날은 이로부터 반년 정도가 지난 주전 585년 1월 19일이었습니다. 에스라서 7장 9절을 보면, "첫째 달 초하루에 바벨론에서 길을 떠났고 하나님의 선한 손의 도우심을 입어 다섯째 달 초하루에 예루살렘에 이르니라" 했습니다. 하나님께서 도와주셔서 바벨론에서 예루살렘까지 사 개월 만에 이동했다고 말합니다. 바벨론부터 예루살렘까지는 직선거리 870킬로미터 정도입니다. 실제로는 이천 킬로미터는 이동해야 합니다. 무거운 짐을 옮기고 포로들을 끌고 가는 상황을 생각하면 에스라 때보다 두 달 정도 더 걸린 것은 이해가 됩니다. 더구나 에스라는 이동하기 좋은 봄에 출발하여 여름에 도착했지만, 포로로 끌려온 이들은 여름에 출발하여 겨울에 도착했습니다.

여러 면에서 어려운 시간을 보냈던 이들은 유다에 남아있는 사람들이 부러웠을 수 있습니다. 그들은 이렇게 어려운 이동을 무시당하면서 할 필요가 없었습니다. 더구나 그들이 한 말이 귀에 맴돕니다. 33장 24절에 소개됩니다. "아브라함은 오직 한 사람이라도 이 땅을 기업으로 얻었나니 우리가 많은즉 더욱 이 땅을 우리에게 기업으로 주신 것이 되느니라" 입니다. '아브라함 – 한 명 – 그러나 그 땅 소유함, 우리 – 많음 – 당연히 그 땅 소유' 이러한 논리입니다. 그러나 이 말에는 상황에 대한 정확한 인식이 빠져있습니다. 아브라함이 어떻게 그 땅을 소유했나요? 그는 약속으로 받았습니다. 그리고 약속으로 그 땅을 받았다는 증거를 받았습니다. 누구로부터요? 하나님으로부터죠. 그의 생전에는 헤브론 매장지만 돈 주고 매입합니다. 그 땅을 약속으로 받았지만, 실제로는 헤브론 매장지를 제외한 곳은 한 뼘도 소유하지 못했습니다.

이스라엘 자손이 약속의 땅을 기업으로 받은 것은 사람 숫자와 관련이 없었습니다. 아브람이 믿으니 하나님께서 아브람의 믿음을 의롭게 보시고(창 15:6) 언약이 실현되게 하셨습니다. 아브라함의 믿음이 중요했습니다. 아브라함의 하나님 경외가 중요했습니다. 그런데, 유다에 남은 자들은 하나님 약속을 받은 자의 겸손과 인내를 생각하지 않은 것입니다. 실제로 어떤 일이 일어났는가 하는 것도 따져보지 않은 것처럼, '아브라함-한 명, 우리-다수' 라는 도식만 생각했습니다.

그런데 하나님께서는 그들의 삶으로 인해 그들은 그 땅을 기업으로 받을 수 없다고 말씀하십니다. 33장 25-26절입니다. "너는 그들에게 이르기를 주 여호와께서 이같이 말씀하시되 너희가 고기를 피째 먹으며 너희 우상들에게 눈을 들며 피를 흘리니 그 땅이 너희 기업이 될까 보냐 너희가 칼을 믿어 가증한 일을 행하며 각기 이웃의 아내를 더럽히니 그 땅이 너희의 기업이 될까보냐 하고" 아멘. '고기를 피 째 먹는다.' 하는 표현은 '피 위에서 먹는다.' 하는 표현의 번역입니다. '피 위에서 먹는 것' 이 '피 째 먹는 것' 일 수도 있습니다. 그런데 이것을 '진' 이라고 하는 귀신을 고려한 종교문화로 보는 학자도 있습니다. '진' 은 알라딘에 나오는 '지니' 와 비슷한 존재입니다. 동물을 잡아먹으면서 자신을 돕는다고 여겨지는 '진' 에게 '너는 피 먹어.' 하면서 피를 쏟아 놓고 음식을 먹는 것을 표현했다고 본 것입니다. 동지 때 팥죽 뿌리는 것과 유사한 종교의식입니다.

하나님을 믿지 않고 자신을 돕는다고 여겨지는 귀신에게 잘 보이려 행동합니다. 우상들에게 눈을 듭니다. 우상을 섬깁니다. 피를 흘립니다. 강포를 행하고 사람을 죽입니다. 그러면서 어떻게 하나님의 약속이 그들에게 성취될 거라 믿을 수 있다는 말입니까? 그것도 자기들의 숫자를 가지고 말입니다. 신명기 7장 7-8절에 이리 되어 있습니다. "여호와께서 너희를 기뻐하시고 너희를 택하심은 너희가 다른 민족보다 수효가 많기 때문이 아니니라 너희는 오히려 모든 민족 중에 가장 적으니라 여호와께서 다만 너희를 사랑하심으로 말미암아, 또는 너희의 조상들에게 하신 맹세를 지키려 하심으로 말미암아 자기의 권능의 손으로 너희를 인도하여 내시되 너희를 그 종 되었던 집에서 애굽 왕 바로의 손에서 속량하셨나니" 아멘. 숫자는 전혀 중요하지 않았습니다. 오히려 하나님께서는 적은 무리에게 은혜를 베푸셨습니다.

그런데 하나님을 섬기기는커녕 자신의 수호신에게 피를 먹이고 우상을 바라보고 강포를 행하고선 '이 땅은 우리 것' 이라고 말합니다. 33장 26절을 보면 그들은 칼을 의지합니다. 칼의 힘을 의지합니다. 인간의 힘, 인간 문명의 힘을 의지합니다. 내 힘, 자신들이 가진 것을 의지합니다. 하나님의 법도를 행하지 않습니다. 가증한 일을 하고 각기 이웃의 아내를 더럽힙니다. 성적 타락이 있습니다. 그러기에 하나님의 결론은 '그 땅을 너희가 소유할 수 없다.' 입니다. 회복이 약속되었으나 그들에게는 아닙니다.

그럼, 그들은 어떻게 될까요? 27절에 있습니다. "너는 그들에게 이르기를 주 여호와께서 이같이 말씀하시되 내가 나의 삶을 두고 맹세하노니 황무지에 있는 자는 칼에 엎드러뜨리고 들에 있는 자는 들짐승에게 넘겨 먹히게 하고 산성과 굴에 있는 자는 전염병에 죽게 하리라" 아멘. 그들이 사는 위치를 세 곳으로 나누었습니다. 하나는 황무지로 표현된 곳이고, 두 번째는 '들' 이고, 세 번째는 '산상과 굴' 입니다. '황무지' 는 '황폐하게 된 거주지' 를 말합니다. 바벨론 군대가 모든 거주지 특히, 성곽이 있는 성을 황폐하게 만들었습니다. 번화하던 거리가 쓰레기 더미로 바뀌었습니다. 그래도 그곳을 떠나지 못하는 사람들이 있습니다. 그들은 칼에 엎드러질 것입니다. '들' 은 그런 문명이 없는 곳입니다. 황폐하게 된 거주지를 떠나 야생의 터전으로 간 이들은 들짐승들에게 당할 것입니다. 이 두 장소를 떠나 '산성과 굴' 다시 말해, 은둔지에서 숨어 사는 이들은 병으로 죽을 것입니다. 한 마디로 하나님을 떠난 유다 백성들은 살 수가 없게 될 것입니다.

풍요롭던 곳이 황폐한 곳이 되고, 안정을 주던 곳이 무시무시한 곳이 될 것입니다. 33장 28-29절입니다. "내가 그 땅이 황무지와 공포의 대상이 되게 하고 그 권능의 교만을 그치게 하리니 이스라엘의 산들이 황폐하여 지나갈 사람이 없으리라" 아멘. 꼭 같은 상황은 아니지만 유사한 현상을 우리는 봅니다. 코로나19나 전쟁으로 인해, 돈 생기면 시간 내서 관광하고 싶었던 나라들이 갈 수 없는 나라, 방문이 걱정스러운 나라가 됩니다. 유다에 남은 이들에 대한 하나님의 말씀이 그들에게 경고이지만, 동시에 그 말씀은 포로로 끌려와 예루살렘 멸망을 알렸던 이들에게 경고이자 위로이고, 바벨론 지역에 이미 와서 자리 잡고 사는 이들에게는 위로와 경고입니다. 바벨론에 있는 것이 차라리 더 낫다는 생각이 들었을 것입니다.

그러나 이미 바벨론에 와서 사는 이들에 대한 경고가 이어집니다. 30절에 보면, "담 곁에서와 집 문에서"라는 표현이 나옵니다. 담이 있고 문이 있습니다. 황폐하게 된 거주지와 달리 황폐하게 되지 않은 거주지를 표현합니다. 담도 있고 문도 있습니다. 울타리가 있고 경계가 있습니다. 안정된 곳에서 지냅니다. 마치, 코로나로부터 안전한 곳에 사는 이들을 지칭하는 것 같습니다. 물론 이들은 21절에서 '사로잡힌 지 열두째 해'가 지난 이들을 가리킵니다. 12년이면 정착하고도 남을 시간입니다. 이제 막 포로로 끌려온 이들과는 처지가 다릅니다. 이제 그들은 자기 집을 가지고 있고 차이나타운처럼 그들만의 거주지가 있습니다.

이들은 에스겔에 대해 말합니다. 하나님 말씀의 통로인 에스겔에 대해 말합니다. 그가 무슨 말을 했는지 궁금해합니다. 30절입니다. "인자야 네 민족이 담 곁에서와 집 문에서 너에 대하여 말하며 각각 그 형제와 더불어 말하여 이르기를 자, 가서 여호와께로부터 무슨 말씀이 나오는가 들어 보자 하고" 아멘. 매우 부드럽게 말합니다. '이리 오세요. 말씀을 들읍시다.' 이렇게 말합니다. 그러나 이들에게도 경고가 있습니다. 유다에 남겨진 이들에게 주신 경고와는 전혀 다른 경고입니다. '유다에 남겨진 이들'은 외관상 분명하게 하나님을 떠났고, 외관상 그들은 분명히 어려움 가운데 있습니다. 마치 북한에 사는 동포들처럼, 그들은 외관상 분명하게 하나님을 떠났고 뚜렷한 어려움 가운데 있는 것과 같습니다. 반면, 에스겔 공동체는 외관은 멀쩡하나 실상은 아닌 특징을 갖습니다. 어쩌면 (남한에 사는) 우리는 에스겔 공동체처럼 외관상으로는 하나님의 말씀을 듣고자 하나 실은 아닌 그룹에 쉽게 들어갈 수 있는 위치에 있습니다.

이 말씀이 이제 막 포로로 끌려온 이들에게 무슨 의미가 있을까요? 이제 이들도 12년 정도 지나면, 이들처럼 바뀔 수 있습니다. 외관은 멋진 그러나 심령은 멋지지 않은 신자입니다. 33장 31-33절입니다. "백성이 모이는 것 같이 네게 나아오며 내 백성처럼 네 앞에 앉아서 네 말을 들으나 그대로 행하지 아니하니 이는 그 입으로는 사랑을 나타내어도 마음으로는 이익을 따름이라 그들은 네가 고운 음성으로 사랑의 노래를 하며 음악을 잘하는 자 같이 여겼나니 네 말을 듣고도 행하지 아니하거니와 그 말이 응하리니 응할 때에는 그들이 한 선지자가 자기 가운데에 있었음을 알리라" 아멘. 말을 듣습니다. 그러나 행하지 않습니다. 사탕발림 립 서비스(lip service)에 익숙합니다. 그러나 그들이 정말 관심을 기울이는 요소는 '이익' 입니다. 그래서 그들 마음에 생각하는 이익을 좇아 행합니다. 아름답고 듣기 좋은 연주를 하지만, 말을 듣기는 하지만, 그들의 행함은 그들의 말과 상관이 없습니다. 그러나 예루살렘 멸망을 예언한 에스겔의 말이 실현되었음을 자고 나서 확인하고 나면 그들에게 경고가 될 것입니다. 외관상 현저하게 이방의 종교의식을 따르고 우상을 섬기고 음행하고 부패한 유다의 남은 사람만큼이나, 외관은 번지르르하나 내면은 탐욕으로 가득한 '정착한 포로자들' 의 상태도 심각하다는 메시지입니다.

'자기만 먹는 목자들에 대한 심판' (34장)과 '에돔의 심판' (35장)을 말씀하신 하나님은 에스겔 36장에서 이스라엘의 회복을 말씀하십니다. 이스라엘의 산들, 그 땅의 회복을 통해 이스라엘의 회복을 말씀하십니다. 이스라엘의 회복은 35장에 소개된 에돔의 심판과 대조됩니다. 에서와 야곱의 대조가 다시 등장합니다. 이스라엘을 회복시키시는 이유가 무엇일까요? 우선 36장 2절입니다. "주 여호와께서 이같이 말씀하시기를 원수들이 네게 대하여 말하기를 아하 옛적 높은 곳이 우리의 기업이 되었도다 하였느니라" 아멘. 이스라엘을 멸망시킨 원수들이 너무 좋아했기 때문입니다. 3, 6, 13절입니다. "그러므로 너는 예언하여 이르기를 주 여호와께서 이같이 말씀하시기를 그들이 너희를 황폐하게 하고 너희 사방을 삼켜 너희가 남은 이방인의 기업이 되게 하여 사람의 말거리와 백성의 비방 거리가 되게 하였도다 … 그러므로 너는 이스라엘 땅에 대하여 예언하되 그 산들과 멧부리들과 시내들과 골짜기들에 관하여 이르기를 주 여호와께서 이같이 말씀하시기를 내가 내 질투와 내 분노로 말하였나니 이는 너희가 이방의 수치를 당하였음이라 … 주 여호와께서 이같이 말씀하셨느니라 그들이 너희에게 이르기를 너는 사람을 삼키는 자요 네 나라 백성을 제거한 자라 하거니와" 아멘. 하나님 백성을 말거리와 비방 거리로 삼았기 때문입니다. 지나치게 낮추었기 때문입니다. 이스라엘의 회복은 온전한 회복입니다. 11절입니다. "내가 너희 위에 사람과 짐승을 많게 하되 그들의 수가 많고 번성하게 할 것이라 너희 전 지위대로 사람이 거주하게 하여 너희를 처음보다 낫게 대우하리니 내가 여호와인 줄을 너희가 알리라" 아멘.

에스겔은 하나님께서 기대하시는 회복을 우리에게 소개합니다. 이스라엘 백성들이 기대했던 회복이 아니라, 하나님께서 기대하셨던 회복입니다. 에스겔이 기대했던 회복도 아니었을 것입니다. 하나님께서는 어떤 회복을 기대하셨을까요? 어쩌면 하나님께서는 지금도 그때와 유사한 회복을 기대하실 수도 있기에, 하나님께서 기대하신 회복은 지금도 중요하겠습니다. 저는 하나님이 기대하신 회복이 36장 38절에 가장 잘 표현되어 있다고 생각합니다. "제사 드릴 양 떼 곧 예루살렘이 정한 절기의 양 무리 같이 황폐한 성읍을 사람의 떼로 채우리라 그리한즉 그들이 나를 여호와인 줄 알리라 하셨느니라" 아멘. 여기에 '사람의 떼' 라는 표현이 나옵니다. 가축 떼, 특별히 '양처럼 크기가 작은 가축 떼를 표현하는 단어' 와 '사람' 을 의미하는 단어가 사용되었습니다. '사람 떼' 입니다. 동일한 표현이 37절에도 나오는데, 번역된 표현은 다릅니다. 37절입니다. "주 여호와께서 이같이 말씀하셨느니라 그래도 이스라엘 족속이 이같이 자기들에게 이루어 주기를 내게 구하여야 할지라 내가 그들의 수효를 양 떼 같이 많아지게 하되" 아멘. 마지막 부분에 '양 떼' 라는 표현이 나옵니다. '사람 떼' 라고 생각하시면 됩니다. '사람 떼' 라는 표현이 구약성경 전체에서 두 번만 나오니 특별합니다. 하나님께서는 이스라엘의 회복을 그림 언어로 표현해주셨습니다. 그것은 '양 떼 같이 많은 사람 떼' 입니다.

코로나로 인해 사람들이 많이 모이지 못하는 시절을 생각하니 '사람 떼' 라는 표현이 더 잘 와닿습니다. 사람들이 바글바글합니다. 소와 같이 덩치가 큰 가축 떼가 아니니 위협적이지 않습니다. 누군가를 해할 줄 모르는, 그러면서도 목자를 잘 따르는 양 떼 모양이니 부드럽고 안정적입니다. 육식이 아닙니다. 양털을 공급합니다. 이런 사람 떼가 존재할 수 있을까 싶습니다. 사람들이 바글바글하는 모습은 주식시장, 경매장, 경마장, 경기장, 놀이공원, 출퇴근길 지하철역 등에서 쉽게 만날 수 있습니다. 이런 곳에서 만나는 사람 떼는 '양 떼와 같은 사람 떼' 와 다릅니다. 바쁘고 부산스럽습니다. 경쟁이 있기에 순발력이 필요합니다. 주기보다는 받으려 하는 떼입니다. 상당히 위협적인 떼입니다. 자기 생각이 많고 자기 의지가 살아 있는 떼입니다. 그런데 하나님께서는 회복의 모습을 '양 떼와 같은 사람 떼' 로 그리십니다. 38절을 한 번 더 봅니다. "제사 드릴 양 떼 곧 예루살렘이 정한 절기의 양 무리 같이 황폐한 성읍을 사람의 떼로 채우리라 그리한즉 그들이 나를 여호와인 줄 알리라 하셨느니라" 아멘. 이 사람 떼는 거룩합니다. 어떻게 알 수 있습니까? '제사 드릴 양 떼' 에 담겨있습니다. 본래 '거룩한 떼' 를 '제사 드릴 양 떼' 로 번역했습니다. '거룩한 양 떼' 란 '제사를 위해 드려질 양 떼' 일 거라는 생각으로, '제사 드릴 양 떼' 라고 번역했습니다. 본래 직역 표현으로 바꿔 생각하면 '거룩한 양 떼' 입니다. 여기서 중요한 개념이 '거룩함' 입니다. 왜 이 양 떼는 다시 말해, 사람 떼는 거룩해야 할까요? 더럽지 말아야 하기 때문입니다.

절망 가운데 있는 에스겔에게 하나님께서는 회복을 알려주셨습니다. '사람 떼' 의 회복입니다. 말씀대로 살다가 정해진 시간이 되면 정해진 장소에서 예배드리는 '사람 떼' 입니다. 그 정도의 회복을 말씀하셨으면 충분할 것 같은데, 37장의 '마른 뼈 환상' 으로 이어집니다.

'마른 뼈들이 살아나는 환상' 이 왜 필요할까요? 우선, 이스라엘 백성의 상태에 대한 하나님의 인식과 백성의 인식이 다르기 때문입니다. 하나님께서 백성을 어떻게 보셨는가는 36장 26절에 잘 나와 있습니다. "또 새 영을 너희 속에 두고 새 마음을 너희에게 주되 너희 육신에서 굳은 마음을 제거하고 부드러운 마음을 줄 것이며" 아멘. 마음만 돌입니다. 몸은 다 살입니다. 마음이 죽어있으니 몸도 죽었습니다. 마음이 우상과 재물에 팔렸으니 몸이 자기 역할을 못 합니다. 그럼, 하나님 백성인 이스라엘은 자신을 어떻게 볼까요? 37장의 '마른 뼈' 가 백성의 자기인식입니다. 11절입니다. "또 내게 이르시되 인자야 이 뼈들은 이스라엘 온 족속이라 그들이 이르기를 우리의 뼈들이 말랐고 우리의 소망이 없어졌으니 우리는 다 멸절되었다 하느니라" 아멘. '사람 떼' 로 끝난 36장이 왜 '마른 뼈' 로 시작되는지 알 것 같습니다. 이스라엘 백성들이 스스로에 대해 말합니다. 세 가지입니다. 하나는 자신들의 뼈들이 말랐다는 것입니다. 한마디로 '마른 뼈' 라는 말입니다. 뼈가 말랐다는 표현 안에 '살이 없다.' 하는 표현이 포함되어 있습니다. 뼈 위에 살이 있는데, 뼈가 마를 수는 없으니까요. 둘째는 '소망이 없다.' 입니다. 미래가 보이지 않습니다. 셋째는 '우리는 다 멸절되었다.' 입니다. 고립되었다. 돕는 자가 없다는 표현입니다.

37장 12-13절도 봅니다. "그러므로 너는 대언하여 그들에게 이르기를 주 여호와께서 이같이 말씀하시기를 내 백성들아 내가 너희 무덤을 열고 너희로 거기에서 나오게 하고 이스라엘 땅으로 들어가게 하리라 내 백성들아 내가 너희 무덤을 열고 너희로 거기에서 나오게 한즉 너희는 내가 여호와인 줄을 알리라" 아멘. 본래 이 두 절에는 '너희들의 무덤들' 이라는 표현이 네 번이나 나옵니다. 번역할 때 '너희 무덤' 이 너무 많이 나온다고 생각해서인지, 두 번은 '거기' 라고 번역했습니다. '너희들의 무덤들' 도 백성의 자기 인식을 표현합니다. 하나님은 백성이 끌려간 나라를 무덤이라 하지 않으셨습니다. 여기서 '너희 무덤' 이라 부르심은 그들의 인식을 받아 부르신 것입니다. 이스라엘 백성은 자신들이 버림받았다고 생각합니다. 자신들이 포로로 끌려온 곳이 무덤이라고 생각합니다. 무덤이란 생이 끝나고 들어가는 곳입니다. 그들은 자신들의 생명이 끝났고, 미래가 없으며, 돕는 자 없이 고립된 상태라고 말합니다. 매우 절망적입니다. 마음만 돌이키라는 하나님의 평가와는 심히 다릅니다.

에스겔 37장은 '남국 유다와 북국 이스라엘의 하나 됨' 이라고 하는, '먼저 망해 앗수르에 의해 포로로 끌려간 북국 이스라엘과 바벨론에 의해 포로로 끌려간 남국 유다의 하나 됨' 이라고 하는, 가장 심각한 형태의 그러면서도 해결 불가능했던 사회문제 해결에 대해 말씀하십니다. '하나가 되리라' 는 표현이 37장 17절과 19절에 나옵니다. 17절에서는 선지자 에스겔의 손에서 유다와 요셉이 하나가 되리라고 말씀하시고, 19절에서는 하나님의 손에서 요셉과 유다가 하나가 되리라고 말씀하십니다. 차이점을 보면, 우선, 순서가 다릅니다. 앞에서는 유다가 먼저 나오고 뒤에서는 요셉이 먼저 나옵니다. 에스겔이 유다의 제사장이라는 것을 생각할 때, 에스겔 입장에서는 유다가 먼저 나오는 것이 더 좋아 보였을 것입니다. 두 번째 차이는 '손' 에 있습니다. 첫 번째 손은 선지자 에스겔의 손이고, 두 번째의 손은 하나님의 손입니다.

먼저 16-17절입니다. "인자야 너는 막대기 하나를 가져다가 그 위에 유다와 그 짝 이스라엘 자손이라 쓰고 또 다른 막대기 하나를 가지고 그 위에 에브라임의 막대기 곧 요셉과 그 짝 이스라엘 온 족속이라 쓰고 그 막대기들을 서로 합하여 하나가 되게 하라 네 손에서 둘이 하나가 되리라" 아멘. 유다가 먼저 나옵니다. 마지막 부분을 보시면 '네 손' 즉, '너의 손에서 둘이 하나가 되리라' 하셨습니다. 본래는 '그들이 하나가 되리라.' 입니다. 유다와 요셉은 대표이고 야곱의 다른 지파들이 있으니까요. 다음으로 19절입니다. "너는 곧 이르기를 주 여호와께서 이같이 말씀하시기를 내가 에브라임의 손에 있는 바 요셉과 그 짝 이스라엘 지파들의 막대기를 가져다가 유다의 막대기에 붙여서 한 막대기가 되게 한즉 내 손에서 하나가 되리라 하셨다 하고" 아멘. 요셉이 먼저 나오고 유다가 나중에 나옵니다. 마지막 부분을 보면, '내 손' 즉, '하나님의 손에서 그들이 하나가 되리라' 말씀하십니다.

그런데, 우리말로는 표현되지 않는 차이가 있습니다. 17절의 '하나' 는 '하나' 의 복수 형태이고, 19절의 '하나' 는 '하나' 의 단수 형태입니다. 하나가 어떻게 복수가 될 수 있느냐 질문하실 수 있습니다. '하나' 는 '단수' 이니까요. 실제로 헬라어의 경우 '하나' 라는 단어는 복수 형태가 없습니다. 그런데, 히브리어에서는 '하나' 의 복수 형태가 쓰입니다. 보통 적은 수를 표현하는데, 여기서는 '하나들' 이라고 표현해볼 수 있겠습니다. 선지자의 손에 유다라 쓴 나무와 요셉이라 쓴 나무를 붙입니다. 어떤 식으로 붙였을까요? '서로 합하다' 라는 표현에는 '길게 연결하다' 보다는 '마주 대하여 붙이다' 라는 의미를 읽기가 쉽습니다. 그런데, 여기에 쓰인 단어는 '다가가다, 가까이 가다' 가 기본 뜻인 단어입니다. 어떻게 다가가게 했을까요? 두 막대기를 다가가게 했을 가능성이 큽니다. 우선, '마주 대하다' 라는 표현이 없습니다. 그리고 본래 북국 이스라엘과 남국 유다는 옆으로 나란히 있지 않았고 위아래로 붙어 있었습니다. 이렇게 표현한 주석가로 그린버그라는 히브리대학 교수님이 있습니다.[1)]

선지자의 손에서 유다와 요셉은 붙어 있기는 했는데 진짜 하나는 아니었습니다. 하나들이었습니다. 언제든지 떨어질 수 있는 하나입니다. 그러나 하나님의 손에 들린 하나는 진짜 하나였습니다. 다시는 떨어질 수 없는 하나입니다. 어떻게 진짜 하나가 될 수 있게 되는지 37장 20-22절을 보면 알 수 있습니다. "너는 그 글 쓴 막대기들을 무

---

1) Moshe Greenberg, *Ezekiel 21-37: A New Translation with Introduction and Commentary*, AB (New Haven: Yale University Press, 2010 [1997]), 754.

리의 눈앞에서 손에 잡고 그들에게 이르기를 주 여호와께서 이같이 말씀하시기를 내가 이스라엘 자손을 잡혀 간 여러 나라에서 인도하며 그 사방에서 모아서 그 고국 땅으로 돌아가게 하고 그 땅 이스라엘 모든 산에서 그들이 한 나라를 이루어서 한 임금이 모두 다스리게 하리니 그들이 다시는 두 민족이 되지 아니하며 두 나라로 나누이지 아니할지라" 아멘. 다시는 그들이 두 민족이 되지 않고, 두 나라로 나뉘지 않을 것입니다. 이유가 뭘까요? '귀환'이라는 '촉매' 때문입니다.

그냥 합하려 했으면 하나 되지 않았을 것입니다. 그런데, 둘 다 나라 잃고 포로로 끌려가서 살아 보니 나라의 중요성을 깨달았습니다. 민족의 소중함을 알게 되었습니다. 우리로 표현해보면, 나라 망하고 만주에서 살다 보니 영남 호남 그런 게 중요하지 않았습니다. 외부로부터 강력한 충격을 받고 보니 내부갈등은 '일도 아닌 게' 된 것입니다. 그런데 정말 외부로부터 강한 충격을 받으면 내부갈등은 눈 녹은 듯 사라질까요? 아닙니다. 귀환이라는 촉매제 플러스 뭔가가 더 있습니다. 23절입니다. "그들이 그 우상들과 가증한 물건과 그 모든 죄악으로 더 이상 자신들을 더럽히지 아니하리라 내가 그들을 그 범죄한 모든 처소에서 구원하여 정결하게 한즉 그들은 내 백성이 되고 나는 그들의 하나님이 되리라" 아멘. 중요한 것은 '죄 문제 해결'입니다. '정결'입니다. 36장에 나오는 거룩한 떼입니다. 죄를 벗어날 때 진정으로 하나가 될 수 있습니다.

질의와 응답

하나. "에스겔서에는 날짜가 많이 나옵니다. 날짜의 기준이 무엇입니까?"

1장 1절의 "서른째 해"는 에스겔의 나이 같습니다. 1장 2절부터는 '사로잡혀 온 해'가 기준으로 주로 제시됩니다.

둘. "에스겔 37장을 가장 많이 설교합니다. 그런데 이 본문을 하나님과 백성의 '인식 차이'로 보신 부분이 신선했습니다. 이러한 인식 차이를 어떻게 봐야 할까요?"

하나님과 백성 사이에는 시선과 관점 측면에서의 차이뿐 아니라 아는 바와 생각 측면에서도 차이가 있는 것 같습니다. 인간의 한계도 있지만 태도나 견해 차이도 있어 보입니다. 하나님은 사랑이시고 구원하기를 기뻐하십니다.

셋. "여호야긴을 중시하는 것은 그가 마태복음 족보에 있기 때문인가요?"

중요하니까 마태복음 족보에 등장하겠지요. 여호야긴은 열왕기하와 예레미야서의 마지막에 언급됩니다. 회복의 아이콘이라고 볼 수 있습니다. 그로부터 다시 시작합니다. 물론 고생은 많이 했습니다. 왕위는 삼 개월밖에 누리지 못했고요.

넷. "에스겔 마음의 색깔을 검은색이라고 보셨는데요. 왜 그렇습니까?"

제가 에스겔이라면 그랬을 것 같습니다. 제사장 직무 감당하려 다 준비했는데, 허사가 되었지요. 포로로 끌려가서 선지자로 활동하는데, 활동의 과정에서 아내가 죽습니다. 아내가 죽었는데도 슬픔을 표현하지 못합니다. 430일을 누워 지내기도 합니다. 순종하기에 능한 그의 모습에서 '슬픔과 죽음' 을 읽었습니다.

다섯. "포로 기간에 에스라는 말씀으로 역사했고 에스겔은 성전으로 역사했다고 볼 수 있을까요?"

그런 부분이 있겠네요. 에스라는 로고스('말씀')이신 예수님을, 에스겔은 성전이신 예수님을 잘 보여주었습니다.

여섯. "날짜를 양력으로 어떻게 확정할 수 있나요?"

유대력과 양력을 비교해서 연구하는 분들이 계셔서 도움을 받았습니다. 에스겔의 경우, 언급했던 그린버그 교수님의 주석을 참고했습니다.

일곱. "누가복음 23장 31절의 '푸른 나무' 와 '마른 나무' 의 배경으로 에스겔서를 생각해도 될까요?"

제가 에스겔 17장 24절을 설명하면서 누가복음 23장 31절의 '푸른 나무' 및 '마른 나무' 와 연결해 보았습니다. 가능하다고 봅니다.

Weekly Reading

42

에스겔 38장-다니엘 10장

"완성"

겔 38-40장	겔 41-43장	겔 44-46장	겔 47-48장, 단1장	단 2-4장	단 5-7장	단 8-10장

check

이번 통독은 에스겔서 마지막 부분과 다니엘서 대부분이 해당됩니다. 에스겔서에는 종말의 때에 관한 말씀, 특별히 종말의 때에 완성될 성전에 대한 부분인 40-48장이 포함되어 있습니다. 다니엘서는 잘 아시는 대로, 바벨론으로 끌려간 다니엘, 그리고 그의 친구들에 대한 얘기, 느부갓네살과 그의 아들들에 대한 얘기들이 있습니다. 다니엘은 주전 605년에 끌려갔고, 에스겔은 주전 597년에 끌려갔으니, 다니엘이 먼저 끌려갔네요. 에스겔보다 8년 먼저 끌려갔습니다. 에스겔이 포로로 끌려갈 때 나이가 25세였고, 다니엘은 소년이었으니, 둘의 나이는 비슷해 보입니다. 포로로 끌려갈 때 다니엘의 나이가 17세였다면, 둘은 동갑내기입니다. 그럼에도 둘은 많이 다르네요. 다니엘은 왕족이거나 귀족이고(단 1:3), 에스겔은 제사장이었으니까요.

완성

I.
미완성이 일반이라
완성이 익숙치 않다.

완성 온전 평강 샬롬

얼마나 아름다운 경지인가?
모두가 완성을 향해 나아가나
미완으로 마무리할 때 많네.

II.
그래서 주님 말씀하셨지,
'일만으로 이만을, 가진 것과 망대를' (눅 14:28-32).

모든 소유 버려야 완성이 있다고(눅 14:33)
자기 십자가 지고 따라야 완성에 도달한다고(눅 14:27).

아내 잃은 에스겔
오뚜기 같은 다니엘.

III.
둘 다 포로가 되었다,
하나는 주전 605년에, 하나는 주전 597년에.

다니엘 먼저, 에스겔은 그다음.
다니엘은 왕족, 에스겔은 제사장.

다니엘은 권력으로 말하고
에스겔은 성전으로 말한다.

IV.
제국은 일어나고 스러지는데
뜨인 돌 오신다.

모세 성막 솔로몬 성전 스러지는데
온전한 성전 임한다.

둘 다 예수님 바라보며
완성을 노래한다.

V.
뜨인 돌 오시니
영원한 나라가 서고

온전한 성전 임하니
인간 냄새 사라진다.

사랑 화합 질서 정의
아름답다, 완성된 작품이여!

VI.
에스겔은 완성된 성전에서 여호와 삼마를 보았고
다니엘은 별과 같이 빛나는 삶을 약속받았다.

영원한 나라 임마누엘 성전으로
예수님 오셨다.

神子(하나님의 아들)와 人子(사람의 아들)의 조화
누가 흉내낼 수 있을까?

VII.
하나님의 종과 아담(흙으로 된 사람)의 조화
하나님의 자녀와 하나님 종의 조화

둘이 하나인 이위일체의 비밀에서
완성을 배운다.

완성은 먼 데 있지 않았다.
하나만을 고집하는 고집스러움이 완성에 도달하지 못하게 막았을 뿐이었다.

에스겔 38-39장은 마지막 날의 전쟁을 소개합니다. '곡' 이 하나님의 백성을 칩니다. 38장 16절입니다. "그 날에 곡이 이스라엘 땅을 치러 오면 내 노여움이 내 얼굴에 나타나리라" 아멘. 그러나 이 전쟁을 통해 하나님의 '위대함과 거룩함' 이 드러날 것입니다. 38장 23절입니다. "이같이 내가 여러 나라의 눈에 내 위대함과 내 거룩함을 나타내어 나를 알게 하리니 내가 여호와인 줄을 그들이 알리라" 아멘. 하나님 백성의 회복이 있을 것입니다. 39장 25-29절입니다. "그러므로 주 여호와께서 이같이 말씀하셨느니라 내가 이제 내 거룩한 이름을 위하여 열심을 내어 야곱의 사로잡힌 자를 돌아오게 하며 이스라엘 온 족속에게 사랑을 베풀지라 그들이 그 땅에 평안히 거주하고 두렵게 할 자가 없게 될 때에 부끄러움을 품고 내게 범한 죄를 뉘우치리니 내가 그들을 만민 중에서 돌아오게 하고 적국 중에서 모아 내어 많은 민족이 보는 데에서 그들로 말미암아 나의 거룩함을 나타낼 때라 전에는 내가 그들이 사로잡혀 여러 나라에 이르게 하였거니와 후에는 내가 그들을 모아 고국 땅으로 돌아오게 하고 그 한 사람도 이방에 남기지 아니하리니 그들이 내가 여호와 자기들의 하나님인 줄을 알리라 내가 다시는 내 얼굴을 그들에게 가리지 아니하리니 이는 내가 내 영을 이스라엘 족속에게 쏟았음이라 주 여호와의 말씀이니라" 아멘.

예루살렘은 주전 586년 7월 18일쯤 멸망했습니다. 그런데 멸망 소식이 전해진 날은 이로부터 반년 정도가 지난 주전 585년 1월 19일이었습니다. 그리고 성전이 무너진 지 열네 째 해 다시 말해, 주전 573년 유월절 즈음에 하나님께서는 성전을 에스겔에게 보여주십니다. 포로로 끌려온 지 24년이 지났고, 예루살렘 성전이 파괴된 지 14년이 지났습니다. 그런데 그때 예루살렘 성전과 이스라엘의 회복을 보여주십니다.

하나님께서 에스겔을 데리고 가신 '매우 높은 산' (40:2)은 정상이 2,813미터인 헤르몬산일 수 있습니다. 에스겔 성전이 세워졌다고 소개되는 산은 매우 높은 산인데 성전산은 그리 높지 않기 때문입니다. 성전 터 높이가 743미터입니다. 더구나 예루살렘이란 단어가 에스겔서에는 4장 1절부터 36장 38절까지 스물여섯 번이나 등장합니다. 그러나 37장 이후에는 등장하지 않습니다. 이 성전이 예루살렘에 있는 것이었다면 예루살렘이라는 표현이 한 번쯤은 등장했어야 하는데, 한 번도 나오지 않습니다. 하나님의 영광은 예루살렘의 성전산을 떠나셨지요.

에스겔 성전은 하늘 성전과 직접 관련이 있다고 말할 수 있습니다. 에스겔서 1장이 처음부터 이점을 보여줍니다. 그런데 에스겔서 마지막 부분인 47-48장을 보면 새로운 기업 분배가 언급됩니다. 요단 동편 땅을 기업으로 받았던, 르우벤, 갓, 므낫세 반 지파도 요단 서쪽에 기업을 받습니다. 순서도 다릅니다. 그런데 이들 지파들 중간쯤에 성전이 있으려면 예루살렘은 너무 남쪽입니다. 헤르몬산 근처가 제격입니다.

에스겔 47장 8-10절을 고려할 때, 에스겔 성전이 성전산에 세워진 것이라고 주장할 수도 있겠습니다. 성전에서 나온 물이 "동쪽으로 향하여 흘러 아라바로 내려가서 바다에" 이른다고 하기 때문입니다(47:8). 그러나 헤르몬산에 성전이 세워지더라도 성전에서 나오는 물이 동쪽으로 흐른 다음에 아라바로 내려가서 사해에 도달할 수 있습니다. 특히, 아라바가 '갈릴리호수에서 사해까지의 계곡'을 가리킨다고 보면(신 1:1, 7, 수 11:2, 16, 삼하 2:29 참조), 에스겔 47장 8절 이하의 내용도 에스겔 성전이 성전산이 아니라 헤르몬산에 있는 것임을 지지하는 본문이 됩니다.

'놋 같이 빛난 사람'(40:3)은 1장 26-27절의 인물과 연결됩니다. "그 머리 위에 있는 궁창 위에 보좌의 형상이 있는데 그 모양이 남보석 같고 그 보좌의 형상 위에 한 형상이 있어 사람의 모양 같더라 내가 보니 그 허리 위의 모양은 단 쇠 같아서 그 속과 주위가 불 같고 내가 보니 그 허리 아래의 모양도 불 같아서 사방으로 광채가 나며" 아멘. 요한계시록 1장 15절로 연결되지요. "그의 발은 풀무불에 단련한 빛난 주석 같고 그의 음성은 많은 물 소리와 같으며" 아멘. 예수님이십니다.

성전을 측량하는 '장대'(40:5)는 기본 단위가 다릅니다. '1규빗+한 뼘=새로운 규빗'입니다. 한편, 요한계시록에서는 약 200미터인 스다디온을 기본 단위로 사용하지요. 에스겔 성전에는 동쪽 문, 바깥뜰, 북쪽 문, 남쪽 문 등이 있습니다. 이 성전은 예수님이지요. 그리스도께서 모퉁이 돌이신 교회입니다. 헤롯이 이런 비슷한 성전 증축을 추구했지만, 이루지 못했고 무너졌습니다. 성전이신 예수님이 계시고 하늘 성전 외의 모형 성전을 허락하지 않으시니, 필요 없게 되었죠.

성전이 무너졌는데, 새로운 성전을 측량하는 에스겔의 마음이 어떠했을까요? 한편 기뻤을 것이고, 한편 의아했을 것입니다. 성전이 좀 이상했지요. 그러면서 깨달았을 것입니다. 하나님의 관심이 '함께 하심'에 있다는 것을요. 에스겔은 하나님께서 하나님의 성전을 떠나시는 것을 보았습니다. 에스겔서 10장의 몇 절입니다. "여호와의 영광이 그룹에서 올라와 성전 문지방에 이르니 구름이 성전에 가득하며 여호와의 영화로운 광채가 뜰에 가득하였고 그룹들의 날개 소리는 바깥뜰까지 들리는데 전능하신 하나님이 말씀하시는 음성 같더라"(10:4-5). "여호와의 영광이 성전 문지방을 떠나서 그룹들 위에 머무르니 그룹들이 날개를 들고 내 눈 앞의 땅에서 올라가는데 그들이 나갈 때에 바퀴도 그 곁에서 함께 하더라 그들이 여호와의 전으로 들어가는 동문에 머물고 이스라엘 하나님의 영광이 그 위에 덮였더라"(10:18-19). 11장에서 여호와의 영광이 예루살렘을 완전히 떠나는 것을 말씀하십니다. "그 때에 그룹들이 날개를 드는데 바퀴도 그 곁에 있고 이스라엘 하나님의 영광도 그 위에 덮였더니 여호와의 영광이 성읍 가운데에서부터 올라가 성읍 동쪽 산에 머무르고"(11:22-23) 아멘.

그런데 그분이 새 성전으로 오십니다. 43장 2절을 보면, "이스라엘 하나님의 영광이 동쪽에서부터" 오신다고 했습니다. 이유는 동쪽으로 가셨기 때문입니다. 4절에서 "여호와의 영광이 동문을 통하여 성전으로 들어"간다고 했는데, 이유도 떠나실 때의 모습과 연관됩니다. 동문으로 나오셨거든요. 43장 4-5절입니다. "여호와의 영광이 동문을 통하여 성전으로 들어가고 영이 나를 들어 데리고 안뜰에 들어가시기로 내가 보니 여호와의 영광이 성전에 가득하더라" 아멘. 이 성전을 하나님께서는 "내 보좌의 처소, 내 발을 두는 처소, 내가 이스라엘 족속 가운데에 영원히 있을 곳"(43:7)이라고 부르십니다. 영원한 성전입니다.

여호와의 영광은 에스겔 성전이 지어졌을 때 돌아오실 거라는 것을 에스겔 환상은 보여줍니다. 예수님을 죽이려 했던 헤롯왕은 에스겔 성전과 비슷해 보이는 성전을 지으려 노력했습니다. 그러나 짓지 못했습니다. 에스겔 성전은 가로와 세로가 350미터 정도 됩니다. 에스겔 성전 측량에 사용된 기본 단위가 일반 단위와 다르기 때문입니다. 일반적인 규빗에 한 뼘을 더했기에 70센티미터 정도로 보시면 됩니다. 헤롯 성전은 정사각형이 아니었습니다. 사다리꼴 모양이었습니다. 가로가 478미터, 세로가 각각 304미터, 348미터였습니다. 세로 길이는 350미터를 채울 수가 없었습니다. 왜냐하면 예루살렘 가운데로는 중앙골짜기가, 동쪽으로는 기드론 골짜기가 있었기 때문입니다. 집채만 한 돌들로 성벽을 도드라지게 높이 쌓는 것에도 한계가 있었습니다. 에스겔 성전은 문이 도드라졌습니다. 그런데 헤롯이 증축한 성전은 성벽이 도드라졌습니다.

사실 에스겔 성전을 지을 수도 없었습니다. 이유는 에스겔 성전은 예루살렘에 있는 것이 아니었기 때문입니다. 우리는 복음서에서 '헤르몬산에 성전 영광이 가득하게 된 것' 이 소개되는 장면을 읽습니다. 바로 '변화산 사건' 이라 불리는 부분입니다. 베드로 사도는 이때의 사건을 베드로후서에 기록했습니다. "우리 주 예수 그리스도의 능력과 강림하심을 너희에게 알게 한 것이 교묘히 만든 이야기를 따른 것이 아니요 우리는 그의 크신 위엄을 친히 본 자라 지극히 큰 영광 중에서 이러한 소리가 그에게 나기를 이는 내 사랑하는 아들이요 내 기뻐하는 자라 하실 때에 그가 하나님 아버지께 존귀와 영광을 받으셨느니라 이 소리는 우리가 그와 함께 거룩한 산에 있을 때에 하늘로부터 난 것을 들은 것이라"(1:16-18) 아멘. 요한계시록 마지막 장에 소개된 성전 모습에서 에스겔 성전의 모습을 읽습니다. 바로, 생명수 강이 성전으로부터 흘러나와 온 땅을 살리는 모습입니다(22:1-2). 그런데 생명수가 흘러나오는 성전을 '하나님과 어린 양의 보좌' (22:3)라고 했습니다. 요한 사도를 통해 보여주신 것입니다. 생명수 강이 흘러나오는 에스겔 성전은 '하나님과 어린양의 보좌' 였습니다. 예수 그리스도였습니다.

에스겔 성전 부분을 읽으면 이상한 부분이 있는데, 가장 이상한 부분은 증거궤, 진설병이 놓인 상, 등잔대에 대한 언급이 없다는 것입니다. 출애굽기 25장부터 모세 당시 성막에 대한 설명이 나옵니다. 가장 먼저 나오는 설명이 무엇입니까? 증거궤와 진설병을 진열하는 상과 등불을 켜 놓는 등대와 등잔들입니다. 그런데 에스겔 성전에는 그 중요한 성전 기구가 전혀 등장하지 않습니다. 진설병상 비슷한 게 나오기는 합니다. 41장 22절입니다. "곧 나무 제단의 높이는 세 척이요 길이는 두 척이며 그 모퉁이와 옆과 면을 다 나무로 만들었더라 그가 내게 이르되 이는 여호와의 앞의 상이라 하더라" 아멘. 그런데 이전 상과 다릅니다. 금으로 싸지 않았습니다. 나무가 드러나 있습니다. 분향단도 없습니다. 지성소와 관련된 네 개의 도구가 없습니다. 사실 다른 기구들은 그 네 개의 기구를 보호하는 역할이 가장 큰 기능이었습니다. 왜, 증거궤, 진설병상, 등잔대, 분향단이 없을까요? 하나님과 어린양이 계시니, 그분들을 의미하는 도구들이 더 이상 필요 없는 것입니다.

이 점에서 에스겔 성전은 예수 그리스도 그분이라고 보시면 됩니다. 성육신하신 그분, 변화산에서 변화되셨던 그분입니다. 참 영광은 그분에게 있습니다. 에스겔 43장에는 에스겔 성전이 예수 그리스도를 가리킨다는 증거들이 많습니다. 우선 자신을 낮추는 자, 겸비한 자, 하나님 앞에서 부끄러워할 줄 아는 자만이 그분을 발견한다는 것을 알려주십니다. 10-11절입니다. "인자야 너는 이 성전을 이스라엘 족속에게 보여서 그들이 자기의 죄악을 부끄러워하고 그 형상을 측량하게 하라 만일 그들이 자기들이 행한 모든 일을 부끄러워하거든 너는 이 성전의 제도와 구조와 그 출입하는 곳과 그 모든 형상을 보이며 또 그 모든 규례와 그 모든 법도와 그 모든 율례를 알게 하고 그 목전에 그것을 써서 그들로 그 모든 법도와 그 모든 규례를 지켜 행하게 하라" 아멘. 자기 죄악을 부끄러워하면, '그 형상'을 측량하게 되리라고 하십니다. 여기 '형상'이라는 단어는 구약성경에 두 번밖에 안 쓰이는 희귀 단어입니다. 에스겔서에만 두 번 쓰입니다. 28장 12절에는 '완전한'으로 번역되었고, 이곳에는 '형상'으로 번역되었습니다. 기본 의미는 '온전히 세워진 것'입니다. 에스겔 성전은 온전히 세워진 성전입니다. 그림자가 아닙니다. 모형도 아닙니다. 참 성전인 하늘 성전이 지상에 세워진 성전입니다. 그러니 예수 그리스도이십니다.

이 성전은 아무나 발견하지 못합니다. 자기의 죄를 부끄러워할 때에야 비로소 발견합니다. 11절은 이 부분을 매우 자세하게 소개합니다. 자기들이 행한 모든 일을 부끄러워하는 이들이 에스겔 성전의 제도와 구조, 출입하는 곳과 모든 형상을 알게 됩니다. 모든 규례와 법도, 율례를 배우고 법도와 규례를 지켜 행하게 됩니다. 에스겔 36-37장에 소개된 회복이 가능하게 됩니다. 예수님을 마음에 모셔야 가능한 일이 일어납니다.

두 번째 증거는 12절에 있습니다. "성전의 법은 이러하니라 산 꼭대기 지점의 주위는 지극히 거룩하리라 성전의 법은 이러하니라" 아멘. 매우 독특한 표현이 나오지 않습니까? '성전의 법'입니다. '성전' 즉 '집'이라는 단어와 '토라' 즉, '율법'이라는 단어가 연결되어 나오는 표현으로, 구약성경 전체에서 이곳에서만 쓰입니다. 그것도 두 번이나 나옵니다. '하나님의 율법, 주님의 말씀' 그런 표현은 익숙하죠. 그러나 '성전의 법'은 낯선 표현입니다. 이 집이 예수님이시니 그분의 말씀이 '집의 법, 성전의 율법'이라고 불립니다.

세 번째 증거는 15-16절에 있습니다. "그 번제단 위층의 높이는 네 척이며 그 번제하는 바닥에서 솟은 뿔이 넷이며 그 번제하는 바닥의 길이는 열두 척이요 너비도 열두 척이니 네모반듯하고" 아멘. 여기 '번제단' 이라는 표현이 독특합니다. 13절 이하를 보시면 '제단' 이 나오고 '번제단' 이 나옵니다. 이상하지 않습니까? 제단이라는 표현은 13절에 두 번, 18절, 22절, 26절, 27절 이렇게 하여 43장에 여섯 번 나옵니다. 그런데 번제단이라는 표현을 왜 썼을까요? 단어가 다르기 때문입니다. 더구나 15절에 쓰인 '번제단' 은 구약성경에 한 번만 나옵니다. 이어지는 '번제하는 바닥' 과 연결됩니다. '번제하는 바닥' 은 '아리엘' 을 번역한 것입니다. 아리엘은 이곳과 이사야서 29장 1, 2, 7절에 나옵니다.

이사야서 29장과 에스겔서 43장 15-16절은 연결될 수밖에 없습니다. 이사야서 29장에 '아리엘' 이 나오고, 에스겔서에 '그 아리엘' 이라고 하는 '하[관사] 아리엘' 이 두 번 나옵니다. 15절의 '번제단' 은 '하아리엘' 의 줄임 표현인 '하리엘' 입니다. 이사야 선지자를 통해 하나님께서는 '하나님의 사자와 같은 예루살렘이 이방에 둘러싸여 망하게 되지만, 아리엘을 망가뜨리려는 이방의 꿈은 일장춘몽으로 끝날 것' 이라는 예언을 주셨습니다. 이로부터 백수십 년이 지난 다음에 에스겔에게 환상을 주십니다. 예루살렘 성전에서 하나님의 영광이 떠나는 슬픈 장면을 목도 했던 선지자입니다. 그런데 그 선지자가 하나님의 영광이 돌아오시는 것을 봅니다. 매우 높은 산으로 돌아오는 것을 봅니다. 매우 독특한 성전입니다. 높은 담장과 크고 긴 문이 있는 성전입니다. 증거궤도 없고 등대도 없고 분향단도 없고, 진설병상은 있지만 금으로 싸이지 않은 채로 있는 성전입니다. 정말 큰 성전입니다. 그런데 다른 기구들이 없는 그곳에 돋보이는 기구가 하나 있습니다. 바로 제단입니다. 높이가 7미터나 되기에 계단이 있어야 합니다. 본래 하나님 제단에는 계단이 없어야 했는데, 여기에는 계단이 있습니다. 바닥 세로가 9.8미터, 가로가 9.8미터나 됩니다. 제단 안도 매우 넓습니다. 8.4미터, 8.4미터, 7미터입니다. 493톤의 물을 담을 수 있는 제단입니다. 이 제단은 분명 불 제단인데, 아래에서 물이 흘러나옵니다. 온 땅을 살립니다. 이 제단은 예수 그리스도를 가리킵니다.

이 제단에서 드려지는 제사가 독특합니다. 에스겔과 사독의 자손 제사장들이 번갈아 제물을 드립니다. 43장 20절부터 21절의 "수송아지를 가져다가" 까지는 에스겔의 역할입니다. 피를 바르고 수송아지를 취하는 일입니다. 21절의 나머지 부분은 제사장들의 일입니다. 수송아지를 성소 바깥에서 불사릅니다. 22절 앞부분 절반은 에스겔의 일입니다. 숫염소를 속죄제물로 드립니다. 나머지는 제사장의 일입니다. 숫염소를 성소 바깥에서 불사릅니다. 23절부터 24절 첫 부분까지는 에스겔의 일입니다. 수송아지와 숫양을 하나님 가까이 가져오는 일입니다. 24절 뒷부분인 '소금 쳐서 번제로 드리는 일'은 제사장들 몫입니다. 25절 절반에 있는 '7일간 염소를 매일 속죄제물로 드리는 것'은 에스겔의 일입니다. 25절 나머지와 26-27절 거의 끝까지는 제사장들의 일입니다. 7일간 수송아지와 숫양을 매일 속죄제물로 드립니다. 제단 속죄와 위임식이 있습니다. 번제와 감사제가 있습니다. 이 모든 것이 드려지면 하나님께서 그들을 즐겁게 받으실 것입니다. 27절입니다. "이 모든 날이 찬 후 제팔일과 그 다음에는 제사장이 제단 위에서 너희 번제와 감사제를 드릴 것이라 그리하면 내가 너희를 즐겁게 받으리라 주 여호와의 말씀이니라" 아멘.

에스겔의 제사장 직무가 재개됩니다. 동시에 이 부분은 복음서에 가장 자세하게 소개된 예수님의 마지막 일주일 사역과 연결됩니다. 예수님이 에스겔 부분을 하시고 종교 지도자들은 제사장들 역할을 합니다. 이 부분이 에스겔 성전이 예수님을 가리킨다는 네 번째 증거입니다.

에스겔 성전으로 오셔서 하나님의 영광이 되신 주님은 하나님의 사자이십니다. 동시에 하나님의 어린양이십니다. 근본 하나님의 본체이신 그분, 하나님의 영광이신 그분이 제물이 되셨습니다. 제단이 되셨습니다. 제물이 되셔서, 제단이 되셔서 생수를 흘려보내십니다. 그 은혜를 우리가 받았습니다. 영광과 제단이 만났습니다. 본래 제단은 영광에 이르기 위해 거쳐 가는 곳이었습니다. 그런데 영광이신 그분이 제단에 이르셨고 제물과 제단이 되셨습니다. 영광이신 그분이 제단으로 임하셨기에 우리가 예배드릴 수 있습니다. 구원 백성으로 살 수 있습니다. 죄를 지으면 부끄러워합니다. 그분의 모습을 구체적으로 배워나갑니다. 하나님께서 기쁘게 받으시는 성도, 하나님께서 영원토록 함께 하시는 성전이 됩니다.

에스겔서 36-37장을 통해 회복을 보이신 하나님은 그 회복의 근거로 성전을 제시하셨습니다. 영광과 제단이 만나는 성전입니다. 예수님입니다. 오직 예수 그리스도만이 우리를 회복시키실 수 있습니다.

이어지는 44장은 '책임 맡은 자'와 '책임 맡은 자들'의 관계로 시작합니다. 3절입니다. "왕은 왕인 까닭에 안 길로 이 문 현관으로 들어와서 거기에 앉아서 나 여호와 앞에서 음식을 먹고 그 길로 나갈 것이니라" 아멘. 여기서 '왕은 왕인 까닭에'는 '책임 맡은 이는 그 책임 맡은 이와 함께'입니다. 어려운 번역이 아닌데, 상황이 이해가 안 되어 '왕은 왕인 까닭에'라고 번역했습니다. '책임 맡은 이는 그 책임 맡은 이와 함께 바깥뜰 동쪽 문 안 현관에 앉아 먹으라' 말씀하십니다. '그 책임 맡은 이'는 '군주' 혹은 '왕'과 연결 지을 수 있습니다. '책임 맡은 이'는 '책임 맡은 이들' 가운데 하나로 보입니다. 성전에서 섬기는 이들입니다.

성전에서 섬기는 이들의 특징을 하나로 묶어 표현한다면, 바로 '하나님과의 친밀함'입니다. 친밀함을 표현하는 표현으로 '가까이 나아가다'라는 단어가 있습니다. 7, 15, 16, 27절에 나옵니다. 우선 15-16절입니다. "이스라엘 족속이 그릇 행하여 나를 떠날 때에 사독의 자손 레위 사람 제사장들은 내 성소의 직분을 지켰은즉 그들은 내게 가까이 나아와 수종을 들되 내 앞에 서서 기름과 피를 내게 드릴지니라 주 여호와의 말씀이니라 그들이 네 성소에 들어오며 또 내 상에 가까이 나아와 내게 수종들어 내가 맡긴 직분을 지키되" 아멘. 레위 사람 가운데, 제사장 가운데, 사독 자손에게 가까이 나아오는 것을 허락하시고, 하나님의 상에 가까이 나아오는 것을 허락하시는 부분입니다.

하나님께 가까이 나아가는 것이 허락된 제사장들은 성전 안뜰에 있는 방에서 식사도 하고 옷도 갈아입습니다. 직무 수행 중인 제사장들입니다. 바깥뜰로 나갈 때는 제물 드릴 때 입었던 가는 베옷을 갈아입어야 합니다. 44장 19절입니다. "그들이 바깥뜰 백성에게로 나갈 때에는 수종드는 옷을 벗어 거룩한 방에 두고 다른 옷을 입을지니 이는 그 옷으로 백성을 거룩하게 할까 함이라" 아멘. 뜰이 두 개 있습니다. 바깥뜰과 안뜰입니다. 백성들은 바깥뜰까지만 들어갈 수 있습니다. 그런데, '안뜰'의 이름도 하나님과의 친밀함을 표현합니다. '안뜰'의 '안'이 '얼굴'과 어근이 같기 때문입니다. '바깥뜰'의 '바깥'은 우리말 표현 그대로 '바깥'을 의미합니다. 바깥뜰은 '경계 너머에 있는 뜰'입니다. 한편, 안뜰은 '하나님을 향하고 있는 뜰'입니다. 안뜰에 있는 사람들은 하나님을 향해 있습니다. 제물을 드리든, 성전에 들어가든, 거룩한 방에서 뭘 먹든 성전을 향하게 되어 있습니다. 그러니 안뜰은 '하나님을 향하고 있는 뜰' 입니다. 백성들은 북쪽 문으로 들어오면 동쪽 문 입구에서 경배하고 남쪽 문으로 나갑니다. 남쪽 문으로 들어오면 동쪽 문 입구에서 경배한 뒤 북쪽 문으로 나갑니다. 그러니 경배할 때만 잠시 성전 쪽을 향합니다.

'가까이 나아가다', '안뜰' 과 함께 하나님과의 친밀함을 표현하는 단어로 '직분' 이 있습니다. 다섯 번이나 나오는데, 조금 전에 읽은 15절과 16절에도 두 번 나옵니다. '성소의 직분을 지켰다.' 하는 표현입니다. 이 '직분' 이라는 단어와 '지키다' 는 어근이 같습니다. 그러니 '직분을 지켰다.' 하는 표현을 달리 표현하면 '지키라고 하신 것을 지켰다.' 가 됩니다. 지키라고 하는 것을 지킨 것이 중요했습니다. 하라고 한 일을 해야 순종이고, 질문에 대답해야 정답이 됩니다.

사독 제사장들은 하나님께서 지키라고 하신 것을 지켰습니다. 그런데 이스라엘 백성들이 그러지 못했습니다. 그들은 '반역자' 라 불립니다. 44장 6절입니다. "너는 반역하는 자 곧 이스라엘 족속에게 이르기를 주 여호와께서 이같이 말씀하시기를 이스라엘 족속아 너희의 모든 가증한 일이 족하니라" 아멘. 그간 잘못한 것으로 충분합니다. 뭘 잘못했을까요? 자격이 없는 사람을 성전에 데려왔습니다. 지키라고 하신 것을 지키지 않았습니다. "마음과 몸에 할례받지 아니한 이방인"(7절)은 하나님께 가까이 나아올 수 없는 자를 가리킵니다. 9절에도 같은 표현이 나옵니다. 하나님께서는 아무나 가까이 나아오는 것을 싫어하십니다. 지금으로 표현하면 믿음 없이 예배의 자리에 있는 것을 싫어하신다는 말씀입니다. 주님 안에서 섬기는 이들의 중요한 특징이 '하나님과의 친밀함' 이라 했습니다. 다시 말해, 하나님께서는 하나님을 섬기겠다고 가까이 나아온 이들에게는 '친밀함' 을 기대하십니다. 그러니, '하나님이 누구인지도 전혀 모르는, 거룩하지 않은 이들이 하나님 가까이 나아오는 것' 을 '가증한 일' 이라고 부르신 것입니다.

7절의 "내 떡과 기름과 피를 드릴 때에" 에서 '드릴' 은 '가까이 나아가다' 입니다. 본래 '내 떡, 기름과 피' 입니다. '기름과 피' 는 '내 떡' 과 동격입니다. 하나님께서 '기름과 피' 를 '하나님의 떡, 양식' 이라고 부르십니다. 제물을 드릴 때, 피를 쏟고 기름을 태웁니다. 그래서 '기름과 피'를 '하나님의 떡'이라고 부르십니다. 하나님의 떡이라 할 수 있는 기름과 피를 제단에서 드립니다. 제단 가까이 가져옵니다. 그런데 이스라엘 족속들이 자격이 없는 이들을 성전에 들어오게 했습니다. 하나님께서는 이것은 '가증한 일'이고 '언약 위반'이며, '지켜야 할 것을 지키지 않은 것'이라고 말씀하십니다. 하나님께서는 가까이 나아올 자격이 있는 이들이 안뜰에 들어오는 것을 기뻐하십니다. 하나님께서 지키라고 하신 것을 지키는 것을 기뻐하십니다. 정말 존중하면, 존중하는 이가 '지키기 원하는 것'을 내가 지킵니다.

44장 10-14절은 설명이 필요합니다. 백성과 함께 그릇 행한 레위 사람들이 백성의 죄악을 담당한다고 되어 있는데, 성전에서 수종 들게 된다고도 되어 있는 부분입니다. 10, 12-13절을 읽으면 백성들과 함께 우상을 따른 레위 사람들은 하나님 가까이 나아오지 못하게 될 듯합니다. "이스라엘 족속이 그릇 행하여 나를 떠날 때에 레위 사람도 그릇 행하여 그 우상을 따라 나를 멀리 떠났으니 그 죄악을 담당하리라 … 그들이 전에 백성을 위하여 그 우상 앞에서 수종들어 이스라엘 족속이 죄악에 걸려 넘어지게 하였으므로 내가 내 손을 들어 쳐서 그들이 그 죄악을 담당하였느니라 주 여호와의 말씀이니라 그들이 내게 가까이 나아와 제사장의 직분을 행하지 못하며 또 내 성물 곧 지성물에 가까이 오지 못하리니 그들이 자기의 수치와 그 행한 바 가증한 일을 담당하리라" 아멘. 이 부분을 읽으면 백성과 함께 우상을 섬긴 레위 사람들은 백성들이 우상을 섬기는 것을 가로막지 않고 함께 섬겼으니, 하나님께 가까이 나아갈 자격을 박탈당한 것으로 보입니다.

그러나 11, 14절을 보면 조금 달라 보입니다. "그러나 그들이 네 성소에서 수종들어 성전 문을 맡을 것이며 성전에서 수종들어 백성의 번제의 희생물과 다른 희생물을 잡아 백성 앞에 서서 수종들게 되리라 … 그러나 내가 그들을 세워 성전을 지키게 하고 성전에 모든 수종드는 일과 그 가운데에서 행하는 모든 일을 맡기리라" 아멘. 이 내용대로라면 이들은 뭔가 성전에서 직분을 맡게 될 것입니다. '하나님께서 긍휼이 많으시니, 레위 자손들이 직분을 지키지 못했지만, 파수꾼 역할을 잘하지 못했지만, 일을 주신다.' 하는 말씀인가요? 2018년에 출판된 쿡의 주석(Stephen L. Cook의 *Ezekiel 38-48*)을 보면, '백성을 섬기는 것이 특권이 아니라 징벌이다.' 그렇게 해석했습니다. 이들은 백성과 함께 우상을 섬겼으니 바깥뜰에서 백성을 섬기고 사독 자손들은 안뜰에서 하나님을 섬기게 된다는 해석입니다. 이렇게 해석하려고 보니 10절과 12절에 있는 '우상'이라는 단어가 걸려, 이 단어의 의미를 '배설물'로 확대하기도 합니다.

그럼, 우상 숭배한 레위인들은 바깥뜰에서 섬기고, 우상을 숭배하지 않은 사독 자손들은 안뜰에서 섬긴다는 해석이 맞을까요? 맞지 않습니다. 하나님께서는 6절부터 자격이 없는 자들이 성전에 들어오는 것조차 가증하다 말씀하십니다. 그런데 백성과 함께 우상을 섬겨 그들의 죄악을 담당할 레위 자손들은 회개 절차가 없었습니다. 그런데도 성전에서 섬기는 자가 된다는 생각은 적절하지 않습니다. 사독 자손이라 하더라도 더러워지면 속죄제를 드려야 합니다. 25-27절입니다. "시체를 가까이 하여 스스로 더럽히지 못할 것이로되 부모나 자녀나 형제나 시집 가지 아니한 자매를 위하여는 더럽힐 수 있으며 이런 자는 스스로 정결하게 한 후에 칠 일을 더 지낼 것이요 성소에서 수종들기 위해 안뜰과 성소에 들어갈 때에는 속죄제를 드릴지니라 주 여호와의 말씀이니라" 아멘.

하나님께 가까이 나아가야 할 제사장이 시체로 인해 더러워지는 것이 기본적으로 금지됩니다. 예외로 부모, 자녀, 형제, 시집가지 않은 자매가 언급됩니다. 예외적으로 허락되었다 하더라도 장례를 치르고서는 일주일을 헤아려 기다린 다음, 속죄제를 드리고서야 성소에서 수종들 수 있습니다. 정결례를 드리기 전에는 안뜰에도, 성소에도 들어갈 수 없습니다. 안뜰에 들어갈 수 없다는 말은 지성물을 먹을 수 없다는 것도 포함합니다. 자격이 있어서 직분을 받은 사독 자손 제사장이 허락된 장례를 치른 것인데도 일주일을 기다리고 속죄제를 드려야 성소에서 수종들 수 있는데, 우상까지 섬긴 레위 자손이 자격 회복 없이 성소에서 수종 든다는 것은 44장 문맥에서는 가능하지 않습니다.

둘째로, 백성과 함께 우상을 숭배한 레위 자손은 바깥뜰에서 벌로써 백성을 섬기고, 사독 자손은 축복으로써 안뜰에서 하나님을 섬긴다는 부분도 적절하지 않습니다. 우선 성전 전체가 거룩합니다. 바깥뜰은 좀 더러워도 되고 안뜰은 더 깨끗해야 하는 것이 아닙니다. 거룩의 정도에 차이가 있을 수는 있지만 더러우면 안 됩니다. 하나님께서 들어오셨기 때문에 닫힌 동쪽 문은 바깥뜰에 있는 문입니다. 1-2절입니다. "그가 나를 데리고 성소의 동쪽을 향한 바깥 문에 돌아오시니 그 문이 닫혔더라 여호와께서 내게 이르시되 이 문은 닫고 다시 열지 못할지니 아무도 그리로 들어오지 못할 것은 이스라엘 하나님 나 여호와가 그리로 들어왔음이라 그러므로 닫아둘지니라" 아멘.

무슬림들은 유대인과 기독교인들의 메시야가 동쪽 문으로 들어오지 못하게 세 번에 걸쳐 예루살렘 성전 동쪽 문을 봉인했다고 합니다. 주후 6-7세기에 세워진 문인데, 810, 1187, 1541년 세 번에 걸쳐 봉인되었습니다. 어리석은 거죠. 에스겔 성전이 예루살렘에 있는 것이 아니고, 성육신하신 예수님을 가리킨다는 것을 알았다면, 굳이 성전산과 감람산을 이어주는 가장 좋은 길이 막히지는 않았을 테니까요. 지금도 감람산에서 성전산을 가려면 가장 짧고 좋은 길을 놔두고 돌아가야 합니다.

바깥문이 닫힌 걸 보니 바깥뜰도 거룩합니다. 그리고 백성과 함께 그릇 행한 레위 자손이 맡을 거라는 일이 무엇입니까? 11절을 보면, "백성의 번제의 희생물과 다른 희생물을 잡"는 일입니다. 제단이 안뜰에 있습니다. 그런데 어떻게 번제와 다른 희생물 잡는 일을 바깥뜰에서 할 수가 있습니까? 더구나 사독 자손들이 안뜰에서만 섬기는 것이 아닙니다. 19절을 보세요. "그들이 바깥뜰 백성에게로 나갈 때에는 수종드는 옷을 벗어 거룩한 방에 두고 다른 옷을 입을지니 이는 그 옷으로 백성을 거룩하게 할까 함이라" 아멘. 그들이 바깥뜰 백성에게로 나가기도 합니다. 그러니 백성과 함께 우상 숭배한 레위 자손은 바깥뜰에서 섬기고, 사독 제사장들은 안뜰에서 섬긴다는 생각은 적절하지 않습니다.

이처럼 부적절한 해석이 왜 나올까요? 제 생각에는 아직 해결되지 않는 히브리어 동사 형태의 이해 때문으로 보입니다. 이 동사가 무조건 미래를 가리킨다고 보기 때문에 이런 해석이 나옵니다. 11절과 14절이 어떻게 끝납니까? '수종들게 되리라, 맡기리라' 입니다. 이 동사 형태(바브 연속 완료, 베카탈티형, 도치 바브 완료)가 이런 뜻을 가질 수 있습니다. 그러나 '미래' 가 아니라 '상태와 조건' 으로 이런 뜻을 가질 수 있습니다.

그럼 11절과 14절을 다시 번역해봅니다. 10절이 레위 사람들이 백성들의 죄악을 담당한다고 끝났습니다. 11절 설명합니다. '그럼, 레위 사람들은 어떤 상태에 있었는가? 그들은 내 성전에서 섬기도록 정해져 있었다. 성전 문들에서 잘 살피고 지키도록 정해져 있었고, 성전에서 섬기도록 정해져 있었다. 그래서 그들은 번제물을 잡고, 백성들을 위해 제물들을 잡았었지. 그들은 백성 앞에 서서 그들을 섬겼다.' 그러면 12절과 잘 이어집니다. 어떻게 이어집니까? '백성을 위해' 라고 하는 부분이 잘 이어집니다. '내 성전' 즉, 하나님의 성전에서 섬기도록 정해져 있었는데, 백성을 섬긴다는 것이 아주 부정적이지는 않습니다. 그런데 사독 자손들에 대한 표현과 비교하면 '백성을 섬기는 것' 이 부정적으로 비칩니다. 15절 이하를 보세요. '사독의 자손 레위 사람 제사장들은 내 성소의 직분을 지켰은즉, 내게 가까이 나아와, 내 앞에서 서서, 내게 드릴지니라, 내 성소에 들어오며, 내 상에 가까이 나아와, 내게 수종들어, 내가 맡긴 직분을 지키되.' 19절을 보세요. "그들이 바깥들 백성에게로 나갈 때에는 수종드는 옷을 벗어 거룩한 방에 두고 다른 옷을 입을지니" 했습니다. 사독 자손들은 철저히 하나님을 섬기는 자, 하나님께 나아가는 자, 하나님과 친밀한 자로 표현됩니다.

반면, 백성과 함께 그릇 행한 레위 사람들은 그들이 하나님의 성전에서 섬기도록 정해져 있었음에도, 백성 앞에서 서서 섬겼다고 기술됩니다. 12절에도 '그들이 백성을 위하여 그 우상 앞에서 수종' 들었다고 말씀하십니다. 그들은 이스라엘 백성의 걸림돌이 되었습니다. 사실은 '죄악에 걸려 넘어지게 하였다' 와 '그 죄악을 담당하였느니라' 가 말씀드린 동사 형태를 갖습니다. 그런데 미래로 번역하지 않았지요. 13절 끝부분도 보세요. "그들이 자기의 수치와 그 행한 바 가증한 일을 담당하리라" 아멘. 이 레위 사람들이 자기의 수치와 그 행한 바 가증한 일을 담당할 것이라고 번역되었습니다.

이제 14절을 설명합니다. "그러나 내가 그들을 세워 성전을 지키게 하고 성전에 모든 수종드는 일과 그 가운데에서 행하는 모든 일을 맡기리라" 아멘. 처음에 나오는 '그러나' 때문에 앞선 내용과 반대가 되어야 한다고 생각할 수 있습니다. 그러나 아닙니다. 여기 쓰인 접속사는 매우 흔히 쓰이는 접속사로 '그리고' 라는 의미가 더 보편적입니다. 14절은 하나님께서 이들에게 성전을 지키고 성전에서 수종 드는 일, 그 가운데에서 행하는 모든 일을 맡기셨다는 내용을 전합니다. 그런데 그들이 하나님이 맡기신 일을 제대로 이행하지 않고 백성의 비위를 맞췄다는 것입니다. 마치 백성이 고객인 것처럼, 그들이 우상을 섬기자고 하면 우상을 섬기고, 자격이 없는 사람도 들이자고 하면 들였다는 말씀입니다. 그러니 백성을 섬긴 것이지 하나님을 섬긴 것이 아니라는 말씀입니다.

반면, 사독 자손들은 하나님께서 맡기신 일을 이행했습니다. 15절을 보세요. “사독의 자손 레위 사람 제사장들은 내 성소의 직분을 지켰은즉” 이렇게 말씀하십니다. 그래서 이들에게 민수기 18장에 나오는 제사장 직무와 같은 규례를 다시 주십니다. 이미 규례를 받은 레위 사람들 대부분이 이 규례를 버렸습니다. 그래서 그간 잘 지킨 이들에게 다시 규례를 주신 것입니다. 예선전 통과하고 본선 진출하는 이들에게 경기규칙을 다시 일러주는 것과 같습니다. 이들은 하나님 앞에서 하나님을 섬겨야 합니다. 심지어는 하나님 앞에서 입는 옷이 사람들이 있는 곳에서의 옷과 달라야 합니다. 옷매무새도 정해져 있습니다. 머리 모양도 마음대로 하면 안 됩니다. 안뜰에 들어갈 때는 포도주도 마시면 안 됩니다. 결혼도 아무나하고 하면 안 됩니다. 백성에게 거룩한 것과 속된 것의 구별을 가르쳐야 하고, 부정한 것과 정한 것을 알려줘야 합니다. 분쟁을 해결하되, 정해진 대로 지키고, 안식일을 거룩하게 유지해야 합니다. 장례식에도 함부로 가면 안 됩니다. 장례식에 참가했으면 속죄제를 드려야 합니다. 그들은 하나님 외의 다른 기업이나 산업을 가지면 안 됩니다.

먹거리도 정해져 있습니다. 44장 29-30절입니다. “그들은 소제와 속죄제와 속건제의 제물을 먹을지니 이스라엘 중에서 구별하여 드리는 물건을 다 그들에게 돌리며” 아멘. 소제, 속죄제, 속건제의 제물 다음에 나오는 ‘이스라엘 중에서 구별하여 드리는 물건’이 헤렘입니다. ‘이스라엘의 모든 헤렘은 다 그들의 것이다.’ 말씀하셨습니다. 첫 소산도 그들 몫이라고 하십니다.

이제 44장을 정리할 수 있겠습니다. 하나님께서는 이스라엘 백성들이 정해주신 바를 어기고 자격 없는 이들이 성전에 들어오도록 허락한 것에 대해 매우 심각하게 다루십니다. 백성들과 함께 그릇 행한 레위 사람들을 심판하셨다고, 하시겠다고 말씀하십니다. 사독 자손들이라 하더라도, 하나님을 섬기는 자리를 벗어나 백성의 비위를 맞추는 상태에 빠지면, 동일한 심판을 받을 것입니다. 말라기를 보면 이 일이 이미 일어났습니다. 하나님께서는 재건된 성전에서 직무를 맡은 사독 제사장들을 “내 이름을 멸시하는 제사장들”이라고 부르십니다(말 1:6). 더러운 떡을 하나님의 제단에 드렸다고 하십니다(1:7). 저는 것, 병든 것을 드리는 그들에게 ‘그 제물을 총독에게 갖다줘라! 그들이 받겠나?' 물으십니다(1:8). 얼굴에 똥을 바르시겠다고도 하십니다(2:3).

그러니 에스겔에게 마음에 두고, 눈으로 보고, 귀로 잘 들으라고 명하십니다. 5절입니다. "여호와께서 내게 이르시되 인자야 너는 전심으로 주목하여 내가 네게 말하는 바 여호와의 성전의 모든 규례와 모든 율례를 귀로 듣고 또 성전의 입구와 성소의 출구를 전심으로 주목하고" 아멘. '전심'에 '마음'이 있고, '주목'에 '눈'이 있습니다. 입구이면서 출구이기도 한, 성전 문에 마음을 두라고 명하십니다. 이어 하나님께 가까이 나아올 자들에게 규례를 주셨습니다. 가장 중요한 규례가 무엇입니까? '하나님과의 친밀함'입니다. '백성과의 친밀함'이 아니고 '하나님과의 친밀함'입니다. '은밀함'마저 느껴집니다. 겉으로 드러나지 않는 숨겨진 친밀함이 있습니다. 이들이 제물을 먹는 것이 바깥뜰에서는 전혀 볼 수가 없습니다. 안뜰 가장 안쪽 건물 안에서 먹으니까요. 이들의 옷을 만져볼 수도 없습니다. 이들 자신도 안뜰에 들어가는 것은 매우 조심스러운 일입니다.

이처럼 44장에서 '책임 맡은 이'와 '책임 맡은 이들' 사이의 관계가 '하나님과의 친밀함' 주제로 넘어간 다음에, 45장에서 '책임 맡은 이들의 헌신' 주제로 돌아옵니다. 드려짐이죠. '책임을 맡았다.' 하는 표현 자체가 '헌신'을 표현합니다. '들렸다'는 '십자가를 졌다'와도 연결됩니다. 그래서 45장에는 '드린다, 예물' 이런 표현이 많이 나옵니다. 거룩한 구역과 성읍의 기지(基地)도 '드렸다'고 표현합니다. 1절입니다. "너희는 제비 뽑아 땅을 나누어 기업으로 삼을 때에 한 구역을 거룩한 땅으로 삼아 여호와께 예물로 드릴지니 그 길이는 이만 오천 척이요 너비는 만 척이라 그 구역 안 전부가 거룩하리라" 아멘. 여기 '예물'은 '든 제물'로 '거제'입니다. 땅을 들어 드리기는 어렵다고 생각하여 '예물'이라고 번역했지만, 레위기 등에서 이 단어는 '거제'로 번역됩니다. 불로 태워드리는 '화제'도 아니고, 흔들어 드리는 '요제'도 아니고 '들어서 드리는 제물'이 '거제'입니다. 성소가 있고 제사장들이 사는 지역이 '거제'입니다.

또 무엇이 거제일까요? 13-15절을 보면, 소산물 가운데 60분의 1, 기름의 100분의 1, 가축 200마리 가운데 한 마리가 '거제'입니다. 호멜은 고체를 재는 단위입니다. 고르는 액체를 재는 단위입니다. 에바는 호멜의 10분의 1이니, 육분의 일 에바는 60분의

1 호멜입니다. 그러므로 밀과 보리는 수확물의 60분의 1을 거제로 드립니다. 기름은 한 고르를 짜면 60분의 1고르 즉, 6분의 1밧을 거제로 드립니다. 초장의 가축 떼 이백 마리에서는 어린양 한 마리를 거제로 드립니다. 이 거제가 '소제와 번제와 감사 제물' 이 됩니다. '거제' 는 죽지 않습니다.

그리고 이 거제는 '그 책임 맡은 이' 의 몫입니다. 16절입니다. "이 땅 모든 백성은 이 예물을 이스라엘의 군주에게 드리고" 아멘. 제사장들의 몫은 44장 29-30절에 있습니다. "그들은 소제와 속죄제와 속건제의 제물을 먹을지니 이스라엘 중에서 구별하여 드리는 물건을 다 그들에게 돌리며 또 각종 처음 익은 열매와 너희 모든 예물 중에 각종 거제 제물을 다 제사장에게 돌리고 너희가 또 첫 밀가루를 제사장에게 주어 그들에게 네 집에 복이 내리도록 하게 하라" 아멘. 이 거제는 '책임 맡은 이' 의 몫입니다. 이 거제를 '책임 맡은 이' 에게 돌리는 이유가 있습니다. '책임 맡은 이' 가 제물을 준비하고 드릴 책임이 있기 때문입니다. 45장 17절입니다. "군주의 본분은 번제와 소제와 전제를 명절과 초하루와 안식일과 이스라엘 족속의 모든 정한 명절에 갖추는 것이니 이스라엘 족속을 속죄하기 위하여 이 속죄제와 소제와 번제와 감사 제물을 갖출지니라" 아멘. 곡식과 기름과 가축이 '책임 맡은 이' 에게 '거제' 로 넘겨졌으니, 모든 것이 살아 있습니다. 그러므로 곡식은 갈아서 소제로, 기름은 전제로, 가축은 번제, 속죄제, 감사 제물로 드려질 수 있습니다.

그런데, 여기서 생각할 것이 있습니다. 제사장도 예수님을, 군주라 표현된 '책임 맡은 이' 도 예수님을 가리킨다는 점입니다. 에스겔 성전에서 가장 중요한 역할을 하는 제사장과 '책임 맡은 이' 는 둘 다 그리스도를 가리킵니다. '책임 맡은 이' 의 가장 중요한 업무가 제사입니다. 스가랴서에서 제사 직과 왕 직이 연합될 것이 예언된 것과 유사합니다(슥 4:3, 11-14, 6:13 참조). 에스겔서에서는 성전과 성읍의 분리, 제사장과 다스리는 자의 분리를 매우 엄격하게 표현함으로써 역사를 바로잡을 뿐 아니라, 결국은 두 직이 만날 것을 여러 측면에서 말씀합니다.

에스겔 45장을 정리해봅니다. '책임 맡은 이' 의 역할입니다. 그분은 하나님께 드려진 제사장 기업 동서쪽의 땅, 레위인 기업 동서쪽의 땅, 백성들이 예배드리러 올 때 머무는 성읍 기지 동서쪽의 땅을 기업으로 받습니다. 약속의 땅에서 드려진 부분을 보호하는 분입니다. 그분에게는 압제, 포학, 겁탈이 없습니다. 그분은 기준을 통일하십니다. 기준을 바로 세우실 것입니다. 1마네가 백성들을 위한 것이라는 표현에서 '한 사람의 드려짐' 을 생각할 수 있기에, 그분이 자신을 하나님께 드린다고 볼 수 있습니다. 백성들은 그분께 거제를 드립니다. 밀과 보리 60분의 1, 기름 100분의 1, 가축 200분의 1입니다. 그분의 가장 중요한 직무는 하나님께 드릴 예물을 준비하는 것입니다. 성전이신 그분, 영광과 제단이신 그분이 제물을 준비하십니다. 그분의 시간이 역사의 시간입니다. 성육신과 공생애와 유월절 제물 되심이 지나면 재림하실 것입니다.

친밀함은 제사장의 섬김에서, 헌신은 책임을 맡은 자 '나시' 에게서 읽을 수 있습니다. '왕초' 나 '두목' 이라고 부를 수 있는 '나시' 는 왕궁을 가지지 않습니다. 성도 가지지 않습니다. 그의 주된 직무는 제사입니다. 무엇보다도 그는 백성과 함께 있습니다. 46장 10절입니다. "군주가 무리 가운데에 있어서 그들이 들어올 때에 들어오고 그들이 나갈 때에 나갈지니라" 아멘. 백성이 예배드릴 때 그들 가운데 있는 군주입니다. '군주 통한 여호와 삼마' 입니다.

'여호와 삼마' 는 에스겔서의 마지막 표현입니다. 48장 35절에 있습니다. "그 사방의 합계는 만 팔천 척이라 그 날 후로는 그 성읍의 이름을 여호와삼마라 하리라" 아멘. 각주에 보면, "여호와께서 거기 계시다" 이렇게 뜻이 적혀 있습니다. 그런데, 한 번만 더 생각해보면, '여호와께서 거기 계시다' 가 아닙니다. '삼마' 는 '거기로' 라는 뜻입니다. '샴' 이 '거기' 이고, '샴마' 는 '거기로' 입니다. 동사는 생략되어 있습니다. 에스겔 40장부터의 내용을 통해 동사를 넣어본다면, '임하신다' 입니다. '영광과 제단으로 임하시는 하나님' 입니다. '에스겔 성전으로 임하시는 하나님' 이십니다. 그러니 '여호와 삼마' 는 '여호와께서 거기로 {임하신다.}' 하는 뜻을 가진다고 보는 것이 적절합니다. 영광과 제단, 제물이 만나는 그곳, 하나님과의 친밀함이 있고, 하나님 향한 헌신이 있는 그곳에서 하나님을 예배하기 위해 백성들이 모이는 성읍 그곳으로 하나님께서 임하십니다. 그래서 예배자들이 모이는 그 성읍의 이름이 '여호와 삼마' 입니다.

이제 에스겔 성전이 어느 정도 정리되었습니다. 특별히 '군주' 라 번역된 부분이 정리됩니다. 백성과 함께 하는 군주, 성전 자체이고 제단 자체인 군주, 이 군주는 예수 그리스도이십니다. 자신을 위해 왕궁을 짓지 않으시고 자신을 제물 삼으신 예수님이십니다. 절기를 조정하시는 분입니다. 1월 1일, 1월 7일, 1월 14일, 7월 15일의 절기를 중시하십니다. 그분의 초림, 공생애 사역, 십자가 죽음, 재림이 절기로 드러납니다.

또한, 에스겔 46장과 민수기 28장을 비교해보면 차이점들이 있습니다. 순서만 다른 것이 아니라 거의 모든 부분에서 차이가 나기에 자세히 살펴보는 것이 좋겠습니다. 두 가지 차이를 1-8절에 있는 안식일과 초하루 즉 월삭 부분과 관련하여 살펴봅니다. 첫째 차이는 46장 3절에 있습니다. "이 땅 백성도 안식일과 초하루에 이 문 입구에서 나 여호와 앞에 예배할 것이며" 아멘. 본래 백성은 삼대 절기인, 유월절, 오순절, 초막절에 하나님께 나오면 되었습니다. 그런데, 안식일과 초하루에도 성전 안뜰 동쪽 문 입구에서 예배하라 하십니다. 사실상 이렇게 하는 것은 불가능합니다. 성전에서 멀리 떨어져 사는 사람은 왕복 400킬로미터 이상을 이동해야 합니다. 걸어서 이동한다면 열흘은 걸립니다. 월삭이야 어떻게 해 본다 해도 안식일마다 오기는 어렵습니다. 말이나 병거를 타면 가능하겠지요. 그럼에도, 거의 매일 이동만 하게 될 것입니다. 자동차를 타고 고속도로로 이동하는 오늘날이라 해도 200킬로미터 떨어진 교회를 매주 출석하기는 어려울 것입니다. 그래서 3절을 축소 해석하면, '백성이 안식일과 초하루에 예배드리러 온 경우, 안쪽에서 예배드리는 군주와 달리 안뜰 동쪽 문 입구에서 예배드리라' 는 의미로 이해하는 것이 좋겠습니다. 성전 가까이 사는 백성이나 성읍에 사는 '성읍 봉사자' 의 경우에는 안식일과 초하루에도 예배를 드릴 수 있겠습니다.

2절에 '군주가 예배드리는 위치' 가 나옵니다. "군주는 바깥 문 현관을 통하여 들어와서 문벽 곁에 서고 제사장은 그를 위하여 번제와 감사제를 드릴 것이요 군주는 문 통로에서 예배한 후에 밖으로 나가고 그 문은 저녁까지 닫지 말 것이며" 아멘. '군주가 예배드리는 위치' 는 안뜰 동쪽 문 주랑 부분일 수도 있고, 성전 외전 입구일 수도 있습니다. 후자일 가능성은 드물게 사용된 '문지방' (겔 9:3; 10:4; 46:2; 47:1) 때문에 생깁니다. 47장 1절에 보면 물이 문지방에서 나온다고 했는데, 그 문지방이라는 단어가 2절에는 '통로' 로 번역되어있기 때문입니다.

두 번째 차이는 '드리는 제물' 의 차이입니다. 민수기 28장에는 안식일에 일 년 된 어린양(우리말 번역에는 '숫양' 이라 되어있음) 두 마리, 한 마리당 밀가루 10분의 2에바,

기름(아마 3분의 1힌)을 드립니다. 힌은 6분의 1에바입니다. 4리터 정도입니다. 계산하면 밀가루 16리터, 기름 2.5리터입니다. 46장을 보면, 군주의 안식일 번제는 어린양 여섯 마리, 숫양 한 마리이고, 숫양에 밀가루 1에바, 기름도 1힌이라 했습니다. 어린양은 힘대로 하라 했지만, 14절에 있는 상번제의 방식을 기준으로 삼으면, 여섯 마리에 밀가루 1에바, 기름 2힌이 됩니다. 계산하면 밀가루 44리터, 기름 8리터입니다. 전체적으로 세 배 정도 더 드립니다.

초하루 제물은 조금 더 복잡합니다. 민수기 28장에는 수송아지 두 마리, 숫양 한 마리, 어린양 일곱 마리를 드리고, 밀가루가 각각 10분의 3, 10분의 2, 10분의 1에바이기에 33리터 정도이고, 기름이 각각 2분의 1힌, 3분의 1힌, 4분의 1힌이기에 12리터 정도입니다. 46장에는 수송아지 한 마리, 어린양 여섯 마리, 숫양 한 마리에, 밀가루 1에바, 힘대로, 1에바이니 어린양에 상번제만큼 드리면 밀가루 66리터이고, 기름이 각각 1힌, 힘대로, 1힌이니 어린양에 상번제만큼 드리면 기름 16리터 정도입니다. 밀가루는 두 배, 기름은 1.3배 정도입니다.

셋째 차이는 12절에 있습니다. "만일 군주가 자원하여 번제를 준비하거나 혹은 자원하여 감사제를 준비하여 나 여호와께 드릴 때에는 그를 위하여 동쪽을 향한 문을 열고 그가 번제와 감사제를 안식일에 드림 같이 드리고 밖으로 나갈지며 나간 후에 문을 닫을지니라" 아멘. 군주의 자원 번제와 자원 화목제입니다. 역시 위치가 문제인데, 두 가지 가능성에 대해서는 이미 말씀드렸습니다. 안뜰 동쪽 문 주랑 부분일 수도 있고, 성전 외전 입구일 수도 있습니다. 군주의 제사가 매우 중요하게 언급됩니다. 에스겔 성전의 중요한 특징으로 문을 말씀드렸는데, 집으로 세워진 이 문들은 솔로몬 성전에 있는 주랑의 확장입니다. 주랑은 성전 외전 앞에 있는 통로입니다. 현관과 같은 곳이죠. 그러한 현관이 여섯 개나 추가됩니다.

마지막으로 상번제에 차이가 있습니다. 본래 아침저녁으로 어린양 한 마리씩 드리게 되어 있고 밀가루 10분의 1에바, 기름 4분의 1힌을 드리게 되어 있습니다. 그런데 아침마다 어린양 한 마리에, 밀가루 6분의 1에바, 기름 3분의 1힌을 드리라 하십니다. 전체적으로 더 적게 드립니다. 그리고 강조는 '아침마다'에 있습니다. 46장 13-15절입니다. "아침마다 일년 되고 흠 없는 어린 양 한 마리를 번제를 갖추어 나 여호와께 드리고 또 아침마다 그것과 함께 드릴 소제를 갖추되 곧 밀가루 육분의 일 에바와 기름 삼분의 일 힌을 섞을 것이니 이는 영원한 규례로 삼아 항상 나 여호와께 드릴 소제라 이같이 아침마다 그 어린 양과 밀가루와 기름을 준비하여 항상 드리는 번제물로 삼을지니라" 아멘. 민수기에서는 '아침에, 저녁에' 라는 표현이 나옵니다. 에스겔서 46장에는 '아침에, 아침에' 이렇게 나옵니다. '아침에' 가 두 번 나오니, '아침마다' 라고 번역했지만, '아침과 저녁' 이 아니라, 아침에 두 번 드리는 것일 수도 있습니다. 그리 보면 양이 조금 늘어납니다.

왜 상번제를 아침에만 드리라고 하실까요? 예수님이 아침 상번제 드리는 시간에 십자가에 달리셨고 저녁 상번제 드리는 시간에 돌아가심으로, 아침에 드려지셨기 때문이 아닐까 생각합니다. 이처럼 예배에 변화가 있습니다. 지금 세계 교회는 예배에 생긴 변화를 힘들어합니다. 이럴 때일수록 예수님께 집중할 수 있으면 좋겠습니다. 그래서 에스겔 성전의 예배 변화를 자세히 살펴보았습니다.

다음 부분은 군주에게 준 기업에 관한 내용입니다. 아들에게만 영원히 줄 수 있고, 종들에게 준 것은 희년 때 반납된다는 내용입니다. 마지막 46장 19절부터는 '제물을 삶고 굽는 장소' 에 대한 내용입니다. 속건제와 속죄제 제물과 이와 함께 드려지는 소제는 성전 북서쪽에 있는 곳에서 삶고 굽습니다. 제물 가운데 백성의 몫에 해당하는 부분은 바깥뜰의 네 모퉁이에서 삶습니다. 제사장 몫에 속한 것은 제사장의 방에서만 먹을 수 있습니다. 그래서 제사장의 방 옆에서 삶고 굽습니다.

정리하면, 예배 변화의 핵심에 예수님이 계십니다. 절기 변화, 상번제 변화, 군주의 자원 번제, 자원 화목제, 군주의 기업 등 모든 변화의 중심에 예수님이 계십니다. 에스겔 성전이 예수님이시고, 영광과 제단과 제물이 예수님이시고, 대제사장과 군주가 예수님이시며, 모든 변화의 중심에 예수님이 계십니다. 우리의 예배가 달라져야 한다면 그 이유는 오직 예수님이어야 하고, 우리 삶이 달라져야 한다면 그 이유 또한 오직 예수님이셔야 합니다.

이제 다니엘로 넘어갑니다. 다니엘 1장 1절입니다. "유다 왕 여호야김이 다스린 지 삼 년이 되는 해에 바벨론 왕 느부갓네살이 예루살렘에 이르러 성을 에워쌌더니" 아멘. 이 부분이 예레미야 25장 1절과 달라 보입니다. "유다의 왕 요시야의 아들 여호야김 넷째 해 곧 바벨론의 왕 느부갓네살 원년에 유다의 모든 백성에 관한 말씀이 예레미야에게 임하니라" 아멘. 표현 상 '한 해' 정도 차이가 납니다. 이유는 에스겔은 유대 방식을 따라 직무 시작을 기준으로 하였고, 다니엘은 바벨론 방식을 따라 '왕 즉위식'을 기준으로 삼았기 때문입니다.

우리는 다니엘이 어떠했는지 잘 알고 있습니다. 그의 지혜, 결단, 활약상을 잘 압니다. 이번에는 에스겔과 비교하면서 읽으면 좋겠습니다. 그리고 2장 1절부터 7장 28절까지는 아람어로 되어 있고, 8장 1절부터 다시 히브리어로 기록된 것도 고려해보면 좋겠습니다.

다니엘 2장 1절입니다. "느부갓네살이 다스린 지 이 년이 되는 해에 느부갓네살이 꿈을 꾸고 그로 말미암아 마음이 번민하여 잠을 이루지 못한지라" 아멘. 느부갓네살은 주전 605년 9월에 왕이 되었습니다. 그러나 다니엘의 기록방식을 따르니, 2장의 일은 603년의 일입니다. 에스겔이 포로로 끌려오기 전이군요. 3-4장이 어느 때의 일인지는 알 수 없지만, 분명한 것은 느부갓네살이 하나님에 대해 깨달을 수 있었다는 것입니다. 그럼에도 벨사살은 하나님을 업신여겼고 바벨론은 망했습니다. 주전 539년입니다. 느부갓네살의 외손자이지요. 6장의 다리오는 메대 왕 다리오입니다. 다니엘은 벨사살 왕 때의 환상을 7장에 소개한 다음에, 이어지는 환상과 해석은 히브리어로 소개합니다. 9장은 다니엘의 기도를 10장은 고레스 3년(주전 536년 3-4월에서 535년 3-4월)에 본 환상을 소개합니다.

다니엘서는 다음 과에서 더 살펴보도록 하지요. 우리가 '예수께서 중심이 되는 삶'을 살기를, 우리가 '균형 잡힌 삶'을 살 수 있기를 기도합니다.

질의와 응답

하나. “에스겔 37장의 마른 뼈 환상이 38장의 마곡 전쟁으로 이어집니다. 어떤 흐름인가요?”

마른 뼈 환상은 백성의 회복을 말합니다. 마곡 전쟁은 대적의 멸망을 말합니다. 이어지는 에스겔 성전은 예수님을 보여줍니다. 회복된 백성들이 마곡 전쟁에서 어떻게 살 것인지 알 수 있습니다. 예수님이 임하실 것이기에 하나님과의 친밀함에 힘쓰며 삽니다.

둘. “에스겔 성전에 대한 말씀이 설계도처럼 쓰인 적이 있을까요? 스룹바벨 성전 재건 때 에스겔 성전이 고려되었을까요? 헤롯은 어떤가요?”

에스겔은 이미 지어져 있는 성전을 측량합니다. 스룹바벨 성전은 이전 솔로몬 성전의 재건이었습니다. 헤롯이 스룹바벨 성전을 증축할 때 에스겔 성전의 모습을 염두에 두었을 수 있습니다. 전체 넓이를 비슷하게 한 면에서도 그렇고, 문이 여러 개인 점, 뜰을 여러 개로 나눈 점, 주랑을 크게 한 점에서 그렇습니다.

셋. “예수님과 스데반이 성전에 관해 얘기할 때, 왜 에스겔 성전을 인용하지 않았을까요? 예수님도 에스겔 성전을 생각하셨을까요?”

예수님에 대해 잘 알고 나니, 에스겔 성전이 예수님을 가리킨다는 것을 알 수 있었습니다. 그러기에 예수님이 에스겔 성전을 얘기하셔도 당시 사람들이 잘 이해하기는 어려웠을 것으로 보입니다. 그리고 예수님과 스데반 당시 성전은 스룹바벨 성전의 연장선 위에 있었기에, 이사야서와 예레미야서 등에 있는 성전 관련 내용을 인용하시는 것으로 충분했을 것으로 생각합니다. 그리고 예수님께서 에스겔 성전을 당연히 생각하셨겠죠. 예수님께서 자신을 ‘인자(人子)’ 라고 부르셨는데, ‘예수님의 인자 되심’ 은 에스겔서에 쓰이는 ‘인자 호칭’ 과 깊은 관련이 있기 때문입니다. 하나님께서 에스겔 선지자를 ‘인자’ 라고 부르시지요. 조사무엘 목사님이 “신약성경의 ‘그 인자’ 연구”라는 논문을 이번에(총신대 일반대학원 석사, 2023년) 썼는데, 참고하시면 되겠습니다.

Weekly Reading

43

다니엘 11장 – 아모스 2장

"비정상이 정상이 된 세상에서"

단 11-12장,호1장	호 2-4장	호 5-7장	호 8-10장	호 11-13장	호 14장, 욜1-2장	욜 3장, 암1-2장

check

이번 통독은 다니엘 11장에서 아모스 2장까지입니다. 역사를 거슬러 올라갑니다. 다니엘은 포로로 바벨론에 끌려갔고, 유다의 멸망, 바벨론의 멸망, 메대-바사 제국의 일어남을 보았습니다. 그런데 호세아는 북국 이스라엘이 망하기 직전의 상황을 보여줍니다. 주전 8세기 후반이지요. 요엘이 어느 시기에 활동했는지는 알기 어렵습니다. 그러나 '여호와의 날' 에 대한 내용이 중요한 것과, "유다와 예루살렘 가운데에서 사로잡힌 자들 돌아오게 할 그 때"(3:1)에 대해 말씀하시는 것과, '시온' 과 '예루살렘' 이 중요하게 언급되는 것을 보면, 이사야서와 비슷하게 남국 유다에 대한 근본적인 메시지가 담겨 있다고 볼 수 있겠습니다. 이어 아모스는 다시 북국 이스라엘의 문제를 다룹니다. 다만, 시점이 "여로보암의 시대 지진 전 이년"(1:2)과 같이 협소하다는 점, 아모스가 남국 유다의 '목자, 뽕나무 재배자' 로서(7:14) 북국 이스라엘에게 주신 말씀을 전달한다는 점이 독특합니다.

비정상이 정상이 된 세상에서

I.
어브노말(abnormal)이 노말(normal)이 된 세상에서
밀접접촉을 죄악시하는 세상에서

모든 질서가 재해석되는 세상에서
다니엘, 호세아, 요엘, 아모스를 읽습니다.

II.
나라 잃은 백성으로 제국의 흥망성쇠를 겪으면서
나라마저 우상이 될 수 있다는 것을 깨달으면서
제국을 넘어서는 비정상(非正常)의 정상(頂上)을 봅니다.
그는 '별과 같이' 빛날 것입니다(단 12:3).

III.
하나님 백성이 하나님을 사랑하지 않고
아내가 남편을 사랑하지 않는 상황에서
하나님의 '비정상적인 사랑'을 호세아는 깨닫습니다.
모두에게 열려 있는 사랑입니다.

IV.
재앙이 일상인 세상에서
여호와의 날을 요엘이 배웁니다.
모두가 성령 충만한 그날이
일상이 정상적으로 회복되는 날입니다.

V.
하나님의 백성이 말씀을 떠나니
열방은 비정상 일색입니다.
남쪽의 목자 북쪽까지 가서 예언하며
정상(正常)이 일상이 되게 하라고 외칩니다.

VI.
정상 수업, 정상 영업, 정상 예배
모두가 정상을 바라는 것 같지만,
우리 마음이 정상인지를 먼저 살펴야 하고,
혹시 비정상을 정상으로 오해하고 있는지도 점검해야 합니다.

태너는 다니엘서를 1장, 2-6장, 7-12장으로 나누면서, 7장이 두 번째 부분과 세 번째 부분을 연결해준다고 설명합니다.[1] 우선, 1-6장에서는 3인칭 화자가, 8-12장에서는 1인칭 화자가, 7장에서는 두 화자가 함께 말하는 것을 지적합니다. 2-6장은 '이방 제국에 대한 하나님의 주권' 이 주제라면, 7-12장은 '비전' 이 주제입니다. 1장에서는 다니엘과 세 친구가 소개되고, 2장에서는 꿈과 해석이 나오고, 3장에서는 우상 숭배 거부가 나오며, 4장과 5장에서는 각각 느부갓네살과 벨사살 왕의 낮아짐이 나오고, 6장에서는 '기도 멈춤 거부' 가 나옵니다. 7장에는 네 짐승 환상이, 8장에는 양과 염소 환상이, 9장에는 70이레 환상이, 10-12장에는 적그리스도인 안티오쿠스 에피파네스 4세에 대한 환상이 주어집니다. 1-6장의 역사에서 배울 것이 있습니다. 비전은 이미 실현되기 시작되었고(7장), 앞으로 닥쳐올 비전(8-12장)은 히브리어로 기록됩니다.

6장 1절과 9장 1절에 나오는 다리오는 고레스 왕과 동시대 사람으로, 고레스의 외삼촌인 사이악사레스 2세(Cyaxares II, Darius the Mede)로 보는 것이 좋겠습니다.[2] 메대 왕이었던 아스티아게스(Astyages)의 아들이면서, 고레스의 어머니인 메대 공주의 남자 형제이지요. 이 견해는 헬라 역사가 크세노폰(Xenophon, 주전 430-355/354년경)과 제롬을 따른 것이고, 헬라 역사가 헤로도투스(Herodotus, 주전 484-425년경)를 따르지 않은 것입니다. 다니엘 5장 31절에 따르면, 이 '다리오' 는 주전 539년에 62세였습니다. 고레스는 자신의 외삼촌을 바벨론의 왕으로 추대한 것으로 보입니다. 이 '다리오' 는 바벨론의 통치자가 되면서 메대와 자신의 큰 딸을 고레스에게 주고 2년 정도 바벨론을 다스린 것으로 보입니다. 그러므로 6장 28절에서 "이 다니엘이 다리오 왕의 시대와 바사 사람 고레스 왕의 시대에 형통하였더라"는 말씀은 다니엘이 바벨론을 2년 간 다스린 '다리오' 때에, 동시에 고레스가 메대와 바사를 다스리던 시대에 형통했음을 말해줍니다. 10장 1절에서 "바사 왕 고레스 제삼년"의 시기의 일을 특별히 언급하는데, 이때는 그 '다리오' 가 죽고 고레스가 바벨론까지 다스리게 된 시기와 연관됩니다. 그 '다리오' 의 '통치 원년' 이 9장 1절에 나오는데, 이때는 왕이 되고 해가 바뀐 다음

1) J. Paul Tanner, *Daniel*, Evangelical Exegetical Commentary (Bellingham, WA: Lexham Academic, 2020), 30-35.

2) Tanner, *Daniel*, 45-62.

인 주전 538년 니산월(3월 12일 또는 4월 11일부터 4월 10일 또는 5월 10일까지) 1일부터 1년간을 가리키겠습니다. 11장 1절의 '다리오 원년' 도 같은 시기를 가리킵니다.

다니엘은 느부갓네살(주전 605-562년 재위, 1-4장), 벨사살(주전 553-539년 재위, 5장), 다리오(6장)가 왕일 때의 얘기를 통해, 하나님의 어떤 분인가를 알려줍니다. 바벨론에 있는 유다 백성도 알 수 있도록 아람어로 기록했습니다. 그리고는 벨사살(7-8장), 다리오(9장), 고레스(10-12장) 왕 때 주어진 환상에 대해서는 히브리어로 바꿔 기록합니다. 장차 일어날 일에 대해서는 일부 사람들만 알도록 한 것이죠.

첫째 환상인 다니엘서 7장은 주전 553년인 벨사살 원년에, 둘째 환상인 8장은 주전 550년인 벨사살 제3년에, 셋째 환상인 9장은 다리오 원년인 주전 539-538년(양력으로)에, 넷째 환상인 10-12장은 고레스 삼년인 주전 536-535년에 주어졌습니다. 첫째 환상은 네 제국이 아니라 '인자와 같은 이' (7:13)가 다스리는 나라가 영원할 것을 보여줍니다. 둘째 환상은 안티오쿠스 에피파네스 4세(주전 175-164년 재위)에 의한 박해에 대해 미리 말씀하십니다. 마카비 혁명과 연관되는 시기입니다. 셋째 환상은 이스라엘의 역사를 70주간으로 보여주십니다. 넷째 환상은 앞서 주어진 세 개의 환상을 다시 종합해서 보여줍니다.

다니엘서의 마지막 구절입니다. "너는 가서 마지막을 기다리라 이는 네가 평안히 쉬다가 끝날에는 네 몫을 누릴 것임이라"(12:13) 아멘. 젊은 날 포로로 끌려와서 70년 정도를 타향에서 지낸 다니엘에게 주신 축복입니다. 비록 예루살렘으로 귀환하지는 못했지만, 그는 유다 백성의 귀환을 보았습니다. 70년 회복 약속의 실현을 보았습니다. 그리고 영원한 안식에 대한 약속을 받았습니다.

이제 역사를 거슬러 북국 이스라엘과 남국 유다로 분단되었던 때로 돌아갑니다. 열두 소선지서의 시작이지요. 호세아입니다. 고멜의 남편으로 유명한 호세아는 하나님의 명령에 따라 '음란한 여자' 를 아내로 맞이하고, '음란한 자식' 을 낳습니다. 호세아 1장 2-9절입니다. "여호와께서 처음 호세아에게 말씀하실 때 여호와께서 호세아에게 이르시되 너는 가서 음란한 여자를 맞이하여 음란한 자식들을 낳으라 이 나라가 여호와를 떠나 크게 음란함이니라 하시니 이에 그가 가서 디블라임의 딸 고멜을 맞이하였더니 고멜이 임신하여 아들을 낳으매 여호와께서 호세아에게 이르시되 그의 이름을 이스르엘이라 하라 조금 후에 내가 이스르엘의 피를 예후의 집에 갚으며 이스라엘 족속의 나라를 폐할 것임이니라 그 날에 내가 이스르엘 골짜기에서 이스라엘의 활을 꺾으리라 하시니라 고멜이 또 임신하여 딸을 낳으매 여호와께서 호세아에게 이르시되 그의 이름을 로루하마라 하라 내가 다시는 이스라엘 족속을 긍휼히 여겨서 용서하지 않을 것임이니라 그러나 내가 유다 족속을 긍휼히 여겨 그들의 하나님 여호와로 구원하겠고 활과 칼이나 전쟁이나 말과 마병으로 구원하지 아니하리라 하시니라 고멜이 로루하마를 젖뗀 후에 또 임신하여 아들을 낳으매 여호와께서 이르시되 그의 이름을 로암미라 하라 너희는 내 백성이 아니요 나는 너희 하나님이 되지 아니할 것임이니라" 아멘.

2남 1녀를 낳았군요. 그런데 자녀들의 이름이 주어집니다. 맏아들의 이름은 이스르엘입니다. 아합 집을 멸했던 예후의 집이 망할 것입니다. 예후는 이스르엘에서 아합의 아들 요람과 아합 집에 속한 자들을 모두 죽입니다(왕하 8:29-10:11). 이 피가 예후 집으로 돌아갈 것입니다. 큰딸의 이름 로루하마는 '긍휼히 여김을 받지 못할' 이스라엘을 가리킵니다. 둘째 아들 '로암미'는 '내 백성이 아니라'는 의미로 역시 이스라엘을 가리킵니다.

이스라엘은 망할 것입니다(4-11장). 6장 6절은 하나님의 마음을 잘 표현합니다. "나는 인애를 원하고 제사를 원하지 아니하며 번제보다 하나님을 아는 것을 원하노라" 아멘. 바알 숭배는 '제사'가 중요했습니다. 제사만 드리면 바알에게서 얻고 싶은 풍요를 얻을 수 있다고 믿었습니다. 이런 생각이 하나님께도 적용됩니다. 그러나 하나님은 '생각과 삶'이 바뀌지 않는 한, 풍요를 주시지 않습니다. 하나님은 '인애, 자비(헤세드)'를 원하십니다. 그런데 그들은 피상적입니다. 6장 1-3절입니다. "오라 우리가 여호와께로 돌아가자 여호와께서 우리를 찢으셨으나 도로 낫게 하실 것이요 우리를 치셨으나 싸매어 주실 것임이라 여호와께서 이틀 후에 우리를 살리시며 셋째 날에 우리를 일으키시리니 우리가 그의 앞에서 살리라 그러므로 우리가 여호와를 알자 힘써 여호와를 알자 그의 나타나심은 새벽 빛 같이 어김없나니 비와 같이, 땅을 적시는 늦은 비와 같이 우리에게 임하시리라 하니라" 아멘. 회개만 하면, 2-3일 내로 회복을 주신다고 말합니다. 그러나 이러한 회개는 "아침 구름이나 쉬 없어지는 이슬"과 같습니다. 6장 4

절입니다. “에브라임아 내가 네게 어떻게 하랴 너희의 인애가 아침 구름이나 쉬 없어지는 이슬 같도다” 아멘.

이스라엘은 하나님을 찾지 않습니다(6:7-7:16). 이스라엘은 ‘좋은 것’을 버렸습니다(8:1-14). 결국 축제일은 형벌의 날이 되고(9:1-9), 에브라임은 버림을 받습니다(9:10-17). ‘제의와 왕권’은 거짓된 기둥이었습니다(10:1-8). 이러한 이스라엘에게 ‘멸망’과 함께 ‘회복’이 약속됩니다(10:9-11:11). 하나님의 심판이 필연적입니다. 그러나 하나님께서는 회복을 약속하십니다. 11장 12절부터 14장 8절까지에 있습니다. 14장 1-3절만 봅니다. “이스라엘아 네 하나님 여호와께로 돌아오라 네가 불의함으로 말미암아 엎드러졌느니라 너는 말씀을 가지고 여호와께로 돌아와서 아뢰기를 모든 불의를 제거하시고 선한 바를 받으소서 우리가 수송아지를 대신하여 입술의 열매를 주께 드리리이다 우리가 앗수르의 구원을 의지하지 아니하며 말을 타지 아니하며 다시는 우리의 손으로 만든 것을 향하여 너희는 우리의 신이라 하지 아니하오리니 이는 고아가 주로 말미암아 긍휼을 얻음이니이다 할지니라” 아멘. 이스라엘의 회복 약속에 이어, 호세아서의 핵심 주제가 14장 9절에 있습니다. 마지막 구절이기도 합니다. “누가 지혜가 있어 이런 일을 깨달으며 누가 총명이 있어 이런 일을 알겠느냐 여호와의 도는 정직하니 의인은 그 길로 다니거니와 그러나 죄인은 그 길에 걸려 넘어지리라” 아멘. ‘여호와의 길’은 정직합니다. 곧습니다. 똑바릅니다. 그분은 언약을 신실하게 지키시며, 자비하시며, 구원을 이루십니다. 예수 그리스도를 통해서 이루시지요.

그리고 예수님은 성령을 보내주십니다. 요엘서는 이 부분을 미리 알려주었습니다. 사도행전 2장에 보면, 오순절 성령이 임했을 때 베드로 사도가 요엘 2장 28-32절을 인용하면서, 이 말씀이 이뤄진 것이라 했지요. “그 후에 내가 내 영을 만민에게 부어주리니 너희 자녀들이 장래 일을 말할 것이며 너희 늙은이는 꿈을 꾸며 너희 젊은이는 이상을 볼 것이며 그 때에 내가 또 내 영을 남종과 여종에게 부어 줄 것이며 내가 이적을 하늘과 땅에 베풀리니 곧 피와 불과 연기 기둥이라 여호와의 크고 두려운 날이 이르기 전에 해가 어두워지고 달이 핏빛 같이 변하려니와 누구든지 여호와의 이름을 부르는 자는 구원을 얻으리니 이는 나 여호와의 말대로 시온 산과 예루살렘에서 피할 자가 있을 것임이요 남은 자 중에 나 여호와의 부름을 받을 자가 있을 것임이니라" 아멘.

요엘서는 매우 심각한 상황으로 시작합니다. 1장 4절입니다. "팥중이가 남긴 것을 메뚜기가 먹고 메뚜기가 남긴 것을 느치가 먹고 느치가 남긴 것을 황충이 먹었도다" 아멘. 팥중이, 메뚜기, 느치, 황충이 언급됩니다. 이 순서는 네 번째 벌레를 가장 심각하게 이해한 번역입니다. 대개는 '팥중이, 메뚜기, 느치, 황충'을 메뚜기의 성장 순서 네 단계로 이해합니다. '팥중이'는 가장 잔혹한 단계의 메뚜기로, '메뚜기'는 떼 지어 다니는 메뚜기로, '느치'는 뛰어다니는 메뚜기로, '황충'은 어린 약충("불완전 변태를 하는 동물의 애벌레")으로 이해합니다. 이렇게 이해할 때 순서가 특별합니다. 메뚜기 떼의 성장 순서와 반대로 나열하기 때문입니다. '어린 약충이 남긴 것은 뛰어다니는 메뚜기가, 뛰어다니는 메뚜기가 남긴 것은 떼지어 다니는 메뚜기가, 떼지어 다니는 메뚜기가 남긴 것은 모든 것을 멸하는 메뚜기 떼가 먹어 치울 것이다.' 이렇게 얘기하면 이해가 될 터인데, 그 반대이기 때문이지요.

매우 강력한 메뚜기 떼가 남긴 것이 있을까요? 그런데 남긴 것이 있습니다. 남긴 것이 또 있고, 또 있습니다. 이 점에서 네 단계의 메뚜기 떼는 실제 메뚜기 떼를 의미할 수도 있지만, 본문의 어떤 것들을 지칭할 수도 있다는 생각이 듭니다. 이를테면, 민족, 성전 제물의 부족, 추수 부족, 여호와의 날과 같이요. 먼저, 팥중이와 관련되는 '민족'에 대한 말씀이 1장 6-7절에 있습니다. "다른 한 민족이 내 땅에 올라왔음이로다 그들은 강하고 수가 많으며 그 이빨은 사자의 이빨 같고 그 어금니는 암사자의 어금니 같도다 그들이 내 포도나무를 멸하며 내 무화과나무를 긁어 말갛게 벗겨서 버리니 그 모든 가지가 하얗게 되었도다" 아멘. 다른 한 민족이 옵니다. 앗수르일 수도 있고 바벨론일 수도 있습니다. 궁극적으로는 바벨론일 가능성이 크겠지요. 그들은 강하며 모든 것을 파괴합니다. 가장 강력한 메뚜기 떼와 같습니다.

두 번째는 메뚜기와 연관 되는 '성전 제물의 부족'입니다. 9절입니다. "소제와 전제가 여호와의 성전에서 끊어졌고 여호와께 수종드는 제사장은 슬퍼하도다" 아멘. 소제는 곡물 제물입니다. 전제는 포도주 제물입니다. 동물 제물은 언급이 안 됩니다. 곡물과 포도주를 드리는 이들이 없습니다. 곡물과 포도주 예물을 드리지 않게 하는 메뚜기 떼가 있습니다. 믿음을 갉아먹는 메뚜기떼이죠. 하나님에 대한 실망, 쾌락에 대한 갈망,

미래에 대한 절망입니다. 교회 청년의 68%가 종교활동이 무의미하다고 응답했다고 합니다(2021년 통계). 실망, 갈망, 절망이 끼친 영향일 거라는 생각이 듭니다.

세 번째는 느치와 연관 되는 '추수 부족' 입니다. 1장 10-12절입니다. "밭이 황무하고 토지가 마르니 곡식이 떨어지며 새 포도주가 말랐고 기름이 다하였도다 농부들아 너희는 부끄러워할지어다 포도원을 가꾸는 자들아 곡할지어다 이는 밀과 보리 때문이라 밭의 소산이 다 없어졌음이로다 포도나무가 시들었고 무화과나무가 말랐으며 석류나무와 대추나무와 사과나무와 밭의 모든 나무가 다 시들었으니 이러므로 사람의 즐거움이 말랐도다" 아멘. 실망, 갈망, 절망 다음으로 오는 느치 떼는 일상에서의 부족을 가리킵니다. 소출의 감소, 수입 감소입니다. 모든 것이 마릅니다. 밭도, 토지도, 나무도 마릅니다. 돈이 마를까 봐 계속 돈을 풉니다. 그런데 이자율이 올라갑니다. 어찌 된 일일까요? 돈을 빨아들이는 문어가 있습니다. 물가라는 문어가 있습니다. 돈과 물건 사이에 균형이 유지되어야 하는데, 물건은 그대로인데 돈을 늘리니 물건이 돈을 빨아드립니다. 집값이 오르고 채솟값, 과일값이 오릅니다. 소출이 줄어들면, 물건값이 오를 수밖에 없습니다. 생활경제가 무너집니다.

마지막으로 모든 것을 무너뜨리는 약충이 있습니다. 요엘은 그 약충을 '여호와의 날' 로 표현합니다. 근본을 다루는 날입니다. 15-20절입니다. "슬프다 그 날이여 여호와의 날이 가까웠나니 곧 멸망 같이 전능자에게로부터 이르리로다 먹을 것이 우리 눈앞에 끊어지지 아니하였느냐 기쁨과 즐거움이 우리 하나님의 성전에서 끊어지지 아니하였느냐 씨가 흙덩이 아래에서 썩어졌고 창고가 비었고 곳간이 무너졌으니 이는 곡식이 시들었음이로다 가축이 울부짖고 소 떼가 소란하니 이는 꼴이 없음이라 양 떼도 피곤하도다 여호와여 내가 주께 부르짖으오니 불이 목장의 풀을 살랐고 불꽃이 들의 모든 나무를 살랐음이니이다 들짐승도 주를 향하여 헐떡거리오니 시내가 다 말랐고 들의 풀이 불에 탔음이니이다" 아멘. '전능자의 멸망' 입니다. 17절을 보니, 씨가 썩습니다. 발아 자체가 안 됩니다. 창고와 곳간이 무너집니다. 창고와 곳간이 비어있는 것이 아니고, 저장장소 자체가 무너집니다. 18절을 보니, 가축이 울부짖습니다. 가축이 먹을 것도 없습니다. 이제는 소제와 전제뿐 아니라, 동물 제물도 드리기 어려워질 것입니다. 20절을 보니, 심지어 들짐승까지 헐떡거립니다. 19절을 보니, 불과 불꽃 때문입니다.

불과 불꽃의 날을 '여호와의 날' 이라고 부릅니다.

이렇게 보니, 1장 4절의 팥중이, 메뚜기, 느치, 황충이 단순한 곤충 같이 보이지 않고, 네 가지 재앙으로 보입니다. 타민족의 재앙, 불신의 재앙, 가뭄, 그리고 근본을 드러내시는 하나님의 심판입니다. 사람들은 하나님의 심판을 가장 가볍게 생각합니다. 그리고 전쟁으로 인한 피해를 가장 심각하게 생각합니다. 그러나 불신의 재앙도 만만치 않습니다. 사람들은 가뭄과 같은 자연재해를 매우 심각하게 생각합니다. 그러나 하나님의 심판은 더 이상 남은 것이 없게 하실 것입니다.

네 가지 종류의 재앙을 말하기 전에 선지자는 '늙은 자들' 을 부릅니다. 1장 2-3절입니다. "늙은 자들아 너희는 이것을 들을지어다 땅의 모든 주민들아 너희는 귀를 기울일지어다 너희의 날에나 너희 조상들의 날에 이런 일이 있었느냐 너희는 이 일을 너희 자녀에게 말하고 너희 자녀는 자기 자녀에게 말하고 그 자녀는 후세에 말할 것이니라" 아멘. '늙은 자들' 은 '장로' 라고 번역될 수 있는 단어입니다. 백성의 지도자들입니다. 이들에게 네 종류의 대상을 언급합니다. '너희, 너희 자녀, 자기 자녀, 그리고 후세' 입니다. 모두가 알아야 합니다. 무엇을 알아야 합니까? 언약 백성의 타락이 얼마나 심각한 결과를 낳는지를 알아야 합니다. 교회의 타락이 얼마나 심각한 일인지 알아야 합니다. 하나님을 가볍게 여기는 것의 심각성, 하나님의 말씀 어기는 것을 우습게 여기는 것의 심각성을 알아야 합니다. 누가 알아야 합니까? 모두가 알아야 합니다. 특별히 지도자들이 알아야 합니다. 경험이 많은, 하나님을 안다고 하는 이들이 알고 전해야 합니다.

다음으로 세 종류의 사람들에게 명령이 주어집니다. 우선은 '취하는 자들' 입니다. 1장 5절입니다. "취하는 자들아 너희는 깨어 울지어다 포도주를 마시는 자들아 너희는 울지어다 이는 단 포도주가 너희 입에서 끊어졌음이니" 아멘. 울라고 하십니다. 이유는 더 이상 포도주를 먹을 수 없을 것이기 때문입니다. 방탕한 이들입니다. 언제까지라도 넉넉할 것이라고 여기는 이들입니다. 밥 한 톨 귀한 줄 알았던 시대가 있었습니다. 그러나 지금은 아닙니다. '취하는 자' 가 되지 않기 위해, 적게 드시고 남기지 마십시오. 먹을 것이 너무 흔해서 요즘은 음식 버리는 것을 이상하게 여기지 않게 되었습니다. 이러다 보면, 먹을 것이 없는 날이 올 것입니다. 어떻게 울어야 합니까? 8절입니다. "너희는 처녀가 어렸을 때에 약혼한 남자로 말미암아 굵은 베로 동이고 애곡함 같이 할지어다" 아멘. 어렸을 때 정혼한 남편이 결혼 전에 죽은 처녀처럼 울어야 합니다.

취한 자들에 이어, 농부들과 포도원을 가꾸는 자들에게 명령이 주어집니다. 11절입니다. "농부들아 너희는 부끄러워할지어다 포도원을 가꾸는 자들아 곡할지어다 이는 밀과 보리 때문이라 밭의 소산이 다 없어졌음이로다" 아멘. 부끄러워하라고, 곡하라고 하시네요.

마지막 명령은 제사장들에게 주어집니다. 13-14절입니다. "제사장들아 너희는 굵은 베로 동이고 슬피 울지어다 제단에 수종드는 자들아 너희는 울지어다 내 하나님께 수종드는 자들아 너희는 와서 굵은 베 옷을 입고 밤이 새도록 누울지어다 이는 소제와 전제를 너희 하나님의 성전에 드리지 못함이로다" 아멘. 복장을 바꾸고, 슬피 울라 하십니다. 밤새워 금식하고 성회를 소집하고 부르짖으라 하십니다.

오늘 우리의 상황을 보면, 메뚜기 떼의 습격이 있습니다. 강포가 있습니다. 실망과 절망, 부적절한 갈망이 있습니다. 코로나가 있습니다. 더 심각한 하나님의 심판이 오기 전에 우리에게 요구되는 것이 있습니다. 첫째는 하나님의 약속을 기억하는 것입니다. 둘째는 우리의 마음과 믿음을 돌아보는 것입니다. 셋째는 하나님 지으신 세계를 돌아보는 것입니다. 그리고 무엇보다, 하나님의 뜻을 살피는 것입니다.

재앙이 옵니다. 네 가지 재앙이 실제로 옵니다. 첫째 재앙은 북쪽 군대입니다. 2장 7-9절입니다. "그들이 용사 같이 달리며 무사 같이 성을 기어 오르며 각기 자기의 길로 나아가되 그 줄을 이탈하지 아니하며 피차에 부딪치지 아니하고 각기 자기의 길로 나아가며 무기를 돌파하고 나아가나 상하지 아니하며 성중에 뛰어 들어가며 성 위에 달리며 집에 기어 오르며 도둑 같이 창으로 들어가니" 아멘. 이스라엘은 늘 강한 민족에 대한 부담이 있었습니다. 애굽의 바로, 에돔, 모압, 암몬, 블레셋, 아람, 앗수르, 바벨론입니다. 이들이 그들에게는 모든 것을 먹어 치우는 메뚜기 떼와 같았습니다. 우리 성경에 팥중이라고 표현되었지요. 팥중이는 하나님이 보내신 강한 군대였습니다. 사사기를 보니, 가나안 왕 야빈, 미디안 족속, 블레셋을 통해 하나님께서 이스라엘 백성들에게 기대하시는 것이 있었습니다. 하나님에 대한 마음이지요. 사실 사사기 마지막에 다뤄진 베냐민 족속과 나머지 이스라엘과의 전쟁은 타 민족 문제가 아니었습니다. 사사기의 결론이 무엇이었습니까? '이스라엘에 왕이 없으므로' 였습니다.

두 번째 재앙은 세 가지 '망(望)' 으로 표현해보았습니다. 실망(失望), 갈망(渴望), 절망(絕望)입니다. 하나님에 대한 실망, 잘못된 갈당, 미래에 대한 절망입니다. 이렇게 본 이유는 성전에 소제와 전제가 그쳤기 때문입니다. 동물 제물은 드리는 자에게 돌아오는 몫이 큽니다. 사실 고기를 먹으려면 화목제물로 드려야 했습니다. 그러나 소제와 전제는 드리는 이에게 돌아오는 몫이 없습니다. 레위기 2장 1-3절입니다. "누구든지 소제의 예물을 여호와께 드리려거든 고운 가루로 예물을 삼아 그 위에 기름을 붓고 또 그 위에 유향을 놓아 아론의 자손 제사장들에게로 가져갈 것이요 제사장은 그 고운 가루 한 움큼과 기름과 그 모든 유향을 가져다가 기념물로 제단 위에서 불사를지니 이는 화제로 여호와께 향기로운 냄새니라 그 소제물의 남은 것은 아론과 그의 자손에게 돌릴지니 이는 여호와의 화제물 중에 지극히 거룩한 것이니라" 아멘. 예배자들이 화목제물은 가져옵니다. 자신들에게 대부분 돌아오는 제물입니다. 그런데 자신들에게 돌아오지 않는 제물인 소제와 전제는 가져오지 않습니다. 사실 소제가 드려져야 제사장들이 먹을 것이 있는데도 말입니다. 이것이 재앙입니다. 무슨 재앙입니까? 불신의 재앙이지요.

세 번째 재앙은 1장 10-12절에 소개된 '일상에서의 부족' 이라고, 네 번째 재앙은 '여호와의 날' 로 표현되는 '모든 것을 무너뜨리는 약충' 이라고 말씀드렸습니다. 이러한 해석을 지지해주는 구절이 2장 25절입니다. 메뚜기 떼에 대한 이름의 순서가 1234에서 2341로 바뀌었습니다. 그리고 가장 강한 메뚜기 떼를 의미하는 단어가 맨 나중으로 이동했습니다. 그리고 "내가 전에 너희에게 보낸 큰 군대"는 가장 강한 메뚜기 떼를 의미하는 팥중이와 나란히 있고 둘은 동격으로 보입니다. 무슨 얘기냐면, 하나님이 보내신 군대는 팥중이와 연결되는 것으로 봐야 맞다는 말입니다.

이유는 25절이 이렇게 번역되기 때문입니다. "그러면 내가 너희를 위해 시절을 보전하겠지. 떼 지어 다니는 메뚜기, 뛰어다니는 메뚜기, 그리고 어린 약충이 먹어 치운 것을. 그리고 모든 것을 멸하는 메뚜기 즉 나의 강한 군대, 내가 너희에게 보낸 군대가 먹어 치운 것을." '햇수대로 갚아 준다' 는 '샬롬' 과 관계됩니다. 손실 보전이지요. 그리고 "내가 전에 너희에게 보낸"이라는 표현은 가장 나중에 나옵니다. 그러면서 '큰 군대'는 '팥중이'와 나란히 나옵니다. 둘을 동격으로 볼 수밖에 없는 표현입니다. 1장에서 모든 것을 멸하는 메뚜기 떼의 표현인 팥중이가 '타민족의 재앙'이고, 2장 1-11절은 그 재앙에 대한 구체적인 설명입니다. 하나님께서 그 군대를 끌고 오십니다. 한편, 겉으로는 약해 보이나 실상은 더 심각한 재앙들이 남아있습니다. 그래서 1234의 순서를 2341로 바꾼 것이라고 저는 생각합니다.

네 가지 재앙을 통해 볼 때, '타민족의 강한 군대'가 문제가 아니었습니다. 오늘 우리도 마찬가지입니다. 나를 괴롭히는, 우리를 괴롭히는, 교회를 괴롭히는 외부의 힘이 문제인 것 같지만, 실상 더 심각한 문제는 하나님에 대한 마음에 있지요. 하나님께서 북쪽의 강한 군대를 가지고 이스라엘을 위협하시는 것 같지만, 더 심각한 문제는 그들에게 있는 불신에 있습니다. 하나님을 향해 품고 있는 마음이 문제입니다. 그러니 2장 12절부터 반복적으로 강조되는 것이 있습니다. 하나님의 성품입니다. 13-14절입니다. "너희는 옷을 찢지 말고 마음을 찢고 너희 하나님 여호와께로 돌아올지어다 그는 은혜로우시며 자비로우시며 노하기를 더디하시며 인애가 크시사 뜻을 돌이켜 재앙을 내리지 아니하시나니 주께서 혹시 마음과 뜻을 돌이키시고 그 뒤에 복을 내리사 너희 하나님 여호와께 소제와 전제를 드리게 하지 아니하실는지 누가 알겠느냐" 아멘. 하나님은 은혜로우시고 자비하시고 노하기를 더디하시고 인애가 크십니다. 하나님께서 복을 주시면 어떤 변화가 생깁니까? 백성이 소제와 전제를 드리게 됩니다. 무슨 말입니까? 자신에게 돌아오는 몫이 없는 제물, 다시 말해, 하나님을 수종 드는 이들이 살 수 있도록 하는 제물인 소제와, 누구에게도 돌아가지 않고 하나님께만 드려지는 전제를 드릴 수 있는 마음이 생긴다는 말입니다.

2장 15-17절도 봅니다. "너희는 시온에서 나팔을 불어 거룩한 금식일을 정하고 성회를 소집하라 백성을 모아 그 모임을 거룩하게 하고 장로들을 모으며 어린이와 젖 먹는 자를 모으며 신랑을 그 방에서 나오게 하며 신부도 그 신방에서 나오게 하고 여호와를 섬기는 제사장들은 낭실과 제단 사이에서 울며 이르기를 여호와여 주의 백성을 불쌍히 여기소서 주의 기업을 욕되게 하여 나라들로 그들을 관할하지 못하게 하옵소서 어찌하여 이방인으로 그들의 하나님이 어디 있느냐 말하게 하겠나이까 할지어다" 아멘. '어린이, 젖 먹는 자, 신랑과 신부' 까지 모이게 하라고 말씀하십니다. 젖 먹는 애들까지 데리고 오려면 힘들지요. 오로지 마음의 목표가 이것뿐이어야 가능합니다. 18절에서는 하나님의 성품을 '사랑' 으로 표현합니다. "그 때에 여호와께서 자기의 땅을 극진히 사랑하시어 그의 백성을 불쌍히 여기실 것이라" 아멘.

그런데 이 '사랑' 은 '질투' 입니다. 19-20절입니다. "여호와께서 그들에게 응답하여 이르시기를 내가 너희에게 곡식과 새 포도주와 기름을 주리니 너희가 이로 말미암아 흡족하리라 내가 다시는 너희가 나라들 가운데에서 욕을 당하지 않게 할 것이며 내가 북쪽 군대를 너희에게서 멀리 떠나게 하여 메마르고 적막한 땅으로 쫓아내리니 그 앞의 부대는 동해로, 그 뒤의 부대는 서해로 들어갈 것이라 상한 냄새가 일어나고 악취가 오르리니 이는 큰 일을 행하였음이니라 하시리라" 아멘. 하나님은 어떤 분이십니까? 몰고 오신 강한 군대를 멸하시는 하나님이십니다. 백성들에게 곡식과 새 포도주와 기름을 넉넉하게 주시는 하나님이십니다. 그럼, 왜 군대를 끌고 오셨나요? 쇼였나요?

2장 23절입니다. "시온의 자녀들아 너희는 너희 하나님 여호와로 말미암아 기뻐하며 즐거워할지어다 그가 너희를 위하여 비를 내리시되 이른 비를 너희에게 적당하게 주시리니 이른 비와 늦은 비가 예전과 같을 것이라" 아멘. 뭔가 느껴지시는 것이 없습니까? 저는 "너희는 너희 하나님 여호와로 말미암아 기뻐하며 즐거워할지어다"가 중요해 보입니다. 웨스트민스터 대요리문답 1문의 답입니다. 질문은 "사람의 첫째 되는 목적은 무엇입니까"이지요. 대답은 "사람의 첫째 되는 목적은 하나님을 영화롭게 함과 영원토록 하나님을 온전히 즐거워함이라."입니다. 하나님을 기뻐하고 즐거워하지 않는 것이 문제였습니다. 사람들은 살인하고 도적질하고 속이고 거짓말하는 죄는 중하게 생각하나, 하나님을 즐거워하지 않는 죄는 중시하지 않는 듯합니다. 그러나 십계명만 보아도 앞부분은 하나님을 향해 적절한 마음을 가지라는 것과 연관됩니다. 결국 이웃에 대한 부분은 하나님을 향해 적절한 마음을 가지면 따라오는 것들이지요.

이제 2장 28-32절이 이해될 것 같습니다. 왜 장래 일, 꿈, 이상(理想)이 중요할까요? 실망, 갈망, 절망의 회복이 장래 일, 꿈, 이상에 있기 때문입니다. '장래 일' 은 '예언' 으로, 꿈은 '꿈' 으로, '이상' 은 '비전' 이라고 표현해볼 수 있겠습니다. 하나님을 기빠하고 즐거워하면, 예언과 꿈과 비전이 의미 있지요. 그러나 하나님으로 인한 기쁨과 즐거움이 없다면, 실망, 갈망, 절망이 찾아올 것입니다. 실망, 갈망, 절망은 소제와 전제의 부재, 다시 말해, 거저 주는 것에 대한 부담감으로 이어집니다.

우리에게는 하나님으로 인한 기쁨과 즐거움이 있습니까? 이것이 요엘서 2장의 관건(關鍵)이라고 저는 생각합니다. 회개의 내용이지요. 회개의 이유이기도 합니다. 혹시 인간사회에 대한 절망이 하나님에 대한 실망으로 전이되지는 않으셨을까요? 인간에 대한 절망이 하나님에 대한 실망으로 이어지지 않으려면, 하나님을 향한 마음이 바로 서야 합니다. 그분은 사람과 다릅니다. 그래서 그분으로 인해 기뻐해도 됩니다. 그분께서 하신다는 기쁨과 기대가 있어도 됩니다.

왜 하나님을 빼고 예상할까요? 왜 하나님의 말씀은 계산에서 제외할까요? 하나님에 대한 기대가 없기 때문입니다. 하나님을 향한 마음이 없기 때문입니다. 그분을 사랑하지도 경외하지도 않기 때문이지요. 억지로 믿기 때문이지요. 매 안 맞으려고 부모에게 순종하는 자식처럼, 심판을 면하고 구원받는 것이 믿는 이유이기 때문이지요. 그분을 좋아하지 않습니다. 본처는 대를 잇기 위해 유지하고 후처를 더 사랑하는 사람과 같지요.

그것이 싫으신 것입니다. 누가요? 하나님께서요. 그래서 하나님의 사랑을 2장 18절에서 '질투하다' 라는 단어로 표현하신 것이지요. 같은 단어가 신명기 32장에 나옵니다. 16절입니다. "그들이 다른 신으로 그의 질투를 일으키며 가증한 것으로 그의 진노를 격발하였도다" 아멘. 21절입니다. "그들이 하나님이 아닌 것으로 내 질투를 일으키며 허무한 것으로 내 진노를 일으켰으니 나도 백성이 아닌 자로 그들에게 시기가 나게 하며 어리석은 민족으로 그들의 분노를 일으키리로다" 아멘.

이제 우리는 "여로보암의 시대 지진 전 이년"(암 1:2)에 남국 유다의 '목자, 뽕나무 재배자' 인(7:14) 아모스가 북국 이스라엘에게 전달한 말씀을 듣습니다. 주전 760년경입니다. 이스라엘 멸망 약 40년 전이죠. 다음 과에서 좀 더 자세하게 보겠습니다.

질의와 응답

하나. "소선지서의 전체적인 주제가 무엇일까요? 어떤 질서가 있나요?"

시간이나 장소보다는 메시지 전개가 있는 것 같습니다. 다음 과에서 예를 하나 들어 보겠습니다.

둘. "다리오와 관련해서 헤로도투스보다는 크세노폰의 견해를 따르셨는데요. 이유를 알고 싶습니다."

헤로도투스가 크세노폰보다 50년 정도 앞서기는 합니다. 그리고 헤로도투스가 자기 의견보다는 들은 것을 그대로 기록했다고 여겨, 최근 들어 가치를 더 두는 것 같기도 합니다. 그러나 크세노폰이 고레스를 집중적으로 연구하여 기록했기에 더 신뢰할 수 있는 것 같습니다.

셋. "하나님을 알고 즐거워하는 것이 무엇입니까?"

'자발적 헤렘' 처럼 '대가를 바라지 않고 생명까지도 드리는 것' 이라고 표현할 수 있겠습니다. 예수님이 그러셨죠. 죽는 지점에서도 하나님의 뜻을 생각하셨습니다. 자기를 사랑하는 마음이 클수록 내 것을 내어놓기가 어렵습니다. 하나님을 알고 즐거워한다는 것은, 나보다는 하나님께 집중하고 하나님 생각과 뜻의 가치를 더 잘 알기에 그 분 뜻이 이뤄지도록 내가 가진 모든 것을 내어드리는 것으로 표현될 수 있겠습니다. 물론, 그분이 좋고 그분을 사랑하고 그분에 대해 얘기하고 그분과 같이 있고 싶어 하는 것으로도 표현할 수 있겠지요.

넷. "요엘서의 성령 충만과 하나님을 즐거워하는 것은 어떤 상관관계가 있을까요?"

하나님의 영이 임할 때, 우리의 마음은 부드러운 살 같이 됩니다. 존재와 생각 측면에서의 변화로 하나님을 즐거워함이 행동과 삶에 드러납니다. 결국 좋아해야 끝까지 같이 갈 수 있습니다.

Weekly Reading

44

아모스 3장 – 나훔 2장

"새로운 시작을 향해"

암 3-5장	암 6-8장	암 9장-욘1장	욘 2-4장	미 1-3장	미 4-6장	미 7장-나2장

check

이번 통독은 소선지서 다섯 권에 걸쳐 있습니다. 아모스는 북국 이스라엘에 대한 말씀이고, 오바댜는 에돔에 대한, 요나와 나훔은 니느웨에 대한, 미가는 남국 유다에 대한 말씀입니다. 앞으로 한 번만 더 통독하면 신약성경으로 넘어갑니다. 구약성경으로 충분할 줄 알았는데, 신약성경으로 넘어가는 것을 보면서, '새로운 시작'을 생각합니다.

새로운 시작을 향해

I.

새일(New Event)
새집(New House)
새날(New Day)
새해(New Year)

원점(Zero Point)
새 출발(New Beginning)
변화(Change)
완성(Completion)

II.
창조의 시작으로 충분한 줄 알았다.
이스라엘 국가 교회로 이뤄질 줄 알았다.
'여호와의 날' 이 필요 없을 줄 알았다.
유월절 새해로 완성될 줄 알았다.

그러나 새로운 원점이 기다리고 있었고
다른 태초가 예정되었으며
여호와의 날을 통한 구원과 심판이 설정되어
초막절(요 7:2) 수전절(요 10:22)로 완성될 참이었다.

III.
남국 유다의 아모스, 북국 이스라엘로 가고
'여호와의 종' 오바댜, 에돔을 노래하니
비둘기 요나, 위로받은 나훔, 니느웨를 위하고
미가, 남국 유다 챙긴다.

사투리로 들으니 더 잘 들리겠고
"망한다!" 하시니 빠른 회개 기대되고
"망한다!" 두 번 들으니 회개 더 잘할 것 같지만
여호와 안다는 유다는 어떨까?

IV.
새해 새날 새집 새일
원점 새 출발 변화 완성
사십일 작정 기도로
하나씩 채워간다.

소리를 바꾸시겠다는 하나님
우리의 소리가 화음이 되기까지
다듬으시겠다는 하나님
그 하나님 앞에 선다.

십이 소선지서의 구조에 대한 김창대 교수님의 분석은 아래와 같습니다(『한 권으로 꿰뚫는 12예언서』, 39-40쪽).

A. 호세아서: 언약 위반과 하나님의 사랑
B. 요엘서: 포로 귀환과 하나님의 성전인 시온에서 열국의 심판
C. 아모스서: 야훼의 날, 언약의 저주(5:11-12), 하나님의 공의, 남은 자 사상
D. 오바댜서: 에돔에 대한 심판-하나님은 공의의 하나님
E. 요나서: 니느웨에 관한 말씀
F. 미가서: 성전에서 하나님의 통치 실현, 메시야, 남은 자의 죄 용서, 언약성취
E' 나훔서: 니느웨에 대한 말씀
D' 하박국서: 유다와 바벨론에 대한 심판-공의의 하나님
C' 스바냐서: 야훼의 날, 언약의 저주(1:13), 하나님의 공의(3:5), 남은 자 사상
B' 학개서와 스가랴서: 포로에서 귀환한 공동체의 성전 재건, 시온에서 열국의 심판
A' 말라기서: 언약 회복과 하나님의 사랑

한편, 김창대 교수님의 분석을 받아들인 권혁관 박사님은 소선지서 각각의 독특한 '쓸모'를 다음과 같은 제목에 담았습니다(『소예언서의 쓸모』)

- 궁금한 호세아 선지자의 결혼 생활
- 요엘 2:23의 '엘-함모레 리쯔다카'에 대한 개역개정 번역 재고
  ("너희 의에 대해 이른 비"로 번역할 것 제안)
- 누가 예언하지 않겠소?: 아모스 선지자의 외침
- 형제끼리 티격태격할 순 있어도 등에 칼을 꽂을 수는 없다:
  에돔 심판에 관한 오바댜의 묵시
- 쉽지만 결코 쉽지 않은 이야기: 요나는 어디에 있었어야 했나?
- 가짜가 판치는 세상에서 하나님의 찐이 되기 위한 몸부림: 미가 6:6-8
- 요나서와 완전 다른 나훔서에서의 하나님
- 알고 나면 쉽게 하지 못할 기도: 하박국 3:2의 원래 의미를 찾아서
  ("어서 우리를 심판하소서"라는 의미라는 것)

- 하나님의 기쁨이 되는 사람: 스바냐 3:17
- 학개서의 초대, 불편함이 아닌 흥분된 감동으로
- 오실 메시야를 예표했던 사람들: 스가랴 선지자가 본 두 환상
- 십일조 싱크홀에 빠진 말라기서 구해 내기

우리는 지난 과에서 '호세아, 요엘, 아모스'를 읽으며, 호세아서에서는 '정직한 여호와의 길'을, 요엘서에서는 '하나님으로 인한 기쁨과 즐거움이 없는 것이 문제'라는 것을 얘기했습니다. 이번 과에서는 아모스서부터 나훔서까지를 읽어봅니다.

아모스서를 통해 우리는 "여로보암의 시대 지진 전 이년"(1:2)에 남국 유다의 '목자, 뽕나무 재배자'인(7:14) 아모스가 북국 이스라엘에게 전달한 말씀을 듣습니다. 주전 760년경은 이스라엘 멸망 약 40년 전으로, 북국 이스라엘과 남국 유다가 넉넉하던 시절입니다. 북국 입장으로 보면, 망하기 전에 마지막으로 흥했던 시절이지요.

여로보암 2세(주전 793-753년)는 오므리 왕조를 끝낸 예후의 자손입니다. 웃시야 왕(주전 792-740년)은 이사야서의 중요한 배경 가운데 하나이죠. "웃시야 왕이 죽던 해에 내가 본즉 주께서 높이 들린 보좌에 앉으셨는데 그의 옷자락은 성전에 가득하였고"(사 1:1) 아멘. 이사야 선지자를 통해 말씀을 주시기 전에 주어진 말씀입니다. 부국강병으로 자본가가 등장했습니다. 권력과 재력을 겸비한 이들입니다. 지금 우리나라에도 권력과 재력을 겸비한 자본가가 등장했습니다. 자본의 성장으로 사회가 건강해지면 좋겠는데 그러지 못합니다. 사회 윤리뿐 아니라 종교 윤리까지 무너지고 있습니다. 우리도 그렇고, 아모스 시대에 북국 이스라엘도 그렇습니다.

아모스는 북국 이스라엘 사람들에게는 '사투리를 쓴 선지자'로 남겠습니다. 북국 이스라엘의 초대 왕 여로보암 1세 당시, '하나님의 사람'을 보내서 장차 될 일을 알려주신 하나님께서(열왕기상 13장) 여로보암 2세 때 '하나님의 사람'을 다시 보내십니다. 먼저, 다메섹, 블레셋, 두로, 에돔, 암몬, 모압, 유다, 이스라엘에 대해 말씀을 주십니다. 북국 이스라엘에 대해 가장 길게 말씀하십니다. 2장 6-16절에 있습니다. "곡식 단을 가득히 실은 수레가 흙을 누름 같이"(2:13) 하나님께서 북국 이스라엘을 누르시겠다고

하십니다.

하나님의 예언이 북국 이스라엘에게 임합니다. 3장 8절입니다. "사자가 부르짖은즉 누가 두려워하지 아니하겠느냐 주 여호와께서 말씀하신즉 누가 예언하지 아니하겠느냐" 아멘. 하나님의 말씀이 임하니 전하지 않을 수 없습니다. 사마리아가 망할 것이라는 말씀입니다. 얼마나 심하게 망할까요? 3장 12절입니다. "여호와께서 이와 같이 말씀하시되 목자가 사자 입에서 양의 두 다리나 귀 조각을 건져냄과 같이 사마리아에서 침상 모서리에나 걸상의 방석에 앉은 이스라엘 자손도 건져냄을 입으리라" 아멘. 사자가 양을 잡아먹습니다. 남는 게 있을까요? 발이나 귀 정도가 남지 않을까요? 망함의 정도를 숫자로 표현합니다. 5장 3절입니다. "주 여호와께서 이와 같이 말씀하시되 이스라엘 중에서 천 명이 행군해 나가던 성읍에는 백 명만 남고 백 명이 행군해 나가던 성읍에는 열 명만 남으리라 하셨느니라" 아멘. 10%만 남는다고 하십니다.

그러나 살길이 있습니다. 5장 4-5절입니다. "여호와께서 이스라엘 족속에게 이와 같이 말씀하시기를 너희는 나를 찾으라 그리하면 살리라 벧엘을 찾지 말며 길갈로 들어가지 말며 브엘세바로도 나아가지 말라 길갈은 반드시 사로잡히겠고 벧엘은 비참하게 될 것임이라 하셨나니" 아멘. 하나님을 찾으면 삽니다. 여로보암 1세가 금송아지를 세운 벧엘로 간다고 살지 않습니다. 출애굽 당시에 할례를 행했던 길갈로 간다고 살지 않습니다. 물론 브엘세바도 아닙니다. 족장들을 기억나게 하는 곳입니다. 어떻게 해야 살까요? 5장 14-15절입니다. "너희는 살려면 선을 구하고 악을 구하지 말지어다 만군의 하나님 여호와께서 너희의 말과 같이 너희와 함께 하시리라 너희는 악을 미워하고 선을 사랑하며 성문에서 정의를 세울지어다 만군의 하나님 여호와께서 혹시 요셉의 남은 자를 불쌍히 여기시리라" 아멘. 삶이 바뀌어야 삽니다. 삶이 바뀌지 않는 이들에게 '여호와의 날', 하나님이 오시는 날은 '심판의 날' 입니다. 5장 18-20절입니다. "화 있을진저 여호와의 날을 사모하는 자여 너희가 어찌하여 여호와의 날을 사모하느냐 그 날은 어둠이요 빛이 아니라 마치 사람이 사자를 피하다가 곰을 만나거나 혹은 집에 들어가서 손을 벽에 대었다가 뱀에게 물림 같도다 여호와의 날은 빛 없는 어둠이 아니며 빛남 없는 캄캄함이 아니냐" 아멘. 여호와의 길은 정직하고(호세아서), '하나님으로 인한 기쁨과 즐거움이 없는 것' 이 이스라엘의 문제(요엘서)인 상황에서, 여호와의 날이 이스라엘에게는 '캄캄한 날' 이라는 것이 계시됩니다.

아모스 5장 25-27절은 사도행전 7장 42-43절에서 인용됩니다. 스데반 집사님의 변론입니다. 시내산 금송아지 사건과 아모스서가 연결됩니다. "그 때에 그들이 송아지를 만들어 그 우상 앞에 제사하며 자기 손으로 만든 것을 기뻐하더니 하나님이 외면하사 그들을 그 하늘의 군대 섬기는 일에 버려 두셨으니 이는 선지자의 책에 기록된 바 이스라엘의 집이여 너희가 광야에서 사십 년간 희생과 제물을 내게 드린 일이 있었느냐 몰록의 장막과 신 레판의 별을 받들었음이여 이것은 너희가 절하고자 하여 만든 형상이로다 내가 너희를 바벨론 밖으로 옮기리라" 아멘.

두 본문을 비교해 보면, '손으로 만든 것들, 그것들을 섬기려고, 바벨론' 이라는 부분에서 차이가 있습니다. 이는 예레미야 25장 6, 9절의 빛 아래에서 설명될 수 있습니다(『헤렘을 찾아서?』, 279-280쪽 참고). 예레미야 25장 6절과 9절은 "너희는 다른 신을 따라다니며 섬기거나 경배하지 말며 너희 손으로 만든 것으로써 나의 노여움을 일으키지 말라 그리하면 내가 너희를 해하지 아니하리라 하였으니 … 보라 내가 북쪽 모든 종족과 내 종 바벨론의 왕 느부갓네살을 불러다가 이 땅과 그 주민과 사방 모든 나라를 쳐서 진멸하여 그들을 놀램과 비웃음 거리가 되게 하며 땅으로 영원한 폐허가 되게 할 것이라 여호와의 말씀이니라" 입니다. '손으로 만든 것들, 그것들을 섬기려고' 는 6절에서, '바벨론' 은 9절에서 발견됩니다. 9절에는 '단순한 추방' 이 아니라 '바벨론으로의 추방' 을 말합니다. 스데반은 아모스를 인용하면서 예레미야서를 동시에 암시하여 '헤렘' 을 반향합니다. 그럼, 아모스 5장 25-27절의 강조는 무엇입니까? 약속의 땅에서 타락했기에 우상을 숭배한 것이 아니었다는 것입니다. 출애굽 직후부터 문제가 심각했었다는 점을 강조합니다.

더구나 이스라엘의 문제는 단순히 우상 숭배만의 문제가 아니었습니다. 6장 12-13절입니다. "말들이 어찌 바위 위에서 달리겠으며 소가 어찌 거기서 밭 갈겠느냐 그런데 너희는 정의를 쓸개로 바꾸며 공의의 열매를 쓴 쑥으로 바꾸며 허무한 것을 기뻐하며 이르기를 우리는 우리의 힘으로 뿔들을 취하지 아니하였느냐 하는도다" 아멘. 정의와 공의를 바꿉니다. 허무한 것을 기뻐합니다. 자기 힘을 의지합니다. 그러니 애굽에 임했던 메뚜기 재앙, 불 재앙이 그들에게 임할 것입니다. 7장 1-6절에 있습니다. 그들은 전쟁에서 패할 것입니다(7:7-17).

그들은 썩은 과일입니다. 8장 4-6절입니다. "가난한 자를 삼키며 땅의 힘없는 자를 망하게 하려는 자들아 이 말을 들으라 너희가 이르기를 월삭이 언제 지나서 우리가 곡식을 팔며 안식일이 언제 지나서 우리가 밀을 내게 할꼬 에바를 작게 하고 세겔을 크게 하여 거짓 저울로 속이며 은으로 힘없는 자를 사며 신 한 켤레로 가난한 자를 사며 찌꺼기 밀을 팔자 하는도다" 아멘. 우상 제단이 무너집니다. 9장 1절입니다. "내가 보니 주께서 제단 곁에 서서 이르시되 기둥 머리를 쳐서 문지방이 움직이게 하며 그것으로 부서져서 무리의 머리에 떨어지게 하라 내가 그 남을 자를 칼로 죽이리니 그 중에서 한 사람도 도망하지 못하며 그 중에서 한 사람도 피하지 못하리라" 아멘. 이스라엘의 우상 제단이 무너질 때, 그들에게 회복이 있을 것입니다.

그리고 아모스 9장 11절 이하가 사도행전 15장 16-18절에서 인용됩니다. 아모스 9장 11-12절입니다. "그 날에 내가 다윗의 무너진 장막을 일으키고 그것들의 틈을 막으며 그 허물어진 것을 일으켜서 옛적과 같이 세우고 그들이 에돔의 남은 자와 내 이름으로 일컫는 만국을 기업으로 얻게 하리라 이 일을 행하시는 여호와의 말씀이니라" 아멘. 이방인 신자들의 처우 문제가 대두되었을 때, 예수님의 동생 야고보가 말했습니다. "선지자들의 말씀이 이와 일치하도다 기록된 바 이 후에 내가 돌아와서 다윗의 무너진 장막을 다시 지으며 또 그 허물어진 것을 다시 지어 일으키리니 이는 그 남은 사람들과 내 이름으로 일컬음을 받는 모든 이방인들로 주를 찾게 하려 함이라 하셨으니 즉 예로부터 이것을 알게 하시는 주의 말씀이라 함과 같으니라" 아멘. 아모스서는 '여호와의 길을 따라 우상을 버리고 삶을 버리기만 한다면 어떤 민족도 하나님의 백성이 될 수 있음' 을 말했습니다. 예수님의 동생 야고보는 그 일이 예수님을 통해, 오순절 강림 이후 이방인 전도를 통해 일어났음을 말했습니다.

호세야, 요엘, 아모스에 이어 오바댜서가 나옵니다. '오바댜' 의 의미는 '여호와의 종' 입니다. 주전 9세기에서 6세기 사이 어느 시점에 쓰였을 것으로 생각합니다. 야곱의 형 에서에서 비롯된 에돔의 심판에 대해 말씀하십니다. 그럼에도 독자는 유다 백성입니다. 에돔이 망한다는 소식을 듣고 유다는 어떤 반응을 보여야 할까요? 기뻐할까요? 아니면, 위하여 기도할까요? 당연히 위해서 기도해야 맞겠지요.

에돔의 죄가 무엇입니까? 3-4절입니다. "너의 마음의 교만이 너를 속였도다 바위 틈에 거주하며 높은 곳에 사는 자여 네가 마음에 이르기를 누가 능히 나를 땅에 끌어 내리겠느냐 하니 네가 독수리처럼 높이 오르며 별 사이에 깃들일지라도 내가 거기에서 너를 끌어내리리라 여호와의 말씀이니라" 아멘. '교만' 입니다. 10절입니다. "네가 네 형제 야곱에게 행한 포학으로 말미암아 부끄러움을 당하고 영원히 멸절되리라" 아멘. '야곱에게 행한 포학' 때문입니다. 살길이 있을까요? 17-21절을 보니, 한 가지 있습니다. '시온으로 가는 길' 입니다. 야곱이 받아주면 살 것입니다. 교만하고 형제에게 포학했던 에돔이라고 해도, 하나님께서 정해주신 구원의 길을 수용하면 살 것입니다. 이 말을 뒤집으면, '이방이라도 우상을 버리고 삶을 바꿔 살아나는 상황에서, 에돔이라 해도 그 길을 돌이키지 않으면 죽는다.' 하는 것이 됩니다.

이어지는 요나서는 잘 아는 이야기입니다. 니느웨의 멸망 예언과 회개를 다룹니다. 요나 선지자에 대해 열왕기하 14장 25절은 이렇게 말합니다. "이스라엘의 하나님 여호와께서 그의 종 가드헤벨 아밋대의 아들 선지자 요나를 통하여 하신 말씀과 같이 여로보암이 이스라엘 영토를 회복하되 하맛 어귀에서부터 아라바 바다까지 하였으니" 아멘. 요나는 여로보암 2세 당시에 대해 예언했습니다. 국가적인 예언이었고 그 예언은 이뤄졌습니다. 이로 볼 때, 요나 선지자는 알려진 선지자였습니다.

그러나 니느웨의 회복을 요나가 원하지 않았나 봅니다. 아니면, 자신의 예언이 이뤄지지 않게 되는 것이 싫었을 수도 있습니다. 그는 도망갔으나 물고기 뱃속에서 깨달은 바가 있었습니다. 2장에 있습니다. 그는 자신을 "거짓되고 헛된 것을 숭상하는 모든 자"(2:8) 가운데 두었습니다. '국가' 라는 우상을 섬겼기 때문이지요. 하나님의 선지자이기에 국가를 넘어서야 했는데 그러지 못했습니다. 요나와 같이 '큰 선지자' 라고 해도 뭔가를 '우상' 처럼 마음에 둔다면 책망을 면하기 어렵습니다. 그러나 니느웨 거민처럼 이방인이라고 해도 회개하면 사는 것입니다.

예수님은 물고기 뱃속에 있었던 요나를 언급하십니다. 마태복음 12장 40절입니다. "요나가 밤낮 사흘 동안 큰 물고기 뱃속에 있었던 것 같이 인자도 밤낮 사흘 동안 땅

속에 있으리라" 아멘. 요나의 물고기 뱃속 사흘은 표적이었습니다. "예수께서 대답하여 이르시되 악하고 음란한 세대가 표적을 구하나 선지자 요나의 표적 밖에는 보일 표적이 없느니라"(12:39) 아멘. 이로 볼 때, 요나의 물고기 뱃속 사흘은 죽음이었습니다. 죽음을 경험하고서야 요나는 깨달았습니다. '국가'를 우상 삼으면 안 된다는 것을요.

그러나 하나님의 마음을 받기까지에는 시간이 더 필요했습니다. 요나서 4장 8-11절입니다. "해가 뜰 때에 하나님이 뜨거운 동풍을 예비하셨고 해는 요나의 머리에 쪼이매 요나가 혼미하여 스스로 죽기를 구하여 이르되 사는 것보다 죽는 것이 내게 나으니이다 하니라 하나님이 요나에게 이르시되 네가 이 박넝쿨로 말미암아 성내는 것이 어찌 옳으냐 하시니 그가 대답하되 내가 성내어 죽기까지 할지라도 옳으니이다 하니라 여호와께서 이르시되 네가 수고도 아니하였고 재배도 아니하였고 하룻밤에 났다가 하룻밤에 말라 버린 이 박넝쿨을 아꼈거든 하물며 이 큰 성읍 니느웨에는 좌우를 분변하지 못하는 자가 십이만여 명이요 가축도 많이 있나니 내가 어찌 아끼지 아니하겠느냐 하시니라" 아멘. 사랑의 선지자가 되기 위해서는 시간이 더 필요했습니다.

미가는 '여호와와 같은 분이 누가 있으리요?'를 뜻합니다. 요담(주전 750-732년), 아하스(주전 735-715년), 히스기야(주전 729-687년) 시대에 활동했습니다. 미가 선지자는 예레미야 26장 17-19절에 소개되기도 합니다. "그러자 그 지방의 장로 중 몇 사람이 일어나 백성의 온 회중에게 말하여 이르기를 유다의 왕 히스기야 시대에 모레셋 사람 미가가 유다의 모든 백성에게 예언하여 이르되 만군의 여호와께서 이와 같이 말씀하셨느니라 시온은 밭 같이 경작지가 될 것이며 예루살렘은 돌 무더기가 되며 이 성전의 산은 산당의 숲과 같이 되리라 하였으나 유다의 왕 히스기야와 모든 유다가 그를 죽였느냐 히스기야가 여호와를 두려워하여 여호와께 간구하매 여호와께서 그들에게 선언한 재앙에 대하여 뜻을 돌이키지 아니하셨느냐 우리가 이같이 하면 우리의 생명을 스스로 심히 해롭게 하는 것이니라" 아멘.

니느웨도 회개하면 구원을 받습니다. 그러나 언약 백성인 유다라고 해도 언약을 어기면 망할 수밖에 없습니다. 백성과 지도자 모두 죄를 범했습니다(2-3장). 살길은 하나님께 돌아오는 것뿐입니다. 미가서 4장 1-5절에 있습니다. 5절만 봅니다. "만민이 각각 자기의 신의 이름을 의지하여 행하되 오직 우리는 우리 하나님 여호와의 이름을 의지하여 영원히 행하리로다" 아멘. 그리고 5장 2절을 봅니다. "베들레헴 에브라다야 너는 유다 족속 중에 작을지라도 이스라엘을 다스릴 자가 네게서 내게로 나올 것이라 그의 근본은 상고에, 영원에 있느니라" 아멘. 마태복음 2장 6절에서 인용되지요.

백성과 지도자의 죄악이 한 번 더 언급됩니다(6:9-7:7). 7장 5-6절만 봅니다. "너희는 이웃을 믿지 말며 친구를 의지하지 말며 네 품에 누운 여인에게라도 네 입의 문을 지킬지어다 아들이 아버지를 멸시하며 딸이 어머니를 대적하며 며느리가 시어머니를 대적하리니 사람의 원수가 곧 자기의 집안 사람이리로다" 아멘. 7장 6절은 마태복음 10장 35절과 누가복음 12장 53절에서 인용됩니다. 마태복음 10장 34-39절입니다. "내가 세상에 화평을 주러 온 줄로 생각하지 말라 화평이 아니요 검을 주러 왔노라 내가 온 것은 사람이 그 아버지와, 딸이 어머니와, 며느리가 시어머니와 불화하게 하려 함이니 사람의 원수가 자기 집안 식구리라 아버지나 어머니를 나보다 더 사랑하는 자는 내게 합당하지 아니하고 아들이나 딸을 나보다 더 사랑하는 자도 내게 합당하지 아니하며 또 자기 십자가를 지고 나를 따르지 않는 자도 내게 합당하지 아니하니라 자기 목숨을 얻는 자는 잃을 것이요 나를 위하여 자기 목숨을 잃는 자는 얻으리라" 아멘.

하나님을 대적하는 자는 하나님을 경외하는 자도 대적합니다. 그러나 하나님을 경외하는 자는 자기 십자가를 지고 예수님을 따를 것입니다. 그런 이들에 대한 예언입니다. 7장 7-10절입니다. "오직 나는 여호와를 우러러보며 나를 구원하시는 하나님을 바라보나니 나의 하나님이 나에게 귀를 기울이시리로다 나의 대적이여 나로 말미암아 기뻐하지 말지어다 나는 엎드러질지라도 일어날 것이요 어두운 데에 앉을지라도 여호와께서 나의 빛이 되실 것임이로다 내가 여호와께 범죄하였으니 그의 진노를 당하려니와 마침내 주께서 나를 위하여 논쟁하시고 심판하시며 주께서 나를 인도하사 광명에 이르게 하시리니 내가 그의 공의를 보리로다 나의 대적이 이것을 보고 부끄러워하리니 그는 전에 내게 말하기를 네 하나님 여호와가 어디 있느냐 하던 자라 그가 거리의 진흙같이 밟히리니 그것을 내가 보리로다" 아멘.

미가서의 마지막은 하나님을 경외하는 자들의 고백으로 마무리됩니다. 7장 18-20절입니다. "주와 같은 신이 어디 있으리이까 주께서는 죄악과 그 기업에 남은 자의 허물을 사유하시며 인애를 기뻐하시므로 진노를 오래 품지 아니하시나이다 다시 우리를 불쌍히 여기셔서 우리의 죄악을 발로 밟으시고 우리의 모든 죄를 깊은 바다에 던지시리이다 주께서 옛적에 우리 조상들에게 맹세하신 대로 야곱에게 성실을 베푸시며 아브라함에게 인애를 더하시리이다" 아멘.

이방인이라도 구원을 받습니다(아모스서). 에돔이라도(오바댜서), 니느웨 거민이라도(요나서) 회개하면 구원받습니다. 그러나 유다 백성이라고 해도, 유다의 지도자라고 해도, 하나님을 대적하면 망합니다(미가서).

이어지는 나훔서는 주전 663년에서 612년 사이에 쓰였습니다. 앗수르왕 앗술바니팔(Ashurbanipal)의 죽음(주전 627년)과 요시야 왕의 종교개혁이 배경으로 제시되기도 합니다. 1장 15절("볼지어다 아름다운 소식을 알리고 화평을 전하는 자의 발이 산 위에 있도다 유다야 네 절기를 지키고 네 서원을 갚을지어다 악인이 진멸되었으니 그가 다시는 네 가운데로 통행하지 아니하리로다 하시니라")의 '악인'이 앗술바니팔이라는 거죠.

나훔서에서는 요나서처럼 니느웨 멸망이 다뤄집니다. 동시에 유다의 구원이 다뤄집니다. 니느웨의 멸망이 유다의 해방 및 회복과 연결됩니다. 독자는 유다 백성입니다. 동일한 니느웨라고 해도 회개 여부에 따라 결과가 달라집니다. 유다도 마찬가지일 것입니다.

이로 볼 때, 하나님은 어떤 분이십니까? 1장 2-8절에 있습니다. 아무리 강한 나라, 큰 도시라고 해도 하나님을 대적하여 이길 수는 없습니다. 이어지는 1장 9-11절은 선지자가 앗수르에게 직접 말합니다. 하나님께서 앗수르에게와 니느웨에게 직접 말씀하시기도 합니다(1:14; 2:13; 3:5-7). 하나님께서는 유다에게도 직접 말씀하시지요. 1장 12-13절입니다. "여호와께서 이같이 말씀하시기를 그들이 비록 강하고 많을지라도 반드시 멸절을 당하리니 그가 없어지리라 내가 전에는 너를 괴롭혔으나 다시는 너를 괴롭히지 아니할 것이라 이제 네게 지운 그의 멍에를 내가 깨뜨리고 네 결박을 끊으리라" 아멘.

십이 소선지서를 읽으면서, '여호와의 길'을 배웁니다. 진정한 회개가 무엇인지 배웁니다. 그리고 하나님을 즐거워하지 않는다면, 삶이 바뀌지 않는다면, 언약 백성이라고 하더라도 살 수 없음을 배웁니다. 동시에 하나님을 즐거워하여 우상을 버리고 삶을 바꾼다면, 어느 민족이든, 장차 북국 이스라엘을 치고 남국 유다를 괴롭힐 니느웨 거민이라 하더라도 살 것임을 배웁니다. 이에, 우상 제단이 무너지고 여호와 경외가 서기를 기도합니다. 교만이 빠지고 긍휼이 들어서기를 기도합니다.

질의와 응답

하나. "'그러나 새로운 원점이 기다리고 있었고 다른 태초가 예정되었으며 여호와의 날을 통한 구원과 심판이 설정되어 초막절(요 7:2) 수전절(요 10:22)로 완성될 참이었다.' 이렇게 쓰셨는데, 수전절에 대해 설명해주세요."

수전절은 구약성경에는 나오지 않는 절기입니다. 안티오쿠스 에피파네스 4세가 더럽힌 성전이 청소된 것을 기념하는 절기입니다. 관계된 내용으로 구약외경인 『마카비1서』 4장 59절이 있습니다. "유다와 그의 형제들과 이스라엘의 온 회중들은 매년 기슬레우월 이십오일부터 팔 일간 기쁜 마음으로 제단 봉헌 축일을 지키기로 정하였다"(『공동번역성서 개정판』 마카베오상 4:59). 수전절은 '회복'을 기념합니다.

둘. "오바댜의 기록 시기를 주전 9세기에서 6세기 사이 어느 지점으로 보셨는데, 좀 더 좁힐 수는 없을까요?"

선지서는 주로 '성전 파괴'와 '귀환'이라고 하는 전환기에 집중합니다. 오바댜 12절에서 "유다 자손이 패망하는 날"을 말하기에 6세기 쪽으로 기울 수 있을 것 같습니다.

셋. "아모스 9장 11절의 '다윗 장막의 회복'은 무엇을 의미하나요?"

다윗의 장막은 '다윗 왕조'로 보는 것이 좋겠습니다. 다윗 왕조의 회복이 궁극적으로 예수님을 통해 이뤄졌다고 예수님의 동생 야고보는 보았습니다(행 15:13-18).

넷. "아모스서에 출애굽이 많이 언급되는 이유가 무엇일까요?"

나라가 분단된 상황이니 공유된 경험으로 출애굽을 말합니다. 물론, 출애굽과 탈바벨론은 구약성경의 핵심 주제입니다.

다섯. "수전절이 마카비서에 언급됩니다. 마카비서는 구약외경이고요. 유다서에 구약위경인 에녹서가 인용됩니다. 구약외경과 구약위경을 어떻게 봐야 하나요?"

외경이란 '정경 바깥에 있는 책'입니다. '바깥 외(外)' 자를 씁니다. 위경이란 '그

책에 표현된 저자가 참 저자가 아닌 책' 입니다. '거짓 위(僞)' 자를 씁니다. 외경과 위경은 학자들의 판단에 따라 달라질 수 있습니다. 『마카비1서』에는 수전절이 배경이 되는 이야기가 실려 있습니다. 이 이야기는 요한복음 10장 22절에 나오는 수전절의 역사를 이해하는 데 도움이 됩니다.

에녹서는 에녹이 쓰지 않았다고 보고 '구약위경' 으로 분류합니다. 예수님의 동생 유다는 당시 사람들에게 익숙한 에녹서 가운데 인용할 만한 내용을 인용합니다. 유다서 14-15절입니다. "아담의 칠대 손 에녹이 이 사람들에 대하여도 예언하여 이르되 보라 주께서 그 수만의 거룩한 자와 함께 임하셨나니 이는 뭇 사람을 심판하사 모든 경건하지 않은 자가 경건하지 않게 행한 모든 경건하지 않은 일과 또 경건하지 않은 죄인들이 주를 거슬러 한 모든 완악한 말로 말미암아 그들을 정죄하려 하심이라 하였느니라" 아멘. 『에녹1서』 1장 9절의 인용입니다. 그러나 유다서와 에녹서의 주제는 다릅니다. 에녹서가 유다서에 인용되었다고 하여 에녹서에 권위를 부여하지는 않습니다. 예로, 디도서 1장 12절에는 "그레데인 중의 어떤 선지자"의 말이 인용됩니다. "그레데인들은 항상 거짓말쟁이며 악한 짐승이며 배만 위하는 게으름뱅이라" 입니다. 이 선지자의 말이 인용되었다고 하여 그 선지자의 글에 권위가 부여되는 것은 아닙니다. 독자에게 익숙한 내용 가운데 인용할 만한 내용이 인용된 것입니다.

Memo

Memo